Das vorliegende Lese-Buch ist eine aus Texten verschiedenen Ursprungs zusammengesetzte Collage. Auf- und vorgezeigt wird darin die »Textur« des ungeheuren, ungeheuerlichen Jahres 1945 in Form von Darstellungen, Zitaten und Bildern. Aus Dokumenten, Zeitzeugenberichten, dichterischen Verarbeitungen, Reportagen, Analysen der Sekundärliteratur ergibt sich die Geschichte eines Jahres, das sich wohl als das bedeutendste der deutschen Geschichte erwies.
Der Autor will Sensibilität für Gegenwart und Zukunft entwickeln helfen. Es geht ihm um die generelle Übersicht über die Geschehnisse ebenso wie um die punktuelle Vergegenwärtigung einer vergangenen Welt, die unser Dasein individuell und kollektiv bis heute geprägt hat.
Vor 60 Jahren schlug die Stunde der Befreiung von der nationalsozialistischen Gewaltherrschaft. So viel Anfang war nie. Ob die Stunde Null aber wirklich ein Neubeginn war oder ob auch schlimme Kontinuität vorwaltete (viel Anfang war nie), diese Frage beantwortet der Autor mit hohem Sachverstand. Deutschland vor 60 Jahren – Geschichte wird lesbar gemacht.

Hermann Glaser, geboren 1928, Dr. phil., war mehr als ein Vierteljahrhundert bis 1990 Kulturdezernent der Stadt Nürnberg; nun ist er Honorarprofessor für Kulturvermittlung an der TU Berlin. Er gehört zu den maßstabsetzenden Kulturwissenschaftlern. Viele seiner Bücher hat er auch in den Fischer Verlagen veröffentlicht, zuletzt im S. Fischer Verlag die »Kleine deutsche Kulturgeschichte. Eine west-östliche Erzählung vom Kriegsende bis heute« (2004).

Unsere Adressen im Internet: www.fischerverlage.de
www.hochschule.fischerverlage.de

Hermann Glaser

1945 –
Beginn einer Zukunft

Bericht und Dokumentation

Fischer Taschenbuch Verlag

Die Zeit des Nationalsozialismus
Eine Buchreihe
Herausgegeben von Walter H. Pehle

2. Auflage: März 2005

Aktualisierte Neuausgabe
Veröffentlicht im Fischer Taschenbuch Verlag,
einem Unternehmen der S. Fischer Verlag GmbH,
Frankfurt am Main, März 2005

Die Originalausgabe erschien 1995
unter dem Titel »1945. Ein Lesebuch«
im Fischer Taschenbuch Verlag GmbH

Gesamtherstellung: Clausen & Bosse, Leck
Printed in Germany
ISBN 3-596-16649-7

Inhalt

Es ist schön, einen Frühling der Geschichte zu erleben

(So)viel Anfang war nie

Mayrhofen, 15. Juni 1945

Das Dritte Reich ist vorbei, und man wird daraus Bücher machen. Miserable, sensationelle und verlogene, hoffentlich auch ein paar aufrichtige und nützliche Bücher. Eine psychologische Untersuchung, die sich mit dem Verhalten des Durchschnittsbürgers beschäftigt, wird nicht fehlen dürfen. Und sie könnte etwa ›Die Veränderbarkeit des Menschen unter der Diktatur‹ heißen. Ohne eine solche Analyse stünden die fremden Rächer, Forscher, Missionare und Gruselgäste ohne Leitfaden im Labyrinth. Sie wüßten nicht aus noch ein. Und auch wir, die im Labyrinth herumtappten, als es noch kein Museum war, sondern als der Minotaurus und seine Opfer noch lebten, auch wir werden das Buch nötighaben.

Erich Kästner: Notabene 45.

Einleitung. Die Befreiung

Im Mai 1945 brach mit der bedingungslosen Kapitulation der deutschen Wehrmacht das nationalsozialistische Gewaltregime zusammen; der Zweite Weltkrieg war in Europa zu Ende. Zumindest seit 1970, als zum 25. Jahrestag dieses für die deutsche Geschichte wohl wichtigsten Ereignisses Bundespräsident *Gustav Heinemann* eine Gedenkrede hielt und im Bundestag *Willy Brandt* dazu als erster Bundeskanzler eine Regierungserklärung abgab, wurde zu den einzelnen Dezenniumsabschnitten auf unterschiedliche Weise die Erinnerung an das damalige Geschehen wachgerufen.[1] Dabei zeigten die offiziellen Verlautbarungen, aber auch Volkes Stimme oft genug Ambivalenz: Sollte man mehr die deutschen Opfer beklagen oder die Deutschen als Täter herausstellen? Ging es um deutsches Leid oder um deutsche Schuld bzw. um eine Schuld, die durch Leid ihre Sühne fand? Im Grunde genommen, so hatte es schon *Theodor Heuss* im Parlamentarischen Rat kurz vor seiner Wahl zum Bundespräsidenten der Bundesrepublik Deutschland 1949 formuliert, »bleibt dieser 8. Mai 1945 die tragischste und fragwürdigste Paradoxie der Geschichte für jeden von uns. Warum denn? Weil wir erlöst und vernichtet in einem gewesen sind«. In einem fiktiven öffentlichen ›Brief an meine Söhne‹ schrieb *Heinrich Böll* später: »Ihr werdet die Deutschen immer wieder daran erkennen können, ob sie den 8. Mai als Tag der Niederlage oder Befreiung bezeichnen.«[2]

Nach langen Zeiten des Schwankens bei der Bewertung der deutschen Niederlage, was Ausdruck politisch-moralischer Unsicherheit und Unentschiedenheit, auch ein Mangel an Trauerarbeit gewesen ist, bewies gegenüber solchem Wankelmut Bundespräsident *Richard von Weizsäcker* 1985 herausragende Souveränität, als er in seiner Ansprache bei der Gedenkstunde des Deutschen Bundestags zum 40. Jahrestag des Kriegsendes sowohl der Historisierung des Dritten Reiches als auch der damit verbundenen Schuldminderung, Schuldabwälzung oder gar Schuldverdrängung entgegen trat. »Der 8. Mai war ein Tag der Befreiung. Er hat uns alle befreit von dem menschenverachtenden System der nationalsozialistischen Gewaltherrschaft. Niemand wird um dieser Befreiung willen vergessen, welche schweren Leiden für viele Menschen mit dem 8. Mai erst begannen und danach folgten. Aber wir dürfen nicht im Ende des Krieges die Ursache für Flucht, Vertreibung und Unfreiheit sehen. Sie liegt vielmehr in seinem Anfang und im Beginn jener Gewaltherrschaft, die zum Krieg führte. Wir dürfen den 8. Mai 1945 nicht vom 30. Januar 1933 trennen. Wir haben wahrlich keinen Grund, uns am heutigen Tag an Siegesfesten zu beteiligen. Aber wir haben allen Grund, den 8. Mai 1945 als das Ende eines Irrweges deutscher Geschichte zu erkennen, das den Keim der Hoffnung auf eine bessere Zukunft barg.«[3]

Er brachte damit auf den Begriff, was bereits 1945 allerdings nur relativ wenige (vor allem die vom NS-Terror Betroffenen und diejenigen, die sich der ›Inneren Emigration‹ zugehörig fühlten) empfunden hatten. Für den Kriegsheimkehrer *Hartmut von Hentig* etwa war die Stunde Null die große Befreiung seines Lebens: »Chaos und Freiheit sind seitdem nie wieder ganz für mich zu trennen und beide nicht von einem überwältigend strahlenden Sommer, in dem man zu Fuß über Land ging wie hunderttausend andere, hinter Hecken und in Scheunen schlief, sich ein Stück Brot erbettelte und Fallobst am Wegrand auflas – und kein Mensch etwas von einem wollen konnte. 1945 – die Jahreszahl, die in den Geschichtsbüchern für Elend, letzte sinnlose Zerstörung, nationale Erniedrigung, persönliche Vergewaltigung steht oder für die Abstraktion ›Ende des Naziregimes‹, des tausendjährigen Reiches – markiert eines der köstlichsten Jahre meines Lebens.«[4]

Das Gedenken im Jahre 2005 unterscheidet sich insofern von den vorausgegangenen Anlässen, als es in ein neues Jahrhundert fällt, also das verhängnisvolle zwanzigste – eine geschichtliche Pandora-Büchse – hinter sich gelassen hat. Das mag zunächst wie eine äußere Symbolik erscheinen; doch wird die Zäsur auch dadurch bekräftigt, dass mit jedem Jahr die Entfernung zum Dritten Reich immer größer wird. Man denke etwa an die Zeitzeugenschaft: Wer heute noch lebt und damals zehn Jahre alt war, ist heute siebzig; war er zwanzig, ist er achtzig; war er dreißig, ist er neunzig. Die persönliche Weitergabe von Erfahrungen, sowieso bei der Kriegsgeneration wenig ausgeprägt, versiegt. An die Stelle persönlicher Berichte tritt das Geschichtsbuch.

Ausgehend vom konkreten Alltag, werden nachfolgend die dramatischen Ereignisse zwischen Januar und Dezember 1945 narrativ und dokumentarisch festgehalten. Erschlossen wird die militärische und politische, soziale und wirtschaftliche, kulturelle und seelische Situation einer untergehenden und dann den Aufbau wagenden Gesellschaft, wobei das, was damals geschah (gelang oder versäumt wurde), die weitere Entwicklung der Bundesrepublik und der DDR wesentlich prägte. Das Ende der nationalsozialistischen Herrschaft bedeutete eine ›Stunde Null‹, der eine ›Stunde Eins‹ folgte; es gab aber auch ein den freiheitlichen Neubeginn gefährdendes Weiterwirken des nationalsozialistischen Ungeistes.

Optimistisch wandte sich *Thomas Mann* aus dem amerikanischen Exil am 10. Mai 1945 an seine deutschen Rundfunkhörer (in einer Sendereihe der BBC, die seit Oktober 1940 den Dichter zu Wort kommen ließ). Die Stunde Null als eine ›große Stunde‹ könne, trotz tiefster Demütigung des eigenen Landes, in der Rückkehr Deutschlands zur Menschlichkeit bestehen. Diese Stunde erweise sich freilich als hart und traurig, weil Deutschland sie nicht aus eigener Kraft habe herbeiführen können. Furchtbarer, schwer zu tilgender Schaden sei dem deutschen Namen zugefügt und die Macht verspielt worden. »Aber Macht ist nicht alles, sie ist nicht einmal die Hauptsache, und nie war deutsche Würde eine bloße Sache der Macht. Deutsch war es einmal und mag es wieder werden, der Macht Achtung, Bewunderung abzugewinnen durch den menschlichen Beitrag, den freien Geist.«[5]

Der alliierte Sieg in Europa war zunächst einmal ein Sieg über die Deutschen gewesen; in Wahrheit freilich ein Sieg auch für die Deutschen. »Mehr noch: Das Ende des Krieges wurde zum Neubeginn ganz Europas im Zeichen der Demokratie, der Aussöhnung zwischen jahrhundertelang verfeindeten Völkern, der Überwindung von Grenzen und Sperren. Deshalb dürfen die Deutschen erhobenen Hauptes und frohen Sinnes mitfeiern. Sie haben ihren Anteil daran gehabt, daß es so weit gekommen ist. Der Zusammenschluß der Europäer ist auch ihr Werk.« (Theo Sommer)[6] Man mag einen derartigen Blick ›zurück nach vorn‹ als zu optimistisch empfinden; doch zeigte sich schon 1945, dass das deutsche Volk, in dem die Menge so lange in Schande gelebt hatte (»die Guten sind verschwunden, die Schlechten stehen geschart«), in dem Augenblick, als die Not wie ein Eis gebrochen war, es fertig brachte, Lust aus Leid und »Licht aus al-

Sohn: In einem Brief an die Frankfurter Allgemeine Zeitung hat ein Leser vorgeschlagen, wir sollten den 8. Mai zum Nationalfeiertag machen.

Vater: Also den Tag, an dem wir von der Hitler-Regierung befreit wurden. Eine vernünftige Idee.

Sohn: Aber begreifst du denn nicht? Das ist der Tag der bedingungslosen Kapitulation.

Vater: Ich begreife sehr gut. Es ist der Tag der bedingungslosen Kapitulation.

Sohn: Und unsere eigene Kapitulation sollten wir feiern?

Vater: Wir können es auch bleiben lassen.

Sohn: Ich bin für bleiben lassen.

Vater: Es macht mich aber nachdenklich.

Sohn: Was macht dich nachdenklich?

Vater: Daß du das Ende von etwas Schlechtem und den Anfang von etwas Besserem nicht feiern willst.

Richard Matthias Müller: Über Deutschland. Olten und Freiburg i. Br. 1965.

tem Grau'n« zu brennen. Diese metaphorischen Anspielungen, hier auf die radikale Wende bezogen, die das Kriegsende für die Deutschen brachte, stammen aus einem Gedicht *Gottfried Kellers* (›Die öffentlichen Verleumder‹), das mit seherischer Kraft die ›Mentalitätsgeschichte‹ des Dritten Reiches vorwegnahm und auch als ein ›Psychogramm‹ des Jahres 1945 empfunden werden kann. Das Werk *Kellers* war zwar im Dritten Reich nicht verboten; wer aber dieses Gedicht, das hektographiert in Kreisen der inneren Emigration zirkulierte, öffentlich verbreitete, etwa in kleinem oder größerem Kreis vorlas, konnte leicht von der ›Volksgerichtsbarkeit‹ belangt werden. Als die Befreiung erfolgt war, druckte manche der neu entstandenen Zeitungen den Text im Feuilleton ab – in mahnender Erinnerung an die Zeit, da die Deutschen ein ›schlimmes Leben‹ geführt und den ›öffentlichen Verleumdern‹ zugejubelt hatten. Doch sprach man bald davon »wie von dem schwarzen Tod« und hoffte darauf, dass die »letzten Tage«, die man durchlebt und durchlitten hatte, in ein neues Leben, das aus den Ruinen hervorblühe, übergehen würden. Und in der Tat: Die Geschichte meinte es gut mit den Deutschen. Es ging ihnen nicht so schlecht, dass sie die Hoffnung auf ein besseres Leben aufgeben mussten; und sie vollzogen auch, bald in äußerer Anpassung, bald in innerer Umkehr, einen seelischen Wandel.

Die in den USA lebende Emigrantin *Hannah Arendt*, die davon gehört hatte, dass *Kellers* Gedicht unter den Widerstandsleuten von Hand zu Hand gegangen war, schrieb später in einem Brief an den Dichter *Uwe Johnson*, dass ihr die letzte Strophe immer als der »Weisheit letzter Schluß für die ganze Angelegenheit« erschienen sei. *Arendts* »Weisheit letzter Schluß« ist die »menschliche Fähigkeit zum Neuanfang, für den die Kinder stehen. Doch es handelt sich nicht um einen naiven Neuanfang, der einfach auf dem Vergessen des Alten basiert, sondern um einen Neuanfang, der das Eingedenken (an Leid und Graun) mit einschließt. Durch diesen Neuanfang entstehen Licht und Lust, die rettende Erhellung der Gegenwart also. Der Mensch, insofern er einen Anfang in die Welt setzen kann, ist der Grund zur Hoffnung und begründet in *Vita activa* das politische Handeln.« (Marie Luise Knott)[7]

Dankbarkeit gegenüber dem, wegen weitgehender Identifikation der Deutschen mit dem Nationalsozialismus eigentlich wenig verdienten Schicksal, vor allem gegenüber denjenigen, die mit der Niederwerfung der NS-Herrschaft einen Neuanfang ermöglichten, also

Ein Ungeziefer ruht
In Staub und trocknem Schlamme
Verborgen, wie die Flamme
In leichter Asche tut.
Ein Regen, Windeshauch
Erweckt das schlimme Leben,
Und aus dem Nichts erheben
Sich Seuchen, Glut und Rauch.

Aus dunkler Höhle fährt
Ein Schächer, um zu schweifen,
Nach Beuteln möcht' er greifen
Und findet bessern Wert:
Er findet einen Streit
Um nichts, ein irres Wissen,
Ein Banner, das zerrissen,
Ein Volk in Blödigkeit.

Er findet, wo er geht,
Die Leere dürft'ger Zeiten,
Da kann er schamlos schreiten,
Nun wird er ein Prophet;
Auf einen Kehricht stellt
Er seine Schelmenfüße
Und zischelt seine Grüße
In die verblüffte Welt.

Gehüllt in Niedertracht
Gleichwie in einer Wolke,
Ein Lügner vor dem Volke,
Ragt bald er groß an Macht
Mit seiner Helfer Zahl,
Die hoch und niedrig stehend,
Gelegenheit erspähend,
Sich bieten seiner Wahl.

Sie teilen aus sein Wort,
Wie einst die Gottesboten
Getan mit den fünf Broten,
Das klecket fort und fort!
Erst log allein der Hund,
Nun lügen ihrer tausend;
Und wie ein Sturm erbrausend,
So wuchert jetzt sein Pfund.

Hoch schießt empor die Saat,
Verwandelt sind die Lande,
Die Menge lebt in Schande
Und lacht der Schofeltat!
Jetzt hat sich auch erwahrt,
Was erstlich war erfunden:
Die Guten sind verschwunden,
Die Schlechten stehn geschart!

Wenn einstmals diese Not
Lang wie ein Eis gebrochen,
Dann wird davon gesprochen,
Wie von dem schwarzen Tod;
Und einen Strohmann bau'n
Die Kinder auf der Heide,
Zu brennen Lust aus Leide
Und Licht aus altem Grau'n.

Gottfried Keller

den Alliierten, sowie gegenüber den Frauen und Männern der ersten Stunde, die sich an den Wiederaufbau machten, ist heute angesichts historischer Vergesslichkeit im Zeichen eines neuen ausgeprägten Selbstbewusstseins der Deutschen keine Selbstverständlichkeit, zumal mit dem Wechsel vom kleinen Bonn, einem Topos staatlicher Bescheidenheit und Zurückhaltung, nach Berlin die Überheblichkeit des Was-haben-wir-doch-alles-erreicht um sich gegriffen hat und die Politik vor allem an aktuellen Machtfragen interessiert ist. Zukunft wird immer weniger auf ihre Herkunft bezogen.

Doch hat die friedliche Revolution in der DDR 1989/90, die Deutschland die Einheit zurückbrachte – schon 1945 hatte sich deren Zerfall in West und Ost angedeutet –, auch auf herausragende Weise gezeigt, dass man mit großem Mut aus der Geschichte Lehren zu ziehen bereit ist. Für die Deutschen, soweit sie in der Spaßgesellschaft noch zu reflektieren bereit sind, könnte es zu den wichtigsten und ermutigendsten Erkenntnissen gehören, dass man die »Mühen der Gebirge« (Bertolt Brecht) mit Ausdauer, geleitet vom Kompass einer ethisch auf Grundwerte und Grundrechte ausgerichteten Politik, erfolgreich hinter sich gebracht hat. Vor uns liegen nun die »Mühen der Ebenen«. Schlimm wäre es allerdings, wenn man nun die Notwendigkeit der Orientierung an neuen Gipfeln vergäße. Die ›Berliner Republik‹ ist schließlich in Gefahr, die Bedeutung von Vision und Utopie gering zu achten; aber ohne sie verliert sich Denken und Handeln in aktionistischer Orientierungslosigkeit.[8]

In seinem Roman ›Der Mann ohne Eigenschaften‹ spricht *Robert Musil* davon – seine Gedanken sind für die Gesellschaft und Politik, Wirtschaft und Kultur des vereinten Deutschlands besonders aktuell –, dass, wenn es einen Wirklichkeitssinn gibt, es auch etwas geben müsse, das man Möglichkeitssinn nennen könne. Dieser ließe sich als »die Fähigkeit definieren, alles, was ebensogut sein könnte, zu denken und das, was ist, nicht wichtiger zu nehmen als das, was nicht ist«. Solche Möglichkeitsmenschen lebten in einem feineren Gespinst, in einem Gespinst von Dunst, Einbildung, Träumerei und Konjunktiven. Jemand, der auf »mögliche Wahrheiten« sehe, habe in den Augen anderer oft »ein Feuer, einen Flug, einen Bauwillen …, der die Wirklichkeit nicht scheut, wohl aber als Aufgabe und Erfindung behandelt«. Da seine Ideen nichts als noch nicht geborene Wirklichkeiten seien, habe natürlich auch er Wirklichkeitssinn; »aber es ist ein Sinn für die mögliche Wirklichkeit«.[9]

Man erinnere sich in diesem Sinne an die beispielhafte und Beispiel gebende Trauerkundgebung im Konzentrationslager Buchenwald am 19. April 1945 zu Ehren der 56000 durch die SS und ihre Helfer ermordeten Häftlinge, da die Überlebenden aus 35 Nationen in tiefster Erniedrigung einen Schwur ablegten, in dem sie sich zur höchsten humanen ›Möglichkeit‹ bekannten: »Der Aufbau einer neuen Welt des Friedens und der Freiheit ist unser Ziel. Das sind wir unseren gemordeten Kameraden, ihren Angehörigen schuldig. Im Zeichen Eurer Bereitschaft für diesen Kampf erhebt die Hand zum Schwur und sprecht mir nach: Wir schwören!«[10]

Das Dritte Reich bringt sich um. Die Leiche heißt Deutschland[11]

Letzte Tage

Das Entscheidungsjahr beginnt

Am 1. Januar 1945 schrieb eine nach Endorf im Chiemgau evakuierte Münchnerin in ihr Tagebuch: »Ein neues Jahr hat angefangen. Ein schweres, entscheidungsbringendes Jahr.« Von den zehn Jahren seit der Heirat seien sechs Jahre Krieg gewesen. Glücklich wäre sie, wenn der Mann am Samstagnachmittag aus der Stadt kommen könne (»oft mit sehr müden Schritten, den unentbehrlichen Rucksack auf dem Rücken«). Zu Jahresanfang bedecke glitzernder Schnee das Land; geheimnisvoll wie vor ewigen Zeiten rausche der Wald im Mondschein. »Doch die Zeit ist eine andere, unruhevoll, gehetzt und vertrieben sind die Menschen. Und jeder hat heute zum Neuen Jahr nur den einen Wunsch: Frieden, Frieden.«[12]

Das war wahrlich ein frommer Wunsch; wie viele ihn im letzten Kriegsjahr bewußt oder unbewußt teilten, ist unbekannt; kaum jemand hätte ihn jedoch offen ausgesprochen, denn er lag völlig konträr zu dem fanatischen Kampfeswillen, den die Nationalsozialisten, allen voran *Adolf Hitler*, lauthals verkündeten. In seinem Aufruf zum Jahreswechsel an das deutsche Volk – »Deutsches Volk, Nationalsozialisten, Nationalsozialistinnen, meine Volksgenossen« –, in dieser letzten Neujahrsrede *Hitlers* wird weiterhin mit monomaner Geschwätzigkeit ein erfolgreiches Kriegsende suggeriert: »... nicht durch die deutsche Kapitulation, denn diese wird nie kommen, sondern durch den deutschen Sieg!«[13]

Im Reichpropagandaministerium konstatierte man mit Zufriedenheit eine positive Resonanz der Rede, vor allem in den Westgauen; diese habe hundertprozentig die Menschen aufgerüttelt und deren Herzen für die deutsche Sache begeistert. In der Ansprache des Führers sei besonders aufgefallen, daß er im Gegensatz zu den Feindmächten mit sehr siegessicherer Zuversicht das Volk ermutigt habe.[14]

Wenn das Neue Jahr wirklich Frieden bringen würde, wie es sich die evakuierte Münchner Frau ersehnte: Wer würde zu den Überlebenden gehören? Die vom Großdeutschen Rundfunk inszenierte Silvestersendung konnte das Gefühl nicht übertönen, daß das Inferno bevorstehe. Die Untergangsstimmung war besonders stark in den Städten ausgeprägt, über die gleich zu Jahresbeginn neue von Bombenangriffen entfachte Feuerstürme hinwegrasten. Die vom Reichspropagandaminister *Dr. Joseph Goebbels* im Berliner Sportpalast am 18. Februar 1943 ausgegebene Losung – »Ich frage euch: ›Wollt ihr den totalen Krieg? Wollt ihr ihn, wenn nötig, totaler und radikaler, als wir ihn uns heute überhaupt noch vorstellen können?‹«[15] –, diese, die letzte propagandistische Schamgrenze aufhebende, aber aufgrund ihrer Rhetorik von der Masse der Bevölkerung begeistert begrüßte Aufforderung zu rücksichtsloser Vernichtung sollte sich im Jahr 1945 voll, freilich gegenteilig, erfüllen: Für Deutschland und die Deutschen waren ›letzte Tage‹ angebrochen.

Feuerstürme

Von den Großangriffen aus der Luft waren während des Krieges 131 deutsche Städte betroffen; eine Reihe von ihnen wurde mehrfach angegriffen (Berlin 29mal, Braunschweig 21mal, Ludwigshafen und Mannheim je 19mal, Kiel, Köln, Frankfurt am Main je 18mal, Hamburg und Münster je 16mal, Koblenz und Hamm je 15mal, Hannover und Magdeburg je 11mal).[16] Manchmal genügte *eine* Bombardierung, um die Stadt fast völlig zu vernichten – so bei Nürnberg und Dresden; es handelte sich dabei um kombinierte Angriffe: Die RAF (Royal Air Force), die in insgesamt 400 000 Flügen eine Million Bomben auf gegnerisches Gebiet niedergehen ließ, setzte die betreffende Stadt in Brand; die USAAF (United States of America Air Force) folgte mit einem Sprengbombenangriff. Die Verluste unter der Bevölkerung waren dementsprechend hoch. Effizient war natürlich auch die gleichzeitige Anwendung von Brand- und Sprengbomben. In seinem Bericht über den Luftangriff auf Halberstadt am 8. April 1945 zitiert der dort 1932 geborene *Alexander Kluge* ein Interview mit dem Brigadier *Frederick L. Anderson* der 8. US-Luftflotte, der den Angriff mit geleitet hatte. Zunächst hätten die Bomber ein paar Serienwürfe ›prophy-

1. Januar 1945. Das Oberkommando der Wehrmacht gibt bekannt:

»An der Südfront unseres Einbruchsraumes zwischen Maas und Mosel wird heftig gekämpft... In Elsaß-Lothringen führten unsere Truppen eine Reihe von Vorstößen gegen die nunmehr von stärkeren Kräften entblößte amerikanische Front... Lüttich und Antwerpen liegen unter dem anhaltenden Beschuß unserer Fernfeuerwaffen.

In Mittelitalien wurden feindliche Aufklärungsvorstöße in den Bergen südlich Imola und in der Romagna abgewiesen. Bewegungen und Ansammlungen der Briten durch starke Feuerschläge bekämpft.

Trotz wiederholter Angriffe der Bolschewisten blieb die Lage in Ungarn an der gesamten Front zwischen der Drau und der slowakischen Grenze sowie vor Budapest unverändert... In Kurland nahm der Feind nur im Raum nordwestlich Doblen seine Angriffe wieder auf. Unsere Divisionen zerschlugen in harten Kämpfen die nach heftiger Feuervorbereitung geführten Durchbruchsversuche der Bolschewisten, die dabei hohe blutige Verluste erlitten...

Anglo-amerikanische Terrorverbände setzten ihre Angriffe gegen den westdeutschen Raum fort und warfen Bomben auf Städte in Nord- und Norwestdeutschland. Größere Schäden in Wohngebieten entstanden vor allem in Groß-Hamburg sowie bei einem Nachtangriff der Briten auf Oberhausen; in den frühen Abendstunden war die Reichshauptstadt das Ziel schneller britischer Kampfflugzeuge. 75 anglo-amerikanische Flugzeuge, in der Mehrzahl viermotorige Bomber, wurden durch Jagdflieger und Flakartillerie der Luftwaffe vernichtet...«

Die Wehrmachtsberichte 1939–1945. Band 3: 1. Januar 1944 bis 9. Mai 1945. München 1985.

laktisch‹ an die Stellen gelegt, an denen Teile der Bevölkerung, die durch den Alarm gewarnt worden waren, zum Berggelände hin flüchteten; »um da erst einmal zuzumachen«, galt es den Angriff kompakt zu fliegen, damit er sich nicht ›verkleckere‹. Das hieß: Die Würfe durften sich nicht im Stadtgebiet verteilen, sie mußten dort plaziert werden, wo es richtig brannte; die Bombenschützen hatten sich zunächst auf die Eckhäuser zu konzentrieren. »Optimal gesprochen: Schuttkegel am Eingang jeder Straße und am Ausgang. Die Falle ist zu, wenn wir die Häuser zu beiden Seiten der Straße sprengmäßig aufmachen. Da hinein Brandkanister, Stäbchenbrandbomben usf. Darüber dritte und vierte Welle wieder sprengmäßig, brandmäßig. Das gibt ein Querraster, obwohl wir immer in der gleichen Spur durchfurchen. Sehen Sie, intakte Gebäude sind schwer zum Brennen zu bringen. Erst müssen die Dächer abgedeckt sein, und es müssen Öffnungen eingesprengt werden, die ins zweite oder möglichst erste Stockwerk hinabreichen, wo das Brennbare sitzt. Sonst haben wir keine Flächenbrände, keinen Feuersturm usf.«[17]

Enorm hoch war die Zahl der Opfer beim Bombenangriff auf Dresden am 13. Februar 1945; mindestens 35000 Menschen dürften in der mit Flüchtlingen überfüllten Stadt umgekommen sein, als sie durch zwei Nachtangriffe (773 Bomber) und einen Tagesangriff (311 Bomber) zerstört wurde. (Andere Schätzungen sprechen von 40000 bis 60000 oder noch mehr Todesopfern.) Es handelte sich um den furchtbarsten Schlag des ganzen Krieges gegen die Zivilbevölkerung. Unmittelbar nach dem Angriff notiert *Ursula von Kardorff* in ihr Tagebuch (Berlin, 15. Februar 1945): »Die Nachrichten aus Dresden sind so schauerlich, daß man sie einfach nicht glauben kann. Die Stadt war vollgestopft mit Flüchtlingen, erst als sie brannte, begannen die Sprengbomben zu fallen.« Der Eintrag vom 12. März lautet: »Man hört grausige Schilderungen aus Dresden. Zehntausende von Toten, da die Stadt mit Flüchtlingen aus dem Osten überfüllt war. Die Lebenden nur noch damit beschäftigt, aus den Trümmern Leichen zu bergen. Die Engländer rühmten sich speziell, so viele Flüchtlinge getroffen zu haben. Eine Barbarei, die sich nicht mehr sonderlich von der unseren unterscheidet. Flüchtlinge, Alte, Mütter und Kinder mit Sprengbomben und Phosphorregen zu überschütten, sie zu verbrennen, zu verstümmeln und zu ersticken – das ist unmenschlich.«[18]

Von den 220000 Wohnungen in Dresden waren 75358 (33 Prozent) total zerstört und 18608 (ca. 9 Prozent) schwer oder mittelschwer be-

1 Aus einem verschütteten Luftschutzkeller gerettete Familie

schädigt worden. Laut Statistik kamen in Dresden 42,8 Kubikmeter Trümmer auf jeden Einwohner (inklusive der Toten), in München 6,5 cbm, in Stuttgart 8,5 cbm, in Berlin 12,6 cbm, in Köln 31,4 cbm.

Während der englische Premierminister *Winston Churchill* noch im Februar 1944 den Wert der flächendeckenden Bombardierung Deutschlands hervorgehoben hatte – die Luftoffensive sei »das Fundament, auf dem unsere Pläne für eine Invasion auf dem Festland beruhen«[19] –, richtete er am 28. März 1945, u. a. unter dem Eindruck der Vernichtung Dresdens, ein persönliches Memorandum an den Stabschef der britischen Luftwaffe: »Mir scheint, daß der Zeitpunkt gekommen ist, da man die Frage des sogenannten Flächenbombardements im Hinblick auf unsere eigenen Interessen überprüfen sollte. Wenn ein gänzlich ruiniertes Land unter unsere Kontrolle gelangt, wird es dort einen großen Mangel an Unterbringungsmöglichkeiten für uns und unsere Alliierten geben, und wir werden nicht in der Lage sein, Baumaterial für unseren eigenen Bedarf aus Deutschland bekommen zu können, weil eine zeitweilige Versorgung für die Deutschen selbst gewährleistet werden müßte. Wir müssen darauf achten, daß unsere Angriffe auf lange Sicht uns selbst nicht mehr schaden als den unmittelbaren Kriegsanstrengungen des Feindes.«[20] (Anfang März war der Bombenkrieg der Westalliierten im britischen Parlament zur Sprache gekommen; die Regierungsvertreter hatten Mühe, die Praxis des Luftkrieges zu verteidigen.)

Bis solche gleichermaßen pragmatischen wie moralischen Überlegungen die Strategie der Militärs zu beeinflussen begannen – immerhin waren die Deutschen nicht bereit, den längst verlorenen Krieg zu beenden, was den eigenen Truppen jeden Tag erhebliche Verluste zufügte –, dauerte es einige Zeit. Dazu kam, daß die Bombenangriffe auf deutsche Städte kaum mit Risiken verknüpft waren. Nachdem die deutsche Luftwaffe im Unternehmen ›Bodenplatte‹, Anfang Januar 1945, noch einmal mit 900 Flugzeugen die alliierten Flugplätze, Radaranlagen und Stützpunkte im Westen anzugreifen versucht hatte (ein Drittel der dabei eingesetzten Maschinen ging, viele durch eigene Flak, verloren), konnte sie den Großangriffen der Angloamerikaner – neben Nürnberg und Dresden auf Würzburg (5000 Tote, 85 Prozent Zerstörung), Magdeburg, Berlin, Stuttgart, Wien, Pforzheim, Chemnitz, Kottbus, Dortmund, Ludwigsburg, Duisburg, Bremen, Essen, Hamburg – nichts mehr entgegensetzen. Kiel war die letzte deutsche Stadt, die (am 3. Mai 1945) bombardiert wurde.

Dresden, 14. Februar 1945

1 Uhr 22. Über dem Feuersturm dröhnende Luftgeschwader; Racheengel, elende Helden, Soldaten, Vergeltung – und nun wieder Bomben. Im Keller. Er schlingert wieder, länger als kurz davor, noch gefährlicher. Sprengbomben in das Feuermeer. Das ist der Untergang der Welt.

Gegen Morgen. Aber es wird nicht Morgen. Die verbrennende, zerschlagene Stadt wirft sich gegen die Sonne, die im Osten aufwacht, verdunkelt sie, hält die Nacht fest, die so hell ist. Aschenregen im Garten. Wie Pompeji...

Es gibt keine Stadt mehr. Es gibt nur noch Rauch, eingestürzte Straßenzüge, zerbrechende Ruinen, Leichen. Sie liegen einzeln und in Klumpen auf der Straße, die keine Straße mehr ist, sondern eine heiße Gasse, keine Gasse, ein Steg, kein Steg, ein Nichts, das ich betrete, durch das ich laufe, renne, gejagt von den niederstürzenden Fassaden. Der Rauch läßt mich schwer atmen, ich taumle vorwärts, mit dem Marschkompaß suche ich mir die Richtung, die ich einzuhalten habe. Ich laufe mit dem Kompaß durch meine Stadt, und ich finde sie nicht mehr. Leichen, so verstümmelt, daß ich sie gar nicht mehr als Leichen empfinde, sondern wie Gespenster, die aus der Hölle kommen und hier weggeworfen wurden. Der Große Garten: der Große Leichengarten mit zerfetzten Bäumen, brennenden Pavillons, Leichen, Leichen...

Der Hauptbahnhof, eine Ruine. Menschen vor Kellerfenstern, hinter denen Lebende und Tote sich mischen. In diesen Kellern sind sie erstickt, dort taumeln sie hervor aus der Umarmung durch die Toten; es ist wie ein Schacht, der in ein Bergwerk führt, das Leichen abbaut.

Ich suche meinen Vater, aber ich finde ihn nicht. Ich wende mich ab, bahne mir einen Weg, den Rückzug zur Elbe, der Rauch nimmt mir den Atem, ich ergreife die Hand einer Frau, wir halten Taschentücher vor den Mund, so laufen wir Hand in Hand der Elbe zu, dort ist noch Freiheit. Die Türme der Stadt sind zerrissen, gekappt, und einmal steigt hinter uns eine graue Staubwolke auf, ein Donnern rollt über die toten Häuser. Ein Stadtviertel ist zusammengebrochen, als sei es müde des Grauens, des Ekels, des erbärmlichen Todes, als müsse es sich davonmachen aus dieser Welt.

Auf den Elbwiesen Zehntausende, übersät das bißchen freie Erde mit Toten und Verwundeten, mit Betenden und Wahnsinnigen. Flucht durch diesen Vorhof der Hölle. Kurz vor der Blasewitzer Brücke sehe ich die Bomber, die nun über der Stadt erscheinen und Sprengbomben abwerfen auf die Toten und Überlebenden am Elbufer, nun auch Tod für sie. Maschinengewehre rattern, aber es ist keine Abwehr, es sind die Jäger da oben, die mit Bordwaffen die Lebenden und Toten vernichten.

Wolfgang Paul: Veränderungen. Aus dem Tagebuch 1945. In Hans Rauschning (Hrsg.): Das Jahr '45. Dichtung, Bericht, Protokoll deutscher Autoren. München 1985.

Gleichwohl hatten die Vereinigten Staatschefs bereits am 16. April die strategische Luftoffensive gegen Deutschland für grundsätzlich als abgeschlossen erklärt. »Das Gesamtergebnis des modernen, hochtechnisierten Luftkrieges gegen die Zivilbevölkerung war erschütternd: Rund 3,6 Millionen Häuser wurden in Deutschland durch Luftangriffe zerstört, über 7,5 Millionen Obachlose hinterließ der Krieg. In Deutschland starben etwa 600000, in Großbritannien ca. 60000 Menschen im Bombenhagel; noch in den letzten drei Kriegsmonaten fanden 120000 Deutsche den Tod.«[21]

Militärischer Zusammenbruch

Wunderwaffen hatte die nationalsozialistische Führung auch für 1945 immer wieder angekündigt; sie würden das ›Blatt des Krieges‹ wenden. Aber die seit Mitte Juni 1944 zum Einsatz gekommenen sogenannten ›Vergeltungswaffen‹ (die modernen Fernraketen V1 und V2, vorwiegend zum Bombardement von London verwendet) – sie lösten laut *Goebbels* einen Freudentaumel in der deutschen Bevölkerung aus – waren nicht mehr als ›Nadelstiche‹ und wurden von den Engländern mit Gelassenheit hingenommen. Bis zum 31. Dezember 1944 wurden 13714 Flugbomben abgeschossen, denen im Frühjahr 1945 nochmals 9000 Flugbomben und 1913 Raketen folgten; die letzte V2 detonierte am 27. März in London.[22] (Die Entwicklung der Atombombe war von den Deutschen, die ihre bedeutendsten, vor allem jüdischen Physiker und Naturwissenschaftler verfolgt und vertrieben hatten, nie ernstlich angegangen worden.)

Im Januar 1945 war die deutsche Ardennen-Offensive gescheitert. *Hitler* hatte größere Truppenverbände, unter Schwächung der Ostfront, mobilisieren können; er wollte nach Antwerpen, dem wichtigsten Nachschubhafen der Alliierten, vorstoßen und damit seinen Erfolg gegen Belgien-Frankreich vom Mai 1940 wiederholen. Zudem glaubte er, daß er dadurch die west-östliche Allianz werde spalten können. Nach gewissen Überraschungs-, also Anfangserfolgen, blieb die deutsche Offensive bereits nach vier Tagen stecken. Am 12. Januar 1945, als sie endgültig festgefahren war, begann die neue sowjetische Offensive; die russischen Truppenbereitstellungen an der Ostfront hatte *Hitler*, der GröFaZ (›größte Feldherr aller Zeiten‹), als

Die neue Waffe

Mit gleißnerischen Versprechungen versucht der Feind das Deutsche Volk wieder einmal zu betören. Derselbe Gegner, der Tag und Nacht Mord und Brand über deutsche Städte und Dörfer bringt, der den Krieg gegen die wehrlose Zivilbevölkerung führt, will durch verlogene Worte erreichen, was ihm im ehrlichen Waffenkampf versagt blieb. Er spricht vom Frieden und meint unseren Tod. Allein in seinen teuflischen Haßprophezeiungen:

Ausrottung unseres Volkes,
Vernichtung unserer Kultur,
Zerstörung aller Werte

ist er ehrlich. Nur diesen mörderischen Absichten glaubt! Alles andere ist Lüge.

Deutscher Volksgenosse

daran denke und weise alle schwächlichen Anwandlungen ab! Mag vielleicht noch einige Zeit des Abwartens bis zum Einsatz neuer Kampfmittel vergehen, mögen bis dahin noch Leid und Schmerzen zu ertragen sein, die große Stunde für unser Volk

wird kommen!

Dann wendet sich das Blatt des Krieges.

Jetzt mannhaft, zäh und treu kämpfen und arbeiten!

Aus solchen Tugenden erwächst uns

der Sieg.

2 NS-Flugblatt, 1945

»Riesenbluff« bezeichnet. »Eine gewaltige Kriegsmaschinerie überrollte das ausgeblutete deutsche Ostheer zwischen der Memel und den Karpaten und drang in drei Wochen bis an die Oder vor. Eine riesige Menschenlawine schob die Rote Armee vor sich her, endlose Trecks von Flüchtlingen, voller Entsetzen angesichts des Zusammenbruchs der deutschen Ostfront, in panischer Angst vor den Racheakten der sowjetrussischen Truppen, vor Vergewaltigungen in kaum vorstellbarem Ausmaß, vor tausendfachem Mord und Deportationen. Das war die Vergeltung für die von Deutschen auf sowjetischem Boden 1941 bis 1944 begangenen Verbrechen, eine Reaktion auf den nationalsozialistischen Rassenwahn. Aber solche Exzesse begleiteten auch den Einmarsch der Roten Armee in Rumänien, Ungarn und den anderen, doch ›befreiten‹ Ländern. Der Weltbürgerkrieg hatte, von der sowjetischen Kriegspropaganda verstärkt, alle Dämme brechen lassen.« (*Hans-Ulrich Thamer*)[23]

Die letzten Tage der deutschen Wehrmacht waren angebrochen. Die Rote Armee begann ihren Marsch nach Berlin, wohin *Hitler* sein Führerhauptquartier am 16. Januar verlegt hatte; am 19. Januar erreichte sie die schlesische Grenze, nicht viel später fiel den Russen das Industriegebiet Oberschlesiens unzerstört in die Hände.

Die westlichen Alliierten setzten knapp vier Wochen nach den Sowjets zum Sturm auf das deutsche Reich an; nach wenigen Tagen schon mußten sich die deutschen Truppen hinter den Rhein zurückziehen, Köln wurde am 6. März erobert; einen Tag später fiel den Amerikanern die unzerstörte Eisenbahnbrücke bei Remagen in die Hand. »Sagt den Boys«, meinte der General der 3. US-Armee *George Smith Patton*, »sie sollen einfach immer weiter vormarschieren. Ich glaube, dieser Krieg ist jetzt zu Ende. Ich möchte, daß meine Männer vorn sind und der Ruhm mit auf sie fällt.«[24] Doch die deutschen Truppen leisteten in allen Teilen des bald in einzelne ›Kessel‹ aufgespalteten Deutschland immer noch Widerstand, so daß das sinnlose Blutvergießen weiterging. Kassel wurde am 3. April, Nürnberg am 19. April, München am 29. April besetzt.

Am 25. April 1945 waren bei Torgau an der Elbe Truppen der 69. US-Infanterie-Division und der 58. Sowjetischen Gardedivision zusammengetroffen; am selben Tag wurde der Belagerungsring um Berlin geschlossen. Der Wehrmachtsbericht vom 1. Mai beschrieb die Frontlage: Im Stadtkern von Berlin verteidige sich die um den Führer *Adolf Hitler* gescharte ›tapfere Besatzung‹ auf verengtem Raum ge-

3 Einmarsch amerikanischer Truppen in eine deutsche Stadt

gen die bolschewistische Übermacht; südlich der Reichshauptstadt stünde man in harter Abwehr gegen die pausenlos anrennenden Sowjets. In Nordwestdeutschland läge der Schwerpunkt der Kampfhandlungen zwischen Weser und Elbe. Aus dem Bayerischen Wald seien amerikanische Panzerverbände an Passau vorbei bis zur Donau vorgestoßen. In Oberbayern dringe der Feind von Regensburg weiter nach Süden vor. In Oberitalien würden sich die deutschen Divisionen nach Norden zurückkämpfen. Die heldenhaften Verteidiger von Breslau hätten wiederum alle Angriffe der Bolschewisten abgeschlagen.[25]

Allmählich begriffen die deutschen Generäle und Oberbefehlshaber, deren verantwortungslose Treue zu *Hitler* ein absurdes Ausmaß angenommen hatte, daß sie doch kapitulieren müßten – wenn sie sich selbst retten wollten (und das wollten sie natürlich; lediglich die Landser sollten weiterhin ›verheizt‹ werden). So meldete zum Beispiel die von der amerikanischen 12. Heerestruppe für die deutsche Zivilbevölkerung herausgegebene ›Frankfurter Presse‹ am 3. Mai, daß Generalfeldmarschall *Gerd von Rundstedt*, der frühere deutsche Oberfehlshaber an der Westfront, sich ergeben habe. Generalfeldmarschall *Wilhelm List* war in seinem Haus in Garmisch gefangengenommen worden, Feldmarschall *Wilhelm Ritter von Leeb* in seinem Haus bei Füssen.[26] Und so fort. Während überall im Lande die Massengräber für die letzten Opfer der letzten Tage des Dritten Reiches ausgehoben wurden, setzten die meisten militärischen Repräsentanten des nationalsozialistischen Verbrechersyndikats auf ehrenvolle Behandlung durch die Feinde. Wie es mit dem Ehrenkodex wirklich bestellt war, zeigte sich nicht nur darin, daß ungezählte Soldaten wegen sinnloser Durchhaltestrategien noch fallen mußten oder verwundet wurden; der ›tapfere Widerstand gegen den Feind‹ bis zuletzt ermöglichte es auch den SS-Schergen, nachdem sie schon Millionen von Menschen in den Konzentrations- und Vernichtungslagern umgebracht hatten, weitere Verbrechen zu begehen.

Der lag besonders mühelos am Rand
Des Weges. Seine Wimpern hingen
Schwer und zufrieden in die Augenschatten.
Man hätte meinen können, daß er schliefe.

Aber sein Rücken war (wir trugen ihn,
Den Schweren, etwas abseits, denn er störte sehr
Kolonnen, die sich drängten) dieser Rücken
War nur ein roter Lappen, weiter nichts.

Und seine Hand (wir konnten dann den Witz
Nicht oft erzählen, beide haben wir
Ihn schnell vergessen) hatte, wie ein Schwert,
Den hartgefrorenen Pferdemist gefaßt,

Den Apfel, gelb und starr,
Als wär es Erde oder auch ein Arm
Oder ein Kreuz, ein Gott: ich weiß nicht was.
Wir trugen ihn da weg und in den Schnee.

Walter Höllerer: Der andere Gast. Gedichte. München Wien 1952.

Die Räumung der Konzentrations- und Vernichtungslager

Heinrich Himmler, Reichsführer SS und Oberbefehlshaber des Ersatzheeres, hatte den Befehl gegeben, die Konzentrationslager bei Feindannäherung zu räumen und die Häftlinge in noch bestehende rückwärtige Lager zu überführen. Eine Aufstellung vom 15. Januar 1945 besagt, daß es damals im Reichsgebiet 714211 Konzentrationslagerhäftlinge (511537 Männer und 202674 Frauen) gab; die Stärke der SS-Wachmannschaften betrug rund 40000. »Wohl mindestens ein Drittel der über 700000 in Januar 1945 registrierten Häftlinge kamen auf den strapaziösen Evakuierungsmärschen, in den wochenlang umherirrenden Transportzügen und (vor allem) in den völlig überfüllten Auffanglagern in den Monaten und Wochen unmittelbar vor Kriegsende ums Leben.« (*Martin Broszat*)[27]

In Auschwitz hatte die Gestapo in der ersten Januarwoche 1945, angesichts der näherrückenden Roten Armee, Vorkehrungen für die Evakuierung von über 65000 Häftlingen aus dem Lagerkomplex getroffen, nachdem schon vorher zahlreiche Häftlinge in andere KZs überstellt worden waren; am 6. Januar kamen z. B. 1000 Frauen von Birkenau nach Bergen-Belsen. Am 18. Januar – das Geräusch fernen Artilleriefeuers war bereits zu hören – ordnete die SS die Gesamtevakuierung des Lagers an; kranke Häftlinge wurden zurückgelassen. »Den ganzen 18. und 19. Januar hindurch brachen riesige Menschenkolonnen, von denen manche aus bis zu 2500 Häftlingen bestanden, bei eisigem Wetter zu Fuß gegen Westen auf, in Richtung auf die oberschlesischen Städte. Jeder, der nicht mehr weitergehen konnte, der hinfiel und nicht wieder aufzustehen vermochte, wurde erschossen. Das geringste Aufmucken wurde von den bewaffneten Posten auf brutalste Weise bestraft. Die Todesmärsche hatten begonnen. Von einer ursprünglich 800 Mann zählenden Kolonne lebten nach 18 Tagen des Marschierens und des weiteren Transports und des Wütens der Posten nur noch 200. In einer anderen, 2500 Köpfe zählenden Kolonne wurden im Laufe des ersten Marschtages 71 Männer erschossen.«[28]

Schnee, Frost, Eis, klirrende Kälte – keines dieser Worte kann auch nur annähernd ausdrücken, was ich empfand, als ich in der Nacht vom 25. auf den 26. Januar 1945 nackt im Freien stand. Eine Stunde zuvor waren wir mit den Rufen »Raus, raus!« aus den Duschen getrieben worden. Mit Hilfe von Knüppeln hatte man uns aus dem warmen, feuchten Raum hinausgeprügelt, in dem wir uns zuvor geduscht hatten. Das Wasser war, wie immer, entweder zu kalt oder zu heiß gewesen, und vor allem war es viel zu kurze Zeit gelaufen. Als es aufhörte, wurde plötzlich die Tür aufgerissen, Schnee und Eis drangen herein und brachten frostige Kälte mit sich.

Keine wollte in die Kälte und die Dunkelheit hinausgehen. Doch die Posten und die Kapos hatten das von vornherein geahnt und den Moment der Überraschung genutzt. Mit plötzlichem Geschrei, mit Hunden und mit Schlägen hatten sie uns auf den Hof getrieben. Es war Nacht, es war dunkel und der Himmel hing schwarz und drohend über uns. In der Kälte glitzerten die Sterne besonders hell.

Naß, nackt und barfuß, wie wir waren, drängten wir uns bald dicht zusammen, und der Frost hüllte uns ein...

Manchmal wurde ich von den Händen der Frauen, die außerhalb des Kreises standen und versuchten, hineinzukommen, abgedrängt. Wir schoben und wurden geschoben, ununterbrochen schoben wir und wurden geschoben. Die Wassertropfen auf unseren Körpern waren längst durch die natürliche Körperwärme verdampft, als wir aus den Duschen in die eisige Kälte draußen gekommen waren. Raja befand sich die ganze Zeit neben mir und kämpfte für uns beide um einen Platz im Knäuel der Körper, rieb mir den Rücken mit ihren eiskalten Händen und trieb mich zur Bewegung an.

Doch ich wollte nicht mehr. Plötzlich zerbrach ich. Diese Kälte kann man sich nicht vorstellen. Mir kam es vor, als breitete sich die Kälte nicht nur auf der Haut aus, als wären nicht nur die Beine so gefühllos, daß es mir egal war, ob jemand drauftrat, als wären nicht nur meine Hände so erfroren, daß ich sie nicht mehr bewegen konnte – mir war auch innerlich kalt, im Bauch. Die Kälte drang durch den Körper nach innen. Das Zittern und die Gänsehaut waren nur äußere Zeichen.

Die Haut auf meiner Stirn zog sich zusammen und tat weh, ich konnte die Augenbrauen nicht senken und die Stirn glätten, die Kopfhaut war zu klein für den Schädel, und obwohl auf meinem Kopf wenigstens der Aufbau war, der ihn vor der kalten Luft von oben schützte, waren mein Kopf und mein Gehirn wie erfroren.

Am schlimmsten war der Schmerz in der Brust, ein Schmerz, der mich am Atmen hinderte, als wäre meine Brust zugeschnürt. Dieser Schmerz brachte mich zum Weinen. Die Tränen gefroren mir auf den Wangen, und meine Haut tat noch mehr weh. Ich wollte nicht mehr!

Schoschana Rabinovici: Aufbruch zum Todesmarsch. Aus den Erinnerungen einer jungen KZ-Insassin. In: Süddeutsche Zeitung, 13./14./15. August 1994. Vgl. S. Rabinovici: Dank meiner Mutter. Frankfurt am Main 1994.

Standgerichte

In den ›letzten Tagen‹ des Dritten Reiches lief das Schwungrad der Kriegsmaschinerie zunächst einfach weiter – allerdings mehr und mehr im Leerlauf, denn neue Impulse bekam es durch die immer verzweifelter werdenden Anstrengungen der NS-Führung, die Wehrmacht zum selbstmörderischen Kampf bis zur letzten Patrone zu motivieren (am 12. Januar stiftete *Hitler* sogar ein ›Tieffliegervernichtungsabzeichen‹), nicht. Die Desertion, noch dazu aus ethischen Gründen, war bislang sehr selten gewesen – *Alfred Andersch* zum Beispiel vollzog sie an der Italienfront am 6. Juni 1944 –; in den ›letzten Tagen‹ des Dritten Reiches nahmen jedoch die Versuche, dem Inferno sich zu entziehen, rasch zu. ›Fahnenflucht‹ verlor ihr Odium, ›Kameradschaft‹ ihre Aura, als es darum ging, ›noch einmal davonzukommen‹.

Auch verbreitete sich zunehmend die Kunde von den unvorstellbaren Verbrechen der Nationalsozialisten, deren Durchführung man mit seinem Kriegseinsatz ermöglicht hatte. (Man hatte zwar bislang von den Greueltaten manches, je nach Fronteinsatz auch vieles mitbekommen, doch im Begeisterungstaumel der militärischen Erfolge nicht wahrnehmen wollen).

Als die hysterischen Endsieg- und Durchhalteparolen bei der bisher straff disziplinierten und von ›hoher Kampfmoral‹ bestimmten Wehrmacht nicht mehr genügend Resonanz fanden, verstärkten die Nationalsozialisten den Terror gegen die eigenen Soldaten. Einer der obersten Feiglinge innerhalb der NS-Hierarchie, der ›Mut‹ immer nur gegenüber den schwachen Opfern seiner Vernichtungsaktionen gezeigt hatte, *Heinrich Himmler*, erließ Mitte Januar 1945 einen Aufruf gegen Drückeberger: »Ich bitte die deutschen Volksgenossen, insbesonders die Frauen, Drückebergern, die sich Evakuierungstrecks anhängen oder sonst von Osten nach Westen ziehen, kein Mitleid am unrechten Platz entgegenzubringen. Männer, die sich von der Front entfernen, verdienen von der Heimat kein Stück Brot.«[29]

Am 15. Februar 1945 erließ der Reichsminister der Justiz eine Verordnung über die Errichtung von Standgerichten, die nun in ›feindbedrohten Reichsverteidigungsbezirken‹ gebildet wurden; die Härte des Ringens um den Bestand des Reiches erfordere von jedem Deutschen Kampfentschlossenheit und Hingabe bis zum äußersten. Wer versuche, sich seinen Pflichten gegenüber der Allgemeinheit zu entziehen, insbesondere, wer dies aus Feigheit oder Eigennutz tue, müsse sofort mit der notwendigen Härte zur Rechenschaft gezogen werden, damit nicht aus dem Versagen eines Einzelnen dem Reich Schaden erwachse.[30] (Durch die NS-Militärjustiz sind während des Zweiten Weltkrieges etwa 50000 Todesurteile gefällt worden; davon 30000 bis 35000 gegen Wehrmachtsangehörige).

Als *Hartmut von Hentig*, der an *Hitlers* Geburtstag (20. April) zum Leutnant befördert und dem Oberkommando des Heeres als Mitglied der Führerreserve unterstellt wurde, nach Berlin kommt, sieht er, daß in der Frankfurter Allee an jedem zweiten Laternenmast ein desertierter deutscher Soldat baumelt. Die Abschreckung wirkt aber nicht besonders, denn als die Truppe wieder nach Süddeutschland verlegt wird, dem ausgewichenen OKH folgend, gehen vom Transportzug »einige Kameraden im Dunkeln ab, wenn wir in der Nähe ihres Heimatortes waren«[31]. Ebenfalls in Berlin notiert *Ruth Andreas-Friedrich* in ihrem Tagebuch (23.4.1945): »Lang und hager, die Arme auf dem Rücken zusammengebunden, baumelt es vor uns am Pfahl. Baumelt hin … baumelt her. Zwei schlotternde Soldatenstiefel schlagen mit gespenstischem Klappern gegen den Laternenmast. Aus bläulichem Totenantlitz glotzen blutunterlaufene Augen blicklos auf das Straßenpflaster … Die ihn aufknüpften, haben ihm ein Schild um den Hals gehängt. Aus grauer Pappe, mit Bindfaden verknotet. Darauf steht in windschiefen Druckbuchstaben: ›Ich, Unteroffizier Heinrich Lehmann, war zu feige, Frauen und Kinder zu verteidigen. Darum hänge ich hier.‹«[32]

Fallstudien zeigen, wie selbst noch unmittelbar vor dem Einmarsch alliierter Truppen Denunziantentum und Blutjustiz hemmungslos weiter wüteten. Als bei Heidelberg in der Osterwoche, so berichtet *Alexander Mitscherlich*, Hunderte von jungen Soldaten ungeordnet vorbeizogen – sie hatten, willentlich oder nicht, den Anschluß an ihre Truppenteile verloren bzw. aufgegeben –, versuchten letzte SS-Einheiten, die nicht begreifen wollten, daß das Ende des Dritten Reiches gekommen war, durch Standgerichte und Erschießung die Flüchtlingsflut zum Halten zu bringen. »An der nördlichen Ausgangsstraße von Heidelberg, dort wo in wenigen Wochen die berühmte Obstblüte einsetzen würde, konnte man jetzt zwei junge Soldaten, die derartig standgerichtlich abgeurteilt und erschossen worden waren, an Apfelbäumen aufgehängt sehen als Beispiel, das abschrecken sollte. Kaum war das Feldgericht weitergezogen, da kamen die Bauern der Bergstraße und fällten die Bäume, an denen sich die sinnlose Exekution vollzogen hatte, als seien sie ›unrein‹ geworden.«[33]

Dem Prinzip des Terrors entsprach man selbst dann noch, als das Dritte Reich rechtlich schon gar nicht mehr bestand. So wurde ein Fahnenflüchtiger noch einen Tag nach der bedingungslosen Kapitulation hingerichtet.

Defätismus beim Volk

Seit der Niederlage von Stalingrad (Ende Januar 1943), dem Wendepunkt des Krieges – die unter General *Paulus* in Stalingrad eingeschlossene deutsche 6. Armee war vernichtet oder gefangen worden (ca. 146000 Gefallene und 90000 Gefangene) –, hatte die Begeisterung für den Krieg innerhalb der Bevölkerung merklich nachgelassen; die ständigen Luftangriffe verstärkten die Erosion der Heimatfront.

Analysiert man die Geheimen Lageberichte des Sicherheitsdienstes der SS[34], so kann man zu dem Ergebnis kommen, daß allem Anschein nach große Teile des Volkes sogar schon 1942, als der Höhepunkt des Krieges und der Gipfel der Hybris erreicht waren, der NS-Führung zu entgleiten drohten und hinter deren Rücken etwas ›Absonderliches‹ zu tun begannen: »eigenen, unorthodoxen Gedanken nachzuhängen«. Die Deutschen waren nicht gläubig und nicht verblendet genug, »um in der Kriegsmisere nur die Geburtswehen des Tausendjährigen Reiches zu sehen, das ihnen verheißen war. Sie zogen es vor, sich von der auf Gedeih akzeptierten politischen Heilslehre innerlich loszusagen, als die Signale auf Verderb sprangen.«[35]

Die Berichte offizieller Stellen aus der Zeit der ›letzten Tage‹ des Dritten Reiches zeigen, daß zwar weiterhin die Bereitschaft vieler Deutscher bestand, sich mit *Hitler* zu identifizieren. Es könne aber nicht verkannt werden, so der Oberlandesgerichtspräsident von Baden an den Reichsjustizminister am 2. Januar 1945, daß die Mißstimmung allerbreiteste Kreise erfaßt habe, auch solche, die sonst Ruhe und Zurückhaltung zu bejahen pflegten. Insbesondere im Beamtentum seien Stimmungsäußerungen laut geworden, die früher völlig undenkbar gewesen wären.[36] Ein Tätigkeitsbericht (Stimmungsbericht)

4 Karl Kunz, »Bombennacht«, 1945
Auf symbolisch-stilisierte Weise hält Karl Kunz das Leiden der in den Luftschutzkellern vegetierenden Menschen fest

aus dem Reichspropagandaministerium vom 21. Februar 1945 besagt, daß die Einstellung des sogenannten Bürgertums durch eine tiefgreifende Lethargie und weitgehendes Sich-gehen-lassen gekennzeichnet sei, was in Gesprächen usw. hervortrete. Diese Kreise sähen dem Krieg zu wie ein Theaterbesucher den Vorgängen auf der Bühne, ohne das Gefühl zu haben, daß es um den eigenen Hals gehe. Die ständigen Redewendungen lauteten: »Ist doch alles verloren, wozu noch arbeiten«, oder: »In drei Monaten ist der Krieg doch verloren.« Auch bestimmte Teile des Bauerntums, besonders in den konfessionell einseitig zusammengesetzten Gebieten, würden von dieser Einstellung erfaßt. Die daraus erwachsene Gefahr dürfe nicht verkannt werden, denn dieses Gerede sei wie ein schleichendes Gift, mache die Menschen müde und mutlos und setze ihre Leistungen herab. Ganz anders verhalte sich jedoch die Arbeiterschaft in den großen Betrieben; sie erfülle nach wie vor vorbildlich ihre Pflicht. In diesen Kreisen werde fast überhaupt nicht gemeckert; man zeige sich allen kommunistischen Zersetzungsversuchen gegenüber immun und halte trotz aller Entbehrungen und Belastungen in Treue zum Führer. Aus diesen Kreisen würde auch gefordert, daß mit der Rücksichtnahme auf mutlose sogenannte ›Bürger‹ endlich Schluß gemacht werde. Der Schrei nach einem scharfen Durchgreifen werde immer stärker. Die große Zahl von Soldaten, die man überall auf Bahnhöfen und auf den Straßen wartend sehe, wirke sich bedrückend auf die Stimmung in der Bevölkerung aus, weil man den Eindruck habe, daß viele Soldaten keinen Wert darauf legten, schnell zu ihrem Truppenteil zu kommen, sondern die Verkehrsschwierigkeiten ausnutzten.[37]

Je mehr *Hitler* den Volksgeist in seiner ›unüberwindbaren Stärke‹ beschwor, desto weniger konnte er sicher sein, daß der immer noch laute, nach außen bekundete Jubel auch wirklich der inneren Befindlichkeit entsprach. In der Proklamation zum Parteigründungstag, am 24. Februar 1945, pries er zwar die ›unerschütterliche Volksgemeinschaft‹ und verkündete, durchdrungen vom ›Glauben an unser Volk‹, den Sieg des Deutschen Reiches; im gleichen Atemzug aber drohte er weiteren und verstärkten Terror gegenüber all denjenigen an, die den Kampf sabotieren würden. »Unser Volk hat im Laufe seiner nunmehr zweitausendjährigen Geschichte so viele furchtbare Zeiten überstanden, daß wir keinen Zweifel darüber haben dürfen, daß wir auch der jetzigen Not Herr werden! Wenn die Heimat weiterhin ihre Pflicht so wie jetzt erfüllt, ja sich in ihrem Willen, das Höchste zu leisten, noch steigert, wenn der Frontsoldat an der tapferen Heimat sich ein Beispiel nimmt und sein ganzes Leben einsetzt für diese seine Heimat, dann wird eine ganze Welt an uns zerschellen! Wenn Front und Heimat weiter gemeinsam entschlossen sind, jeden zu vernichten, der es auch nur wagt, dem Gebot der Erhaltung gegenüber zu versagen, wer sich entweder feige zeigt oder gar den Kampf sabotiert, so werden sie gemeinsam verhindern, daß die Nation vernichtet wird.«[38]

War der ›gute Glaube‹ nicht mehr vorhanden, trat der Henker in Aktion. Die deutsche Justiz hatte seit 1933 gezeigt, wie gering ihr Naturrechtsbewußtsein ausgeprägt war und wie rückgratlos sie sich dem Diktat der nationalsozialistischen Rechtsvorstellungen unterwarf; (bei der Judengesetzgebung zeigte sich dies auf besonders abscheuliche Weise). Dennoch sah sich die NS-Führung bereits sehr früh (1934) veranlaßt, die ›ordentliche Gerichtsbarkeit‹ durch eine zweite Form zu ergänzen – der Stamm der alten Richter war ihr immer noch zu sehr um Objektivität und Gerechtigkeit bemüht. Der neue ›Volksrichter‹ sollte radikal auf dem Boden der NS-Weltanschauung stehen, nicht richten, sondern ausrotten und vernichten, wie es der Führer befahl. Mörder, in der Robe des Richters, waren gefragt. Während des Krieges – vor allem unter dem Vorsitz von *Roland Freisler* (er kam im Februar 1945 bei einem Bombenangriff auf Berlin ums Leben) – war beim Volksgerichtshof im allgemeinen ein Todesurteil zu erwarten.

Die Entartung der Justiz erreichte 1944 und 1945 ihren Höhepunkt. Ein Erlaß des Justizministers *Otto Thierack* vom 13. Dezember 1944 hatte die zwingende Bestimmung, daß ein Angeklagter durch einen Verteidiger vertreten sein müsse, geändert; es war nun dem Richter überlassen zu entscheiden, ob ein Verteidiger überhaupt erforderlich sei. Am 15. Februar 1945 wurde zudem als eine letzte Verzweiflungsmaßnahme angesichts der unmittelbar drohenden Niederlage das Gesetz zur Errichtung der ›zivilen Standgerichte‹ erlassen. Das Gesetz bestimmte, daß deren Urteil entweder Todesstrafe, Freispruch oder Überweisung an die Ordentlichen Gerichte sein müsse.[39] 1940 bis Kriegsende sind schätzungsweise 16000 Todesurteile gefällt und vollstreckt worden. Der zunehmenden Hoffnungs- und Mutlosigkeit, verbunden mit ›Schwarzseherei‹ und Resignation, war aber auch dadurch nicht mehr beizukommen.

Der Schrecken aus dem Osten

Von der nationalsozialistischen Propaganda geschürt, aber auch durch die ›Kunde‹ von schrecklichen Grausamkeiten bestätigt, verbreitete sich in den Ostgebieten eine panische Angst vor den Russen. Riesige Trecks von Flüchtlingen, die sich von der auf dem Rückzug befindlichen deutschen Armee noch einigermaßen abgeschirmt fühlten, versuchten, in den Westen Deutschlands zu gelangen. Das Ende des nationalsozialistischen Wahns vom Ostimperium – mit den Reichskommissariaten Moskau, Kaukasus, Ukraine, Ostland, Polen, Böhmen und Mähren – war längst gekommen. Was *Hitler* in den Tagen des Überfalls auf die Sowjetunion seinem Propagandaminister *Joseph Goebbels* erklärt hatte – »Und haben wir gesiegt, wer fragt uns nach der Methode. Wir haben soviel auf dem Kerbholz, daß wir siegen müssen, weil sonst unser ganzes Volk, wir an der Spitze, mit allem, was uns lieb ist, ausradiert würde«[40] –, diese düstere Vision begann sich zu bewahrheiten. Nach drei Jahren mit äußerster Brutalität geführter Kämpfe ließen die geschlagenen Verbände der Wehrmacht Rußland als ein verbranntes, ausgeplündertes Land zurück. Fast 20 Millionen Sowjetbürger waren ums Leben gekommen, mehrere Millionen nach Deutschland verschleppt worden.

Für die Russen war nun mit Erreichen der deutschen Grenze die Stunde der Rache gekommen. In der sowjetischen Armeezeitung schrieb der Schriftsteller *Ilja Ehrenburg*: »Wir vergessen nichts. Wir marschieren durch Pommern, vor unseren Augen aber liegt das zerstörte, blutende Weißrußland. Den penetranten Brandgeruch, der in unsere Soldatenmäntel in Smolensk und in Orel drang, wollen wir jetzt nach Berlin tragen. Vor Königsberg, vor Breslau und vor Schneidemühl denken wir an die Ruinen von Woronesch und von Stalingrad. Rotarmisten, die zur Zeit deutsche Städte stürmen, vergessen nicht, wie in Leningrad Mütter ihre toten Kinder auf kleinen Handschlitten fortschafften. Für die Qualen Leningrads hat Berlin uns noch nichts bezahlt ...«[41]

Die entsetzlichen Ausschreitungen, gegen die sich besonnene Offiziere der sowjetischen Armee ergebnislos zur Wehr setzten (so die Frontoffiziere *Alexander Solschenizyn* und *Lew Kopelew*), ließen den Flüchtlingsstrom – eine ›Umdrehung‹ des von *Hitler* propagierten Germanenzugs – immer mehr anschwellen. Nach dem Einbruch der Sowjets in Ostpreußen konnten aus der Danziger Bucht bis Mai 1945 noch rund 2 bis 3 Millionen Menschen (Flüchtlinge und Soldaten) evakuiert werden; 20000 bis 25000 kamen dabei ums Leben. Eine besonders schlimme Katastrophe ereignete sich, als der ehemalige Linienkreuzer der Parteiorganisation ›Kraft durch Freude‹, ›Wilhelm Gustloff‹ (35484 Bruttoregistertonnen), mit rund 6600 Flüchtenden beladen, darunter fast 5500 Frauen und Kindern, nach der Abfahrt aus dem Ostseehafen Gotenhafen (Gdingen) von einem sowjetischen U-Boot torpediert wurde; nur 1252 Personen konnten gerettet werden. Eine Überlebende meinte später: »Menschen in der Masse sind schlechte Menschen. Die werden zum Vieh.« Mütter, Alte und Greise, die nicht vorwärtskamen, seien einfach totgetrampelt worden. »Ich habe noch die Hand nach meinen Eltern ausgestreckt, aber ich hab sie nicht mehr erreicht. Da kamen die Menschenmassen, die quollen und quollen und schrien.« Um die wenigen Plätze in den Booten sei gekämpft und geschossen worden.[42]

Der Weg über das Land war meist noch gefährlicher als über die See; er wurde von vorstoßenden russischen Panzern immer wieder versperrt. »Über vereiste Straßen und durch heftige Schneestürme behindert, zogen die Trecks dahin. Pferde glitten immer wieder aus, Wagen brachen zusammen. Viele zogen nur einen Handwagen mit ihrer letzten Habe hinter sich her. Es war ein unvorstellbarer Kampf gegen die Verzweiflung. Nahrungsmittel, vor allem Milch für die Kleinkinder, gab es kaum. Dazu immer wieder Tiefflieger und die Angst, von feindlichen Panzern überrollt zu werden. Nicht wenige, insbesondere Alte und Kranke, gaben auf und fanden den Tod. Wem immer es gelang, ins Innere des Reiches zu entkommen, erfuhr auch dort oft einen schmerzlichen Mangel an Mitmenschlichkeit und Hilfsbereitschaft. Für viele war es zudem eine trügerische Sicherheit, so für die Flüchtlinge aus Schlesien, die in Dresden Zuflucht gesucht hatten und im Inferno des Bombenkrieges umkamen.«[43]

Das letzte Aufgebot

In den ›letzten Tagen‹ mobilisierte das NS-Regime ein letztes Aufgebot: Kinder, Jugendliche und alte Menschen – solche, die von der Wehrpflicht noch nicht oder nicht mehr erfaßt bzw. bislang von dieser ›zurückgestellt‹ waren.

5 15- oder 16jähriger Hitlerjunge, nach Fronteinsatz gegen Ende des Krieges von US-Truppen gefangen genommen

Vor allem mit Hilfe der Schüler als Flakhelfer konnten, da der Krieg Menschenmassen verschlang, die deshalb von der Heimatfront abgezogenen Soldaten ersetzt werden. Die Schüler waren meist 16 bis 17 Jahre alt und bedeuteten quantitativ ein umfangreiches Potential. 1944/45 handelte es sich bei dem Jahrgang 1928 bereits um die dritte Einberufung, nachdem Mitte 1943 der Jahrgang 1927 und Anfang 1943 der Jahrgang 1926 eingezogen worden waren. Militär, Hitlerjugend und Schule teilten sich die Zuständigkeit: Der Betreuungsoffizier sorgte vor allem für die militärische Ausbildung, der aus der HJ stammende Mannschaftsführer für die politische Ausrichtung, die Betreuungslehrer führten am Vormittag den Unterricht vor Ort durch; doch verlor die Schule aus verständlichen Gründen zunehmend an Bedeutung.

Martin Greiffenhagen bezeichnet die Flakhelfergeneration als eine eigene soziologisch und sozialpsychologisch bestimmbare Kohorte, in deren Mittelpunkt der Jahrgang 1928 stand.[44] Die zwischen 1927 und 1929 Geborenen hätten das deutliche Gefühl entwickelt, anders zu sein als ihre nur um wenige Jahre älteren oder jüngeren Geschwister. Der ältere Bruder z. B. war Soldat in Frankreich und Rußland, nach Kriegsende eventuell noch jahrelang in Gefangenschaft; die jüngere Schwester wußte nichts von Ernteeinsatz und anderen Dienstverpflichtungen; sie war noch Kind und zu Hause. In politischer Hinsicht habe der Luftwaffenhelferdienst eine Schwächung des Parteieinflusses und der politischen Indoktrinierung bedeutet; die NS-Emblematik ließen die Hitlerjungen als Flakhelfer mit dem Einzug in die Stellung hinter sich: Die Hakenkreuzbinde am Arm wurde entfernt. Man wollte Soldat sein und verstand seine Rolle nicht als Fortsetzung des HJ-Dienstes. Zusammen mit den Parteifarben und -symbolen ließ man beim Einzug in die Flakstellung auch das Prinzip »Jugend soll durch Jugend geführt werden« zurück. An die Stelle der HJ-Lieder traten Soldatenlieder. Die Entpolitisierung sei durch Vorgesetzte und Mannschaften unterstützt worden; die Offiziere hatten Fronterfahrung und waren oft schwer verwundet gewesen, die Mannschaften, ältere Leute meist, hatten den Krieg an vielen Fronten erlebt; zu ideologischen Klimmzügen neigte niemand. Trotz teilweiser, dann allerdings mehr ›punktueller‹ Verluste, gehörte die Flakhelfergeneration in einem gewissen Sinne zu den ›weißen Jahrgängen‹, die, der ›Gnade der späten Geburt‹ teilhaftig, vom Massentod verschont blieben, wohl aber wußten, daß Krieg kein Kinderspiel sei.

Der Vorzug einer solchen Situation lag darin, daß das Interesse an dem militärisch-politischen Drama des Kriegsendes und der Nachkriegszeit nicht beeinträchtigt wurde durch die Angst vor Benachteiligungen oder Strafen, die den Älteren drohten, soweit sie durch eigene Entscheidung oder berufliche Position mit dem NS-Regime verflochten waren. Die ›weißen Jahrgänge‹ blieben von Entnazifizierungs- und Spruchkammerverfahren verschont, sie durften zusehen; sie wandelten sich zur ›skeptischen Generation‹. Diese hat *Helmut Schelsky* als ›nüchtern, ideologiefern und propagandaresistent‹ bezeichnet[45]: Die in Kriegs- und Nachkriegszeit erfahrene Not und Gefährdung der eigenen Familie durch Flucht, Ausbombung, Deklassierung, Besitzverlust, Wohnungsschwierigkeiten, Schul- und Ausbildungsmängel oder gar durch den Verlust der Eltern oder eines Elternteils hätten einen sehr großen Teil dieser Jugendgeneration frühzeitig gezwungen, für den Aufbau und die Stabilisierung ihres privaten Daseins Verantwortung oder Mitverantwortung zu übernehmen.

Die ›weißen Jahrgänge‹ waren weiß auch in einem anderen metaphorischen Sinne: Viele ›Flecken‹ auf ihrer geistigen Landkarte zeigten sich als unausgefüllt und damit offen. Nachdem sie die letzten Tage des NS-Reiches, vor allem die Erbärmlichkeit, mit der sich die Führungselite der Verantwortung zu entziehen versuchte, am eigenen Leibe erfahren hatten, entwickelten sie zur alliierten Militärregierung und dann zum neuen demokratischen Staat ein ziemlich unbefangenes Verhältnis. Der Nationalsozialismus hatte gemeint, daß man auf ›*Hitlers* Jugend‹ besonders bauen könne; nun zeigte sich, daß die Verführung durch unmenschliche Ideologie und hysterische Propaganda nur sehr bedingt erfolgreich gewesen war. Mit neu erwachender Ichstärke gehörte gerade die Flakhelfer- bzw. skeptische Generation zu denjenigen, die das Nachwirken der ›öffentlichen Verleumder‹ unterband – »Und einen Strohmann bau'n/die Kinder auf der Heide,/zu brennen Lust aus Leide/und Licht aus altem Grau'n.«

Nicht nur die Schüler der Jahrgänge 1927 bis 1929 wurden in den letzten Tagen des Krieges zum Militärdienst herangezogen; auch noch Jüngere wollte das verbrecherische NS-Regime für sich kämpfen und sterben lassen. Zwar war der Einatz von Jungen (gelegentlich auch Mädchen) nicht die Regel, aber immerhin so häufig, daß man ihn als besonders signifikant für die Perversität der militärischen Führung, mit *Adolf Hitler* an deren Spitze, bezeichnen muß. Vor allem bei der Verteidigung von Breslau und Berlin wurden Tausende von

Jungen sinnlos geopfert. Noch am 23. April 1945 stellte der Reichsjugendführer *Arthur Axmann* 600 15 bis 16jährige Hitlerjungen bereit, die auf Befehl *Hitlers* die Pichelsdorfer Havelbrücken verteidigen sollten.[46] Dieser hatte auch das Treffen *Hitlers* mit 20 ›kampfbewährten‹ Hitlerjungen im Garten der Reichskanzlei am 20. März inszeniert, das propagandistisch zum Kriegseinsatz von Kindern auffordern sollte. Die Hitlerjungen waren in Reih und Glied angetreten. »*Hitler* näherte sich in Begleitung des Reichsjugendführers *Axmann* und anderer Persönlichkeiten langsamen Schrittes der Gruppe. Er hatte den Kragen seines Uniformmantels hochgeschlagen und die Mütze ins Gesicht gezogen. Er ließ sich die Gruppe melden, schritt dann die Reihe ab und klopfte diesem und jenem auf die Schulter oder tätschelte seinen Kopf. Der Jüngste der angetretenen Hitlerjungen war der 12jährige *Alfred Czech*. Er war mit dem Eisernen Kreuz ausgezeichnet und hatte im Raum Oppeln, ›12 Verwundete geborgen und einen russischen Spion gestellt‹.«[47] Die Szene wurde von der ›Deutschen Wochenschau‹ gefilmt; es waren die letzten Filmaufnahmen, die von *Hitler* gemacht wurden. Das Pressekommuniqué erschien am nächsten Tag in der ›großdeutschen Presse‹, so sie noch bestand (u. a. im ›Völkischen Beobachter‹).

Die kämpfenden Hitlerjungen waren organisatorisch meist dem Volkssturm eingegliedert; den Hauptanteil dort stellten als letztes Aufgebot alte Männer. Die ›Neue Zürcher Zeitung‹ berichtete am 18. April 1945 aus Berlin: »Bei den Übungen von Militär und Volkssturm, denen jeder Passant zusehen kann, gewinnt man den Eindruck von körperlicher Schwäche der Beteiligten. Es werden in Ruinen Häuserkämpfe und im Tiergarten Waldgefechte geübt. Die Männer sind oft weder uniformiert noch bewaffnet. Sie schleichen durch das Gelände und markieren das Maschinengewehrfeuer, indem sie mit Stöcken auf leere Blechbüchsen schlagen.«[48]

Nach der geglückten Invasion in Frankreich und dem Vormarsch der Alliierten in West und Ost (im September 1944 standen ihre Armeen vor Aachen und an der ostpreußischen Grenze) rief *Hitler* am 25. September 1944 »zum totalen Einsatz aller deutschen Menschen« auf und unterzeichnete den Erlaß über die Bildung des Deutschen Volkssturms. Dieser wurde aus Propagandagründen erst anläßlich des Jahrestages der Völkerschlacht von Leipzig am 18. Oktober 1944 publik gemacht. »Mit nationalem Pathos und Fanfarenstimme proklamierte *Goebbels* dann auch die dem Dichterwort von *Theodor*

Körner entnommene Losung: ›Nun Volk steh auf, Sturm brich los!‹ Ebenso wurde die Aufstellung des Volkssturms von der Reichspost durch eine Sonderbriefmarke mit dem besonderen Motto ›Ein Volk steht auf‹ und von der Ufa-Filmgesellschaft durch den Durchhaltefilm ›Kolberg‹, der den verzweifelten Endkampf der Zivilbevölkerung einer eingeschlossenen Stadt heroisierte, propagandistisch unterstützt. Die NS-Führer *Martin Bormann, Heinrich Himmler* und *Fritz Sauckel* propagierten in ihren Reden und Aufrufen den Volkssturm sogleich als ›letztes und entscheidendes Aufgebot‹ für den seit dem Kriegsbeginn von 1939 nunmehr anstehenden ›zweiten Großeinsatz‹ des ganzen deutschen Volkes. Der Kampf der nationalsozialistischen ›Volksgemeinschaft‹ sollte ›mehr und mehr den Charakter einer geschichtlich beispiellosen Volkskrieges annehmen‹, wie der NSDAP-Gauleiter *Robert Wagner* anläßlich des Verteidigungsappells des ersten Volkssturmbataillons aus Baden-Elsaß in Straßburg am 12. November 1944 erklärte.«[49]

Der Volkssturm umfaßte vier Aufgebote: Alle tauglichen und waffenfähigen Männer der Jahrgänge 1884 bis 1924 konnten außerhalb des Heimatgaus eingesetzt werden; das zweite Aufgebot erfaßte die bisher noch am Arbeitsplatz in der Heimat verbliebenen UKs (›unabkömmlich‹ gestellte Männer von 25 bis 50 Jahren); das dritte Angebot betraf die Jahrgänge 1925 bis 1928, soweit sie nicht bereits eingezogen oder Flakhelfer waren; im vierten Aufgebot – dem größten – fanden sich alle Männer zusammen, die zum Waffendienst an sich untauglich waren, die man jedoch nun zu mobilisieren trachtete. Die Rüstungswirtschaft war nicht mehr in der Lage, die fast 6 Millionen volkssturmpflichtigen Männer mit Waffen ausreichend auszurüsten; vielfach gab es nur Jagd- und Sportflinten und veraltete Beutewaffen; die Munition war knapp, zum Teil standen lediglich 5 bis 10 Schuß Munition pro Mann zur Verfügung. »Relativ günstig war dagegen die Ausstattung mit dem neuentwickelten Panzernahbekämpfungsmittel ›Panzerfaust‹ und ›Ofenrohr‹; der Volkssturm wurde dann auch in der Propaganda als spezielles Panzerjägerkommando herausgestellt. Mut und Panzerfaust würden jeden Panzer besiegen, so ließ *Goebbels* großsprecherisch verkünden.«[50]

»Nun Volk steh auf, Sturm brich los!« Nach ›Sturm‹ stand den Volkssturmsoldaten der Sinn nicht. Viele versuchten, in windstille Nischen sich zu ›verdrücken‹, um dort das Ende des Krieges abzuwarten. Ende 1944, so berichtet der Komponist *Werner Egk*, sei er zum

Frontvolkssturm kommandiert worden; er habe gelernt, daß das Gewehr die Braut des Soldaten sei; es bestehe aus sieben Teilen. »Ich war weder an der Braut noch an ihren Teilen interessiert und versäumte – nie ohne Grund – die Ausbildungsabende. Am 7. Januar 1945 sollte ich einrücken. Der Transport ging, wie sich später herausstellte, nach Frankfurt an der Oder, wo die Einheit schon beim Ausladen weggemäht und weggeblasen wurde. Es war kein Schaden für die Armee, daß ich nicht nach Frankfurt an der Oder, sondern mit dem Veloziped auf einen Bauernhof in der Nähe von Ingolstadt gefahren war.«[51]

Auch die von der NS-Propaganda angekündigten ›Werwölfe‹ gingen lieber nach Hause oder blieben gleich dort. Solchen mystisch-mythisch-archaischen Wesen gleich, sollten die Deutschen für den Volks-Sturm auch dann sorgen, wenn sie vom Feind überrollt seien; mit Feuer und Schwert hätten sie dann aus dem Untergrund zurückzukehren. Wenn überhaupt einmal eine Werwolf-Aktion stattfand, dann in Form des ›Abstoßes‹; so benennt und bewertet *Ernst Jünger* einen Vorgang in Kirchhorst (13.4.1945): Ein NS-Funktionär, der am Abend noch eine Brandrede gehalten und dann in der Nacht in Zivil aus dem Hause getreten sei, um sich zu entfernen und unterzutauchen (wie jetzt wohl zahllose andere), sei von seinen Untergebenen, nun Werwölfe, nach kurzem Wortwechsel erschossen worden.[52]

Die Gangster proben den Ausstieg

Als die allerletzten Tage des Dritten Reiches gekommen waren, kam die nationalsozialistische Bewegung erneut in Bewegung – nach dem Motto: Rette sich, wer da kann!

Diejenigen, die als kleine oder große Parteigänger des Regimes, als dessen Funktionäre und Exekutoren den ›heroischen Opfergang des Volkes‹ weiter propagierten, die als Führer in Politik, Militär, Verwaltung schließlich die Strategien für die Selbstvernichtung des deutschen Volkes entwarfen (denn nur ›verbrannte Erde‹ sollte dem Feind überlassen werden), bereiteten klammheimlich ihren Ausstieg aus der Apokalypse vor. Die Erbärmlichkeit, mit der die schlimmsten Staatsverbrecher und Massenmörder sich der ›Verantwortung‹ (was immer das in einem Staat ohne ethische Prinzipien hieß) zu entziehen suchten, hat geschichtlich keine Parallele. Die emphatische Beschreibung des Dritten Reichs als eines ›Reichs der niederen Dämonen‹ durch *Ernst Niekisch*[53] erwies ihre Richtigkeit vor allem in Hinblick auf die letzte Phase der nationalsozialistischen Herrschaft.

Der Nationalsozialismus habe die umfassendste Gegenauslese in Fluß gebracht; man habe in seiner Substanz morsch und moralisch angeknackt sein müssen, um in die herrschende Schicht Aufnahme finden zu können. Alle niedrigen menschlichen Existenzweisen gelangten an die Spitze; sie waren der Troß, der *Hitler* angemessen war. »Der Polizeiagent, der Falschspieler, der Lügner, der Defraudant, der Hochstapler, der Geldschrankknacker, der schwere Junge, der Ordensschwindler, der Abenteurer, der Quacksalber, der Sektierer, der kitschige Gemütsathlet, der Schauspieler, der Schwätzer, der Folterknecht, der Bauchaufschlitzer: das ist die Personage des Dritten Reiches, die die bürgerliche Gesellschaft aus ihren dunkelsten Löchern zur Hilfe gerufen hat; das ist die Menagerie wilder Tiere, denen sie die antifaschistischen Glaubenszeugen zum Fraße vorwirft.« Die nationalsozialistische Personage lasse sich, so *Niekisch*, auf den Grundtyp des Gangsters zurückführen. »Der Gangster ist der Mann, der sein Schicksal nicht akzeptiert. Er ist kein Revolutionär; er will die bürgerliche Ordnung gar nicht umstürzen, er will nur sein persönliches Los verbessern... Der Gangster ist das selbstherrliche Individuum, das ohne Ideologie mit zynischer Offenheit seine Interessen wahrt.«

Bei der ›Interessenwahrung‹ kam es auch zum Bruch zwischen *Hitler* und einigen seiner Paladine. So versuchte *Himmler* mit den Westmächten separate Kapitulationsverhandlungen einzuleiten. Seine absurde Absicht, nach *Hitlers* Tod die Führung Deutschlands zu übernehmen, ließ ihn in Verbindung mit dem Präsidenten des schwedischen Roten Kreuzes, *Folke Bernadotte*, treten; dieser überbrachte *Himmlers* Angebot an General *Dwight D. Eisenhower*. *Himmler* hatte als Vorgabe für die Verhandlungen Hunderttausende von KZ-Häftlingen ›angeboten‹, die auf diese Weise gerettet wurden.[54] Die Alliierten wiesen solche Versuche nationalsozialistischer Hauptkriegsverbrecher (neben *Himmler* auch *Göring*), Teilkapitulationen zu erreichen, von sich.

Von *Hitler* geächtet und von Großadmiral *Karl Dönitz*, den *Hitler* zu seinem Nachfolger ernannt hatte, aus allen Ämtern entlassen (die Alliierten sollten dadurch günstig gestimmt werden), irrte *Himmler* bis zum 21. Mai in der Umgebung von Flensburg umher; er hatte seinen Schnurbart abrasiert, sein linkes Auge mit einer schwarzen Klappe bedeckt und sich die Uniform eines einfachen Soldaten angezogen.

Zusammen mit elf SS-Offizieren versuchte er, in seine bayerische Heimat zu gelangen. An einer britischen Kontrollstelle zwischen Hamburg und Bremerförde angehalten, gab er sich zu erkennen und beging kurz darauf mit Hilfe einer Zyankali-Ampulle, die er in der Mundhöhle verborgen hatte, Selbstmord.

Der 1940 zum Reichsmarschall ernannte *Hermann Göring*, der am 21. Juli 1941 den Auftrag zur ›Gesamtlösung der Judenfrage‹ im deutschen Einflußgebiet Europas gegeben hatte (Europa sollte von »Westen nach Osten systematisch von Juden gesäubert werden«), ersuchte den ›Führer‹ um Enthebung von seinem Amt als Oberbefehlshaber der Luftwaffe, da er an einer jetzt akut gewordenen Herzkrankheit leide. Kurz vorher hatte er, der zusammen mit einer Lastwagen-Kolonne (voller Wertgegenstände aus seinem feudalen Besitz ›Karinhall‹) auf den Obersalzberg bei Berchtesgaden abgefahren war, noch vorsichtig telegraphisch bei *Hitler* angefragt, ob er nicht als Stellvertreter des Führers sofort die Gesamtführung des Reiches übernehmen solle, da *Hitler* doch im Gefechtstand in der Festung Berlin zu bleiben gedenke.[55] *Göring* habe sich wohl zurückgezogen, so kommentierte die ›Frankfurter Presse‹, um nicht als Kriegsgefangener behandelt zu werden, wenn ihn das unabwendbare Schicksal erreiche und er in alliierte Hände gerate.[56] Zunächst wurde *Göring* jedoch von der SS wegen Hochverrats festgenommen.

Hitler, wegen ständiger Krämpfe, Wutausbrüche und zahlreicher Anfälle ungehemmten Schluchzens kaum mehr seiner Sinne mächtig, hatte inzwischen *Göring* und *Himmler*, also zwei seiner engsten Mordgesellen, verstoßen. Im politischen Testament vom 29. April 1944 bekräftigte er diese Entscheidung: »Ich stoße vor meinem Tode den früheren Reichsmarschall *Hermann Göring* aus der Partei aus und entziehe ihm alle Rechte, die sich aus dem Erlaß vom 29. Juni 1941 sowie aus meiner Reichstagserklärung vom 1. September 1939 ergeben könnten ... Ich stoße vor meinem Tode den früheren Reichsführer SS und Reichsminister des Innern *Heinrich Himmler* aus der Partei sowie allen Staatsämtern aus ... *Göring* und *Himmler* haben durch geheime Verhandlungen mit dem Feinde, die sie ohne mein Wissen und gegen meinen Willen abhielten, sowie durch den Versuch, entgegen dem Gesetz die Macht im Staate an sich zu reißen, dem Lande und dem gesamten Volk unabsehbaren Schaden zugefügt, gänzlich abgesehen von der Treulosigkeit gegenüber meiner Person.«[57]

Wie vielen Spitzenfunktionären des NS-Regimes die Flucht wirklich gelang, ist ungeklärt. Von *Martin Bormann* hieß es, daß er nach Südamerika habe gelangen können; Reichsjugendführer *Axmann* behauptete später, er habe *Bormanns* Leiche in Berlin liegen gesehen. Der SS-Obersturmbannführer *Adolf Eichmann*, 1939 Leiter des Judenreferats im Reichssicherheitshauptamt, der in Durchführung der ›Endlösung‹ den Transport der jüdischen Menschen in die Vernichtungslager organisiert hatte, konnte in Argentinien Fuß fassen; (1960 wurde er vom israelischen Geheimdienst nach Israel entführt und dort 1961 hingerichtet). Übrigens waren – nachdem sie die Bevölkerung zum heldenhaften Weiterkämpfen aufgerufen hatten – auch fast alle Gauleiter verschwunden.

Die meisten Hauptkriegsverbrecher konnten jedoch bald dingfest gemacht werden. Nach *Göring* faßte man den ehemaligen Leiter der Nazi-Organisation ›Deutsche Arbeitsfront‹, *Robert Ley*, einen besonders korrupten Bonzen, 80 km südlich von Berchtesgaden. In den österreichischen Alpen wurde auch der SS-Obergruppenführer *Ernst Kaltenbrunner* festgenommen. In Flensburg entdeckte man den Chefideologen *Alfred Rosenberg*. Seit dem 20. April hatte sich der frühere Reichsaußenminister *Joachim von Ribbentrop* unter falschem Namen verborgen gehalten; er wurde am 12. Juni verhaftet.

Die in Nürnberg beim Hauptkriegsverbrecherprozeß (aber auch in den zwölf Nachfolgeprozessen) belangten nationalsozialistischen Machthaber und Funktionäre sind von ihrer Zahl und Gewichtigkeit her ein schlagender Beweis für die Tatsache, daß das NS-Gangster-Syndikat zwar das deutsche Volk in den vollständigen Untergang hineintreiben wollte, aber selbst mit allen erbärmlichen Tricks zu überleben trachtete. Der amerikanische Publizist *William L. Shirer*, dem ein monumentales Werk über ›Aufstieg und Fall des Dritten Reiches‹ zu danken ist, beendet sein Buch mit einer knappen Schilderung dieser erbärmlichen Personage (zwanzig saßen auf der Anklagebank; *Ley* hatte sich bereits vor Beginn des Prozesses in seiner Zelle erhängt):

»Ich sah sie in Nürnberg. In dieser Stadt hatte ich sie oft bei den alljährlichen Reichsparteitagen auf der Höhe ihrer Glorie und Macht beobachtet. Auf der Anklagebank vor dem Internationalen Militärgerichtshof sahen sie anders aus. Sie hatten eine beträchtliche Verwandlung durchgemacht. Auf ihren Sitzen zusammengesunken, nervös hin- und herrutschend, erinnerten sie in ihren unscheinbaren Anzügen nicht mehr an die arroganten Führer von ehedem. Sie wirkten wie eine zusammengewürfelte Schar von Mediokritäten. Man konnte es kaum fassen, daß solche Leute wie sie eine so ungeheure Macht ausgeübt hatten, daß solche Menschen wie sie eine große Nation und den größten Teil Europas hatten erobern können.«[58]

Das Dritte Reich als ›Reich der niederen Dämonen‹ hatte viele Stufen der Niedrigkeit. Die ›Führer‹ konnten mit der Begeisterung eines ›Volkes in Blödigkeit‹ rechnen; dieses wiederum wurde gelenkt von unzähligen Amtswaltern, die auch Überwachungs- und Disziplinierungsaufgaben hatten. Die Exekution des Terrors, wie er von Schreibtischtätern geplant wurde, oblag einem Heer von staatlich aktivierten und legitimierten Sadisten. SS und Waffen-SS taten sich bei Massenmorden besonders hervor; vielfach konnte man dabei auf Freiwilligkeit rechnen. 200000 bis 300000 Täter dürften direkt und aktiv an der ›Endlösung‹, der Tötung von Kriegsgefangenen, den Justizmorden und an der ›Euthanasie‹-Aktion beteiligt gewesen sein.

Als die Stunde Null kam, verhielten sich die Schergen nicht anders als ihre ›Führer‹ und Auftraggeber: Untertauchen, der Verantwortung sich entziehen, war für sie nun oberstes Gebot. Man hatte ja nur Befehle erfüllt, eigentlich nichts gewußt, war jedenfalls jetzt kein Nazi mehr.

Der ehemalige Kommandant des Vernichtungslagers Auschwitz, SS-Obersturmbannführer *Rudolf Höß*, 1945 in die Zentrale der ›Inspektion KL‹ befördert, zeigt auch in den letzten Tagen des Dritten Reiches seinen Sinn für Disziplin. Als guter Familienvater, pflichtbewußter Untertan, versucht er, ins Chaos der allgemeinen Auflösung Ordnung zu bringen. In Erwartung einer neuen Aufgabe für die Zeit nach dem Krieg zeigt der Perfektionist der industriellen Menschenvernichtung sogar Züge von Mitleid. Die Wege der Leidenszüge der Überlebenden der Konzentrations- und Vernichtungslager, die nun nach Westen getrieben wurden, seien – so berichtet er – leicht zu verfolgen gewesen; alle paar hundert Meter habe man einen zusammengebrochenen Häftling oder einen Erschossenen gefunden. »Alle von mir erreichbaren Trecks wies ich nach Westen ins Sudetenland, damit sie nicht in den maßlos verstopften Schlauch bei Neiße hineingerieten. Allen Führern solcher Züge verbot ich auf das strengste, nicht mehr marschfähige Häftlinge zu erschießen. Sie sollten diese in den Dörfern an den Volkssturm abgeben.«

Als die Nachricht kommt, daß *Hitler* tot sei, »kam meiner Frau sowie mir gleichzeitig der Gedanke: Jetzt müssen auch wir gehen! Mit

Dieser Mensch, der heute vor unseren Augen sterben wird, hat sich in irgendeiner Weise an der Revolte beteiligt. Man sagt, er habe Verbindungen zu den Aufständischen von Birkenau gehabt, er habe Waffen in unser Lager gebracht, er habe zur gleichen Zeit eine Meuterei auch unter uns anstiften wollen. Heute wird er vor unseren Augen sterben: Und vielleicht werden die Deutschen nicht begreifen, daß ihm der einsame Tod, der Tod als Mensch, der ihm vorbehalten wurde, Ruhm und nicht Schande einbringen wird. Als des Deutschen Rede, die keiner verstehen konnte, zu Ende ist, erhebt sich wieder die erste, heisere Stimme: »Habt ihr verstanden?« Wer antwortete mit »Jawohl«? Alle und keiner: Es war, als habe unsere verfluchte Resignation Gestalt angenommen und sei über unseren Häuptern kollektive Stimme geworden. Aber alle hörten den Schrei des Sterbenden, er drang durch die starken alten Barrieren von Trägheit und Unterwürfigkeit, rüttelte an dem nackten Lebensnerv eines jeden von uns: »Kameraden, ich bin der letzte!« Könnte ich doch berichten, daß sich aus uns verworfner Herde eine Stimme erhoben hätte, ein Murmeln, eine Äußerung von Einverständnis. Nichts geschah. Wir blieben stehen, gebeugt und grau und gesenkten Hauptes, und nahmen unsere Kopfbedeckung erst ab, als der Deutsche es uns befahl. Die Fallgrube öffnete sich, jener Körper zuckte furchtbar; die Kapelle setzte wieder ein, und wir, von neuem zur Marschkolonne geordnet, zogen am letzten Bett des Sterbenden vorbei. Am Fuße des Galgens sehen die SS-Leute teilnahmslos auf unsern Vorbeimarsch; ihr Werk ist vollbracht, es ist gut vollbracht. Nun können die Russen kommen: es gibt keine starken Menschen mehr unter uns, der letzte hängt über unsern Köpfen, für die andern haben ein paar Stricke genügt. Die Russen können kommen: nur uns Gebändigte werden sie finden, uns Erloschene, die wir nunmehr den wehrlosen Tod verdienen, der auf uns wartet. Den Menschen zu vernichten ist fast ebensoschwer wie ihn zu schaffen: Es ist nicht leicht, es ging auch nicht schnell, aber ihr Deutschen habt das fertiggebracht. Da sind wir nun, willfährig unter euern Augen. Von uns habt ihr nichts mehr zu fürchten. Keinen Akt der Auflehnung, kein Wort der Herausforderung, nicht einmal einen richtenden Blick.

Primo Levi: Ist das ein Mensch? – Die Atempause. München/Wien 1988.

Der als Mitglied des italienischen Widerstands im Februar 1944 nach Auschwitz eingelieferte und dort am 27. Januar 1945 von sowjetischen Truppen befreite Chemiker (spätere Schriftsteller) P. Levi berichtet hier von einer der letzten Hinrichtungen im Vernichtungslager.

dem Führer war auch unsere Welt untergegangen. Hatte es noch für uns einen Sinn weiterzuleben? Man würde uns verfolgen, uns überall suchen. Wir wollten Gift nehmen. Ich hatte dies meiner Frau beschafft, damit sie bei einem unverhofften Vorstoß der Russen diesen mit den Kindern nicht lebend in die Hände fiel. Doch um unserer Kinder willen taten wir es nicht. Um ihretwillen wollten wir all das Kommende auf uns nehmen. Wir hätten es doch tun sollen. Ich habe es später immer wieder bereut. Es wäre uns, vor allem meiner Frau und den Kindern, viel erspart geblieben. Und was werden sie noch alles durchmachen müssen? Wir waren mit *der* Welt verbunden und verkettet – wir hätten mit ihr untergehen müssen.«[59]

»Wir *hätten* mit ihr untergehen müssen...« Gerechtigkeit ereilte die meisten der Kommandanten der Konzentrationslager wie der Führer der Einsatzgruppen und Einsatzkommandos der Sicherheitspolizei dann doch: Sie kamen auf der Flucht um, begingen, als es keinen anderen Ausweg mehr gab, Selbstmord oder wurden hingerichtet (so auch *Höß* 1947 in Polen). Die Masse der Mitschuldigen jedoch reüssierte wieder. Die ›kalte Amnestie‹ in der späteren Bundesrepublik Deutschland, von der *Jörg Friedrich* feststellt, daß sie die größten geschichtsbekannten Verbrechen mit dem ›größten Resozialisationswerk‹ abgeschlossen habe[60], war das Ergebnis fehlender Trauerarbeit; die Notwendigkeit von Schuld und Sühne wurde verdrängt, was zu einer ›zweiten Schuld‹ führte. Mit einer jedem Gerechtigkeitssinn hohnsprechenden moralischen Oberflächlichkeit und Interesselosigkeit erfolgten die Integration, Rehabilitierung und Exkulpation der vielen ›übriggebliebenen‹ NS-Verbrecher.

Götterdämmerung

Von der abgründigen Dumpfheit der dominanten NS-Personage unterschied sich die zynische Intelligenz des Reichspropagandaministers *Dr. Joseph Goebbels* wesentlich. Mit *Hitler*, dem Kleinbürger par excellence, der schon mit ›Mein Kampf‹ als ›Spießerspiegel‹ so erfolgreich gewesen war, weil er dem durch jahrzehntelange Fehlerziehung reduzierten geistigen ›Volksvermögen‹ voll entsprach –, mit diesem, von Größenwahn besessenen Repräsentanten einer verspäteten Nation identifizierte sich *Goebbels* wohl vor allem deshalb, weil er darin das aggressiv-dynamische Gegenteil seiner nervös-großstädtischen Existenz sah. Das Bekenntnis zu einem stiernackigen Rassismus konnte ihm helfen, die durch körperliche Behinderung verstärkten Minderwertigkeitsgefühle zu kompensieren. Seinem maßlosen Ehrgeiz eröffnete der Aufstieg der ›niederen Dämonen‹ ein geradezu grenzenloses propagandistisches Betätigungsfeld. Als die letzten Tage des Dritten Reiches gekommen waren, zeigt sich jedoch, daß er der von ihm virtuos praktizierten aufpeitschenden Propaganda selbst zum Opfer gefallen war. Er konnte aus seinen Phantasien nicht mehr ausbrechen, war zum Opfer eines infantilen Illusionismus geworden.

Am 28. März 1945 notierte er in seinem Tagebuch – er führte ein solches fast ununterbrochen seit 1925, da er noch ein junger erfolgloser Schriftsteller und Journalist gewesen war: »Ich will und will es nicht einsehen, daß es zu spät sein soll, und ich bin auch fest davon überzeugt, daß sich in der kritischsten Minute ein Ausweg finden wird.«[61] Da sich dies immer mehr als Täuschung herausstellte, machte er das deutsche Volk für die sich abzeichnende Niederlage verantwortlich. Als bei seiner letzten Pressekonferenz am 21. April 1945 der Rundfunkkommentator *Hans Fritzsche* auf die Treue, Opferbereitschaft, den Mut und den Glauben des deutschen Volkes hinwies, wurde das bleiche Gesicht des Propagandaministers zornrot; Adern und Augen quollen vor; es erfolgte ein Ausbruch, der mit elementarer Gewalt zum ersten Mal auch Gedanken herausstieß, die bisher immer auf das sorgfältigste verborgen, ja geleugnet worden waren: »Das deutsche Volk hat versagt.« *Fritzsche* wollte *Goebbels* ins Wort fallen, aber der Minister ließ sich nicht unterbrechen.[62]

In seiner ›Volksverachtung‹ befand sich *Goebbels* in Übereinstimmung mit seinem Gott *Hitler*, der in den ›letzten Tagen‹ sich nicht nur von früheren Gefolgsleuten, sondern auch vom ›Volk‹ lossagte und dieses in den Abgrund zu stoßen beabsichtigte. *Hitler* wollte, daß seinen eigenen Untergang möglichst viele Deutsche nicht überlebten. Am 19. März 1945 verkündete er in einem Mitternachtsgespräch seinem Rüstungsminister *Albert Speer*, der an diesem Tag seinen 40. Geburtstag feierte, mit ›eisigem Ton‹: Wenn der Krieg verlorengehe, dann sei auch das Volk verloren. Man brauche nicht auf die Grundlagen, die das deutsche Volk zu seinem primitivsten Weiterleben benötige, Rücksicht zu nehmen. »Im Gegenteil ist es besser, selbst diese Dinge zu zerstören. Denn das Volk hat sich als das schwächere erwiesen, und dem stärkeren Ostvolk gehört ausschließlich die Zukunft.

6 Das zerstörte Reichstagsgebäude in Berlin (Photo von Friedrich Seidenstücker)

Was nach diesem Kampf übrigbleibt, sind ohnehin nur die Minderwertigen, denn die Guten sind gefallen.«[63]

Noch am Morgen des gleichen Tages wurde dann diese düstere Ankündigung in einen Führerbefehl umgesetzt. Schnellstens hätten alle Truppenführer die militärischen Verkehrs-, Nachrichten-, Industrie- und Versorgungsanlagen sowie Sachwerte innerhalb des Reichsgebietes, die sich der Feind für die Fortsetzung seines Kampfes irgendwie sofort oder in absehbarer Zeit nutzbar machen könne, zu zerstören.[64] Am 12. April wurde dann noch vom Oberkommando der Wehrmacht verfügt, daß Städte bis zum äußersten verteidigt und gehalten werden müßten, ohne jede Rücksicht auf Versprechungen oder Drohungen, die durch Parlamentäre oder feindliche Rundfunksendungen überbracht würden. »Für die Befolgung dieses Befehls sind die in jeder Stadt ernannten Kampfkommandanten persönlich verantwortlich. Handeln sie dieser soldatischen Pflicht zuwider, so werden sie wie alle zivilen Amtspersonen, die den Kampfkommandanten von dieser Pflicht abspenstig zu machen versuchen, oder gar ihn bei der Erfüllung seiner Aufgaben behindern, zum Tode verurteilt.«[65]

Die nur sozialpathologisch zu verstehende Bindung an *Hitler* war immerhin noch so stark, daß der ›Nero-Befehl‹ zur Zerstörung Deutschlands teilweise befolgt wurde. Doch wagte es *Albert Speer*, der noch vor dem Unterfangen ›Verbrannte Erde‹ *Hitler* eine Denkschrift übergeben hatte (»Wir in der Führung haben die Verpflichtung, dem Volk in den schweren Stunden, die es zu erwarten hat, zu helfen«[66]), sich in Verbund mit anderen Dienststellen der Durchführung des Vernichtungsbefehls entgegenzustellen. »Aber es blieb bis zum Ende ein riskantes Spiel. Bis in den April 1945 hinein verfügte der Diktator nämlich über ein Mittel, das die Wirkung von Sprengstoff bei weitem übertraf: das ungeheuere Arsenal von chemischen Kampfstoffen, deren Einsatz den Untergang Deutschlands wohl tatsächlich herbeigeführt hätte. Aber solange sich *Hitler* in seinem Bunker in Berlin an die Hoffnung einer eigenen letzten Überlebenschance klammerte, zögerte er. Als er dann schließlich in der eingeschlossenen Reichshauptstadt den Tod ins Auge fassen mußte, war diese letzte furchtbare Waffe nicht mehr einsatzbereit und das Leben der Bevölkerung sowie seine Existenzgrundlagen gerettet.«[67]

Als kitschiges Rührstück ging das Leben des Diktators, der wie kein anderer das Glück und Leben von Abermillionen zerstört hatte, zu Ende; der Entschluß zum Selbstmord fiel in die Nacht vom 28. zum

29. April. Vorher ließ er sich noch mit seiner Geliebten *Eva Braun* trauen; *Goebbels* und *Bormann* waren die Trauzeugen; ein Gauamtsleiter namens *Walter Wagner*, der in einer nahe stationierten Volkssturmeinheit diente, wurde herbeigeholt. Diesen gegenüber erklärte das Paar, daß sie rein arischer Abstammung sowie frei von Erbkrankheiten seien.

In seiner großen Hitler-Biographie bemerkt *Joachim Fest* mit Recht, daß offensichtlich von diesem Zeitpunkt an das Geschehen und dessen Steuerung *Hitler* endgültig entglitten waren; die Vermutung liege nahe, daß er den Schlußakt gern grandioser, katastrophaler, mit einem größeren Aufwand an Pathos, Stil und Schrecken inszeniert hätte. »Statt dessen wirkte, was nun noch geschah, seltsam ratlos, improvisiert, als habe er die Möglichkeit eines unwiderruflichen Endes in Erinnerung an die zahlreichen wundergleichen Kehrtwendungen seines Lebens bis zu diesem Augenblick nie wirklich bedacht. Der grausige Einfall dieser Hochzeit zum Doppelselbstmord jedenfalls, ganz als fürchte er sich vor einem illegitimen Totenlager, eröffnete einen trivialen Abgang und demonstrierte, wie ausgegeben und selbst mit seinen Effekten am Ende er war, auch wenn die wagnerisierende Reminiszenz vom Vereinigungstod dem Vorgang in seinen Augen den versöhnlichen Zug tragischen Debakels geben mochte. Aber was immer sich noch mit seinem Namen verband: Es war ein entmythologisierendes Ende.«[68]

Hitler verfaßte ein politisches und ein privates Testament; vor allem mit ersterem erreichte seine wahnhafte Verblendung einen neuen, nun letzten Höhepunkt – die Verstoßung des Volkes wieder zurücknehmend. »Ich sterbe mit freudigem Herzen angesichts der mir bewußten unermeßlichen Taten und Leistungen unserer Soldaten an der Front, unserer Frauen zu Hause, den Leistungen unserer Bauern und Arbeiter und dem in der Geschichte einmaligen Einsatz unserer Jugend, die meinen Namen trägt.« Im privaten Testament hieß es (hier sprach noch einmal der »Zollbeamtensohn aus Leonding, der er hinter allen Verkleidungen stets geblieben war«): »Da ich in den Jahren des Kampfes glaubte, es nicht verantworten zu können, eine Ehe zu gründen, habe ich mich nunmehr vor Beendigung dieser irdischen Laufbahn entschlossen, jenes Mädchen zur Frau zu nehmen, das nach langen Jahren treuer Freundschaft aus freiem Willen in die schon fast belagerte Stadt hereinkam, um ihr Schicksal mit dem meinen zu teilen. Sie geht auf ihren Wunsch als meine Gattin mit mir in den Tod. Er wird uns das ersetzen, was meine Arbeit im Dienst meines Volkes uns beiden raubte. Was ich besitze, gehört – soweit es überhaupt von Wert ist – der Partei, sollte diese nicht mehr existieren, dem Staat. Sollte auch der Staat vernichtet werden, ist eine weitere Entscheidung von mir nicht mehr notwendig. Ich habe meine Gemälde in den von mir im Laufe der Jahre angekauften Sammlungen niemals für private Zwecke, sondern stets nur für den Ausbau einer Galerie in meiner Heimatstadt Linz an der Donau gesammelt. Daß dieses Vermächtnis vollzogen wird, wäre mein herzlichster Wunsch.«[69]

Da *Hitler* befürchtete, daß das für den Selbstmord vorgesehene Gift nicht rasch und zuverlässig genug den Tod herbeiführe, befahl er, die Wirkung des Mittels an seinem Schäferhund zu erproben. Der Hund starb rasch. Am 1. Mai 1945 verbreitete der Rundfunk folgende Meldung: »Aus dem Führerhauptquartier wird gemeldet, daß unserer Führer *Adolf Hitler* heute nachmittag in seinem Gefechtsstand in der Reichskanzlei, bis zum letzten Atemzug gegen den Bolschewismus kämpfend, für Deutschland gefallen ist. Am 30. April hat der Führer den Großadmiral *Dönitz* zu seinem Nachfolger ernannt.«

Kurz darauf wandte sich *Dönitz* in einer Rundfunkansprache an das deutsche Volk, in der er mit dem üblichen nationalsozialistischen Pathos den ›Führer‹ pries: »In tiefster Trauer und Ehrfurcht verneigt sich das deutsche Volk. Frühzeitig hatte er die furchtbare Gefahr des Bolschewismus erkannt und diesem Ringen sein Dasein geweiht. Am Ende dieses seines Kampfes und seines unbeirrbaren geraden Lebensweges steht sein Heldentod in der Hauptstadt des Deutschen Reiches. Sein Leben war ein einziger Dienst für Deutschland, sein Einsatz im Kampf gegen die bolschewistische Sturmflut galt darüber hinaus Europa und der ganzen Kulturwelt.«[70]

In einem realistischeren Ton sprach *Albert Speer* zu den Deutschen; die Rede war bereits Mitte April entworfen und am 21. April 1945 im Hamburger Funkhaus auf Schallplatte aufgenommen worden; sie wurde am 3. Mai 1945 durch den Rundfunk verbreitet. Als der für die Produktion aller Betriebe, für die Erhaltung der Straßen, Wasserstraßen, Kraftwerke und für die Wiederherstellung des Verkehrs verantwortliche Reichsminister befahl er im Einvernehmen mit den obersten Kommandodienststellen der Wehrmachtsteile, daß jede Störung oder Lähmung einer Brücke, eines Betriebs gleich welcher Art, einer Wasserstraße oder von Bahn- und Nachrichtenanlagen ab sofort untersagt sei; alle übrigen Vorbereitungen zur Zerstörung und Lähmung wären zu beseitigen.[71]

Das Leben sollte und konnte – nach »Zerstörungen, die nur mit denen des Dreißigjährigen Krieges vergleichbar seien« – weitergehen; auch diejenigen, die in ›unvergleichlicher Treue‹ bei *Hitler* im Reichskanzleibunker ausgeharrt hatten, strebten nun in die Ferne; *Martin Bormann* zum Beispiel beabsichtigte, zu *Dönitz* zu gehen, um dort weiter Regierungsmacht auszuüben. Nur *Goebbels* wollte, dem Vorbild seines Führers folgend, sich durch Selbstmord in den Mythos entrücken. Am Abend des 1. Mai 1945 ließ er zunächst seine sechs Kinder töten – seinen vielen Verbrechen ein weiteres schlimmes hinzufügend; dann befahl er (wahrscheinlich) einem SS-Mann, seine Frau und ihn durch Schüsse in den Hinterkopf zu töten; man goß vier Kanister Benzin über die Leichen und zündete sie an. Die Verbrennung erfolgte nur flüchtig; die Russen konnten am nächsten Tag die verkohlten Leichen sofort identifizieren.

1. Mai 1945. Ein deutscher Kriegsgefangener in einem amerikanischen Lager fordert: »Wir müssen sofort das Lager alarmieren.« »Wieso das Lager alarmieren?« fragt der Lagersprecher. »*Hitler* ist tot, alle Kompanien müssen raustreten zur Totenehrung für den Führer.« »Nein«, sagt der Lagersprecher, »da spiele ich nicht mehr mit.« »Was, du spielst nicht mehr mit?« »Jawoll, ihr habt den Krieg verloren, es ist aus mit euch.« »Ich verlange im Namen des Lagers, daß du sofort zu den Amis gehst und die Erlaubnis für die Totenehrung einholst.« »Ich will nichts mehr mit euch zu tun haben, geh du doch selbst.«[72]

1. Mai 1945 in einem böhmischen Städtchen. Die deutschen Soldaten sind noch nicht vertrieben; ein Leutnant hält eine Ansprache: »›Und so wie Jesus Christus sterben mußte und seine Idee, das Christentum, nach seinem Tod die Welt erobert hat, so wird auch die Idee *Adolf Hitlers*, der Nationalsozialismus, nach seinem Tod die Welt erobern. *Adolf Hitler* und seine unsterbliche Idee Sieg…‹ Das dreifache Heil hätte in dem engen Gang eigentlich dröhnen müssen, es klang aber doch recht schwach.« Der Leutnant befiehlt dann noch: »In Hinblick auf den Tod des Führers fällt heute der Dienst aus.« Das wird als gute Nachricht empfunden.[73]

1. Mai 1945. BDM-Führerin Eka und ihr Vetter hören von zwei Soldaten, daß der Führer gefallen sei. »Dem Vetter stürzen Tränen aus den Augen, und er murmelt etwas wie ›Leben keinen Sinn mehr‹, alles

aus... Eka bleibt erstaunlich kühl. Obwohl sie von dem Selbstmord *Hitlers* erst in den nächsten Tagen hören wird, ist ihr doch schon klar, daß dieser ›Gefallene‹ nicht mehr leben wollte. Also hat er sich davongestohlen, denkt sie, und: So etwas tut man nicht. Zu weiteren Emotionen fehlt ihr auf diesem Fluchtstück Kraft.«[74]

1. Mai 1945. In New York schreibt *Alfred Kantorowicz* in sein Tagebuch: »Jedenfalls wird niemand nun sagen können, daß *Hitler* den Krieg nicht verloren habe. Vor neun Monaten, am 20. Juli, hätte sein Tod eine Legendenbildung zur Folge gehabt, das Geraune der Unbelehrbaren: ›Ja, wenn sie uns unseren geliebten Führer nicht umgebracht hätten, würden wir den Krieg am Ende noch gewonnen haben.‹ Das können sie heute wohl schwerlich behaupten. Wer weiß? Die deutsche Verstocktheit ist abgründig.«[75]

2. Mai 1945. *Erich Kästner* berichtet aus Mayrhofen, daß die Leute herumstünden und einander erzählten, daß *Hitler* im Sterben liege. Am nächsten Tag heißt es, er liege nicht im Sterben, sondern sei in Berlin gefallen. »Da man auf vielerlei Art sterben, aber nur fallen kann, wenn man kämpft, will man also zum Ausdruck bringen, daß er gekämpft hat. Das ist nicht wahrscheinlich. Ich kann mir die entsprechende Szene nicht vorstellen.« Heil *Dönitz*, sagten die Leute zum Spaß, wenn sie einander begegneten. Die Leute räumten ihre Parteiabzeichen, das Führerbild und belastende Dokumente beiseite.[76]

2. Mai 1945. In einem Dorf des Ostharz – der Ort ist von den Amerikanern schon besetzt – lauscht eine Gruppe am Volksempfänger; (es ist schwer, die verbliebenen deutschen Sender noch zu empfangen). Fetzen aus *Wagners* ›Götterdämmerung‹. Großadmiral *Dönitz* spricht. »Die Nachricht vom Tod dieses Mannes, der alle gegen die europäischen Traditionen stehenden Kräfte und Mächte an sich gezogen und sich für eine kurze Spanne zum Herrscher Europas gemacht hatte, ja der Herr der Welt zu sein schien, brachte nun kaum mehr eine besondere Bewegung mit sich, nicht einmal ein Abfallen des Drucks und der Bedrohung, die uns so lange in Angst und Spannung gehalten hatte.«[77]

2. Mai 1945. Petra S., Hamburg, notiert in ihrem Tagebuch: »War das eine herrliche Nacht!! Ich schlief so selig, daß ich immer nur dachte: ›*Hitler* tot, Nazis tot! *Hitler* und die Nazis tot!‹ Und heute morgen dann ging es zur Schule. Auf dem Weg zum Borgweg hielt ich Ausschau, ob man noch Parteiabzeichen erblicken kann. Keines, wohin das Auge auch sah. Seltsam, kein Mensch weinte oder sah auch

nur traurig aus, obwohl doch der geliebte, verehrte Führer, in dem die Vollidioten fast einen Gott sahen, nicht mehr lebte und die Knute aus der Hand legen mußte.«[78]

»Wenn einstmals diese Not
Lang wie ein Eis gebrochen,
Dann wird davon gesprochen
Wie von dem schwarzen Tod;
Und einen Strohmann bau'n
Die Kinder auf der Heide
Zu brennen Lust aus Leide
Und Licht aus altem Grau'n.«

Gottfried Keller

Dazu brauchte Hitler zwölf Jahre Zeit
Die Stunde Null

Ein wunderschöner Monat Mai

Der Mai war gekommen; er war so sonnig und warm, daß man sich wie im Sommer fühlte. Das schönste Geschenk: die Stille, erinnert sich *Arnulf Baring*. Wenn er an den frühen Mai 1945 denke, dann zunächst an diese Lautlosigkeit, diese Ruhe, Tag für Tag unter einem blauen Himmel. In der warmen Sonne sitzen und kaum noch Angst haben.[79]

»Die Bäume waren so grün und der Himmel so blau wie niemals wieder, als der Krieg zu Ende ging... Im Wald wuchsen Veilchen. Es gab eine Stelle, die war mein kleiner Garten, weil dort die Veilchen im Kreis wuchsen, wie zu einem Blumenbeet. Da lag an einem frischen Maimorgen ein toter Soldat. Er lag da noch lange, denn niemand begrub ihn. Er verweste langsam, und um ihn verblühten die Veilchen, denn es ging auf den Sommer zu. Nur wir Kinder wußten von ihm, und wir sagten es niemandem.« (*Helma Sanders-Brahms*)[80]

Die Deutschen hatte man in den zwölf Jahren des Dritten Reiches, aber auch schon vorher, mit Naturmystik und -mythik vollgestopft – ein unerträgliches Geraune von Scholle und Heimat, Blut und Boden. Nun aber empfanden sehr viele, die diesen Mai 1945 erlebten, ›Natur‹ wieder in einer ganz ursprünglichen Weise, jenseits ideologischer Verklemmung: voll symbolischer Kraft für das Gefühl, noch einmal davongekommen zu sein; der ›schöne Mai‹ bestärkte die Ahnung in den Herzen, daß es ›weitergehe‹.

Die Kriegsmaschinerie kam zum Stehen, nachdem sie sich zum letzten Mal hektisch aufgebäumt hatte: Deutschland mußte Stadt um Stadt, Dorf um Dorf, Landstrich um Landstrich niedergeworfen werden. Was in der Kälte des Winters begann, endete in der Wärme des Frühlings. Den Deutschen ›blühten‹ die Besatzungszonen: »Am freiesten lebte man in der englischen Zone, am besten in der amerika-

7 Panisches Idyll (an der Havel bei Berlin)

nischen, am gefährlichsten in der russischen.« (*Hans Werner Richter*) [81]

Die amerikanischen Kampftruppen kündeten mit der Unbekümmertheit ihres Auftretens, der Effizienz ihrer Ausrüstung und ihrem zivilisatorischen Flair (Chewing-gum, Lucky Strike, Aftershave...) von einer neu zu entdeckenden fernen Welt. »Die Amis kommen« erwies sich als ein Ausruf der Angst-Lust, bei dem freilich die Angst immer mehr zurücktrat und die Lust überwog. Die nationalsozialistische Horror-Propaganda hatte offensichtlich keine tiefen Spuren hinterlassen, zumal viele Deutsche Bekannte und Verwandte in den USA hatten. Die Hölle der letzten Tage verwandelte sich, als der Nullzustand eingetreten war, in abwechslungsreiche Alltäglichkeit; die Normalität wurde zum Glückszustand, der allerdings auch Dämpfer bekam.

»Als ich an der Hauptstraße angekommen war«, berichtet *Alexander Mitscherlich* aus Heidelberg, »sah ich den ersten amerikanischen Panzer meines Lebens, ein ziemliches Ungetüm, auf dem zuoberst ein Schwarzer, damals hieß es noch ›Neger‹, saß und sich die Zähne putzte. Ich war überwältigt, es brach aus mir hervor. Endlich war die schreckliche Zeit zu Ende. Ich war außer mir vor Freude. Einen Augenblick vergaßen wir die millionenfachen Greuel, die in den vergangenen Jahren in unser aller Namen verübt worden waren. In überschäumendem Glück ging ich auf den nächsten amerikanischen Soldaten zu und wollte ihn umarmen. Er verstand diese Geste aber überhaupt nicht, sondern schaute mich höchst mißtrauisch an, zeigte dann auf mein linkes Handgelenk, an dem sich meine Armbanduhr befand, und wollte sie mir ›abkaufen‹, wobei es aber sicher war, daß es sich dabei um ein ›Wegorganisieren‹ der Uhr gehandelt hätte. Mit Mühe konnte ich diesem zweifelhaften Handel entgehen.« [82]

Die amerikanischen Soldaten seien freundlich, notiert *Ursula von Kardorff* am 28. April 1945; »ab und zu lugen einige bei uns über den Zaun. Wir unterhalten uns gern mit ihnen... Sie bringen Schokolade mit, und wir sprechen – in sagenhaft schlechtem Englisch – so sachlich wie möglich über Politik«. Fürs Waschen der Uniformjacke eines Sergeanten bekommt man ein Paket »herrlichen Tees und Seife«. [83]

Ein Kölner Zeitzeuge erzählt: »Die Amis haben keinem was getan. Sie haben nach Eiern gefragt. Die jungen Mädchen haben sich direkt mit ihnen angefreundet. Sie haben nachher auf einem Dürpel gesessen und haben Akkordeon gespielt. Dann kriegten wir Nescafé, das war für uns so was Neues, der Pulverkaffee. Wir hatten so lange keinen Kaffee gesehen, Milchpulver.«[84]

Als in Mayrhofen, so *Erich Kästner*, die Amerikaner eintreffen, werden sie vom Wirt mit jovialer Würde begrüßt und in die Gaststube geführt. Dort finden Gespräche mit Parlamentären des Stabs der *Wlassow*-Armee statt, der in der Nähe stationiert ist. »Während in der Gaststube verhandelt wurde, warteten die Panzerfahrer und MG-Schützen neben ihren Fahrzeugen, rauchten und ließen sich von der Menge bestaunen. Es waren kräftige Burschen mit schmalen Ordensschnallen und breiten Boxergesichtern. Während die Dorfjugend auf den Panzern herumturnte, meinte ein Sergeant, der ein deutsches Sportabzeichen als Siegestrophäe an der Mütze trug, Tyrol sei a beautiful country. Ein Kamerad nickte, warf seine kaum angerauchte Chesterfield achtlos auf die Straße und merkte gar nicht, wie wir dabei zusammenzuckten.«[85]

Als Nürnberger Schüler und Schülerinnen Ende 1945 aufgefordert wurden, von ihren ›schrecklichen Erlebnissen‹ aus den letzten Tagen des Dritten Reiches zu berichten, stellte sich heraus, daß diese fast immer mit den Deutschen verknüpft waren – während die Amerikaner als Beschützer empfunden wurden. »Als die Amerikaner sich näherten, hatten alle Angst, weil in unserem Hause die Wehrmacht war und schoß. Ein Mann von unserem Hause sagte, sie sollten mit dem Schießen aufhören. Als der Offizier abgehauen war, ergaben sie sich. Sie wurden von den Amis abgeführt. Die Amerikaner waren so anständig und gaben jedem eine Handvoll Zigaretten. Sie hatten eine große Freude. Wie froh wir sind, daß der Krieg zu Ende ist. Hoffentlich kommt nie wieder einer.«[86]

Wenig Hoffnung barg der Ruf: Die Russen kommen. Die Angst war groß und berechtigt. Hunderttausende von Flüchtlingen hatten versucht, vor der russischen Militärwalze nach Westen zu entkommen. Schreckliche Kunde über das Schicksal derjenigen, die zurückgeblieben oder überrollt worden waren, gelangte nach Deutschland. Die nationalsozialistische Propaganda, die mit demagogischer Obsession den Haß auf den russischen ›Untermenschen‹ geschürt hatte, wurde in vielem bestätigt. Die Deutschen erfuhren die Rache für das, was sie angerichtet hatten; sie hatten weite Teile der Sowjetunion zerstört, mit ihren Repressalien und Kriegsgreueln – 20 Millionen russische Soldaten und Zivilisten waren ums Leben gekommen – es sogar fertig gebracht, große Teile der Bevölkerung, die unter *Stalins* Joch litten, auf dessen Seite zu treiben. Als sich das Blatt gewendet hatte, putschte die kommunistische Partei die Rotarmisten in einen Vernichtungsrausch.[87]

Dies und die zunehmende Erbitterung der Russen während der letzten Tage des Krieges (da die Deutschen nicht aufzugeben bereit waren, was erhebliche eigene Verluste mit sich brachte) sowie die Abreaktion des ungeheueren Aggressionsstaus, der sich bei den russischen Soldaten angesammelt hatte, führte, als man sich nun auf deutschem Boden befand, zu einer Welle von Vergewaltigungen, die wegen des vorherrschenden Schweigens der Opfer und des in der DDR vorwaltenden Opportunismus lange Zeit vergessen bzw. verdrängt blieben. Flüchtlinge berichten, so notiert *Ernst Jünger* in seinem Tagebuch (Kirchhorst, 10.5.1945), daß alle Schrecken der Hölle losgebrochen seien.[88] Demgegenüber stellte *Thomas Mann* (Chicago, 26.5.1945) fest – und diese persönliche Einschätzung entsprach auch einer partiellen Blindheit bei den vor allem an der Niederwerfung des Nationalsozialismus interessierten Westmächten –: »Die Russen sollen sich in Berlin sehr beliebt machen, Lebensmittel beschaffen, mit den Mädchen ausgehen. Werden noch die Beliebtesten sein.«[89]

In einem gewissen Sinne stimmte beides: Im Unterschied zu der kalten, bürokratisierten und industrialisierten, damit entindividualisierten, befehlsblinden deutschen Kriegs- und Mordmaschinerie zeigte die russische Soldateska – zu der nur ein Teil der Kampftruppen zählte – eine gespaltene Verhaltensweise. »Ja, und dann sind die Russen auf den Hof gekommen und haben Schokolade an die Kinder verteilt. Damit hatte ich nicht gerechnet. Die waren richtig freundlich zu den Kindern. Nach allem, was man uns vorher erzählt hatte... Geplündert haben sie natürlich, das war ja klar. Sie haben den Hof von oben nach unten auf den Kopf gestellt und alles mitgenommen, was sie kriegen konnten. Wir Frauen hatten nichts zu lachen. Die Tochter von der Bauersfrau, die war gerade in anderen Umständen. Die ist ihnen zuerst in die Hände gefallen. Die wurde von den Russen furchtbar mitgenommen. Und ihre alte Mutter wollte ihr zu Hilfe kommen. Da haben die Russen die auch gleich... Den alten Bauern, der einzige Mann, der noch auf dem Hof war, den haben die Russen festgehalten und ihn mit der Pistole bedroht. Der mußte zusehen, wie seine Frau und seine Tochter vergewaltigt wurden.«[90]

Erich Kuby hat in seinem Buch ›Die Russen in Berlin 1945‹[91] eine differenzierende Analyse versucht, die der Frage nachgeht, welcher Mentalität diese Rotarmisten gewesen seien. Hetzerische Aufforderungen zur Schändung deutscher Frauen, wie etwa von *Ilja Ehrenburg*, könnten das Ausmaß der Verbrechen nicht erklären. Etwa 80 Prozent der Vergewaltigungen im Gebiet von Groß-Berlin (es dürfte sich um einige zehntausend Fälle gehandelt haben) hätten sich zwischen dem 24. April und dem 3. Mai 1945 ereignet, als unmittelbare Folge der ›Kampfeserregung‹. »Die Rotarmisten waren berauscht vom Sieg, waren berauscht vom Erlebnis der westlichen Zivilisation – und sie waren im buchstäblichen Sinne berauscht. Auch darin herrscht Übereinstimmung in den Aussagen: Zwischen Trunkenheit und Gewalttat bestand in der Regel ein Kausalzusammenhang. In diesem Zustand der Enthemmung taten die Sowjetsoldaten, worauf sie (nach urlaubs- und frauenlosen Jahren) gierig waren, aber sie taten es weder zu Ehren der Sowjetunion noch zu Unehren Deutschlands; sie taten es in der allersimpelsten Weise. Dazu sagt *Friedrich Luft*: ›Man wunderte sich nur, daß die Russen alle auf der Stelle so aufgelegt und in der Lage zum Akt waren. Ich war erstaunt, wie schnell und abrupt und ohne fröhliche Vorbereitung das vor sich ging!‹« *Friedrich Luft* stimmt übrigens nicht mit *Kuby* überein, es habe sich bei den Vergewaltigungen um eine individuelle, wenn auch kollektiv unternommene Triebbefriedigung unter enthemmenden Umständen gehandelt: »Bei den Schändungen ist doch auch eine Art Atavismus wirksam gewesen, den ich mir als ein Bedürfnis nach Bestätigung des Sieges erkläre – ein Bedürfnis, das offenbar tief im Menschen wurzelt.«

Was die russische Armeeleitung betraf, so hatte zum Beispiel bereits am 1. März 1945 der Kriegsrat der 1. Weiß-russischen Heeresgruppe unter dem Eindruck brutaler Übergriffe sowjetischer Soldaten in Ostpreußen in einer ›grundsätzlichen‹ Direktive befohlen, gegen das undisziplinäre Verhalten der Soldaten gegenüber der Zivilbevölkerung mit Schärfe vorzugehen. Ab Anfang Mai wurde in den Armeezeitungen immer häufiger zur Festigung der Disziplin aufgefordert: Die Soldaten sollten sich im Ausland als Vertreter des Staates ›ehrenhaft‹ benehmen, weil sonst das Ansehen der Sowjetarmeen in der ganzen Welt geschädigt werde. *Erich Kuby* zitiert Major *Bawydenko* in der ›Krasnaja Armija‹: »Die Deutschen hier und auch die Vertreter anderer Staaten blicken auf uns. Nach dem Verhalten des sowjetischen Soldaten urteilen sie über unseren Staat, über unser Volk, über unsere Kultur.«

Damit man verstehen könne, mit welchen Besorgnissen die sowjetische Führung der Begegnung ihrer Armeen mit ›dem Westen‹ entgegensah, müsse man sich vor Augen halten, in welcher Entwicklungsphase die Sowjetunion sich damals befand. 1945 hätten die Völkerschaften dieses 12000 km langen und 4000 km breiten Riesenreiches außerhalb einiger weniger Großstädte noch kaum einen Hauch jener technischen Zivilisation verspürt, die dem westlichen Europa seit einem Jahrhundert selbstverständlich geworden sei. Erst nach Kriegsende, ja eigentlich erst nach *Stalins* Tod, habe der wirkliche Durchbruch zur Massenzivilisation begonnen. Noch nach dem Zweiten Weltkrieg habe Moskau zur Hälfte aus Holzhäusern bestanden – mit kaum einem Dutzend asphaltierter Straßen außerhalb des Stadtzentrums. »Für die Millionen, für das ›Volk in Uniform‹, das *Schukow, Konjew, Bogdanow* und andere Heerführer nach Mitteleuropa führten, war ›der Westen‹ ein berauschendes Wunder. Wenn Berlinerinnen sich in den oberen Stockwerken hoher Häuser versteckten, waren sie vor Vergewaltigungen ziemlich sicher: In der Mehrzahl waren die Sowjetsoldaten in einstöckigen Holzhäusern aufgewachsen; hohe Steinhäuser kamen ihnen unheimlich vor. Noch in der offiziellen ›Geschichte des Großen Vaterländischen Krieges‹ findet man in der Beschreibung des faschistischen Deutschlands, das bis ›in die Tage vor seinem völligen Zusammenburch immer noch ein starker, gefährlicher Gegner geblieben‹ sei, den Satz: ›Alle Gebäude, nicht nur in den Städten, sondern auch in den Dörfern, waren aus Stein.‹«

Die zehn deutschen führenden Kommunisten unter *Walter Ulbricht*, die kurz nach Kriegsende zur Übernahme der Macht aus Moskau nach Berlin in die sowjetisch-besetzte Zone eingeflogen wurden, schlossen weitgehend ihre Augen vor den Ausschreitungen. Der zu ihnen gehörende *Wolfgang Leonhard*, der nach der Verhaftung seiner in die UdSSR emigrierten Mutter in einem Kinderheim in Moskau aufgewachsen und eine Kominternschule besucht hatte (um für politische Aufgaben in Deutschland geschult zu werden), berichtet in seinem Erinnerungsbuch ›Die Revolution entläßt ihre Kinder‹, wie konsterniert er war, als er in einem Gespräch mit einer deutschen Frau hörte, daß man in den letzten Wochen sehr viel Schreckliches durchgemacht habe – und diese Bemerkung sich nicht auf die Nazis, sondern die Russen bezog. Er hörte eine Schilderung, wie er sie dann in den nächsten Tagen und Wochen zu Dutzenden und Hunderten in allen Variationen und Abwandlungen immer und immer wieder hören sollte. Die anderen halfen sich über die Betroffenheit hinweg, indem sie zunächst eine Nachwirkung der Nazipropaganda vermuteten; die Betroffenen seien wohl aktive Faschistinnen gewesen. »Mich stimmte das Gespräch sehr nachdenklich. Ich glaubte ihr und hatte mich innerlich damit abgefunden, daß sie tatsächlich die Wahrheit gesprochen hatte. Es ist immerhin möglich, so versuchte ich mich zu beruhigen, daß nach all den Erlebnissen dieses grauenvollen Krieges einzelne Rotarmisten in einzelnen Truppenteilen sich so benommen haben.«[92]

Berlin am Ende

Der Mai war gekommen – und die Schlacht um Berlin zu Ende gegangen. Am 26. April 1945 hatte die russische Armee die Stadt vollständig eingeschlossen; am nächsten Tag wurden Spandau, Schöneberg und Kreuzberg besetzt; die sowjetischen Truppen drangen am Halleschen Tor und am Alexanderplatz in den inneren Verteidigungskern ein. Am 29. April scheiterte der deutsche Entlastungsangriff südlich von Potsdam; am 30. April, dem Tag des Selbstmordes von *Adolf Hitler*, wehte die rote Fahne auf dem Reichstag. Am 2. Mai sprengte die SS den S-Bahnhofstunnel unter dem Landwehr-Kanal, wobei etwa tausend dorthin geflüchtete Verwundete und Zivilisten ertranken. Am gleichen Tag erfolgt die offizielle Kapitulation Berlins.

Hitler hatte den Kampf um die Hauptstadt, offensichtlich unfähig zu einer auch nur einigermaßen realistischen Einschätzung der Lage, als Wende des Krieges bezeichnet. »Berlin bleibt deutsch, Wien wird wieder deutsch, und Europa wird niemals russisch.«[93] Als der amerikanische Präsident *Roosevelt* am 12. April starb, glaubte er, die Katastrophe sei zu vermeiden.

Tiefenpsychologisch gesehen, war die nationalsozialistische Götterdämmerungs-Stimmung in ganz besonderem Maße auf Berlin fixiert, zumal *Hitler* dort – notgedrungen – nach Walhall einzugehen gedachte. Zunächst wollte er es aber nicht hinnehmen, daß der ›Mythos Berlin‹, ein tausendjähriges deutsches Reich verheißend, im Ansturm der russischen ›Untermenschen‹ zerbrechen würde.

Von hohem Symbolwert war Berlin auch für die Rote Armee; deren Sieg über *Hitler* und das Deutsche Reich erfuhr hier seine Apotheose.

»Da ist sie, die Höhle des faschistischen Ungeheuers!«, heißt es im Bericht des Kommandeurs eines sowjetischen Panzerkorps (Memoiren sowjetischer Militärs läsen sich zuweilen wie Texte zu *Wagner*-Musik, meint *Erich Kuby*); »die Stadt, in der die hirnverbrannten Pläne zur Niederwerfung der Völker Europas geboren wurden! Der Panzer von *Plechanow* war der erste. Die Panzermänner vernichteten an der Ecke Frankfurter Straße ein faschistisches Panzerabwehrgeschütz und hielten an. Der Fahrer, Sergeant *F.N. Samotes*, öffnete die Luke und *Plechanow* stieg aus dem Panzer. Leute umringten die furchterregende sowjetische Maschine. ›Seid gegrüßt, ihr Teuren!‹, ›Unsere Panzer sind gekommen!‹, ›Es lebe Rußland!‹ erklangen Rufe. Diese russischen Mädchen und Burschen, die in die Hitlersche Unfreiheit verschleppt worden waren und jetzt von der Sowjetarmee befreit wurden, kamen unseren Panzerschützen entgegen. Sie boten ihnen all das an, womit die lieben Soldaten-Befreier beschenkt und bewirtet werden konnten: Blumen, Süßigkeiten, Früchte, Bier. ›Entschuldigt, Genossen, aber wir haben keine Zeit!‹ rief *Plechanow* den sich Versammelnden zu. Die Panzer rollten erneut vorwärts.«[94]

Die Wirklichkeit glich jedoch keinem Schlachtengemälde. In den Kampfhandlungen kamen annähernd 100000 Zivilisten ums Leben, mindestens 20000 Einwohner erlagen Herzanfällen und 6000 begingen Selbstmord.[95] Wie ein Brennspiegel faßte die Schlacht um Berlin das Inferno des deutschen Untergangs zusammen. Immer wieder seien die Häscher der SS durch die Häuser und Keller gegangen, berichtet *Friedrich Luft*; bis zur letzten Minute habe man mit der Möglichkeit rechnen müssen, daß man in das sinnlose Toben geworfen werde oder den Genickschuß erhalte.

»An der nahen Weidendammerbrücke hingen die Leichen derer zur Schau, die die hilflosen Waffen fortgelegt hatten. Der Mord ging um. Das Gerücht ging um. Ahnten wir, daß vor den Treppen des Reichskanzleibunkers, kaum tausend Meter von hier, sich der ›Führer Großdeutschlands‹, der nun schon kaum mehr den Bezirk Berlin-Mitte beherrschte, sein kindisches Autodafé vorbereitete?... Die Reste eines OKW-Büros wurden zeitweise in unseren Keller gespült, gehetzte, willenlose, kranke Kerle. Jeder schleppte neben dem Gewehr 98 einen Pappkarton mit sich. Zivilkleidung für den Ernstfall... Am gleichen Tag fegte eine Granate genau vor das Kellerfenster. Ein alter, freundlicher Mann schrie auf, kreischte und starb. Sein Leib war mitten durchschnitten. Tellerwäscher bei Aschinger war er gewesen mit einem Hang zur großen Literatur. In Gefechtspausen hatte er uns *Schiller* rezitiert. Und wir hatten, aufatmend, gelacht zuweilen. Jetzt trugen wir seine Reste hinaus und machten ihnen ein Grab. Die Splitter klirrten ans Haus. Letzte Scheiben brachen. Jemand sprach ein Vaterunser in den Aufruhr. Dann ging es zurück in den Keller bis zum Abend.«[96]

Der Kreuzzug

Was während des Krieges, vor allem seit der Invasion in Frankreich, von den Alliierten mit einem gewissen propagandistischen Pathos verkündet worden war, erwies sich als volle Wahrheit: Der Krieg der Alliierten gegen *Hitler* war in der Tat ein Kreuzzug gegen das absolut Böse. Als die Öffnung der Konzentrationslager erfolgte, konnte man das physische wie psychische Leid der Opfer auch daran erkennen, daß die nun dem Leben wieder Zurückgegebenen (viele starben noch nach der Befreiung) vielfach nicht in der Lage waren, ihr Glücksgefühl zu artikulieren. *Primo Levi*, 1919 in Turin geboren, als Mitglied der Resistenza 1944 verhaftet und nach Auschwitz deportiert, empfand die Stunde der Freiheit als »ernst und lastend«; sie habe die Seelen der Befreiten mit Freude und zugleich mit einem schmerzlichen Schamgefühl erfüllt, um dessentwillen sie gewünscht hätten, das Bewußtsein wie Gedächtnis von dem Greuel, den es beherbergte, reinzuwaschen:

»Und mit Qual, weil wir spürten, daß es nicht möglich war, daß nie irgend etwas so Gutes und Reines kommen könnte, das unsere Vergangenheit auslöschen würde, und daß die Spuren der Versündigung für immer in uns bleiben würden, in der Erinnerung derer, die es miterlebt haben, an den Orten, wo es geschehen war, und in den Berichten, die wir darüber abgeben würden. Daher – und dies ist das ungeheuerliche Privileg unserer Generation und meines Volkes – hat niemals jemand besser als wir die unheilbare Natur der Versündigung begreifen können, die sich ausbreitet wie eine ansteckende Kranheit. Es ist unsinnig, zu glauben, sie könne durch menschliche Gerechtigkeit getilgt werden. Sie ist eine unerschöpfliche Quelle des Bösen: sie zerbricht Körper und Seele der Betroffenen, löscht sie aus und erniedrigt sie; sie fällt als Schande auf die Unterdrücker zurück, schwelt als

Haß in den Überlebenden fort und wuchert weiter auf tausend Arten, gegen den Willen aller, als Rachedurst, als moralisches Nachgeben, als Verleugnung, als Müdigkeit und als Verzicht.«[97]

In Dachau – um die Befreiung eines Konzentrationslagers auf deutschem Boden durch amerikanische Truppen zu schildern – hatte die SS im letzten Augenblick noch politische Gefangene hingerichtet oder Juden in Eisenbahnwaggons verhungern lassen (ebenso wie auch in anderen Lagern bis kurz vor der Befreiung Häftlinge umgebracht wurden). Am 29. April, einem Sonntag, zog sich die SS zurück; ein Blockältester (tschechischer Priester) verkündete in der Kapelle auf Lateinisch die große Freude: Die Schergen hätten das Lager verlassen; auf dem Haupttor wehe die weiße Fahne.[98]

Der US-Militärrabbiner *David Max Eichhorn* beschreibt, wie er als Angehöriger der amerikanischen Armee das Lager vorfand: »Auf dem Bahnhof Dachau sahen wir die 39 Güterwagen stehen, beladen mit Leichen von Juden, 39 Güterwagen voll kleiner, verschrumpelter Mumien, die buchstäblich verhungert waren. Wir sahen die Gaskammern und die Krematorien, noch gefüllt mit verkohlten Knochen und Asche. Und wir weinten nicht nur Tränen der Betroffenheit, wir weinten Tränen des Hasses. Kampfgewohnte Soldaten, Juden und Nichtjuden, Schwarze und Weiße weinten diese Tränen des Hasses. Dann traten wir beiseite und sahen zu, wie die Lagerinsassen ihre früheren Bewacher aufstöberten und zusammentrieben, von denen sich viele an den verschiedensten Stellen des Lagers zu verstecken suchten. Wir standen daneben, als diese Wachen totgeschlagen wurden, so fürchterlich zerschlagen, daß ihre Körper aufplatzten und die Eingeweide herausquollen. Wir sahen mit weniger Teilnahme zu, als wenn ein Hund verprügelt worden wäre. Wir waren wahrhaftig vollkommen ungerührt. Wut und Haß hatten unsere Gemüter abgestumpft. Diese Bestien bekamen, so meinten wir, genau das, was sie verdient hatten. So tief sinkt die menschliche Natur angesichts menschlicher Entartung.«[99]

Solche Rachehandlungen gegen die früheren Peiniger waren allerdings selten, zumal sehr rasch, vor allem von den westlichen Alliierten, ordentliche Militärgerichtsverfahren gegen das Bewachungspersonal der Konzentrationslager eingeleitet wurden. So kündigte der amerikanische Untersuchungsrichter für Kriegsverbrechen, *Robert H. Jackson*, in einem Bericht an den amerikanischen Präsidenten *Truman* nach einem Besuch in Europa im Juni 1945 an, daß diejenigen, die für die Konzentrationslager verantwortlich gewesen seien, bald vor Gericht gestellt würden.

Der erste Großprozeß gegen solche Kriegsverbrecher, den Kommandanten des Lagers Belsen, *Josef Kramer*, und 47 seiner Untergebenen, wurde am 17. September 1945 vor einem britischen Militärgericht eröffnet. Die Angeklagten, die von elf englischen Offizieren und einem polnischen Offizier verteidigt wurden, bekannten sich als ›nicht schudig‹. Der Anklagevertreter, Oberst *Backhouse*, erklärte, daß es keine Worte gäbe, die ausreichten, um Belsen und seine Insassen zu beschreiben: Man habe lebende Skelette, in Fetzen gehüllt, angetroffen; Tausende hätten Flecktyphus gehabt. Die Lebenden, die Sterbenden, die Toten, zehn Personen in einem Raum, der kaum für einen gelangt hätte, hätten zusammengepfercht dagelegen. »Die Toten waren so abgemagert, daß ein Kind sie hätte tragen können. Aber die Lebenden waren selbst so schwach vor Hunger, daß vier Mann nötig waren, eine solche Leiche wegzutragen. In den letzten Tagen vor der Ankunft der Alliierten arbeiteten 2000 Insassen 12 Stunden täglich, die Leichen beiseite zu schaffen – und trotzdem fanden die Engländer bei ihrer Ankunft in Belsen noch über 10000 Tote herumliegen. Der Hunger war so stark, daß Kannibalismus einsetzte. Jede zehnte Leiche zeigte Spuren, daß Stücke aus ihr herausgerissen waren.«[100] *Kramer* wurde mit zehn weiteren Angeklagten zum Tode verurteilt.

Der erste große Prozeß in der amerikanischen Zone, der Dachauer Prozeß, begann am 15. November. Nach vorsichtigen Schätzungen, so die Anklageschrift, seien in diesem Lager 30000 Menschen, Zivilisten und Kriegsgefangene, umgebracht worden bzw. gestorben. 40 Männer saßen auf der Anklagebank.

Die Absicht der NS-Führung, die Spuren ihrer Massenverbrechen zu verwischen, indem man in den letzten Tagen die schriftlichen Unterlagen und die noch am Leben befindlichen Häftlinge zu beseitigen suchte, war nicht zuletzt dank des raschen Vormarsches der Alliierten gescheitert. Die Prozesse, vor allem auch der Hauptkriegsverbrecherprozeß in Nürnberg und die zwölf Nachfolgeprozessse dort, brachten überwältigendes Beweismaterial zutage.

In Nürnberg wurden von insgesamt 206 angeklagten Personen 38 freigesprochen, 102 zu Freiheitsstrafen zwischen 18 Monaten und 20 Jahren, 23 zu lebenslangen Freiheitsstrafe und 36 zum Tode verurteilt. Von den Todesurteilen wurden 24 vollstreckt. Von den in den

Wir alle
das möchte ich nochmals betonen
haben nichts als unsere Schuldigkeit getan
selbst wenn es uns oft schwer fiel,
und wenn wir daran verzweifeln wollten
Heute
da unsere Nation sich wieder
zu einer führenden Stellung
emporgearbeitet hat
sollten wir uns mit anderen Dingen befassen
als mit Vorwürfen
die längst als verjährt
angesehen werden müßten.

Peter Weiss: Die Ermittlung. Frankfurt am Main 1965.

Der Dichter verwendete für sein ›Oratorium in 11 Gesängen‹ Material des Auschwitz-Prozesses, Frankfurt am Main 1963–1965.

Prozessen gegen das Personal der Konzentrationslager Dachau, Buchenwald, Mauthausen, Mittelbau-Dora, Flossenbürg angeklagten 1021 Personen wurden 885 verurteilt und 136 freigesprochen. Eine umfassende Bilanz der Strafverfolgungen von NS-Verbrechen hat *Adalbert Rückerl* vorgelegt[101]: »Insgesamt hatten, soweit dies durch die Justizbehörden der Bundesrepublik Deutschland festgestellt werden konnte, amerikanische Militärgerichte Prozesse gegen 1941 Personen geführt. 1517 von ihnen wurden verurteilt (davon 324 zum Tode, 247 zu lebenslanger und 946 zu Freiheitsstrafe). 367 Angeklagte wurden freigesprochen, 57 außer Verfolgung gesetzt.

Britische Militärgerichte führten nicht nur in der britischen Besatzungszone Deutschlands, sondern auch im Ausland, so in Italien und in den Niederlanden, Strafverfahren gegen deutsche Staatsangehörige durch. Neben den in Venedig gegen den Generalfeldmarschall *Albert Kesselring* und in Hamburg gegen Generalfeldmarschall *Ernst von Manstein* und Generaloberst *Nikolaus von Falkenhorst* geführten Prozessen sind die Verfahren gegen Angehörige des Personals der Konzentrationslager Auschwitz, Bergen-Belsen und Natzweiler hervorzuheben. Von den vor britischen Militärgerichten insgesamt angeklagten 1085 Personen wurden 240 zum Tode verurteilt. Soweit Freiheitsstrafen verhängt wurden, setzte man diese später meist im Gnadenwege herab. Die letzten aufgrund britischer Militärgerichtsurteile in Haft befindlichen Deutschen wurden 1957 entlassen.

Ein Großteil der von französischen Besatzungsgerichten in Deutschland durchgeführten Strafprozesse gegen Deutsche betraf Angehörige des Personals des Lagers ›Neue Bremme‹ (bei Saarbrücken) und verschiedener in Baden-Württemberg gelegener Nebenlager des Konzentrationslagers Natzweiler. Die Gesamtzahl der vor Militärgerichten in der französischen Besatzungszone Deutschlands angeklagten Personen ist nicht bekannt. Verurteilt wurden von diesen Gerichten 2107 Personen, davon 104 zum Tode.

Hinsichtlich des Umfangs der von sowjetischen Gerichten gegen Deutsche geführten Strafprozesse liegen zuverlässige Informationen nicht vor. Mit Sicherheit darf jedoch davon ausgegangen werden, daß die Zahl der Verurteilten um ein Vielfaches höher liegt als die Zahl der von Gerichten der westlichen Besatzungsmächte verurteilten Personen zusammengenommen. In dem Bericht des Bundesministers der Justiz an den Präsidenten des Deutschen Bundestages vom 26. Februar 1965 heißt es hierzu auszugsweise:

»Nach der Besetzung Ost- und Mitteldeutschlands setzte eine nahezu wahllose Welle von Verhaftungen und Internierungen aller Deutschen ein, die von den Sowjets für gefährlich gehalten wurden. Zehntausende füllten die Zuchthäuser, Gefängnisse und Konzentrationslager, darunter z. B. Buchenwald, Sachsenhausen, Neubrandenburg, Mühlberg und Bautzen. Dort wurden durch Hunger und zum Teil auch durch Folterungen ›Geständnisse‹ herbeigeführt, die den Verfahren vor den sowjetischen Militärgerichten zugrundegelegt wurden, soweit die Gefangenen nicht schon vorher den Entbehrungen, Krankheiten und Mißhandlungen erlegen waren... Auch die in sowjetischer Gefangenschaft geratenen deutschen Soldaten wurden zu Tausenden vor Militärgerichte gestellt und in Schnellverfahren – größtenteils aufgrund erpreßter Geständnisse oder wegen bloßer Zugehörigkeit zu bestimmten Einheiten – meist zur Einheitsstrafe von 25 Jahren Freiheitsentzug, viele aber auch zum Tode verurteilt... Nach sowjetischen Angaben sollen sich im Mai 1950 noch 13532 Kriegsverurteilte in sowjetischen Lagern befunden haben. 10513 von den sowjetischen Militärtribunalen Verurteilte wurden mit Schreiben des sowjetischen Armeegenerals *Tschujkow* vom 14. Januar 1950 an *Ulbricht* den Behörden der SBZ ›zur Verbüßung ihrer Strafen‹ übergeben.«

Besonders wichtig für das Wissen um den SS-Staat und das System der deutschen Konzentrationslager war, daß *Eugen Kogon* – am 12. März 1938 beim nationalsozialistischen Einmarsch in Österreich verhaftet, nach Buchenwald gebracht und dort am 11. April 1945 befreit – von einem kurz darauf im Lager eintreffenden Team der US-Psychological Warfare Division beauftragt wurde, eine umfassende Analyse des um die Konzentrations- und Vernichtungslager zentrierten NS-Staates zu erstellen. »Buchenwald war das erste große Konzentrationslager, das unversehrt in die Hände der westalliierten Truppen gefallen war. Es konnte ein Beispiel zur Erkenntnis des Systems werden, das dahinter stand.«[102] Obwohl noch unter dem unmittelbaren Eindruck der erlittenden Qualen stehend, gelang es *Eugen Kogon* in der Zeit vom 15. Juni bis 15. Dezember 1945, ein äußerst objektives Bild des SS-Staates zu zeichnen, das 1946 erstmals veröffentlicht und 1948 durch die beiden Kapitel ›Der Terror als Herrschaftssystem‹ und ›Das deutsche Volk und die Konzentrationslager seit 1945‹ ergänzt wurde.

Kogon kommt zu dem Ergebnis, daß es bereits 1939 mehr als hundert deutsche Konzentrationslager aller Arten gegeben habe. Die Ausbreitung des Nationalsozialismus über Europa brachte dann eine wesentliche Erweiterung; es entstanden die weltberüchtigten Lager Auschwitz, Lublin-Maidanek, Treblinka, Stuthoff, Bergen-Belsen und andere. Nehme man die Zahl der Toten von Auschwitz, die allein zwischen 3,5 und 4,5 Millionen liege, sowie anderer ähnlicher Lager zum Ausgangspunkt eines Berechnungsversuches, so müsse man von insgesamt 8 bis 10 Millionen Opfern sprechen.[103] Nach *Gerald Reitlinger* sind im Rahmen der ›Endlösung‹ (der Vernichtung des europäischen Judentums) mindestens 4194000, höchsten 4581000 Menschen ermordet worden.[104] *Gerald Fleming* beziffert die jüdischen Verluste mit 4975000; eine endgültige und absolut genaue Zahl der Opfer sei nicht festzustellen; mit Sicherheit aber könne gesagt werden, daß die Zahl der Opfer die 5 Millionengrenze erreicht habe.[105]

Die millionenfachen NS-Mörder, mit *Adolf Hitler* an der Spitze, führten gar nicht mehr genau Buch; das menschliche ›Ungeziefer‹, das sie zu vernichten trachteten, interessierte sie nicht als Einzelfall (was später auf infame Weise die Urheber der ›Auschwitz-Lüge‹ zu nutzen versuchten). Die bewußte Anonymisierung der Opfer, die aufgrund der Massenvernichtung ihr ›Gesicht‹ wie auch ihre Biographie verloren, erleichterte es den Deutschen, die notwendige Trauerarbeit zu vernachlässigen.

Da die Wahrheit über die Konzentrationslager so unfaßbar schien, daß man befürchten mußte, man werde sie zu späteren Zeiten leugnen, wurden Deutsche von den Alliierten gezwungen, das Grauen der Lager unmittelbar wahr-zunehmen. So ordnete der Kommandierende der amerikanischen Truppen unmittelbar nach der Befreiung des Konzentrationslagers Buchenwald an, daß die Einwohner von Weimar zwangsweise durch die Lager zu führen seien. Auf Militärlastwagen wurden Frauen und Männer herangebracht. Angesichts der Scheußlichkeiten, die ihren Augen geboten wurden, hätten die Frauen aufgeschrien, einige seien in Ohnmacht gefallen. »Aber auch die Männer mußten sich zwingen, ihre Gefühle zusammenzuhalten, und immer wieder fragten sie sich und schauten sich an: ›Wie ist so etwas möglich? Warum haben wir nie etwas davon erfahren? Wie konnte so etwas geschehen... 8 km von Weimar entfernt?‹« Der Vater und die Schwester des Reichsjugendführers *Baldur von Schirach* gehörten zu denjenigen, die durch das Lager, vorbei an den einzelnen Marterstellen, vorüber an Knochen und Leichenteilen, geführt wurden. Die Schwester *Schirachs* erklärte: »Was ich heute gesehen habe – das hätte ich nach Erzählungen niemals geglaubt und auch niemals für möglich gehalten. Wir sind ja in das grausamste Mittelalter zurückgefallen.«[106]

Die amerikanische Reporterin *Margaret Bourke-White* berichtete, daß die eben befreiten Insassen des Lagers in ihren blauweiß gestreiften Häftlingsanzügen auf die Zäune des Lagers geklettert seien, um den Zug der Weimarer Bevölkerung zu beobachten. Als die Zivilisten immer wieder riefen, man habe nichts gewußt, gerieten die Ex-Häftlinge außer sich vor Wut. »›Ihr habt es gewußt‹, schrien sie. ›Wir haben neben euch in den Fabriken gearbeitet. Wir haben es euch gesagt und dabei unser Leben riskiert. Aber ihr habt nichts getan.‹«[107]

Eugen Kogon stellt in seiner Betrachtung ›Das deutsche Volk und die Konzentrationslager‹, die er 1948 seinem Buch ›Der SS-Staat‹ hinzufügte, fest, daß die Konzentrationslager des Dritten Reiches bislang wenig dazu beigetragen hätten, einen tiefgründigen Gesinnungswandel des deutschen Volkes einzuleiten: Weil sich erwiesen habe, daß *Hitlers* Geist auch in anderen lebte, nicht bloß in Deutschen; weil die Anfälligkeit der Welt für totalitäre Methoden offensichtlich geworden sei; weil Hunderttausende, ja Millionen von Deutschen selbst Opfer geworden seien; weil das vergangene Abschreckende unter wirren gegenwärtigen Schrecken seine Wirkung verliere; weil Predigten immer schwächer seien als Taten, besonders wenn die Taten den Predigten nachhaltig widersprächen. *Kogon* verweist dann auf das Schicksal der Kriegsgefangenen, vor allem nach der Kapitulation; viele von ihnen müßten heute in Sowjetrußland Verhältnisse ertragen, die in manchem und zuweilen im Schlimmsten denen der nazistischen Konzentrationslager ähnelten. 12 bis 14 Millionen Vertriebene, die in den osteuropäischen Ländern vielfach auf die barbarischste Weise ausgesiedelt und in plombierten Waggons, in Elendszügen, einzeln, gruppen- und herdenweise nach Westdeutschland getrieben wurden, wären ein anderer Beweis für die weiter grassierende Unmenschlichkeit.

»Man mache einer Mutter, die ihre Kinder verloren hat, einem Mann, dem die Frau geschändet wurde, Halbwüchsigen, deren Eltern man prügelte, allen, die Tod und Grausamkeit nun am eigenen Leibe erlebten, klar, daß dies – in einer proklamiert besseren Welt – eben nichts als die traurigen Folgen vorher begangenen Massenunrechts seien, die ohne Unterschied Schuldige und Unschuldige treffen. Und

8 Auf Anordnung von Besatzungskommandeuren wurde die Bevölkerung in der Nähe von Konzentrationslagern mit den Verbrechen dort konfrontiert

man verdeutliche einem Volk, es sei weder Heuchelei noch Feigheit, wenn den Erklärungen von Jalta und Potsdam, daß die ›Umsiedlungen‹ ›ordnungsgemäß‹ erfolgen sollten, nicht Nachdruck verliehen wurde. Mehr Millionen haben auch die Nationalsozialisten nicht durch Osteuropa gezerrt.«

Dazu kämen die Deportationen. Man kenne die genaue Zahl der Deutschen nicht, die in russischen oder in sonstigen Bergwerken oder Zwangsarbeitslagern des Osten Sklavendienste leisten müßten. Die Freiheit dieser Menschen, vieler Zehntausende, werde jedenfalls mit Füßen getreten. Immerhin wäre es vielleicht noch gelungen, im öffentlichen Bewußtsein Deutschlands wenigstens teilweise Ursache und Wirkung von einander zu trennen, wenn nicht der Versuch unternommen worden wäre, das ›ganze‹ Volk zu entnazifizieren; (eine revolutionäre Selbstsäuberung Deutschlands hätten die Alliierten 1945 verhindert).

»Nach vorgefaßten Plänen, halb von Vorstellungen einer Kollektivschuld, halb von solchen der Individualschuld ausgehend, versuchten sie es – vierfältig übrigens, jede Besatzungsmacht anders – 1946 und die nachfolgenden Jahre mit einem Formalprozeß, der nicht nur das Rechtsbewußtsein, sondern auch die Politik auf das nachhaltigste verdorben hat. Das gesamte Volk wurde in die Fragebogenhürden getrieben, mehr als die Hälfte aller über achtzehn Jahre alten Männer und Frauen ›belastet‹, sodaß die ›Befreiung vom Nationalsozialismus und Militarismus‹ Sache einer Minderheit, die Befreiung von diesem Prozeß hierauf Sache der Mehrheit des Volkes wurde!«[108]

Ohne die deutsche Schuld zu verringern, hatte damit *Eugen Kogon* mit Nachdruck deutlich gemacht, daß Menschlichkeit unteilbar sei, man auch nicht Inhumanität durch ›unmenschliche Kausalitäten‹ legitimieren könne. Die Stunde Null bedeutete eben nicht nur das Ende nationalsozialistischer Verbrechen, den Stillstand der nationalsozialistischen Mordmaschinerie; mit ihr begannen wiederum neue Verbrechen, die es klar zu benennen gilt. Ebenfalls unter dem unmittelbaren Eindruck des Schreckens der deutschen Konzentrationslager stehend, jedoch darüber das allgemeine Problem der Unmenschlichkeit nicht verkennend, schrieb *Hannah Arendt* in ihrem Aufsatz ›Organisierte Schuld‹ 1945:

»Seit vielen Jahren begegnen mir Deutsche, welche erklären, daß sie sich schämten, Deutsche zu sein. Ich habe mich immer versucht gefühlt, ihnen zu antworten, daß ich mich schämte, ein Mensch zu sein.

Diese grundsätzliche Scham, die heute viele Menschen der verschiedensten Nationalitäten miteinander teilen, ist das einzige, was uns gefühlsmäßig von der Solidarität der Internationalen verblieben ist; und sie ist bislang politisch in keiner Weise produktiv geworden.«[109]

Bedingungslose Kapitulation

Der Mai war gekommen – die bedingungslose Kapitulation erfolgte buchstäblich in letzter Stunde, am 8. und 9. Mai 1945. Am 7. Mai 1945 meldete der Wehrmachtsbericht, daß die Amerikaner im bayerischen Raum ihre Bewegung fortsetzten. Von Westen her seien amerikanische Abteilungen von Pilsen auf Prag vorgestoßen. Am 9. Mai waren auch die Verteidiger von Breslau, die über zwei Monate lang den Angriffen der Sowjets standgehalten hätten, »nach heldenhaftem Kampf der feindlichen Übermacht« erlegen. Im Wehrmachtsbericht vom 9. Mai hieß es weiter: »Seit Mitternacht schweigen nun an allen Fronten die Waffen. Auf Befehl des Großadmirals hat die Wehrmacht den aussichtslos gewordenen Kampf eingestellt. Damit ist das fast sechsjährige heldenhafte Ringen zu Ende. Es hat uns große Siege aber auch schwere Niederlagen gebracht. Die deutsche Wehrmacht ist am Ende einer gewaltigen Übermacht ehrenvoll unterlegen. Der deutsche Soldat hat, getreu seinem Eid, im höchsten Einsatz für sein Volk für immer Unvergeßliches geleistet. Die Heimat hat ihn bis zuletzt mit allen Kräften unter schwersten Opfern unterstützt. Die einmalige Leistung von Front und Heimat wird in einem späteren gerechten Urteil der Geschichte ihre endgültige Würdigung finden.«[110]

In seinem politischen Testament vom 29. April 1945 hatte *Hitler* den Großadmiral *Karl Dönitz* als Reichspräsidenten und *Goebbels*, der kurz darauf Selbstmord beging, als Reichskanzler eingesetzt, *Graf Schwerin von Krosigk*, seit 1932 Reichsfinanzminister, wurde von *Dönitz* zum Chef der Geschäftsführenden Reichsregierung ernannt; *Martin Bormann* sollte als Parteiminister, der für die besetzten Niederlande bis zu ihrer Befreiung zuständige Reichskommissar *Arthur Seyß-Inquart* als Außenminister, der Generalfeldmarschall *Ferdinand Schörner* (dem berüchtigte Standgerichte und disziplinarische Maßnahmen den Namen ›Bluthund‹ eingebracht hatten) als Oberbefehlshaber des Heeres fungieren.

Die neue Reichsregierung, die sich nach Flensburg, im äußersten Norden von Schlewig-Holstein, zurückgezogen hatte, suchte eine gemeinsame Front mit den Westmächten gegen die Sowjetunion zu bilden, um so der bedingungslosen Kapitulation zu entgehen – ein absurder Illusionismus. Zunächst wurde in den von den Russen eingekesselten Gebieten von Kurland, Breslau und der Danziger Bucht weitergekämpft; auch kontrollierte die neue Führung noch die Küste der Deutschen Bucht, Schleswig-Holstein, Dänemark, Norwegen, Teile Nordhollands, dazu die geschlagenen Heeresgruppen in Süddeutschland, im Alpenraum, Böhmen und im nördlichen Jugoslawien.

»Daß es *Dönitz* nicht darum ging, in erster Linie das NS-Regime und den verbrecherischen Krieg zu liquidieren und einen Neuanfang für Deutschland zu versuchen, zeigt am deutlichsten seine ›Regierungstätigkeit‹. *Himmler*, der ihn tagelang in seinem Vorzimmer belagerte, wollte er natürlich nicht weiter verwenden. Auch andere exponierte Nazis, wie Außenminister *Ribbentrop*, verloren ihre Posten. Ansonsten aber bildete er eine Regierung aus bewährten Fachleuten und strammen Parteigenossen. Der neue Reichskanzler, *Schwerin von Krosigk*, der Prototyp des preußischen Beamten, unter *Hitler* bis zum letzten Tag Finanzminister, schien noch am wenigsten belastet zu sein. Das Oberkommando der Wehrmacht aber funktionierte ohne Veränderungen weiter. Die Partei wurde weder verboten noch aufgelöst. Hitler-Bilder blieben in den Amtsstuben. Die Wehrmacht entbot nach wie vor den ›Hitler-Gruß‹. Standgerichte machten wie bisher ihr blutiges Handwerk, und selbst die unsinnige Werwolf-Organisation durfte im Osten mit Hitlerjungen weiterhin den Partisanenkrieg vorbereiten.«[111]

Nach einer Reihe von Teilkapitulationen, denen *Dönitz* teilweise zustimmte, schickte er Generaladmiral *von Friedeburg*, inzwischen neuer Oberbefehlshaber der Kriegsmarine, der schon mit dem englischen Feldmarschall *Montgomery* Verhandlungen geführt hatte – nach der Kapitulation beging er Selbstmord –, in das Hauptquartier des Oberkommandierenden der britisch-amerikanischen Invasionsstreiträfte in Europa, *Eisenhower*, mit der Instruktion, diesen für die Teilkapitulation zu gewinnen und auf die antibolschewistische Linie zu bringen. Er wurde von dem Chef des Wehrmachtsführungsstabes, Generaloberst *Jodl*, begleitet. Die Aktion scheiterte kläglich; *Eisenhower* verlangte ultimativ die Gesamtkapitulation an allen Fronten und eine endgültige Waffenruhe zum 9. Mai, 0.00 Uhr, ansonsten würden die Westalliierten alle deutschen Soldaten, die über ihre Linien zu kommen versuchten, als Kriegsgefangene an die Rote Armee zurückweisen und den Bombenkrieg wieder aufnehmen. *Jodl* blieb somit kein Spielraum mehr; er funkte am 7. Mai, 1.00 Uhr an *Dönitz*, daß er keinen Ausweg mehr als Chaos oder Unterzeichnung sehe.[112] Vor diese Alternative gestellt, erklärte sich *Dönitz* schließlich doch mit der bedingungslosen Gesamtkapitulation einverstanden.

Nach den Erfahrungen mit dem stets wortbrüchigen *Hitler* hatte *Churchill* schon im Juni 1941 erklärt, daß man fest entschlossen sei, *Hitler* und jede Spur des Naziregimes zu vernichten; man werde niemals »mit *Hitler* oder irgendeinem aus seiner Bande« verhandeln oder unterhandeln. »Wir werden *Hitler* schlagen; wenn ich sage schlagen, so meine ich, daß nichts mehr von ihm übrig ist.«[113] Bei ihrer Zusammenkunft in Casablanca vom 14. bis 26. Januar 1943 hatten *Roosevelt* und *Churchill* klargemacht, daß sie außer *Hitler* auch Deutschland nicht mehr als möglichen Verhandlungspartner ansähen.[114] Die ›großen Drei‹ (USA, England und UdSSR) waren sich dementsprechend bei ihren nachfolgenden Zusammenkünften völlig einig, daß nur eine bedingungslose Kapitulation in Frage komme.

Am 23. Januar 1945 erläuterte *Churchill* im Londoner Unterhaus den Begriff der bedingungslosen Kapitulation (worüber auch ein Bericht in Nr. 1 der von der amerikanischen Militärregierung herausgegebenen ›Aachener Nachrichten‹ – die Stadt war inzwischen besetzt worden – erschien). Durch nichts würden die Alliierten dazu veranlaßt werden können, von dem Grundsatz der bedingungslosen Kapitulation abzugehen; diese befreie aber die Siegermächte in keiner Weise von ihren Verpflichtungen gegenüber der Menschheit oder von ihren Pflichten als zivilisierte und christliche Völker. Man fordere die bedingungslose Kapitulation; sie werde die Grundlage des Friedens sein; aber die Deutschen sollten wissen, daß ihre Gegner nicht Leute seien, die Nationen ausrotteten oder Völker schlachteten.

»Wir lassen uns nichts abhandeln. Ihr habt keine Ansprüche zu erheben. Ihr müßt bedingungslos jeden Widerstand einstellen. Unsere Sitten und unsere Wesensart werden unsere Handlungsweise bestimmen. Wenn ihr jetzt kapituliert, wird die Nachkriegszeit für euch bei weitem nicht so schwer sein wie ein volles Kriegsjahr 1945. Der Friede wird auf der Grundlage bedingungsloser Kapitulation erfolgen. Aber sie wird auch Deutschland und Japan ungeheure sofortige Erleichterung der Leiden und Qualen bringen, die ihnen sonst bevorstehen.

Wir Alliierten sind keine Ungeheuer – wir sind ehrenhafte Menschen, wir wollen Fackelträger der Zukunft sein.«[115]

Am 7. Mai, früh um 2.41 Uhr, setzte *Alfred Jodl* in Reims seine Unterschrift unter die vom Oberbefehlshaber der alliierten Streitkräfte General *Eisenhower* vorbereitete Kapitulationsurkunde; alle vier Siegermächte waren vertreten. *Eisenhower* sah die deutsche Abordnung erst, als die Verhandlungen abgeschlossen waren. Nach dem Bericht alliierter Korrespondenten richtete er die ernste Frage an die Deutschen, ob sie die Bedingungen auch richtig verstanden hätten und ob sie bereit seien, sie zu erfüllen; sie bejahten. Nachdem das Kapitulationsdokument unterzeichet war und General *Eisenhower* die Feder beiseite gelegt hatte, erhob sich *Jodl* und bat um das Wort. Er begann englisch, fuhr aber dann deutsch fort: »Herr General, mit dieser Unterschrift sind das deutsche Volk und die deutsche Wehrmacht auf Gedeih und Verderben dem Sieger ausgeliefert. In diesem Krieg, der über fünf Jahre dauerte, haben beide mehr geleistet und mehr gelitten, als vielleicht irgend ein anderes Volk der Welt. In dieser Stunde bleibt mir nichts anderes übrig, als auf den Großmut des Siegers zu hoffen.« Er erhielt keine Antwort und verließ den Raum.

Das Verhandlungszimmer befand sich in einem Schulhaus, einem roten Backsteingebäude. An den Wänden hingen Generalstabskarten, die den Deutschen die Hoffnungslosigkeit ihrer Lage vor Augen führten. Mit Ausnahme von Admiral *von Friedeburg* trugen die Deutschen graugrüne Uniformen, geschmückt mit allen Orden und Auszeichnungen; sie grüßten militärisch. Die Unterzeichnung erfolgte mit zwei Füllfederhaltern, die General *Eisenhower* seit dem Afrikafeldzug für diesen Zweck aufbewahrt hatte.[116]

Da die Amerikaner eine frühere, von der europäischen Beratungskommission der Alliierten erarbeitete Fassung des Kapitulationstextes verändert und gekürzt verwendet hatten, forderte *Stalin* eine Wiederholung der Zeremonie mit dem alten Text; außerdem sollten neben dem Oberkommando der Wehrmacht die höchsten Repräsentanten der drei Wehrmachtsteile daran teilnehmen. »Also versammelte man sich noch einmal am 9. Mai um 0.16 Uhr, nun im Hauptquartier Marschall *Schukows* in Berlin-Karlshorst. Das Dokument war auf den 8. Mai 1945 datiert, da die Bestimmungen entsprechend der Urkunde von Reims nach Ablauf dieses Tages bereits in Kraft getreten waren. Generalfeldmarschall *Wilhelm Keitel* unterzeichnete als Chef des Oberkommandos der Wehrmacht, Generaladmiral *von*

Friedeburg als Oberbefehlshaber der Kriegsmarine und Generaloberst *Stumpff*, Oberbefehlshaber der Luftflotte Reich, in Vertretung für den Oberbefehlshaber der Luftwaffe, Generalfeldmarschall *Ritter von Greim*. Auf alliierter Seite unterschrieben Marschall *Schukow*, der britische Luftmarschall *Tedder* als Vertreter *Eisenhowers*, der französische General *de Lattre de Tassigny* und US-General *Spaatz*.«[117]

Graf Schwerin von Krosigk gab die bedingungslose Kapitulation mit den Worten bekannt, daß man aus dem Zusammenbruch die Einigkeit, den Gedanken der Volksgemeinschaft, die in den Jahren des Krieges in der Frontkameradschaft draußen, in der gegenseitigen Hilfsbereitschaft in allen Nöten daheim ihren schönsten Ausdruck gefunden habe, bewahren und retten wolle. »Wir werden diese Kameradschaft und Hilfsbereitschaft in den kommenden Nöten des Hungers und der Armut ebenso brauchen wie in den Zeiten der Schlachten und Bombenangriffe.«[118] *Dönitz* stellte fest: »Wir müssen den Tatsachen ins Auge sehen. Die Einheit des Staates und der Partei existiert nicht mehr. Die Partei hat ihre Aktivitäten eingestellt. Mit der Eroberung Deutschlands ist die Macht in die Hände der Eroberer übergegangen. Es liegt bei ihnen, mich und die von mir berufene Regierung im Amt zu bestätigen oder die Entscheidung für eine andere Regierung zu treffen. Sollte ich aufgefordert werden, unserem Vaterland zu helfen, dann werde ich auf meinen Posten bleiben.«[119]

Die Engländer schienen zunächst bereit zu sein, mit der Regierung *Dönitz* weiter zu verhandeln; er wurde jedoch am 23. Mai 1945 auf Drängen der Sowjetunion und Frankreichs von einem englischen Kommando in Flensburg gefangengenommen; ein Nachfolger wurde nicht eingesetzt.

Die Nachrichtenagentur Reuter faßte die Folgen der Kapitulation für Deutschland dahingehend zusammen, daß mit der Einstellung der Feindseligkeiten das Ende des verfassungsmäßigen Bestehens des Dritten Reiches eingetreten sei. Deutschland stelle nun ein unterworfenes, erobertes und besetztes Land dar, das keine unabhängige Existenz habe. Aller deutscher Besitz und alle deutschen Guthaben in fremden Ländern würden automatisch auf die zentrale alliierte Kontrollkommission übertragen, die sofort ihre Tätigkeit aufnehme. Deshalb werde es keinen Waffenstillstandsvertrag wie im Jahre 1918, keine Aufzählung dessen geben, was die Deutschen abzugeben und was sie zu erfüllen hätten. Vom Augenblick der offiziellen Einstellung der Feindseligkeiten stünden sämtliche deutschen Arbeitskräfte und sämtlicher deutscher Besitz den Alliierten zur Verfügung. [120]

Die Alliierten lehnten die Annektierung Deutschlands ausdrücklich ab; die Besetzung wie die Ausübung der Regierungsgewalt sei nur als vorübergehende Maßnahme gedacht. Die Siegermächte behandelten Deutschland, als ob es ein Kondominium (ursprünglich Miteigentum, im übertragenen Sinne gemeinsame Herrschaft von Staaten über ein ihnen gehörendes Gebiet) wäre. »Nach ihrer Auffassung hatten die Deutschen ihnen gegenüber keine rechtlichen Ansprüche. Das von den Besatzungsmächten gesetzte Recht (Besatzungsrecht) hob entweder ausdrücklich entgegenstehendes deutsches Recht auf oder suspendierte seine Anwendbarkeit. Immer wieder beriefen sich Deutsche, später vor allem die Regierungchefs der Länder, gegenüber den Alliierten auf die Haager Landkriegsordnung. Diese aber bestanden darauf, daß sie nicht gelte. Der Streit fand sein Ende erst mit dem Inkrafttreten des Besatzungsstatus vom 21. September 1949, mit dem das rechtliche Verhältnis der Besatzungsbehörden zu den deutschen Stellen geregelt wurde.« (*Theodor Eschenburg*) [121]

Der Mai war gekommen, der deutsch-europäische Krieg zu Ende gegangen; (in Ostasien endeten die Kämpfe nach dem Abwurf der beiden Atombomben auf Hiroshima und Nagasaki mit der ebenfalls bedingungslosen Kapitulation Japans am 2. September 1945). Von Heldentum, Tapferkeit, Ehre, Lebenskampf hatten die nationalsozialistischen Kriegsverbrecher gesprochen. Die meisten Deutschen hatten solche verlogenen Schlagworte geglaubt; doch zeigte sich, daß die ›Waffenehre‹ in Wirklichkeit die Fassade für millionenfachen Mord abgegeben hatte. Langsam dämmerte die Erkenntnis, daß man Handlanger ungeheuerlicher Verbrechen gewesen war.

Unendliches Leid war über die Menschen und Familien hereingebrochen. Bei der Gesamtbilanz muß man davon ausgehen, daß ungefähr 45 Millionen Menschen im Krieg ihr Leben verloren – allein in der Sowjetunion rund 20,6 Millionen (davon 7 Millionen Zivilisten); von den 5,7 Millionen Sowjetsoldaten in deutscher Gefangenschaft starben 2 Millionen. In Deutschland dürften 5,25 Millionen, darunter mehr als eine halbe Million Zivilisten im Luftkrieg, umgekommen sein. In Polen starben 4,52 Millionen, darunter 4,2 Millionen Zivilisten. Von den getöteten Zivilpersonen stellten die Juden Europas zahlenmäßig die größte Gruppe dar (etwa 6 Millionen). Die

9 Blick auf die Stadt Dresden, 1945

Zahl der Deutschen, die in Ostdeutschland, Ostmittel- und Südosteuropa durch die Flucht vor der Roten Armee und später durch die von den neuen Machthabern durchgeführte Vertreibung ihre Heimat verloren, liegt bei 12 Millionen; 2 Millionen kamen während oder im Gefolge der Flucht und Vertreibung ums Leben. Bei Kriegsende befanden sich 8 bis 10 Millionen sogenannter Displaced Persons (DPs) auf deutschem Boden; das waren überwiegend durch die Nationalsozialisten aus den besetzten Gebieten Zwangsverschleppte und politische Flüchtlinge fremder Nationalitäten, darunter rund 70000 Juden, vornehmlich aus Ostmitteleuropa. Auch mehrere Millionen Deutsche, meist aus den westlichen Reichsgebieten, waren ›entwurzelt‹, da sie aus den vom alliierten Bombenkrieg besonders betroffenen Gebieten evakuiert worden waren.

Etwa 1,35 Millionen Tonnen Bomben hatten die Alliierten auf Deutschland und 0,65 Millionen Tonnen auf die besetzten Gebiete abgeworfen; davon mehr als die Hälfte auf die Städte. Durch die Zerstörung bzw. Beschädigung von etwa 3,37 Millionen Wohnungen waren 7,5 Millionen Menschen obdachlos geworden.

Der größte Teil der überlebenden deutschen Soldaten (etwa 11 Millionen) wurden in Gefangenenlagern festgehalten; von den insgesamt 3 Millionen Soldaten in sowjetischer Hand überlebten mehr als 1 Million die Leiden der Gefangenschaft nicht. [122]

Kriegsgefangen

Da man ja nun bald gefangen genommen werde, seien er und seine Kameraden – so berichtet *Hartmut von Hentig*, damals in Augsburg stationiert – darauf aus gewesen, sich mit dem Praktischsten und Notwendigsten zu versorgen; der Internierung sah man, allen Einsatzparolen zum Trotz, zuversichtlich entgegen. »Die Auflösung war im vollen Gange. Es stand keine Ehre mehr auf dem Spiel: Keiner verbarg mehr, wonach er alleine trachtete. Schließlich war es so weit... Nie wieder werde ich in meinem Leben eine so totale Wende erleben, aus keinem Alptraum kann man glücklicher erwachen. Der Einzug in das amerikanische Gefangenenlager war das Eintreten in die große Freiheit. Jede schlechte Behandlung, die uns auch hier gelegentlich widerfuhr, wurde auf einem großen Schuldkonto abgebucht, jede korrekte, ja freundliche Behandlung war ein Rauchzeichen: Hier sind Menschen, hier kann man weiterleben.«[123]

Die Erfahrung *Hartmut von Hentigs* war zwar kein Sonderfall, aber die einer Minderheit: Als Leutnant der Wehrmacht hatte er sich vom Nationalsozialismus distanziert; seine Gefangennahme verlief auf unproblematische Weise (er mußte sogar betrunkene GIs bitten, gefangengenommen zu werden; ein vorbeikommender US-Leutnant entschuldigte sich für seine Soldaten und brachte ihn in eine Sammelstelle für Offiziere, wo er verpflegt und mit Zigaretten versorgt wurde). Er konnte sich bald im Lager geistig betätigen und wurde früh entlassen.

Mit Ausnahme einer raschen Heimkehr, hatten auch die Soldaten, die bereits früher in amerikanische oder englische Kriegsgefangenschaft geraten waren, günstige Verhältnisse angetroffen. Bildung und Weiterbildung spielten eine große Rolle. Die sogenannte Reeducation stieß freilich lange Zeit auf den Widerstand von großen Teilen der Kriegsgefangenen, die, teilweise sogar noch mit Fanatismus, an den Endsieg Deutschlands glaubten und dem Nationalsozialismus weiterhin in Treue anhingen.

In den USA fand die Reeducation deutscher Kriegsgefangener starke Unterstützung durch die von ehemaligen deutschen Korrespondenten und Redakteuren im Sommer 1945 gegründete Zeitung ›Der Ruf‹; sie wurde in New York gedruckt und erschien unter Zensur und Kontrolle der US-Army. Die Redaktion, zu der *Hans Werner Richter, Walter Kolbenhoff* und *Alfred Andersch* gehörten – als Herausgeber fungierten *Gustav René Hocke* und der Verlagsbuchhändler *Curt Vinz* (der später in München die Nymphenburger Verlagsbuchhandlung gründete) – schufen ein Blatt der »gutgesinnten Deutschen«, mit einem Nachrichtenteil von »aufreizender« Sachlichkeit; die meisten Ex-Soldaten waren daran nicht gewöhnt. Hitlertreu geschult, hatten sie bislang wenig nachgedacht. »Natürlich gab es auch unter den deutschen Kriegsgefangenen in den USA selbständig denkende Männer, Demokraten von Natur oder solche durch Denkprozesse in jüngster Zeit, – aber in der Mehrheit werden sie wohl kaum gewesen sein.«[124] Langsam jedoch konnte man auch in ideologisch starre Kreise eindringen. Als die Zeitung am 15. Juli 1945 zum ersten Mal eine Information über die Konzentrationslager (›Die furchtbare Wahrheit‹) brachte, erfolgte am 1. August eine Erwiderung des Generalobersten *von Arnim*, in der es hieß:

10 Deutscher Landser nach der bedingungslosen Kapitulation

»Auf Grund der in der US-Presse veröffentlichten Bilder, nach Einsicht in das Heft ›Deutsche Konzentrations- und Gefangenenlager‹, erkläre ich hiermit als rangältester deutscher Offizier in den Vereinigten Staaten, daß keiner von den in den hiesigen Lagern befindlichen Generalen und Offizieren von derartigen Verbrechen Kenntnis hatte, geschweige daran beteiligt war.« (Die Redaktion antwortete mit einem Artikel, der den Titel ›Die moralische Schuld‹ trug.)[125]

Mitte September 1944 hatte das britische Kabinett beschlossen, die Reeducation als offizielles Programm einzuführen; das war nicht nur altruistisch gemeint, sondern verfolgte auch den Zweck, einer Wiederholung der Nach-Versailles-Ära mit einem erneuten Erwachen des deutschen Revanchismus von vorneherein den Boden zu entziehen. »Schon der Begriff der Reeducation freilich mußte bei den deutschen Kriegsgefangenen – wie später bei einem großen Teil der deutschen Bevölkerung – auf Widerstand stoßen: zum einen, weil er gerade auch Deutsche, die keine gläubigen Nationalsozialisten waren, in ihrer Selbstachtung traf und man nicht ganz zu unrecht argumentierte, man könne als erwachsener Mensch nicht mehr ›erzogen‹ oder ›umerzogen‹ werden; vor allem aber implizierte dieser Begriff eine für den durchschnittlichen Deutschen zunächst unerträgliche Schuldanerkenntnis. Die Verbrechen des Regimes wurden für viele erst bei Kriegsende offenkundig. Die politische und moralische Korruptheit des Regimes hatte bei vielen Kriegsgefangenen, so sie diese überhaupt wahrnahmen, gegenüber den gebieterisch erscheinenden Notwendigkeiten des Krieges als einer existentiellen Auseinandersetzung des deutschen Volkes mit einer Welt von Feinden nicht entscheidend gezählt. Die Briten ihrerseits begriffen den Krieg mit ›Hitlerdeutschland‹ in der Tat weithin nicht als Auseinandersetzung um Weltgeltung und die Durchsetzung politischer und ökonomischer Interessen, sondern als Kampf von Freiheit und Demokratie gegen Tyrannis und Unmenschlichkeit; und angesichts der psychologischen Situation am Ausgang des Kriegs und vor allem der Ungeheuerlichkeit der KZ-Greuel, die in den letzten Kriegsmonaten und -wochen immer mehr bekannt wurden, war es für diese Seite schwierig oder unmöglich, zwischen moralischer Schuld und politischer Verantwortung zu differenzieren.« (*Hartmut Mehringer*)[126]

Bei der Reeducation unterschied man drei Kategorien: Kategorie A (weiß) umfaßte die Kriegsgefangenen, die eine positive, antinationalsozialistische Einstellung an den Tag legten; Kategorie C (schwarz): jene, die nach wie vor als überzeugte Nationalsozialisten sich zeigten und von der nationalsozialistischen Weltanschauung stark beeinflußt waren; dazwischen lag die Kategorie B als die ›graue‹ Mehrzahl. Mit einer Reihe deutschsprachiger Emigranten war der deutsche Sozialdemokrat *Waldemar von Knoeringen*, der sich 1933 in letzter Minute vor den Nazis hatte retten können – über Österreich, Tschechoslowakei und Frankreich war er schließlich nach Großbritannien gelangt –, an der politischen Aufklärungsarbeit intensiv beteiligt. In dem Lager Ascot, in der Nähe von London, bestand seine Haupttätigkeit vor allem in der Organisation und Betreuung der von der BBC ausgestrahlten Kriegsgefangenen-Sendungen. »Es handelte sich meist um kurze Erlebnis- und Erfahrungsberichte der Kriegsgefangenen zu ihrer Gefangennahme, ihren Lagererfahrungen, um Einschätzungen der militärischen Lage, die ein siegreiches Ende des Krieges für Deutschland unmöglich mache, um Erlebnisse mit SS- und Gestapowillkür in den besetzten Gebieten usw.; man bemühte sich, den Hörern in Deutschland klar zu machen, daß man das System des Nationalsozialismus endlich durchschaut habe, daß der Krieg schnellstmöglich beendet werden müsse und daß man überzeugt sei, die von den Alliierten verlangte bedingungslose Kapitulation bedeute nicht Deutschlands endgültigen Untergang.«

Ascot war auch ein Elite-Lager für antifaschistische Kriegsgefangene, die nach einem vorübergehenden Aufenthalt im Sinne der britischen Reeducation-Bemühungen eingesetzt werden sollten. Die deutsche Kapitulation am 8. Mai 1945 bedeutete für die Emigranten wie für die Kriegsgefangenen, die von ihnen betreut wurden, einen wichtigen psychologischen Einschnitt. »Vor allem die Emigranten konnten nun – mit einiger Hoffnung auf, wenn nicht baldige, so doch mittelfristig absehbare Rückkehrmöglichkeit – nach der Heimat blikken. An den Aufgaben und konkreten Lebensumständen änderte das Kriegsende unmittelbar freilich wenig; denn die Kriegsgefangenen blieben, wo sie waren, und die gemeinsame Arbeit mußte dort fortgeführt werden. In den Wochen und Monaten nach Kriegsende reiste *von Knoeringen* weiter in den Lagern umher und verfolgte dabei einen großen Plan: Er arbeitete an der ›Schaffung einer Art PoW[Prisoner-of-War]-Universität‹, in der sich Reeducation verbinden sollte mit umfassender politisch-historischer Bildungsarbeit: Daraus entstand schließlich das Lager Wilton Park.«[127]

Für die Massen, die nach Kriegsende in Deutschland und in den von der deutschen Wehrmacht noch gehaltenen europäischen Gebieten in Gefangenschaft gerieten, lag die Reeducation-Welt der früher in die Hände der Alliierten gefallenen PoWs in weiter Ferne; sie, die nun in schier endlosen Kolonnen, oft genug Gruppen der aus den KZ-Lagern befreiten Häftlingen begegnend, in die rasch eingerichteten improvisierten Gefangenenlager marschierten bzw. erschöpft diesen entgegenwankten, hatten in ihrem nun vollständig reduzierten und beschädigten Leben nur zwei Ziele: zu überleben und rasch entlassen zu werden.

Der Weg in die Kriegsgefangenschaft kurz vor und nach der Kapitulation war insofern erleichtert worden, als eine größere Anzahl von Kommandeuren wenigstens soviel Verantwortungsgefühl zeigte, daß sie es in den letzten Stunden der letzten Tage nicht noch auf Kampf ankommen ließen. *Erich Mende*, geboren 1916, aktiver Offizier, dreimal verwundet, mit dem Ritterkreuz ausgezeichnet (ab 1949 dann Mitglied des Deutschen Bundestages, 1960–1968 Bundesvorsitzender der FDP), berichtet in seinem Buch ›Das verdammte Gewissen‹, daß sein Divisionskommandeur am 4. Mai befohlen habe, »in bester Marschformation auf den Kübelwagen und Lastwagen und in einer disziplinierten Radfahrformation der Radfahrkompagnien und mit allen noch zur Verfügung stehenden Feldküchen und Gerätewagen vor den britischen Linien an der Trave« vorzufahren. Ein Pastor, der englisch sprach, wurde zusammen mit einem Feldwebel beauftragt, auf einem Motorrad mit weißem Stander den Engländern die Kapitulation der 102. Division und der ihr angeschlossenen Verbände anzubieten.

In voller Uniform zogen die kriegsgefangenen Soldaten und Offiziere mit ihren Dienstgradabzeichen und ihren Kriegsauszeichnungen in das englische Lager (eine alte Kaserne) ein und nahmen in »bewährter Disziplin«, nun auf Befehl des Gegners hörend, »die Dinge in die Hand«. »Im Nu waren die Randalierer still, die Demonstrationen beendet, die roten Armbinden verschwunden. Eifrig wurden wieder die Dienstgradabzeichen, die Schulterstücke angenäht, man suchte wieder nach dem, was man vorher weggeworfen hatte. Es war erstaunlich, wie das Beispiel von 200 Soldaten und die klare Anweisung eines Obersten, der wußte, was er wollte, das Gesamtbild einer wilden, disziplinlosen Masse deutscher Kriegsgefangener in der alten Kaserne in Lübeck verändert hatten.« Die Zahl der Kriegsgefangenen wurde rasch größer; bald waren es 15000, dann 20000. Auch die Verpfle-

Dies ist meine Mütze,
dies ist mein Mantel,
hier mein Rasierzeug
im Beutel aus Leinen.

Konservenbüchse:
Mein Teller, mein Becher
ich hab in das Weißblech
den Namen geritzt.

Geritzt hier mit diesem
kostbaren Nagel,
den vor begehrlichen
Augen ich berge.

Im Brotbeutel sind
ein Paar wollene Socken
und einiges, was ich
niemand verrate,

so dient es als Kissen
nachts meinem Kopf.
Die Pappe hier liegt
zwischen mir und der Erde.

Die Bleistiftmine
lieb ich am meisten:
tags schreibt sie mir Verse,
die nachts ich erdacht.

Dies ist mein Notizbuch,
dies meine Zeltbahn,
dies ist mein Handtuch,
dies ist mein Zwirn.

Günter Eich: Inventur. In: Gesammelte Werke. Frankfurt am Main 1973.

Das Gedicht entstand 1945 in einem amerikanischen Kriegsgefangenenlager.

gung klappte nun, was die Stimmung hob. »Am 5. Mai sah es noch so aus, als wenn unser kleiner Stab nicht in der Lage gewesen wäre, das Chaos zu bändigen. Am 7. und 8. Mai war das Lager in einer mustergültigen Ordnung.« Zwar erfaßte die Soldaten am 8. Mai, als die bedingungslose Kapitulation der deutschen Wehrmacht bekannt gemacht wurde, tiefe Erregung, »aber wir hatten wenig Zeit, darüber nachzudenken und uns unserer Niedergeschlagenheit hinzugeben. Denn für den nächsten Tag, für den 9. Mai 1945, hatte der Divisonskommandeur, der britische General, eine Besichtigung des Kriegsgefangenenlagers Alte Kaserne Lübeck angeordnet.« Und da wollte man sich natürlich mustergültig verhalten. Und in der Tat: Man machte Eindruck; alles lief wie am Schnürchen.[128]

Ganz anders waren das Schicksal und die Erfahrung der in russische Kriegsgefangenschaft geratenen Soldaten. Der 1908 geborene *Helmut Gollwitzer* (Mitglied der Bekennenden Kirche, 1940 zur Wehrmacht eingezogen) gehörte 1945 zu den Resten der Armee des Generals *Ferdinand Schörner*, der in *Hitlers* politischem Testament innerhalb des Kabinetts *Dönitz* zum Oberbefehlshaber des Heeres eingesetzt worden war. (Dieser hatte bei Kriegsende seine Truppe verlassen und war in den amerikanisch besetzten Teil Österreichs geflohen, von wo er jedoch Ende Mai an die Russen ausgeliefert wurde.) Halb verdurstet, ohne Schuhe (die ihm Rotarmisten ausgezogen hatten), wird *Gollwitzer* in ein Lager, das in einer Kaserne eingerichtet ist, eingeliefert. Eine Leidens-Odyssee beginnt – und vielen erging es so wie ihm: Sie waren jahrelang, unter schlimmen Bedingungen, interniert; ein großer Teil überlebte nicht. (Von etwa 3060000 deutscher Soldaten in sowjetischer Gefangenschaft starben 1094000, 35,8 Prozent. Zum Vergleich: Von 5735000 gefangenen sowjetischen Soldaten starben oder wurden erschossen: 3300000, 57 Prozent.) »Hinter mir schloß sich das Tor. Russische Offiziere und Posten standen da, standen nun fünf Jahre lang zwischen mir und der Welt da draußen. Hineingegangen war ich noch in der Meinung, das sei nun der nächste Schritt auf die Heimat zu, zur Entlassung. Als das Tor zufiel, wußte ich, daß ich Gefangener war, daß der bittere Trank bis zur Neige ausgetrunken werden müßte.«

Schon von den Nationalsozialisten schikaniert, war *Gollwitzer* nun wieder Opfer eines totalitären Regimes geworden (»...ein anderer wird dich gürten und führen, wohin du nicht willst«). Erst 1950 kam er nach Deutschland zurück. Er habe in seiner Gefangenschaft Männer kennengelernt, die schon in den ersten Monaten des Rußland-Feldzuges in Gefangenschaft geraten waren und die bis zu ihrer Entlassung im Jahre 1949 sechs Jahre und mehr ohne Unterbrechung, vielfach jahrelang, täglich 10 Stunden und ohne Sonntag in Steinbrüchen und Bergwerken arbeiteten – und dies unter den schrecklichen Bedingungen der russischen Kriegsjahre –, die neben sich Tausende von Kameraden hätten zugrunde gehen sehen und die Tag für Tag ihr Leben nur im härtesten Kampf um das ihnen ›Zustehende‹ erhalten konnten. Menschliches Gefühl sei in ihnen zwar nicht erstorben, wohl aber zurückgedrängt in den hintersten Winkel des Herzens und verborgen hinter einer Wand von Mißtrauen, Bitterkeit und Gleichgültigkeit gewesen. »Nur gegenüber den nächsten Kameraden setzte sich Mitgefühl noch durch, und alle weichmütige Sentimentalität war ebenso verschwunden wie die Geltung der vielen konventionellen Regeln von Rücksicht und Freundlichkeit, die das Zusammenleben in der zivilisierten Gesellschaft wohltätig mildern. Wen man unter ihnen aber zum Freunde gewann, der war von vorneherein erprobt. – Wer das heutige russische Volk beurteilen will, wird nicht vergessen dürfen, daß es in viel größerem Maßstabe durch die gleiche Schule grausamer Härte und Rücksichtslosigkeit gegangen ist wie diese Altgefangenen; nur dann wird er es verstehen können und auch zu würdigen vermögen, was es sich dabei an Menschlichkeit bewahrt hat.«[129]

Das magische Wort, das bei allen Kriegsgefangenen die Hoffnung und den Lebenswillen wachhielt, hieß: Entlassung. »Am Morgen des 24. August kam plötzlich für 1800 Mann des Arbeitslagers 101 der Befehl zum Aufbruch. *Wilhelm Rühl* ist von der Roten Armee aus der Kriegsgefangenschaft entlassen. Der Weg von Frankfurt an der Oder bis Frankfurt am Main wird schnell bewältigt. So kam es, daß *Rühl*, Soldat in Stalingrad und Gefangener des Arbeitslagers 101 im Ural, heute wohlbehalten bei seiner alten Mutter in Bad Nauheim sitzt und, nachdem er sich erst einmal von all den Strapazen der letzten Jahre erholt hat, mit neuem Lebensmut daran geht, an einer neuen, besseren Zukunft zu bauen.« (›Bayerischer Tag‹)[130] Die Angehörigen der Gefangenen und Vermißten (von vielen wußte man ja nicht, ob sie tot waren oder überlebt hatten – lange Zeit gab es keine Briefverbindung) schöpften aus solchen Berichten wieder Zuversicht.

Die Westalliierten, die mit riesigen Massen an Gefangenen umzugehen hatten – 1945 waren den Amerikanern 3107000, den Engländern 2319900 deutsche Soldaten in die Hand gefallen –, begannen

In den eng belegten niedrigen Lehmbaracken mit wenigen kleinen Fenstern standen mehrere Reihen von doppelstöckigen, mit Leitern verbundenen Holzpritschen, von den Gefangenen Aufbewahrungsregale genannt. Die Roste bestanden aus dünnen Birkenstämmen. Darauf schliefen die Männer in ihren Kleidern, eng aneinander gepreßt, so daß ein Umdrehen nur gemeinsam mit den Nachbarn möglich war. Sie wärmten sich aber auch gegenseitig und O. empfand die animalische Nähe von fremden Körpern und ihren Atem als tröstlich und empörend zugleich. Später gab es Leinensäcke und Stroh, so daß man sich ›Matratzen‹ stopfen konnte. Die Verpflegung war eintönig und stellte das Existenzminimum dar. Entgegen der Genfer Konvention mußten die Offiziere vom Leutnant bis zum Hauptmann schwer arbeiten, eine besondere Form der ›Wiedergutmachung‹. Der Winter war besonders brutal. Bis zu einer Außentemperatur von minus dreißig Grad mußte zur Arbeit ausgerückt werden. Es gab Erfrierungen an Händen, Füßen, Nasen, sogar an einem Penis. Dieser lebensgefährlich Verletzte kam in ein Krankenhaus; sein Schicksal ist unbekannt. Auch schwere Verletzungen bei der ungewohnten Holzfällerarbeit kamen vor. Die Tage verliefen eintönig, die Männer arbeiteten bis zur Erschöpfung, nur am Sonntag gab es eine Ruhepause. Essen, arbeiten, schlafen, die geistige ›Betreuung‹ beschränkte sich in dieser Zeit auf politische Agitation und die täglichen Erfolgsmeldungen der Sowjetarmee. Im Dezember erfuhr O. über Lautsprecher vom Lagerfunk, daß seine Heimatstadt bei einem Bombenangriff in Schutt und Asche gesunken sei und daß es große Opfer unter der Zivilbevölkerung gegeben habe. Daß Eltern und Bruder überlebt hatten, erfuhr er erst viel später. O. war sich aber auch darüber im klaren, daß er lebte, wenn auch unter denkbar schlechten Bedingungen und daß zur selben Zeit unzählige andere an vielen Fronten sterben mußten. Wie es weitergehen würde in der Heimat und hier im Gefangenenlager, wußte niemand. Es gab nur die täglichen Gerüchte.

Christoph Wecker: Über-Leben. Zwei Berichte über meine Kriegsgefangenschaft in Rußland. Unveröffentlichtes Manuskript.

bald mit großen Entlassungs-Aktionen. Am 16. Juni 1945 meldete der ›Bayerische Tag‹, daß alle deutschen Kriegsgefangenen im Gewahrsam der amerikanischen Streitkräfte in Europa, mit Ausnahme von 660000 Mann (u. a. Angehörige der früheren Waffen-SS) freigelassen würden. In der britischen Besatzungszone waren es zunächst 300000 Kriegsgefangene, die für landwirtschaftliche Arbeiten die Lager verlassen durften. »Auf allen Straßen, in allen Städten und Dörfern Deutschlands trifft man die heimkehrenden deutschen Kriegsgefangenen, die zu Hunderten und Tausenden aus alliierten Kriegsgefangenenlagern entlassen worden sind... Überall ließ sich feststellen, daß bei den entlassenen Soldaten der feste Wille vorhanden ist, sobald als möglich die Arbeit am Wiederaufbau des Landes aufzunehmen. Die meisten sind bereit, jede nützliche Arbeit zu tun, auch wenn sich im Augenblick keine Gelegenheit bietet, in ihrem ursprünglichen Beruf zu arbeiten.«[131]

Unter denjenigen, die noch einmal davongekommen waren und die Stunde Null überlebt hatten, war in der Tat ein starker Wille zur Gestaltung eines besseren, schöneren Lebens vorhanden. Doch war dies nur die eine Seite. Die früheren Soldaten hatten vielfach mit der Armee auch ihre Identität verloren.[132] Sie mußten feststellen, daß, bei aller persönlichen ›Ehrenhaftigkeit‹, sie für eine ›unehrenhafte‹ Sache gekämpft hatten. Die Not und das Leid im Krieg, dann in den Kriegsgefangenenlagern, hatten sie zermürbt. Nun erlebten sie zudem die Misere des Nachkriegsalltags mit Hunger, zerstörten Wohnungen, einem insgesamt zusammengebrochenen Gesellschaftssystem. Vor allem die große Anzahl der Berufssoldaten fand die Zukunft versperrt.

Obwohl man die Kriegsgefangenen bevorzugte, gab es große Probleme bei der Zulassung zum Studium; die anlaufende Entnazifizierung verstärkte die allgemeine Unsicherheit. Es gab viele familiäre Krisen; nach langer Trennung hatten sich Ehepaare auseinandergelebt. Als der amerikanische Journalist *William L. Shirer* kurz nach dem Krieg nach Berlin zurückkommt (als Korrespondent war er dort von 1934 bis 1941 tätig gewesen), stellt er fest, daß von allen Menschen auf den Straßen die demobilisierten deutschen Soldaten den traurigsten Eindruck machten (»ich wähle bewußt nicht das Wort mitleiderregend, denn ich empfinde kein Mitleid mit ihnen«): Sie würden in Fetzen herumschleichen, die Füße täten ihnen weh vom langen Herumlaufen in alten, mit Zeitungspapier ausgestopften Schuhen, ihre Uniformen seien abgerissen und schmutzig – ein eindrucksvolles Symbol für Niederlage und Elend. »Im Wedding hielten wir einmal an, um mit einigen von ihnen zu sprechen, die an einer Straßenecke herumstanden. Mein Gott! Sollten das jene einst erstklassigen Soldaten sein, die so arrogant im Stechschritt durch Polen, Frankreich, Rußland und andere zeitweilig eroberte Länder marschiert waren? War das einst das Herrenvolk? Nun, arrogant sind sie heute gewiß nicht mehr. Sie sind bezwungen, schmutzig, müde und hungrig.«[133]

Der 1921 geborene, im Dritten Reich wegen staatszersetzender brieflicher Äußerungen zum Tode verurteilte, dann aber zwecks Bewährung an die Ostfront ›verschickte‹ und dort verwundete *Wolfgang Borchert* war bei Kriegsende nach Hamburg zurückgekehrt, wo er als Regieassistent und Kabarettist tätig war. *Borchert*, der 26jährig am 2. November 1947 in Basel starb, hat mit seinem zunächst als Hörspiel geschriebenen Kriegsheimkehrerstück ›Draußen vor der Tür‹ die reale und mentale Befindlichkeit der ›verlorenen Generationen‹ expressiv-leidenschaftlich festgehalten:

»Ein Mann kommt nach Deutschland. Er war lange weg, der Mann. Sehr lange. Vielleicht zu lange. Und er kommt ganz anders wieder, als er wegging. Äußerlich ist er ein naher Verwandter jener Gebilde, die auf den Feldern stehen, um die Vögel (und abends manchmal auch die Menschen) zu erschrecken. Innerlich – auch. Er hat tausend Tage draußen in der Kälte gewartet. Und als Eintrittsgeld mußte er mit seiner Kniescheibe bezahlen. Und nachdem er nun tausend Nächte draußen in der Kälte gewartet hat, kommt er endlich doch noch nach Hause. Ein Mann kommt nach Deutschland. Und da erlebt er einen ganz tollen Film. Er muß sich während der Vorstellung mehrmals in den Arm kneifen, denn er weiß nicht, ob er wacht oder träumt. Aber dann sieht er, daß es rechts und links neben ihm noch mehr Leute gibt, die alle dasselbe erleben. Und er denkt, daß es dann doch wohl die Wahrheit sein muß. Ja, und als er dann am Schluß mit leerem Magen und kalten Füßen wieder auf der Straße steht, merkt er, daß es eigentlich nur ein ganz alltäglicher Film war, ein ganz alltäglicher Film. Von einem Mann, der nach Deutschland kommt, einer von denen. Einer von denen, die nach Hause kommen und die dann doch nicht nach Hause kommen, weil für sie kein Zuhause mehr da ist. Und ihr Zuhause ist dann draußen vor der Tür. Ihr Deutschland ist draußen, nachts im Regen, auf der Straße.

Das ist ihr Deutschland.«[134]

Unterwegs

1945 war ein transitorisches Jahr. Der Krieg ging verloren und vorüber, die Trümmerzeit begann. Schlimme atavistische Regression schlug in ein zaghaftes Vorwärts um. Der Stunde Null, in der alles zum Stillstand kam, folgte rascher als erwartet die Stunde Eins. Viele erlebten einen kulturellen Aufbruch, blickten freudig und neugierig durch die Fenster der Freiheit auf eine geistige Welt, die ihnen so lange vorenthalten und versperrt gewesen war. Andere verharrten im Ideologisch-Alten, ohne die Chancen von Umkehr und Weiterentwicklung zu nutzen. Im finsteren Deutschland traten manche den Weg nach innen an – um die elementaren Tugenden der Wahrhaftigkeit, Gerechtigkeit und Treue bemüht. ›Vertikale‹ gefühlvolle Nachdenklichkeit korrespondierte mit einem ›horizontal-expansiven‹ Willen zum Leben, in dem man wieder etwas sein und etwas haben wollte.

Ungeheuere Massen von Menschen waren unterwegs, auf den Straßen, entlang der Schienenwege, querfeldein – zu Fuß, per Fahrrad, auf Lastwagen, in überfüllten Zügen. Unterwegs waren unterschiedliche Menschen bzw. Gruppen, aus unterschiedlichen Gründen. Die Straßen waren von Millionen und Abermillionen Heimatloser, vom Elend einer unvorstellbaren Völkerwanderung erfüllt. In Europa dürften damals 20–30 Millionen Menschen ohne Bleibe gewesen sein.

Der polnisch-englische Schriftsteller und Journalist *Isaac Deutscher* (1932–1939 Mitglied linksgerichteter polnischer Organisationen in Warschau, Führer der antistalinistischen Opposition, 1939 nach England emigriert) veröffentlichte im Juni 1945 im ›Economist‹ eine Reportage über die Straßen Bayerns. Wenn diese, meinte er, von dem sprechen könnten, was sie in den letzten Monaten und Wochen gesehen haben, »dann würden sie eine Geschichte erzählen, die ebenso umfassend, einfach und bewegend wäre wie *Tolstois* ›Krieg und Frieden‹, furchtbarer als *Dantes* ›Inferno‹ oder die ›Erscheinungen‹ *Edgar Allan Poes* und gelegentlich so tragikomisch wie *Hašeks* ›Der brave Soldat Schwejk‹«.[135]

Jede große Landstraße biete einen Querschnitt der großen Probleme Deutschlands und Europas – ein chaotisches und zugleich einmaliges Bild: Vorbei an total zerstörten Städten und durch eine liebliche Landschaft, die kaum eine Spur von Zerstörung zeige, ziehe der

1

Im dunkeln Abteil Mensch an Mensch gezwängt
Brust gegen Brust und Fleisch an Fleisch gedrängt
Der fremde Atem mit dem eignen Hauch
Zu eins vermischt, und Brodem Schweiß und Rauch
Und nun ein Licht und wieder Dunkelheit
Und nur die Stimmen. Hin und her gehetzt
Ein Weberschiff, das durch die Kette wetzt
Und webt den Stoff voll Bitterkeit und Kraft
Legende einer großen Wanderschaft
Gespräch der Zeit...

2

Die Züge, Fähren, Obdachlosenheime
Die Straßen kreuz und quer, landein, landaus
Sind voll davon. Und überall das Eine:
Von Etwas fort, zu Etwas hin. Nach Haus.
Und mag auch das Zuhause mehr nicht meinen
Als den verkohlten Rest von Holz und Steinen,
Ein Menschenantlitz, zitternd und bewegt
Ein Feld im Winterlicht. Ein Bündel Dinge
Am Wege irgendwo zurückgelegt –
O stille Kraft der Wandervogelschwinge
Mit der ein jeder seinen Ursprung sucht
Und ist vor lauter Schrecken auf der Flucht
Und birgt das schwere Haupt im Mantelschwung
Und denkt bald Zukunft, bald Erinnerung.
Aber inmitten des Weges, was ist's?
Was ist unterwegs?

3

Lies die stummen Lebenszeichen
Wandernder, der hier gerastet
Namen, die im Tageslicht bleichen
Hand, die still ins Leere tastet
Botschaft, mit Bedacht gelesen:
Der und der ist hier gewesen.
Und obschon sie niemand kennt
Jeder ist ein Licht, das brennt
Ist dem Untergang zum Raube
Noch ein Schritt, der sich erhebt
Der im Staube, ach im Staube
Weiterwandert. Aber lebt...

Marie Luise Kaschnitz: Große Wanderschaft (Auszug). Aus: ÜberallNie. Düsseldorf 1965.

11 Endlos ist der Strom der Flüchtlinge, Heimatlosen und Ausgebombten durch die zerstörten Straßen von Berlin (1945)

Strom der Emigranten. Lange Lastwagen-Konvois, überladen mit deutschen Soldaten, voran die Offiziere in ihren Dienstwagen, fahren Sammelpunkte an. Die Soldaten sind entwaffnet, einige Offiziere haben noch ihre Seitengewehre und erteilen den Leuten, in typischer Feldwebelmanier brüllend, ihre letzten Befehle. Kolonnen der geschlagenen Wehrmacht treffen auf Kolonnen der Amerikaner, die in entgegengesetzte Richtung fahren; Momente der Verwirrung; verlegene deutsche Offiziere salutieren vor den Siegern. Die Soldaten beider Heere betrachten einander mit Neugierde oder sie ignorieren einander, je nach Stimmung. Irgendwo am Straßenrand schleppt sich ein Mann in der gestreiften Kleidung eines KZ-Häftlings langsam nach Hause; kurz zuvor war er von einem SS-Offizier angehalten worden, der mit seinem Adjutanten im Auto vorbeikam; es kommt zu einem scharfen Wortwechsel und zu Drohungen, von heftigen Gesten begleitet. Da nähert sich ein amerikanischer Jeep, der Streit bricht ab, und das Auto des SS-Offiziers fährt weiter. Der ehemalige KZ-Häftling erklärt mit einem gewissen Stolz, daß er Funktionär der Sozialdemokratischen Partei in Breslau war. Die Bauern sind freundlich und entgegenkommend, sie nehmen den KZ-Mann über Nacht bei sich auf und stopfen seinen Rucksack mit Lebensmitteln voll, bevor er zu einem langen Tagesmarsch aufbricht. Seit Jahren hat er nichts mehr von seiner Familie gehört. Entlassene Kriegsgefangene, von der Last schwerer Rucksäcke gebeugt, das Haupt gesenkt, ziehen einzeln oder zu zweit ihrer Heimat entgegen. Es sind freigelassene Bauern, Bergarbeiter oder Transportarbeiter. Sehr wenige unter den Überlebenden der deutschen Wehrmacht scheinen zu glauben, daß der Führer wirklich tot ist.

Hans Werner Richter nannte in einer Reportage den Schienenstrang, der kreuz und quer durchs Land laufe, die Lebensader eines Volkes: Es wandere vom Norden nach dem Süden, vom Osten zum Westen und vom Westen nach dem Osten. Es sei zum Teil heimatlos und bevölkere die Bahnhöfe und Züge. Es führe ein Leben am Schienenstrang. »In tausend Gesprächen versucht es, seine Existenzberechtigung zu beweisen, in tausend Unterhaltungen irrt es auf den Wegen der Vergangenheit und sucht die Hoffnung von morgen.«[136] Die Hauptgesprächsthemen: Krieg, die Zonengrenzen, die Zukunft.

Dolf Sternberger, geboren 1907, bis zur Streichung von der Berufsliste wegen politischer Unzuverlässigkeit (1943) Redakteur der ›Frankfurter Zeitung‹, veröffentlichte seit 1945 in der von ihm unter

Mitwirkung von *Karl Jaspers, Werner Krauss* und *Alfred Weber* herausgegebenen Zeitschrift ›Die Wandlung‹ ein Tagebuch, in dem er vor allem die Erfahrungen seiner Reisen ›im dunkelsten Deutschland‹ festhielt. Wenn man, heißt es in einem Bericht vom Sommer 1945, am Schalter des Bahnhofs seine Bestellungen aufgebe, Bestellungen, die angesichts der Gesamtsituation Staunen machten – dreimal Koblenz, zweimal Bremen, einmal Berlin –, so wisse niemand, ob der Bestimmungsort überhaupt erreichbar ist; so viele Namen, so viele Wagnisse. Der Begriff der ›Anschlüsse‹ sei längst phantastisch geworden, und zudem lägen Zonengrenzen zwischen hier und diesen Zielen, unsichtbare, aber sehr fühlbare Mauern quer durchs Land, von denen wir noch nicht ahnen, ob sie uns Durchlaß bieten würden. »Diese kleine Öffnung in der Scheibe eines Amtsfensters muß als der Kreuzpunkt ungeahnter und ahnungsloser Geschicke aufgefaßt werden. Der improvisierte Beamte mitsamt seinem Knaben, der hinter ihm am Tische eifrig Karten ausschreibt, als ein Zauberer, der alle Wünsche erfüllt, schlechthin alle. Und alle Wünsche sind doch nur einer und derselbe: ›to go home‹; so steht's auf allen Zetteln, welche die Wandernden vorzeigen, um ihre Anweisung auf die Glückseligkeit zu erhalten.«[137]

Der Bahnhof – so *Klaus R. Scherpe* – erscheine als Knotenpunkt des Elends. Der Bahnhofstumult umgreife das ganze deutsche Chaos der Flucht, der Heimkehr, des Hungers und des schwarzen Marktes. Ganz Deutschland ein großer Wartesaal. Von ›Quarantäne‹, ›Niemandsland‹, ›Vakuum‹, ›Interregnum‹ sei in Reportagen dieser Zeit häufig die Rede. Solche Metaphern entsprächen einer bestimmten Mentalität, an der alle Schichten der Bevölkerung ihren Anteil hätten: daß nämlich keine ›Gesellschaft‹ mehr existiere. Zugleich aber spüre man, daß solcher Verlust von Gesellschaft Übergangsphase zu einer ganz neuen Gesellschaft sein könne. Der Zusammenbruch der Produktion, der Verkehrswege und der Versorgung, die Trennung der Familien und das Flüchtlingsschicksal, die Umschichtung der Geschlechterrollen und der Berufe bei weitgehender Arbeitslosigkeit, der Prozeß der Dezentralisierung und Regionalisierung, nicht zuletzt die fremde, unerfahrene Autorität in Politik und Verwaltung – diese objektiven Fakten der ›sozialen Desorganisation‹ erzeugten im individuellen Erfahrungsbereich die Realität eines sozialen Identitätsverlustes.

Aber inmitten des sozialen Leistungsvakuums entstünde der Mut zum ›Selbermachen‹ (der einzelne habe es genossen, eine Art Robinson zu sein). Es zeigten sich Ansätze solidarischen Handelns; das individuelle Sichdurchschlagen und Durchhalten im Daseinskampf trug nicht nur aggressive und destruktive Züge, sondern auch solche der Mitmenschlichkeit. Zur autoritären Persönlichkeit erzogen, reagierte man zunächst mit Angst und Unsicherheit gegenüber den neuen Identifikationsangeboten, die jedoch zunehmend akzeptiert wurden. Man hatte die Hinfälligkeit der Klassenstruktur der Gesellschaft erfahren, den Verlust der institutionellen Hierarchie in Staat und Gesellschaft – sah darin aber auch eine Chance für andere Strukturen. Mit dem Abbau waren die Haltepunkte überkommener Regeln und Werte verschwunden; soziale Typisierungen, nach Schicht, Beruf, Bildung, Religion, traten in den Hintergrund gegenüber Schicksalskategorien wie Heimkehrer, Flüchtling, Kriegsgefangener, Kriegerwitwe, Displaced Person, KZ-Häftling.

Unterwegs waren, wohl als zweitstärkste Gruppe (neben den in die Gefangenschaft marschierenden oder aus dieser schon wieder entlassenen deutschen Soldaten sowie den befreiten alliierten Kriegsgefangenen) Millionen von DPs (Displaced Persons). Aus allen besetzten Ländern hatten die Nationalsozialisten Zwangsarbeiter und Zwangsarbeiterinnen rekrutiert; von diesen fast 10 Millionen Deportierten stellten Franzosen, Polen und Russen etwa die Hälfte. Soweit sie sich nicht selbständig auf den Weg in ihre Heimat machten, organisierte die UNRRA (United Nations Relieve and Rehabilitation Administration) die Rückführung, wobei zunächst Auffanglager für die Verschleppten gebildet werden mußten. Aus Furcht vor dem Kommunismus lehnten etwa eine Million DPs osteuropäischer Herkunft die Rückkehr in die Heimat ab; sie wollten ins westliche Ausland emigrieren (was zu politischen Spannungen zwischen den Russen und den Amerikanern führte, die zur Zwangsrepatriierung nicht bereit waren).[138]

Zu den DPs gehörten auch die jüdischen Überlebenden der Konzentrations- und Vernichtungslager[139]; da diese in einem ganz besonderen Maße heimatlos waren, ergab sich oft als tragische Konsequenz eine erneute Unterbringung in Lagern. Dazu kam bald eine massive jüdische Einwanderung aus Polen. München und Umgebung wurde zu einem bevorzugten Zufluchtsort der Überlebenden des Holocaust. »Die Sammlung jüdischer Überlebender begann in den Wochen und Monaten unmittelbar nach Kriegsende und erlangte im Laufe des

Sommers und Herbstes 1945 eine erste Konsolidierung. In dieser Phase sammelte sich die kleine Gruppe derjenigen deutschen Juden oder ›Geltungsjuden‹, die die nationalsozialistische Herrschaft in München überlebt hatten oder aus den Ghettos und Lagern inner- oder außerhalb Bayerns (vor allem aus Theresienstadt) zurückkehrten.[140] Eine zahlenmäßig größere Gruppe waren Juden nichtdeutscher, vor allem polnischer und ungarischer Herkunft, die vor Kriegsende aus dem Osten nach Westdeutschland evakuiert worden waren und auf dem Gebiet der späteren US-Zone im Frühjahr 1945 von amerikanischen Truppen befreit wurden.«[141]

Unterwegs waren große Teile der Zivilbevölkerung: Vor dem Bombenkrieg Evakuierte strebten zurück in die Städte, obwohl diese weitgehend zerstört waren und große Wohnungsnot herrschte; vor allem Stadtbewohner begaben sich auf Hamsterfahrt; andere versuchten, die meist während der letzten Tage des Krieges verlorengegangenen Kontakte mit Bekannten und Verwandten wieder aufzunehmen. Von den schätzungsweise 10 Millionen Menschen, die in dieser Zeit einander suchten, gingen viele den Spuren der Vermißten im wahrsten Wortsinne nach; voneinander Getrennte bewegten sich zu den vorsorglich als Treffpunkt ausgemachten Orten; (Frau S. z. B. schob ihren Säugling im Kinderwagen von Ostpreußen bis nach Neuendettelsau in Mittelfranken, um dort ihren zur Wehrmacht eingezogenen Mann, von dem sie wochenlang nichts mehr gehört hatte, wiederzufinden; er kam dort ein Jahr später an). Wer hat meinen Sohn, wer hat meinen Mann gesehen? Ständig fragten Mütter, Väter, Ehefrauen, Kinder die dahinziehenden Menschen; man zeigte Photos und hoffte auf Informationen.

Millionen Deutsche waren unterwegs, da zwischen den vier alliierten Besatzungsbehörden ein Abkommen getroffen worden war, das einen Austausch zwischen den Zonen vorsah. In der ›Neuen Zeitung‹ vom 12. November 1945 sprach ein Sonderberichterstatter von einer neuen deutschen Völkerwanderung: dem Bevölkerungsaustausch zwischen den einzelnen Zonen und der Evakuierung aus den Städten. Es handle sich hauptsächlich um drei Probleme. Erstens: 100000 Deutsche befänden sich in einer Besatzungszone, die fern ihrer Heimat läge; insbesondere gelte dies von den Rhein- und Ruhrländern, die während des Krieges in das Innere Deutschlands evakuiert worden seien. Zweitens: Millionen Deutsche, die in der Tschechoslowakei und in dem heutigen Polen sowie in anderen Grenzländern wohnten, müßten eine neue Heimat finden, da ihr Verhalten sie nicht für eine Staatsbürgerschaft der genannten Länder prädestiniere; sie müßten nach Deutschland zurückkehren. Drittens: Einige deutsche Städte, die vor Bombenschaden bewahrt blieben, seien so übervölkert, daß die Militärregierung eine teilweise Evakuierung dieser Städte anordnen mußte, weil sonst im Winter die Gesamtbevölkerung den Gefahren von Seuchen und Unterernährung ausgesetzt wäre.[142]

In verdeckter bzw. verschleierter Form wird in diesem Artikel bereits angesprochen, was in der zweiten Hälfte des Jahres 1945 begann und in den folgenden Jahren systematisch weiterbetrieben wurde: die Vertreibung der Deutschen aus den Ostgebieten.

Die Vertreibung

Die UdSSR hatte – im Rahmen des Hitler-Stalin-Paktes von 1939 – ihre Westgrenze auf Kosten Polens bis etwa zur *Curzon*-Linie vorgeschoben (nach dem britischen Außenminister *Lord Curzon*, der nach dem Ersten Weltkrieg, als der polnische Staat wieder neu begründet werden sollte, diese Grenzziehung – der Empfehlung einer Kommission des Völkerbundes folgend – vertreten hatte). Als durch den deutschen Überfall auf Rußland *Stalin* zum großen Verbündeten der Westalliierten wurde, waren diese bereit, ihm die in Komplizenschaft mit *Hitler* eingebrachte Beute zu belassen; dafür sollte das neue Polen für seine Gebietsverluste im Osten auf Kosten des deutschen Aggressors entschädigt werden. Die Möglichkeiten der Amerikaner und Briten, ihrem russischen Verbündeten die Erfüllung seines nicht gänzlich unbegründet erachteten Anspruchs auf Ostpolen zu verwehren, so *Klaus-Dietmar Henke*, seien von Anfang an gering gewesen und mit dem Vormarsch der Roten Armee täglich geringer geworden. Es war die Tragik der Polen, daß die sogenannte Westverschiebung ihres Staates aus einer gegen die ausdrücklichen Interessen Polens gerichteten Großmachtpolitik resultierte. In dieser Hinsicht erwies sich ihr Schicksal dem ihrer deutschen Nachbarn im Westen nicht unähnlich.[143]

Bei dem Treffen der ›großen Drei‹ (*Stalin, Roosevelt* und *Churchill*) am 28. November 1943 in Teheran ging *Stalin* von der Endgültigkeit der polnischen Ostgrenze aus; dafür – so einigten sich die Alliierten – könne Polen deutsche Gebiete bis zur Oder annektieren. Um die polnische Exilregierung zu beschwichtigen, die der Westverschiebung Polens nicht zustimmen wollte, entwickelte *Churchill* im Januar 1944 ein Fünf-Punkte-Programm, das zum ersten Mal das Angebot enthielt, die gesamte deutsche Bevölkerung innerhalb der neuen Grenzen Polens (zwischen *Curzon*- und Oder-Linie) aus Polen auszusiedeln. Am 15. Dezember 1944 erklärte *Churchill* vor dem Unterhaus:

»Die Umsiedlung von mehreren Millionen Menschen (Polen) müßte vom Osten nach dem Westen oder Norden vorgenommen werden, ebenso wie die Vertreibung der Deutschen – denn das wurde vorgeschlagen: vollständige Vertreibung der Deutschen – aus den Gebieten, die Polen im Westen und Norden gewinnt. Die Vertreibung ist, soweit wir das übersehen können, das befriedigendste und dauerhafteste Mittel. Es wird keine Mischung der Bevölkerung geben, durch die, wie sich in Elsaß-Lothringen gezeigt hat, nur endlose Unzuträglichkeiten entstehen. Es wird reiner Tisch gemacht werden... Ich sehe auch nicht ein, weshalb in Deutschland kein Platz sein sollte für die Bevölkerung Ostpreußens und der übrigen von mir genannten Gebiete. Schließlich sind schon sechs bis sieben Millionen Deutsche in diesem schrecklichen Krieg getötet worden... Es ist auch zu erwarten, daß in den Kämpfen des kommenden Frühjahrs und Sommers noch mehr Deutsche getötet werden.«[144]

Auf der zweiten Konferenz der ›großen Drei‹ in Jalta (4.–11.2. 1945) wurde die Westverschiebung Polens in ausdrücklichen Beschlüssen festgelegt; allerdings lehnte *Churchill* die Neiße als Grenzziehung im Süden ab; man solle die polnische Gans nicht mit so viel deutschem Futter vollstopfen, daß sie an Verdauungsbeschwerden zugrunde gehe. »Sein Hauptbedenken gegen die Neißegrenze entsprang offensichtlich der Sorge, die Zahl der Vertriebenen, deren Ernährung in dem, ›was von Deutschland übrig bleibt‹, offenbar den künftigen Besatzungsmächten zur Last fallen mußte, würde sich um mehrere Millionen vermehren, falls noch die Gebiete zwischen Oder und Neiße hinzukämen.«[145]

Im Potsdamer Abkommen (Drei-Mächte-Konferenz von Berlin, vom Juli/August 1945) wurde dann als Kompromiß festgelegt, daß »bis zur endgültigen Festlegung der Westgrenze Polens die früher deutschen Gebiete östlich der Linie, die von der Ostsee unmittelbar westlich von Swinemünde und von dort die Oder entlang bis zur Einmündung der westlichen Neiße und die westliche Neiße entlang bis zur tschechoslowakischen Grenze verläuft, einschließlich des Teils von Ostpreußen, der nicht unter die Verwaltung der UdSSR in Übereinstimmung mit den auf dieser Konferenz erzielten Vereinbarungen gestellt wird, und einschließlich des Gebietes der früheren Freien Stadt Danzig, unter die Verwaltung des polnischen Staates kommen und in dieser Hinsicht nicht als Teil der sowjetischen Besatzungszone in Deutschland betrachtet werden sollen. Die Häupter der drei Regierungen bekräftigen ihre Auffassung, daß die endgültige Festlegung der Westgrenze Polens bis zur Friedenskonferenz zurückgestellt werden soll.«[146]

Im Potsdamer Abkommen wurde auch dekretiert, daß die Überführung der deutschen Bevölkerung oder von Bestandteilen derselben, die in Polen, Tschechoslowakei und Ungarn zurückgeblieben seien, nach Deutschland vorzusehen sei. Diese Überführung müsse in ordnungsgemäßer und humaner Weise erfolgen. Am 20. November 1945 bestätigte der Kontrollrat (als oberste interalliierte Koordinierungsleitung des deutschen ›Kondominiums‹) den Plan der Umsiedlung.

»1. Die gesamte aus Polen ausgewiesene deutsche Bevölkerung (3,5 Millionen Menschen) wird in die sowjetische und in die englische Besatzungszone Deutschlands aufgenommen.

2. Die gesamte aus der Tschechoslowakei, Österreich und Ungarn ausgewiesene deutsche Bevölkerung (3 150 000 Menschen) wird in die amerikanische, französische und sowjetische Besatzungszone Deutschlands aufgenommen.

3. Die vorläufige Verteilung dieser Bevölkerung auf die Zonen wird orientierungsweise folgende sein:
   a) In die sowjetische Zone aus Polen 2,0 Millionen Menschen; in die sowjetische Zone aus der Tschechoslowakei 750 000 Menschen;
   b) in die englische Zone aus Polen 1,5 Millionen Menschen;
   c) in die amerikanische Zone aus der Tschechoslowakei 1 750 000 Menschen;
   d) in die französische Zone aus Österreich 150 000 Menschen.«[147]

Von 1945 bis 1950 wurden aus den Ostgebieten des früheren Deutschen Reiches, aus der Tschechoslowakei und den übrigen Ländern ungefähr 11 730 000 Menschen vertrieben; es verblieben etwa

2645000. Die Verluste bei der Vertreibung beliefen sich auf etwa 2111000 Tote.[148]

Nachdem vor Kriegsende ungefähr eine Million Deutsche vor der heranrückenden Roten Armee geflohen war, setzte nun nach der bedingungslosen Kapitulation ein zweiter Exodus aus dem Osten ein; die für die Aussiedlung vorgesehenen ›humanitären Prinzipien‹ standen lediglich auf dem Papier; die von den Alliierten vorgesehene europäische Neuordnung erwies sich als Nachkriegsverbrechen. »Der Haß, der sich jetzt entlädt, hat alte Ursprünge in der mangelnden Bereitschaft deutscher Volksgruppen, sich in das Leben von Ländern wie der Tschechoslowakei einzufügen. Diese Länder wiederum hatten deutschen Minderheiten nicht das erstrebte Maß an Eigenständigkeit gewährt. *Hitler* hatte den Zwist geschürt, hatte dafür gesorgt, daß die Nationalsozialisten unter den Volksdeutschen die Regierungen in Prag und Warschau provozierten, daß Situationen entstanden, die ihm den Vorwand für den Einmarsch boten. Auch alteingesessene Volksdeutsche hatten sich auf die Seite der nationalsozialistischen Unterdrücker gestellt und die Regeln des Zusammenlebens mißachtet. Die Vertreibung großer Menschenmassen war von den Deutschen eingeleitet worden. 1939 begann die Vertreibung Hunderttausender von Polen aus Oberschlesien und Westpreußen nach Osten. Hier wurden einige hunderttausend Volksdeutsche angesiedelt, die aus dem Baltikum, Wolhynien, Galizien, Bessarabien, der Bukowina und anderen Siedlungsgebieten ›heim ins Reich‹ geholt worden waren.«[149]

Alte Rechnungen wurden beglichen, neue Schuld entstand. Nicht nur die Ausweisung erfolgte meist unter unmenschlichen Bedingungen; es kam auch zu Ausschreitungen und Pogromen, bei denen auswärtige Scharfmacher herbeitransportiert wurden (da die einheimische Bevölkerung sich nicht oder nur zu einem geringeren Teil an der Lynchjustiz beteiligten wollte – so bei dem Massaker von Aussig am 31. Juli 1945[150]). Der Aussiedlung ging oft Zwangsarbeit voraus; oder die Menschen wurden in ein Internierungslager verbracht. Die Ausweisungsbescheide erfolgten kurzfristig; sie waren mit Enteignung verbunden.

Der Abtransport erfolgte in Güterwaggons, oder man mußte die Heimat zu Fuß verlassen. Ein Vertriebener aus Brünn erinnert sich: »Ohne Rücksicht auf die Ermüdung der alten Leute durch eine schlaflose Nacht wurden wir auf der Landstraße weitergetrieben. Kaum

Bescheid

Herrn Leopold Pfitzner mit allen seinen Familienangehörigen. Landskron, Schillerstraße 506.

Gemäß dem Beschluß der Verwaltungskommission der Stadt Landskron wird Ihnen aufgetragen, am 5.7.1945, 7 Uhr, auf dem Marktplatz mit allen Ihren Familienangehörigen zwecks Ausweisung aus der Tschechoslowakischen Republik zu erscheinen.

Zu diesem Zwecke können sie folgende Gegenstände mit sich nehmen:

1. Lebensmittel, soviel Sie tragen können, wenigstens für 7 Tage;
2. Kleidung (das Nötigste);
3. Waschmittel (Seife, Paste und Zahnbürste usw.);
4. Wäsche, Kinderwäsche, Garnituren usw.;
5. Geld, Wertpapiere, Einlagebücher u.ä.;
6. Schmuck;
7. Kinderwagen.

Ferner wird Ihnen bewilligt, für den Transport Handwagen mitzunehmen.

Die Wohnung haben Sie in vollkommener Ordnung zu verlassen. Die Nichtbefolgung dieses Bescheides wird bestraft.

Gegen diesen Bescheid gibt es keine Berufung.

Zit. nach Rolf Grix/Wilhelm Knöll: Die Rede zum 8. Mai 1945. Oldenburg 1987.

eine kurze Essenspause wurde uns gewährt. Mit den Zurufen ›Ihr deutschen Schweine, weiter!‹ wurde hinterrücks immer geschossen, wobei wir mittags bei glühender Sonne in Raigern ankamen. Dahier wurden uns abermals die Rucksäcke durchgewühlt und alles halbwegs Brauchbare weggenommen. Nachher ging es weiter gegen Pohrlitz. Viele Kinder und kranke Leute konnten nicht mehr weiter und wurden mit Fußtritten und Gewehrkolben zum Weitergehen gezwungen, bis sie entkräftet im Straßengraben zusammenbrachen. Auch da gab es keinen Pardon... Grausamkeiten über Grausamkeiten begleiteten uns. Immer schütterer wurden unsere Reihen. Bei der Gluthitze wurde uns nicht einmal erlaubt, uns mit Wasser zu laben. Nicht einmal die Säuglinge durften von ihren Müttern gestillt werden. Eben deshalb sind auch unterwegs so viele Säuglinge gestorben...«[151]

Waren die Vertriebenen in Deutschland, in den Zielgebieten der einzelnen Besatzungszonen, angekommen und damit einigermaßen in Sicherheit, so ergaben sich neue Probleme. Hausrat, Kleidung und Wäsche waren Mangelware; es bereitete große Schwierigkeiten, Wohnraum zu beschaffen. Notquartiere waren die Regel. Dazu kamen die Ablehnung der Flüchtlinge durch die einheimische Bevölkerung und das mangelnde Engagement der örtlichen Behörden. In dem Beschwerdebrief eines Flüchtlings heißt es: »Der Transport wurde ins Schulhaus verwiesen und mußten diese unglücklichen Menschen 9 volle Wochen im Schulhaus, am blanken Fußboden kampieren. Einige kampierten sogar im Walde. Kochgelegenheit hatten sie während dieser 9 Wochen überhaupt keine; die Unglücklichen machten Feuerstellen im Walde um ihr kärgliches Mahl zu bekommen. Dies über die Einstellung unseres Bürgermeisters gegenüber den Flüchtlingen.«[152]

Die Lage der Vertriebenen in der neuen Heimat verbesserte sich nur langsam; in Bayern zum Beispiel wohnten im Oktober 1946 noch 146000 Flüchtlinge in Massenunterkünften unter oft menschenunwürdigen Bedingungen. »Darüber hinaus wurden Einquartierungen in private Wohnungen und Häuser vorgenommen, oft mit dem Mittel der Zwangseinweisung. Dadurch wurde das Verhältnis zwischen Einheimischen und Flüchtlingen gespannter. Die Versorgung der einheimischen Bevölkerung selber war nicht sichergestellt. Auf dem Land kam erschwerend hinzu, daß sich aus Gewerbe- und Industrieregionen kommende Flüchtlinge nur wenig an der Landarbeit beteiligten, wo Arbeitskräfte dringend benötigt wurden. Die deklassierten und besitzlosen Heimatvertriebenen standen häufig einem geschlossenen, eher fremdenfeindlichen Sozialmilieu gegenüber. Trotz gelegentlicher Heiraten dauerte es deshalb lange Zeit bis zu einer vollständigen Integration. Ein Hinderungsgrund lag auch in den Konfessionsunterschieden: Mit dem Überwiegen der Katholiken bei den Sudetendeutschen und der Protestanten bei den Schlesiern veränderte sich die bayerische Konfessionsstruktur zwar statistisch kaum, doch wurde die konfessionelle Geschlossenheit innerhalb der Gemeinden aufgebrochen: 1939 gab es in Bayern 1424 konfessionell einheitliche Gemeinden; 1946 waren es noch ganze neun.«[153]

Das Jahr 1945 war ein transitorisches Jahr; es führte in furchtbare Abgründe; aber nach der bedingungslosen Kapitulation – der Befreiung – auch bald in Gefilde, in denen, trotz weiterwirkender Kahlschläge, Hoffnung wieder aufgrünen konnte. Man war unterwegs, auf Holzwegen und Irrwegen; man fand Wegweiser, welche die Richtung für eine menschenwürdigere Zukunft zeigten. Man war unterwegs – hat es freilich vielfach versäumt, ›Abschied‹ zu nehmen; auf Ankunft hoffte man um so mehr. »Wir begegnen uns auf der Welt und sind Mensch mit Mensch – und dann stehlen wir uns davon, denn wir sind ohne Bindung, ohne Bleiben und ohne Abschied. Wir sind eine Generation ohne Abschied, die sich davonstiehlt wie Diebe, weil sie Angst hat vor dem Schrei ihres Herzens. Wir sind eine Generation ohne Heimkehr, denn wir haben nichts, zu dem wir heimkehren könnten, und wir haben keinen, bei dem unser Herz aufgehoben wäre – so sind wir eine Generation ohne Abschied geworden und ohne Heimkehr. Aber wir sind eine Generation der Ankunft. Vielleicht sind wir eine Generation voller Ankunft auf einem neuen Stern, in einem neuen Leben. Voller Ankunft unter einer neuen Sonne, zu neuen Herzen. Vielleicht sind wir voller Ankunft zu einem neuen Lieben, zu einem neuen Lachen, zu einem neuen Gott.

Wir sind eine Generation ohne Abschied, aber wir wissen, daß alle Ankunft uns gehört.« (*Wolfgang Borchert*)[154]

Es ist schön, einen Frühling der Geschichte zu erleben
Aufbau

Noch einmal davongekommen

Im Bewußtsein, daß die letzten Tage nun heraufzögen, in der Natur vor »entsetzlichen Nachrichten« etwas Ruhe suchend, notiert *Erich Kästner* am 27. Februar 1945 in Berlin: »Wir haben die ersten Schneeglöckchen gepflückt. Und die heimkehrenden Stare flogen in lärmenden Geschwadern über unsere Köpfe. Frühling und Untergang, am Himmel wie auf Erden. Natur und Geschichte sind geteilter Meinung und streiten sich vor unseren Augen. Wie schön müßte es sein, auch einmal einen Frühling der Geschichte zu erleben. Doch er steht nicht auf unserm Kalender. Die historischen Jahreszeiten dauern Jahrhunderte und unsere Generation lebt und stirbt im ›November der Neuzeit‹.«[155]

Der Kalender der Nachkriegsgeschichte zeigte jedoch einen hoffnungsvolleren Ablauf. Es traf zu, was *Thornton Wilder* in seinem Stück ›Wir sind noch einmal davongekommen‹, das während des Krieges entstanden war – die ›Neue Zeitung‹ brachte Ende 1945 Auszüge daraus –, als anthropologisches ›Grundmuster‹ beschrieben hatte: Die Überlebenden geben nicht auf. »Die Hauptpersonen sind ein Mister Antrobus, seine Frau, sein Sohn Henry und Sabina, ein hübsches Mädchen, das halb Mister Antrobus Geliebte, halb Küchenputtel ist. Außerdem, obwohl diese vier Menschen in moderner Kleidung stecken, sind sie zur gleichen Zeit Adam, Eva, Kain und Lilith. Im ersten Akt erleben sie mit Dinosauriern und Mammuts als Haustieren die Eiszeit, im zweiten die Sintflut und im dritten einen modernen Krieg.« In einer Szene, die nach dem letzten Schuß des Krieges spielt, kommt die Familie Antrobus halbverhungert aus dem Keller geklettert; die eingefallenen Wände werden wieder aufgerichtet, die umgestürzten Tische, Stühle und Hocker zurechtgerückt. »Das ist alles, was wir tun können – immer wieder von neuem anfangen. Immer wieder und wieder. Immer wieder von neuem anfangen. Woher wissen wir, daß es diesmal besser sein wird als vorher? Warum tun wir immer so als ob?«[156]

Damit waren auch die Pole markiert, die den Spannungsbogen des nach der totalen Kapitulation einsetzenden ›Aufbaus‹ charakterisieren. Auf der einen Seite die trotz größter Notlage sich regende, freilich oft als unerfüllbar empfundene Hoffnung auf ein neues Leben, das in und aus den Ruinen wieder erblühen könnte; auf der anderen ein das Nächstliegende angehendes Zupacken, das unglückliches Bewußtsein zur Seite drängte (auch verdrängte) und sich dem Notwendigen als dem Not-wendenden zuwandte. Man dürfe nicht verzweifeln, heißt es in der ersten Nummer der ›Nürnberger Nachrichten‹ (11.10.1945), auch wenn die Heimatstadt in Schutt und Asche versunken sei (»eine herrliche Blüte am Baume menschlicher Kultur wurde hier vernichtet«). Aus Trümmern müsse der Weg in eine hellere Zukunft gefunden werden; es gelte, dem verpflichtenden Vermächtnis des Nürnberger Dichters *Karl Bröger* zu folgen: »Wieder hör ich die Stimme voll dunkler Kraft: / Klagt nicht... schafft!«[157]

Der Lebenswille der ›Zusammenbruchgesellschaft‹[158] war weniger durch den ›Mut der Verzweifelten‹ als vielmehr durch die Euphorie der Noch-einmal-Davongekommenen geprägt. Der Maler *Emil Schuhmacher*, der von 1939 bis 1945 als technischer Zeichner in einem Rüstungsbetrieb gearbeitet hatte, artikulierte in einem Gespräch das Glücksgefühl des damals vorherrschenden ›panischen Idylls‹: »1945 im Mai – das waren die glücklichsten Stunden und Augenblicke und Tage, die ich erlebt habe; wunderschöne Tage, der Krieg war zu Ende, damit war mir ein Stein vom Herzen gefallen... Die Erlebnisse, die wir in den Bombennächten gehabt haben, die Ängst auch vor Verfolgung; man war ja immer gefährdet – man wußte nie, wem man etwas sagen konnte. Wer die schreckliche Zeit erlebt hat, der ist ein anderer Mensch geworden.«[159] Das war freilich eine zu positive Einschätzung des deutschen Mentalitätswandels; aber die Mehrheit der Bevölkerung wollte nun wieder ›Mensch‹ sein (nicht Soldat, Volksgenosse, Ausgebombter, Vertriebener...).

Die äußeren Bedingungen standen dem entgegen. Die Kriegszerstörungen und der Zusammenbruch des Dritten Reiches hatten eine katastrophale Notlage auf allen Gebieten des täglichen Lebens entstehen lassen, die den Kampf ums Dasein entsprechend schwer gestalteten. Doch zeigen die Reportagen aus den einzelnen Städten und

12 Köln 1945, aufgenommen von einem amerikanischen Kriegsberichterstatter

Gebieten, wie sie nach der bedingungslosen Kapitulation in den von den alliierten Heeresgruppen herausgegebenen Zeitungen erschienen, unterschiedliche Situationen. So berichtet die ›Frankfurter Presse‹ am 3. Mai 1945 aus Weimar, daß der Bombenschaden auf nicht mehr als 15 Prozent des Wohnungsbestandes geschätzt werde; eine neue Zivilverwaltung sei im Entstehen; Lebensmittelgeschäfte, Apotheken, Gaststätten, Friseure und gewerbliche Betriebe aller Art, mit Ausnahme der Banken, seien wieder geöffnet. In Braunschweig, wo sich ungefähr 40000 Fremdarbeiter aufhielten, gäbe es fast überall Wasser und Strom. In Heidelberg, weitgehend unversehrt, seien Lebensmittelläden, Apotheken und Reparaturwerkstätten in Betrieb, die Preise der Lebensmittel amtlich festgesetzt; wer Holz brauche, dürfe es sich selbst nach Genehmigung durch das Forstamt aus den Wäldern holen; das elektrische Licht funktioniere.[160] Am 19. Mai meldete ein Sonderberichterstatter des ›Bayerischen Tags‹, daß man in Frankfurt das Wohnungsproblem energisch in die Hand genommen habe, indem man leerstehende Wohnungen (ohne Rücksicht auf die Wohnungsinhaber) an die Notleidenden verteile. Beim Einrücken der Amerikaner zählte die Stadt etwa 250000 Einwohner; davon seien fast die Hälfte obdachlos. In Kassel habe eine beträchtliche Anzahl von Betrieben die Arbeit wieder aufgenommen; von den 23218 Wohnungen, die es vor dem Krieg in der Stadt gegeben habe, seien noch 5063 bewohnbar. Die Versorgung der Braunschweiger Bevölkerung mit Brot, Nährmitteln, Kartoffeln könne bis auf weiteres als gesichert angesehen werden; die Wasser- und Elektrizitätswerke funktionierten; Gas könne nur in ungenügender Menge geliefert werden; einige Personenzüge verkehrten schon wieder.[161]

Abgesehen davon, daß solche Berichte eine gewisse schönfärberische Tendenz zeigten – die Lage unmittelbar nach Kriegsende war oft besser als in den Wochen darnach; im Chaos des Zusammenbruchs hatte man sich vielfach noch aus Lagern und Depots, die die Nationalsozialisten angelegt hatten, versorgen können (was man ›organisieren‹ nannte).

Als *Robert Jungk* im Herbst 1945 – mit dem Auftrag, für die Schweizer ›Weltwoche‹ über den Zustand des zerbombten Deutschland zu berichten – nach zwölf Jahren Emigration zum ersten Mal wieder die deutsche Grenze überquert, erlebt er, wie am Grenzbahnhof die Wagen von Hunderten müden, schlecht gekleideten, unglaublich rücksichtslosen Wesen gestürmt werden. »Jahrelang hatten alle diese Wildgewordenen stillhalten müssen, nun hielt sie nichts mehr. Und ich, der sich vorgenommen hatte, sie als Mitschuldige zu verachten, ja zu hassen, empfand plötzlich Sympathie mit ihrem zu spät erwachten Selbstbestimmungs-, Selbsterhaltungswillen.« Als Resümee seiner ersten Beobachtungen in Deutschland notiert er: »Schon jetzt muten ganze Teile Deutschlands wie Wüsten an. Wüsten, in denen verbogenes Eisengestänge und rostiger Stacheldraht wächst. Durch zerstörte Straßen, die gewaltigen ausgetrockneten Geröllbetten gleichen, trotten Wesen, die nach dem Gesetz der Wüste handeln: Auge um Auge, Zahn um Zahn. Die Hoffnung, die mancher im Ausland Lebende hegt, daß durch Not und Elend der Geist gestärkt, die seelische Erkenntnis vertieft werde, erweist sich hier als falsch. Es gibt einen Grad des Leidens und der Verelendung, in dem jeder schöpferische, sittliche und spirituelle Aufschwung gelähmt bleibt.«[162]

Die Verhältnisse in Deutschland kommentierte im September 1945 die britische Zeitung ›News Chronicle‹ dahingehend, daß man in England nun ernsthaft über den Zustand des deutschen Volkes nachdenken müsse. Sie bezog sich dabei vor allem auf Berlin und die Ostprovinzen, wo zur Zeit rund 10 Millionen Nomaden lebten, die meisten von ihnen Frauen und Kinder, denen es an allem fehle. Sie hätten keine Nahrung, keine persönlichen Besitztümer aus ihren früheren Heimstätten in Ostpreußen, Ostdeutschland und dem Sudentenland mitbringen können. Es sei nicht übertrieben, wenn man feststelle, daß diese unglücklichen Heimatlosen seit Wochen von Rüben sich nährten und daß täglich mehr von ihnen zusammenbrächen. Die Züge kämen in Berlin aus dem Osten vollgestopft mit einer erbarmungswürdigen Fracht von Toten, Sterbenden und Kranken an. Ein Deutschland, das seiner großen Lebensmittelkammer im Osten beraubt sei, das Mangel an Kohle und Fahrzeugen für die Verteilung der vorhandenen Lebensmittel leide, werde nun noch mit Millionen von Deportierten vollgepreßt, die es unmöglich ernähren könne. »Wenn Deutschland im vollständigen Chaos untergeht, dann werden zuerst die angrenzenden Länder, aber dann ebenso auch wir zu leiden haben. Aus reinem Eigennutz schon können wir uns nicht leisten, daß dies geschieht, wenn wir es verhindern können.«[163] Aus solchen und anderen offiziösen Äußerungen konnte unschwer abgelesen werden, daß die Konflikte zwischen den westlichen Alliierten und der UdSSR zugenommen hatten – unter anderem hervorgerufen durch die unterschiedlichen Auffassungen hinsichtlich der Behandlung Deutschlands.

Die Deutschlandpolitik der Alliierten

Nachdem die Engländer zunächst eine gemischte Besetzung für das gesamte deutsche Territorium vorgeschlagen hatten, wobei in jeder Zone jeweils eine Besatzungsmacht federführend sein sollte, hatte die Sowjetunion erreicht, daß jedem Alliierten eine Zone in alleiniger Zuständigkeit zugewiesen wurde. Groß-Berlin galt als fünfte Zone eigener Art, aufgeteilt in vier Sektoren (Frankreich war inzwischen als gleichberechtigter vierter Sieger anerkannt worden). Die Berliner Erklärung »in Anbetracht der Niederlage Deutschlands und der Übernahme der obersten Regierungsgewalt hinsichtlich Deutschlands durch die Regierungen des Vereinigten Königreichs, der Vereinigten Staaten von Amerika und der Union der Sozialistischen Sowjet-Republiken und durch die Provisorische Regierung der französischen Republik« (5.6.1945)[164], gab die näheren Bestimmungen der Kapitulation bekannt; die oberste Gewalt in Deutschland wurde durch einseitige Willenserklärung – es gab ja keine deutsche Reichsregierung mehr – von den Alliierten übernommen.

Als oberstes Regierungsorgan fungierte der sogenannte Kontrollrat in Berlin, der aus den Oberbefehlshabern der vier Siegermächte (Feldmarschall *B. L. Montgomery*, General *Dwight D. Eisenhower*, Marschall *G. Schukow*, General *J. de Lattre de Tassigny*) bestand. Seine Entscheidungen bedurften der Einstimmigkeit. »Ein einzelner Zonenbefehlshaber konnte also unerwünschte Regelungen, die seine Zonenmacht einschränkten, schon allein dadurch verhindern, daß er im Kontrollrat gegen sie stimmte. Dieser besaß ohnehin nur gesetzgebende, keine exekutiven Befugnisse. Weisungen des Kontrollrates führte der Zonenbefehlshaber nach seinem Ermessen aus. Weniger die Russen als die Amerikaner hatten auf diese ›Kombination von Zonenhoheit und Kontrollrat‹ gedrängt, wonach jeder Militärgouverneur die höchste Autorität in allen Angelegenheiten in seiner Zone war. Man behielt sich das Recht vor, ›gegebenfalls den eigenen Einsatz in der Vier-Mächte-Verwaltung zurückzuziehen‹. Die Amerikaner glaubten, auf diese Weise einem Übergewicht nicht nur der Russen, sondern auch der Engländer entgegenwirken zu können. So war der Kontrollrat weniger eine Regierung als vielmehr oberste interalliierte Koordinierungsleitung mit faktisch geringen Kompetenzen und einer schwerfälligen administrativen Apparatur. Man rechnete allerdings mit einer kurzfristigen Übergangsregelung, bis die für einen Friedensvertrag reife territoriale Lösung gefunden wäre.« (*Theodor Eschenburg*)[165]

Auf der Kontrollratsitzung vom 5. Juni 1945 wurde auch die Aufteilung Deutschlands in vier Besatzungszonen und deren Zuteilung endgültig festgelegt:

- Die östliche Zone erhielt die Union der Sozialistischen Sowjet-Republiken; sie umfaßte die preußischen Provinzen Ostpreußen, die Grenzmark Posen-Westpreußen, Nieder- und Oberschlesien, Pommern, Brandenburg und Sachsen sowie die Länder Sachsen-Anhalt, Thüringen und Mecklenburg.
- Die nordwestliche Zone wurde dem Vereinigten Königreich zugesprochen – mit den Provinzen Schleswig-Holstein, Hannover und Westfalen sowie dem Nordteil der Rheinprovinz, den Ländern Oldenburg, Braunschweig, Lippe und Schaumburg-Lippe, sowie der Freien und Hansestadt Hamburg.
- Die südwestliche Zone ging an die Vereinigten Staaten von Amerika; dazu gehörten der größere Teil der Provinz Hessen-Nassau, die Länder Hessen (außer dem linksrheinischen Gebiet), Bayern (außer der Pfalz), ferner der größere Teil von Württemberg und Baden, schließlich der Stadtstaat Bremen.
- Die westliche Zone fiel an Frankreich, bestehend aus dem südlichen Teil der Rheinprovinzen, dem linksrheinischen Gebiet des Landes Hessen, den vier Kreisen der Provinz Hessen-Nassau zwischen Westerwald und Taunus, dem südlichen Teil der Länder Baden und Württemberg, der bayerischen Pfalz, dem Saargebiet sowie dem bayerischen Kreis Lindau am Bodensee.

Bei der Potsdamer Konferenz (17.7.–2.8.1945) beschlossen die ›großen Drei‹ – nach dem Tod von Präsident *Roosevelt* waren die USA durch dessen Nachfolger *Harry S. Truman*, Großbritannien zunächst durch *Winston Churchill*, dann (nach Neuwahlen) durch den neuen Premierminister *Clemens Richard Attlee* und die UdSSR durch *Stalin* vertreten –, Deutschland zu entmilitarisieren, zu entnazifizieren und zu demokratisieren. In dem Kommuniqué hieß es, daß die

13 Potsdamer Konferenz, Schloß Cäcilienhof (Juli/August 1945); Churchill, Truman und Stalin während einer Verhandlungspause

Alliierten in der Gegenwart und in der Zukunft alle Maßnahmen treffen würden, die notwendig seien, damit Deutschland niemals mehr seine Nachbarn oder die Erhaltung des Friedens in der ganzen Welt bedrohen könne. Die Alliierten seien nicht gewillt, das deutsche Volk zu vernichten oder in die Sklaverei zu stürzen; sie hätten vor, dem deutschen Volk eine Möglichkeit zu geben, sich für die Wiederherstellung seines Lebens auf einer demokratischen und friedlichen Grundlage vorzubereiten. »Wenn die eigenen Anstrengungen des deutschen Volkes unablässig auf die Erreichung dieses Ziels gerichtet sein werden, wird es ihm möglich sein, zu gegebener Zeit einen Platz unter den freien und friedlichen Völkern der Welt einzunehmen.«[166]

In rascher Folge wurden die nationalsozialistischen Gesetze aufgehoben, was die rechtliche Basis für einen Neuanfang schuf. Die durch die Potsdamer Konferenz festgelegte Politik, erklärte der Oberbefehlshaber der amerikanischen Besatzungsarmee in Deutschland, General *Joseph T. McNarney* (der Nachfolger *Eisenhowers*) Ende November 1945, würde dazu führen, daß die Besetzung Deutschlands zehn Jahre und wahrscheinlich noch länger dauere.[167]

Die Deutschlandpolitik der westlichen Besatzungsmächte wurde in entscheidendem Maße von den USA bestimmt. Bedeutsamer Ausgangspunkt war die Atlantik-Charta vom 12. August 1941, in der *Roosevelt* und *Churchill* ihre Entschlossenheit bekundet hatten, die Nazi-Tyrannei zu zerstören; zugleich aber hatten sie feierlich erklärt, keine Gebiets- oder sonstigen Vergrößerungsansprüche zu erheben, ferner allen Staaten, groß oder klein, Siegern oder Besiegten, bei ihren Nöten Hilfe zuteil werden zu lassen. Die Atlantik-Charta mit ihren Hauptforderungen ging dann in die Charta der Weltorganisation der Vereinten Nationen ein, die am 26. Juni 1945 in San Francisco von 51 Staaten in Nachfolge des Völkerbundes gegründet wurde; sie sollte der Sicherung des Weltfriedens wie der Förderung der friedlichen zwischenstaatlichen Beziehungen und der internationalen Zusammenarbeit dienen.

Seit 1941 hatte sich vor allem in den USA eine umfängliche Diskussion über die spätere Deutschlandpolitik entwickelt. Auf der einen Seite standen die Verfechter der Forderung einer harten Bestrafung der Deutschen, auf der anderen die Befürworter nachsichtiger Umgewöhnung. In seinem Bericht über die Konferenz von Jalta (Februar 1945) vor dem amerikanischen Kongreß stellte *Roosevelt* fest, daß es dem deutschen Volk nicht weh tun werde, wenn Deutschland nicht mehr die mindeste Chance habe, einen Angriffskrieg zu führen. »Im Gegenteil, sie wird die Deutschen vor einer Wiederholung des Schicksals schützen, das der Generalstab und das Kaisertum ihnen schon einmal auferlegt haben und das der Hitlerismus ihnen jetzt abermals und hundertfach schlimmer aufzwingt. Aus dem deutschen Körper wird ein Krebsgeschwür entfernt werden, das Generationen hindurch der Welt nur Elend und Schmerzen bereitet hat.«[168]

Der amerikanische Finanzminister *Henry Morgenthau* war der Urheber eines nach ihm benannten Planes, der drakonische Maßnahmen zur Niederhaltung Deutschlands und zur Bestrafung der Deutschen empfahl; (Deutschland habe ein Land von wesentlich landwirtschaftlichem und Weide-Charakter zu werden). *Roosevelt* schwankte, rückte aber dann vom *Morgenthau*-Plan ab. Dabei half ihm ein von *Henry Stimson*, dem US-Außenminister, zusammen mit *John J. McCloy*, dem späteren zivilen Hohen Kommissar für Deutschland (1949 bis 1952), verfaßtes Memorandum: »Die Vereinigten Staaten haben seit ihrem Bestehen an der Grundüberzeugung festgehalten, daß alle Menschen das Recht haben, als freie Individuen zu leben und nach ihrem eigenen Glück zu streben. Nach der Atlantik-Charta sind Sieger und Besiegte gleichermaßen zu wirtschaftlichem Wohlstand berechtigt. Die vorgeschlagene Behandlung Deutschlands würde jedoch, falls sie überhaupt durchführbar wäre, ganz bewußt viele Millionen Menschen des Rechtes auf Freiheit von Not und Freiheit von Furcht berauben. Alle anderen Völker der Welt würden dadurch in ihrem Vertrauen zu unseren Grundsätzen erschüttert werden und an der Wirksamkeit unserer wirtschaftlichen und politischen Maßnahmen gegenüber den Besiegten zu zweifeln beginnen.«[169] Man solle zwar Deutschlands Kriegsverbrecher gebührend bestrafen, auch Deutschland endgültig seine Waffen, seinen Generalstab und vielleicht seine ganze Armee wegnehmen, heißt es in einer Denkschrift *Stimsons* für Präsident *Truman* im Mai 1945; man überwache zudem die deutschen Regierungshandlungen, bis die durch die Nationalsozialisten erzogene Generation abgetreten sei; aber man beraube Deutschland nicht der Möglichkeit, schließlich doch einen friedlichen Staat aufzubauen, der sich unmilitärischer Methoden der Zivilisation befleißige. »Das bedeutet notwendigerweise eine gewisse Industrialisierung, denn Deutschland hat heute einen Menschenüberschuß von ungefähr 30 Millionen, der nicht von seiner Landwirtschaft ernährt werden kann.«[170]

Die für die amerikanische Deutschlandpolitik maßgeblichen, dann auch in der Potsdamer Konferenz akzeptierten Prinzipien der sogenannten fünf ›Ds‹: Demilitarisierung, Denazifizierung, Demontage, Dezentralisierung und Demokratisierung, wurden auf ambivalente Weise umgesetzt (und auch die einzelnen Vertreter der Militärregierung wie -verwaltung verhielten sich unterschiedlich): bald mit rigoroser Strenge, bald mit einfühlender Milde. Es gab das strenge Gebot der Non-Fraternization (so mußte bei Requirierungen für amerikanische Dienststellen, auch wenn nur ein Teil des Raumes in einem Haus gebraucht wurde, stets das ganze Gebäude von Deutschen geräumt werden[171]); die Politik des Kontaktverbotes stand jedoch im Gegensatz zu der sich rasch vertiefenden Kooperation der amerikanischen Führungskräfte mit deutschen Verwaltungsstellen und deutschen Politikern; diese erreichte etwa im Bereich der Kultur eine besonders fruchtbare Intensität.

Nach drei Monaten Besatzung (am 6.8.1945) wandte sich *Eisenhower* mit einer Botschaft an das deutsche Volk, in der er die Erfolge bei der Bekämpfung des Nationalsozialismus und Militarismus hervorhob, vor allem aber über die ›positiven‹ Ziele der Amerikaner sprach. Es sei nicht deren Absicht, das deutsche Volk zu demütigen: »Wir werden Euch helfen, Euer Leben ›auf demokratischer Grundlage‹ wieder aufzubauen. Sobald Eure Gerichte und Schulen von Nazi-Einflüssen gereingt sind, werden sie wieder geöffnet werden. Rechtspflege und Erziehungswesen, die auf echten demokratischen Grundsätzen beruhen, werden kräftigste Unterstützung finden. Bereits heute veröffentlicht Ihr eine Anzahl eigener Zeitungen, wählt Vertrauensmänner, die Euch in Euren Betrieben vertreten, und arbeitet in Ausschüssen als Berater der Militärregierung. Diese und ähnliche Maßnahmen werden in immer stärkerem Maße durchgeführt werden. Es wird Euch gestattet werden, ›örtliche Gewerkschaften‹ zu bilden und Euch örtlich ›politisch zu betätigen‹. Versammlungen zu diesen Zwecken dürfen mit Genehmigung der örtlichen Militärregierung abgehalten werden. Zu den dringlichsten Aufgaben von Gewerkschaften und politischen Parteien gehört die Mitwirkung an solchen Maßnahmen, wie sie jetzt zur Vorbereitung auf den kommenden Winter notwendig sind. Volle Freiheit zur Bildung von Gewerkschaften und zur Ausübung politischer Tätigkeit im demokratischen Sinne werdet Ihr am schnellsten dort erlangen, wo Ihr zeigt, daß Ihr bereit seid, solche Vorrechte ›verständig‹ zu benutzen. Es hängt von Euren eigenen

Handlungen ab, wann die noch bestehenden Beschränkungen von uns aufgehoben werden können. Die kommenden Monate werden für Euch eine ›schwere‹ Prüfung sein. Es ist unvermeidbar, daß sie hart sein werden. Alle Anzeichen deuten auf Knappheit an Lebensmitteln, Heizungsstoffen, Wohnraum und Transportmitteln. Dies sind die Folgen des deutschen Angriffskrieges. Es steht jedoch in Eurer Macht, durch beharrliche Arbeit und gegenseitige Hilfe diese Not zu lindern. Müßiggang darf es nicht geben.«[172]

Schon die Tonlage solcher Botschaften und Appelle machte deutlich, daß die Deutschen in der Rolle des Mündels von ihren die Verantwortung tragenden westlichen Besatzungskräften eine wohlwollende, wenn auch strenge Vormundschaft zu erwarten hatten. Dementsprechend folgsam, beflissen, fleißig, auch unterwürfig verhielten sie sich. So hatten die Alliierten auch kaum Schwierigkeiten mit dem deutschen Verwaltungssystem, das praktisch vom ersten Tag deren Befehle widerstandslos befolgte.

So wurde zum Beispiel zwei Tage nach der Eroberung Nürnbergs durch den Chef der alliierten Militärregierung ein im Dritten Reich als berufsmäßiger Stadtrat fungierender Fachbeamter zum provisorischen Bürgermeister ernannt, mit dem Auftrag, die Verwaltungstätigkeit der städtischen Dienststellen sofort wieder in Gang zu bringen. Das tat er dann auch unverzüglich. »Die Unterordnung der Stadtspitze unter fremden Oberbefehl scheint von der Verwaltung keineswegs als allzu störend empfunden worden zu sein. Das traditionelle Selbstbewußtsein der deutschen Bürokratie als ›unpolitisches Beamtentum‹ im Sinne vordemokratischer Staatsvorstellung erhielt in dieser Konstruktion sogar neuen Auftrieb. Die fast ungebrochene Weiterführung der Verwaltung bei gleichzeitiger Blockade jeder parteipolitischen Aktivität verschaffte der Administration eine Monopolstellung in öffentlichen Angelegenheiten, die noch dadurch verstärkt wurde, daß sie der allgemeinen Vorstellung vom ›neutralen‹, nur seiner vermeintlich objektiven ›Sachkompetenz‹ verantwortlichen Beamtentum entsprach.«[173]

Die Teilung Deutschlands beginnt

Das Wohlwollen der Westalliierten gegenüber den Deutschen wuchs, als die Spannung zwischen West und Ost zunahm. Bereits im Laufe des Jahres 1945 mehrten sich die Anzeichen, die auf eine Erosion und den späteren Zerfall der durch den Kampf gegen *Hitler* zusammengehaltenen West-Ost-Allianz hinwiesen. Zwar hielt im September 1945 General *Lucius D. Clay*, damals stellvertretender Militärgouverneur, eine gemeinsame Politik der Besatzungsmächte im Kontrollrat noch für möglich – da eine allseits freundliche Einstellung herrsche und man echte Fortschritte in der Überwindung des Mißtrauens mache[174]; aber das war Zweckoptimismus, denn *Clay* hatte schon vorher, im Juni/Juli, die Schwierigkeiten bei Verhandlungen mit der russischen Armee – wegen der Räumung der Gebiete in Thüringen, Sachsen und Sachsen-Anhalt, welche die amerikanischen Truppen besetzt hatten, aber, da nicht zu ihren Besatzungszonen gehörend, wieder verlassen mußten – kennengelernt.

Da der Kontrollrat keine Möglichkeit hatte, in den einzelnen Besatzungszonen selbst gemeinsam beschlossene Gesetze und Richtlinien durchzusetzen, sondern jeweils die für die Zone zuständige Militärregierung die Macht ausübte, zudem die Ankündigung des Abschlusses eines Friedensvertrages, der Einheitlichkeit hätte herstellen können, unerfüllt blieb, gab es angesichts solcher Unstimmigkeiten bald abweichende Entwicklungen in den einzelnen Zonen, vor allem im sowjetischen Besatzungsgebiet. Dort wurden Denazifizierung und Demokratisierung als Fassade benützt, um die Sowjetisierung voranzutreiben; auch erreichten die Reparationen und Warenentnahmen in der Ostzone ein Ausmaß, das nach Ansicht der Amerikaner und Engländer eine wirtschaftliche Stabilisierung Deutschlands unmöglich machte – zumal die Summe, die sie für ihre Zonen jährlich aufwendeten, nämlich 520 Millionen Dollar, etwa den Zwangslieferungen aus der SBZ nach Rußland entsprach (also die westlichen Alliierten gleichsam die deutschen Reparationslieferungen an Sowjetrußland bezahlten).

Die einseitigen Aktionen der Russen, die im klaren Gegensatz zum Geist des Potsdamer Einheitsgebotes standen, ließ einen tiefen Graben zwischen den westlichen und dem sowjetischen Besatzungsgebiet entstehen. »Sie isolierten die sowjetische Zone vom übrigen Deutschland effektiver als eine Staatsgrenze, wenngleich die Isolierung be-

Die Gespräche im Wagen versickern; Spannung wird fühlbar, die erst bricht, als der russische Kontrollposten, jetzt nach der Umgruppierung der alliierten Armeen schon vor Eisenach, passiert ist. Ein beleibter Captain läßt eine Flasche Cognac kreisen, die Konversation lebt wieder auf, man spricht, ohne großes inneres Engagement, von der Zukunft Deutschlands, das Wort Teilung fällt, der Lieutenant S. H. bemerkt, administrativ, gewiß, die Zonen wie vorgesehen in Jalta, wirklich wichtig aber sei die soziale Ordnung, die dem Land zu geben wäre, nachdem sich erwiesen habe, daß die deutschen Banken und die Schwerindustrie es waren, die das nationalsozialistische Regime in den Sattel hoben. Der Colonel schweigt.

Hinter Potsdam dann der letzte sowjetische Kontrollpunkt. Der weiße Keil einer Taschenlampe, von Gesicht zu Gesicht huschend, eine Handbewegung, weiter; wieder ein Schlagbaum, aber nun die vertrauten Helme der GIs. Im Wagen spricht man von Berlin, als wäre es eine Art Amusement Center, mit den Ruinen als besondere Pikanterie; in den vornehmen westlichen Vororten übrigens, wo man wohnen werde, sei das meiste heil geblieben.

In der Villa im Grunewald trinkt man noch einen Scotch an der Bar, zusammen mit einem Halbdutzend anderer Offiziere, Militärregierung und verwandte Dienste die meisten, und erfährt von den Schwierigkeiten bei der Arbeit mit den Russen. Es sei mit ihnen nur schwer auszukommen, es mangele an gegenseitigem Verständnis, in fast allen Fragen habe man diametral entgegengesetzte Auffassungen und es gebe wenig Kompromißbereitschaft bei ihnen, kein give and take, und außerdem hätten sie überall schon ihre Deutschen, die kommunistischen nämlich, installiert, im öffentlichen Dienst, in der Kultur, Zeit genug dafür hätten sie ja gehabt, als sie Berlin noch alleine beherrschten, und nun stünden wir da und müßten verspätet versuchen, uns durchzusetzen. S. H., müde schon, aber sein Gewissen zwingt ihn, erwähnt etwas von dem Bündnis, das sich im Kriege bewährt hätte, und es müsse doch möglich sein, auch nach dem Sieg gemeinsam weiterzuarbeiten. Spöttisch hebt einer das Glas: »Gott erhalte Ihren Kinderglauben, Lieutenant!«

Stefan Heym (S.H.): Nachruf. München 1988.

reits früh auch darin zum Ausdruck kam, daß die westliche Grenze der Zone sowohl von den sowjetischen Besatzungsbehörden wie von ihren deutschen Organen in der Tat als Staatsgrenze behandelt wurde, und zwar als nur schwer überschreitbare Grenze eines Staates mit feindlichen Nachbarn.« (*Theodor Eschenburg*)[175]

Auch der innenpolitische Aufbau ging in beiden Teilen Deutschlands verschieden von sich. Während die alliierten Besatzungsbehörden westlich der Elbe »die Struktur einer bürgerlich-kapitalistischen Gesellschaftsordnung fixierten und als energische Gärtner das Wachsen der Institutionen einer parlamentarischen Demokratie förderten«, wurde östlich der Elbe von den russischen Besatzungsbehörden das Fundament einer sozialistischen Gesellschaftsordnung gelegt und mit »grober Gewaltsamkeit der Weg in eine Einparteien-Diktatur« vorbereitet.[176] Bei einer außenpolitischen Debatte im englischen Unterhaus Anfang November 1945, zu einer Zeit, da das Verhältnis Englands und der USA zu Rußland vor allem auch in der Presse lebhaftkritisch diskutiert wurde und die Mißklänge immer mehr zunahmen, erklärte *Churchill* (nun Führer der Opposition), daß es eine Freude sei zu wissen, daß Generalissimus *Stalin*, der Staatschef der Sowjetunion, weiter mit starker Hand lenke. Er persönlich empfinde dem wahrhaft großen Mann gegenüber nichts als aufrichtige Bewunderung. Allerdings fügte *Churchill*, dessen Fehleinschätzung des kommunistischen Totalitarismus für die fatale Nachkriegsentwicklung mit verantwortlich war, seiner Lobeshymne eine Einschränkung hinzu:

»Es ist nicht ausgeschlossen, daß zwischen uns und der Sowjetunion bedeutende Meinungsverschiedenheiten auftauchen über politische, soziale, ja vielleicht auch über moralische Fragen. Aber die Einigkeit zwischen den beiden Völkern, die uns in der furchtbaren Katastrophe des Krieges Ruhm und Sicherheit brachte, darf nicht gebrochen oder geschwächt werden. Das britische Volk lehnt aufs entschiedenste den Gedanken ab, daß Großbritannien bewußt eine anti-russische Politik verfolge oder sich an einer gegen die Russen gerichteten Machtgruppe beteiligen könnte. Ich muß jedoch darauf hinweisen, daß die Weltlage heute in vieler Hinsicht weniger hoffnungsvoll erscheint als nach der Kapitulation Deutschlands 1918 oder nach dem Abschluß des Vertrages von Versailles im Jahre 1919.«[177]

Hunger

Nach einigen Monaten Erfahrung im Trümmerdasein berichtet der Schriftsteller *Hans Erich Nossack*, dessen Schaffen im Dritten Reich verboten war, in einem Brief an seinen Kollegen *Hermann Kasack* im November 1945 über den Ablauf eines Normaltages: Man hat Hunger, leidet unter dem Wohnungsproblem und friert (da es inzwischen kalt geworden war).[178]

Er habe nicht geglaubt, daß er irgendwann im Leben wieder satt werden würde, erinnert sich *Arnulf Baring*[179]. Nach einer Fahrt von vielen tausenden Kilometern durch Deutschland – schreibt *Jürgen Kuczynski* (im November 1945 aus der englischen Emigration nach Deutschland zurückgekehrt) in einem Brief an *Anna Seghers* – sei ihm das Wichtigste, Entscheidendste, Grundlegendste klar geworden: »Die Menschen sind hungrig in den Städten und ohne Arbeit. Die vollen Auswirkungen der Katastrophe, die der Faschismus über unser Volk gebracht hat, zeigen sich erst jetzt. Wann immer du in den Gedanken zu den Menschen sprichst, mit ihnen argumentierst, ihnen die Aufgaben erklären willst, tröstliche und harte Worte gebrauchst, mit ihnen gehst, still in Gedanken oder ihnen tätig helfend, die Trümmer, die der Faschismus hinterlassen, wegzuräumen, denk immer daran ... daß sie hungrig sind und müde und oft arbeitslos. Und es wird schlimmer noch werden, wenn der Winter kommt.«[180]

›Kalorien‹ wurden zu einem magischen Begriff. Gegenüber der in Friedenszeiten vorgesehenen Normalmenge von 3000–4000 wurden jetzt 1550 Kalorien als lebensnotwendige Grenze angesehen; zunächst konnte dieses Niveau jedoch nicht erreicht werden; in Dortmund zum Beispiel, wo man während des Krieges Tagessätze von 2000–2400 Kalorien erreicht hatte, sanken diese im Mai und Juni auf 891; im Saarland ging man von rund 1000 Kalorien pro Tag aus (die Bergleute bekamen Sonderzulagen).[181]

Das System der deutschen Ernährungsverwaltung und Lebensmittelbewirtschaftung war von den Alliierten zunächst weitgehend übernommen worden. In der 75. Lebensmittelzuteilungsperiode, vom 30. April bis zum 27. Mai 1945, gab es für den ›Normalverbraucher‹ 475 Gramm Fleisch und Fett, 6800 Gramm Brot und 10 kg Kartoffeln. In einer Anweisung der britischen Besatzungsbehörde zur deutschen Ernährungslage heißt es im Juni:

»1. Die Nahrungsmittelreserve ist sehr gering.

Unser Tag beginnt um 1/2 6 Uhr, wir werden dann durch unsre Mitbewohner geweckt, die, ohne es nötig zu haben, vor lauter Übermut um diese Zeit aufstehen. Von 8 bis 3 Uhr halte ich im Geschäft aus –, erst ab 3 Uhr gehn die Verkehrsmittel wieder, – bin dann aber auch so erfroren, zumal ich nur zwei Scheiben trocknes Brot mitnehmen kann, daß ich kaum mehr gehen kann. Und dann beginnt ein harter Kampf um die U-Bahn. Inzwischen hat meine Frau morgens Stunden gegeben, eilt mittags eine Stunde weit, um das Essen aus der Volksküche zu holen, worauf wir mangels Gas, Elektrizität und Kochgelegenheit angewiesen sind, obwohl die meisten Lebensmittelmarken dabei drauf gehn, und die notwendigsten Besorgungen sind erledigt. Gegen 3 Uhr macht sie auf der Brennhexe unser Essen warm, dadurch wird das Zimmer ein wenig überschlagen. Nach dem Essen gibt es für mich immer zu handwerken oder Holz zu verkleinern etc. Zwischen 5 und 6 Uhr versuche ich zu schlafen, um einen Vorhang vor den bisherigen Tag zu ziehen und die fehlenden Kalorien gleichzeitig zu ersetzen. Später nehmen wir noch etwas Teeartiges und einen kleinen Imbiß zu uns und sitzen uns dann, wenn nicht gerade Besuch verabredet ist, arbeitend bei 15 Watt-Kerze gegenüber. Um 10 Uhr heult die Sirene 3mal, um 10 1/4 zweimal und 10 1/2 einmal; dann ist, wie es hier heißt ›curfew‹, also Ausgehverbot. Ich selber sitze meist in Decken gehüllt noch bis 1 Uhr auf, um dann erfroren ins Bett zu kriechen. Für einen Mann, der gewohnt ist, beim Schaffen im Zimmer auf und ab zu wandeln, sind diese Decken ein ärgerliches Problem. Da haben Sie ein Durchschnittsleben.

Hans Erich Nossack: Diese Andere. Frankfurt am Main 1976.

2. Alles anbaufähige Land, und wenn es auch nur ein Schrebergarten ist, muß bestellt werden.
3. Vor allem sind diejenigen Gemüsearten anzubauen, die für den Winter aufbewahrt werden können, wie z. B. Kartoffeln, Steckrüben und Bohnen.
4. Wenn diese Arbeit nicht mit größter Energie angepackt wird, droht eine Hungersnot.«[182]

Auf der Konferenz von Potsdam hatten die Alliierten festgelegt, daß der Lebensstandard in Deutschland nicht höher sein dürfe als der Durchschnitt aller europäischen Länder, ausschließlich Großbritanniens und der Sowjetunion. In Nummer 2 von ›Heute‹, einer neuen, von der amerikanischen Armee herausgegebenen illustrierten Zeitschrift für Deutschland, wurde die europäische Ernährungskrise mit Recht auf die Tatsache zurückgeführt, daß die Nationalsozialisten nicht nur die Vorratskammern der von ihnen besetzten Länder ausgeplündert, sondern auch zu einem gewissen Teil die Voraussetzungen für eine angemessene Nahrungsmittelproduktion zerstört hatten. Noch mehr wirkten sich die Schwierigkeiten bei der Verteilung der Lebensmittel, angesichts des Mangels an Transportmitteln, aus. Die Folge sei, daß in den großen Städten Hunger herrsche, während die Überschüsse auf dem Land, in Gärten und Feldern verfaulten. Nach fünf Jahren eingeschränkten Fischfangs enthielten die Meere Nordeuropas mehr Fische denn je; aber durch die Zerstörung zahlloser Fischereifahrzeuge und Dockeinrichtungen könne nur ein kleiner Teil des Reichtums, der sonst die besten Fänge seit Jahren erbringen würde, auf die europäischen Märkte gelangen.[183]

Roosevelt hatte im Februar nach der Konferenz von Jalta erklärt, daß man das deutsche Volk nicht aushungern wolle; die Hauptverantwortung für Deutschlands Ernährung läge aber beim deutschen Volk selbst. Als sich dann herausstellte, daß die in der Potsdamer Konferenz vorgesehene Mindestversorgung der Deutschen gefährdet sei, erklärten sich die Amerikaner bereit, für den Winter 1945/46 eine Hilfe von 500000 Tonnen Lebensmitteln zu geben; auch die Briten waren zu ähnlichen Lieferungen bereit.[184]

Nach einer zehntägigen Besichtigungsreise durch die alliierten Besatzungszonen empfahl Anfang November 1945 ein Komitee von alliierten Gesundheitsoffizieren, die täglichen Rationen für Normalverbraucher auf 1500 Kalorien zu erhöhen, um ein Ansteigen von Krank-

14 Hamsterfahrt (Photo von Friedrich Seidenstücker)

heiten zu vermeiden. (Das bedeutete etwa 400 g Kartoffeln, 350 g Brot, 7 g Fett, 35 g Fleisch, 43 g Eiweiß, 18 g Zucker, 4 g Käse.) Deutschland müsse alle Kräfte daran setzen, sich selbst zu helfen. So komme es sehr auf die Ablieferungsmoral der Landwirte an; denn die Bevölkerung hätte sich weitgehend aus einheimischen Produkten zu ernähren.[185]

In seinem Buch ›Die Rationen-Gesellschaft‹ stellt *Rainer Gries* fest, daß die Kalorienhöhe auch ein Politikum allerersten Ranges gewesen sei. Bei der zunehmenden Spannung zwischen Ost und West erwies sie sich als ein wichtiges Instrument der ›Sympathiewerbung‹ bei den Deutschen, was die westalliierten Hilfslieferungen mitbestimmt haben mag. Mit wieviel Kalorien wurde man kommunistisch, mit wie vielen blieb man demokratisch?[186]

Freilich war die Ernährungssituation uneinheitlich. 13,2 Prozent der Bevölkerung gehörten zur Gruppe der landwirtschaftlichen ›Selbstversorger‹, 6,6 Prozent zur Gruppe der ›Teil-Selbstversorger‹ (Nebenerwerbslandwirte, Besitzer größerer Gärten), 24,6 Prozent der Bevölkerung waren Kinder und Jugendliche, die eine geringere Zuteilung auf Karten, dafür aber Sonderrationen an Milch und später eine tägliche warme Schulspeisung bekamen; 4,9 Prozent wurden gemeinschaftlich verpflegt, 20,7 Prozent waren sogenannte Zulagenempfänger (Schwer- und Schwerstarbeiter, Politiker, ehemals Verfolgte etc.; zu dieser Gruppe gehörten auch die Bergleute an der Ruhr, denen theoretisch die höchsten Zuteilungen zustanden). Die restlichen 30 Prozent der Bevölkerung, die von Hunger besonders betroffen waren, zählten zu den Normalverbrauchern.[187] Soweit ihnen Besitz und Vermögen verblieben waren, konnten sie (wie die anderen natürlich auch) durch Tauschwaren ihre Lage bei Hamsterfahrten und auf dem Schwarzmarkt verbessern.

Die Hungerzeit brachte den Bauern, soweit sie nicht durch Vertreibung oder Kriegsgeschehen ihr Hab und Gut verloren hatten, große Vorteile. »Sie hatten das, was alle brauchten, im Überfluß und ließen es sich im Tauschhandel teuer bezahlen. Der aus der Stadt angeschleppte Perserteppich für den Kuhstall war übertrieben, aber sprichwörtlich. Man lebte von Hamsterfahrten über die Dörfer, vom Mitleid einzelner Bauern, die, so hieß es, schon zwei Perserteppiche im Kuhstall hatten.«[188]

Schwarzmarkt

Da die Deutsche Reichsmark nach dem Zusammenbruch der nationalsozialistischen Wirtschaft und Kriegspolitik kaum noch von Wert war, konnte man außerhalb des Bezugscheinsystems nur auf dem Schwarzmarkt, der vornehmlich ein Tauschmarkt war, zusätzliche Nahrungsmittel und Versorgungsgüter ›frei‹ erwerben. »Mit den Lebensmitteln war es ganz schlimm. Früh um fünf Uhr weg, irgendwo gab es Gemüse oder manchmal Fisch. Vier bis sechs Stunden Anstellen waren normal; manchmal war ausverkauft, bevor ich an der Reihe war. Mit nichts, außer mit Tränen in den Augen, kehrte ich heim. Trotzdem ging es am anderen Tag wieder los mit dem Anstellen. Zeit hatte man ja damals noch. Meine Leica und ein Fuchspelz wurden verkauft; das half mir, ins Geschäft zu kommen. Man sagte Schwarzhandel, mit dem man sich über Wasser hielt – und wir hatten wieder zu essen.«[189]

So wie dieser Zeitzeuge versuchte fast jeder, der etwas besaß, seine Waren bei den heimlichen Treffs hinter Bretterzäunen und Ruinen – auf der Hut vor häufigen Polizeirazzien – feilzubieten bzw. Benötigtes dafür einzuhandeln. »Zu den begehrten Objekten gehörten Pelze, Schmuck und Silber, Teppiche, Möbel und Kunstgegenstände, die gegen Schuhwerk, warme Kleidung und Lebensmittel eingetauscht wurden. In den Akten des amerikanischen Kongresses findet sich der Fall eines Bergarbeiters, der in der Woche 60 Reichsmark verdiente. Gleichzeitig besaß er ein Huhn, das in der Woche durchschnittlich fünf Eier legte. Eins davon aß der Bergmann gewöhnlich selbst, die vier übrigen tauschte er gegen 20 Zigaretten ein. Diese stellten auf dem Schwarzen Markt bei einem Tagespreis von 8 RM einen Gegenwert von 160 RM dar. Das Huhn verdiente also mit seiner Leistung nahezu dreimal so viel wie sein Besitzer.«[190]

Eier, Butter, Speck, die den dürftigen Speisen Substanz verliehen, waren wichtige Indikatoren des jeweiligen Tauschwertes; dominant war die Zigarettenwährung, zumal die Soldaten der Westalliierten, vor allem die Amerikaner, für steten Nachschub sorgten bzw. Deutsche, die bei alliierten Dienststellen arbeiteten oder mit Angehörigen der Besatzungskräfte bekannt waren (nicht zuletzt die ›Fräuleins‹), Zigaretten und andere Waren, die sie erhalten hatten, auf dem Schwarzen Markt weiter verkauften bzw. umtauschten. Der Schwarzhandel reichte bis in die höchsten Kreise der Militär- und Zivilverwal-

Der Schwarze Markt lag in einer Seitenstraße, die sich von all den anderen heilgebliebenen Straßen ringsherum nur darin unterschied, daß sie belebter war. Frauen, Männer und junge Burschen gingen in ihr auf und ab und murmelten dabei ständig etwas vor sich hin, was sich wie Selbstgespräche anhörte. Aber sie sprachen nicht mit sich selbst, ihre Augen blickten wach und fragend. Ging ein Entgegenkommender näher heran, hörte er, daß ihm ein Angebot gemacht wurde. »Leberwurst, frisch vom Land!« flüsterte da ein älterer Mann, und ein junger Bursche hatte »Nylons! Echt amerikanische Nylon-Strümpfe mit Naht« anzubieten. Eine Frau bot »Rasierklingen, extra fein«, eine andere »Meißner Porzellan, Tassen, Teller, Untertassen« an.

Frau Kagelmann kannte die Regeln des Schwarzen Marktes, aber sie hatte Hemmungen, es den anderen gleichzutun. Sie brauchte jedesmal eine Anlaufzeit.

Ein Kriegsinvalide ohne Beine, der auf einem Brett mit Rollen hockte und sich mit den Händen vom Pflaster abstieß, hielt vor Frau Kagelmann. »Brauchen Sie wieder Garn?« fragte er. Er hatte in ihr eine ehemalige Kundin erkannt.

»Diesmal nicht«, antwortet Frau Kagelmann. »Diesmal brauche ich was zu essen. Mein Sohn ist heimgekehrt.«

»Gesund?« fragte der Mann, der zu Frau Kagelmann aufschauen mußte.

»Ja.«

»Herzlichen Glückwunsch!« Der Invalide rollte weiter. »Und wenn Sie mal wieder Garn brauchen, Sie wissen ja!«

Klaus Kordon: Ein Trümmersommer. Weinheim/Basel 1982.

15 Schwarzmarkt in Berlin

tung; ein Unrechtsbewußtsein war kaum vorhanden, obwohl zumindest im Großschwarzhandel (z. B. mit Medikamenten wie Penicillin) übelste Geschäfte gemacht wurden. Angesichts des alltäglichen Lebenskampfes glaubte man mit einer gewissen Berechtigung, sich das Notwendige auch auf illegale Weise beschaffen zu dürfen. Als alliierte Kohle-Transporte durch solche ›Selbsthilfe‹ bestohlen wurden, bedachte dies der Kölner Erzbischof Kardinal *Frings* mit kirchlichem Wohlwollen – weshalb der Volksmund dann solche Aktionen ›Fringsen‹ nannte.[191]

Leben in Ruinen

Hunger, Schwarzmarkt und Zerstörung bilden – nach *Christoph Kleßmann* – die mit der frühen Nachkriegszeit assoziativ am engsten verbundenen Vorstellungen. »Die zeitgenössischen Quellen belegen, daß dies nicht nur die in der späteren Erinnerung dominanten Momente sind, sondern daß sich darin am unmittelbarsten die tatsächlichen Erfahrungen nach dem militärischen und politischen Zusammenbruch spiegelten.«[192]

Zerstörung – das bedeutete statistisch, daß die Menge des Schutts, in den viele deutsche Städte zerfallen waren, über 400 Millionen Kubikmeter umfaßte, etwa 10 Millionen Eisenbahnwaggons entsprechend. In Westdeutschland waren 2,25 Millionen Wohnungen zerstört. Was dies für eine schwer zerbombte Stadt bedeutete, kann man am Beispiel von Frankfurt am Main aufzeigen: Von rund 45000 Gebäuden waren 36000 zerstört oder beschädigt; nur 9000 Gebäude waren unversehrt geblieben.[193] In Köln seien – so die Sonderausgabe des alliierten Nachrichtenblattes ›Die Mitteilungen‹ – von 58000 Häusern kaum mehr als 300 übriggeblieben.[194] In Mainz waren von den ehemals 9728 Wohngebäuden 5760 ganz oder zum Teil zerstört. Im Stadtkern lag der Zerstörungsgrad bei ungefähr 80 Prozent und im gesamten Stadtgebiet einschließlich der Vororte bei etwa 60 Prozent; allein in der Innenstadt fielen rund 1,5 Millionen Kubikmeter Schutt an.[195] Und ähnlich sah es in Kiel, Hamburg, Frankfurt an der Oder, Berlin, Magdeburg, Hannover, Bremen, Emden, Dresden, Osnabrück, Rheine, Kleve, Bochum, Münster, Paderborn, Kassel, Essen, Dortmund, Düsseldorf, Siegen, Gießen, Koblenz, Darmstadt, Offenbach,

Hanau, Würzburg, Nürnberg, Stuttgart, Pforzheim, Ulm, München und anderswo aus. Über Nürnberg notierte *Alfred Kerr*, der zum Prozeß in die Stadt kam: »Eine Häßlichkeit, eine Trostlosigkeit, eine Schutthalde! Man sieht kaum anderes als Geröll. Irreführend wäre das Wort ›Ruinen‹, denn da denkt man immerhin an gewesene Behausungen. Dies hier aber ist dem Staub näher als der Vorstellung zerrissener Wände, so daß im gegenwärtigen Augenblick der Gedanke nicht abwegig ist, dieses Trümmerfeld seinem Zustand zu überlassen und ein neues Nürnberg nebenan zu bauen.«[196]

Als *Willy Brandt* aus der norwegisch-schwedischen Emigration 1945 zum ersten Mal nach dem Krieg wieder nach Bremen kam, erlebt er »eine Stadt am Rande des Lebens«. »›Ein ausgebranntes Kraterfeld‹, nannte ihr Bürgermeister sie, mit einem Hafen, der keiner mehr war. Wie hätte sich einer das Ausmaß der Zerstörung vorstellen können, die Beispiellosigkeit des Zusammenbruchs, der nun bald ein halbes Jahr zurücklag und dessen Ausmaß ich in der amerikanischen Enklave an der Weser zu erfassen suchte.« *Brandt* stellte aber auch fest, daß die Menschen, die er getroffen habe, abgerissen und unterernährt, nicht so wirkten, als sei ihr Zukunftswille gebrochen. »Bremen war eine Stadt am Rande des Lebens, in der sich Leben wieder regte, auch Lust am Leben. In jenen Septembertagen habe ich erfahren, wie eng menschliches Elend und menschliche Größe beisammenliegen und daß das Vergessen Fluch und Segen umfaßt.«[197]

Auch wenn Luftaufnahmen zerstörter Städte kaum vermuten lassen, daß in den Kraterlandschaften und ausgebrannten Häuserzeilen noch Menschen lebten – sie lebten dort, lebten wieder dort (aus Krieg oder Evakuierung zurückgekehrt, soweit Zuzugsbeschränkungen sie nicht abhielten). »Totenstille liegt über solchen Ruinengegenden. Auf manchem Trümmerhaufen erinnert ein Kreuz oder ein kleines Schild an Verschüttete. Trampelpfade bilden sich quer durch die Schuttlandschaft. Einige Leute suchen in den Trümmern ihrer Häuser herum. Auf einer Straße in Magdeburg stehen jeden Tag 100 bis 200 Menschen mit Eimern Schlange vor einer Handpumpe, aus der – o Wunder – Wasser kommt. Es sind die Bewohner halbzerstörter oder zerstörter Gebäude, Bewohner von Kellern oder einzelnen Räumen, die mit Trümmerholz und Trümmerblech zwischen den Ruinenmauern hergerichtet worden sind. In Dortmund hat sich eine Familie in drei Etagen einer Ruine eingerichtet. Auf jeder Etage konnte der Rest eines Raumes abgedichtet werden. In diese Räume gelangt man

Da standen Städte. Doch jetzt liegen Steine.
Auf den Ruinen sitzt die Nacht.
Daneben hockt der Tod und lacht:
so habe ich es gut gemacht!
Da waren Menschen. Doch jetzt leben keine.

Durch hohle Fenster greift mit langen Händen
der Mond wie ein Gespenst aus Chrom,
zuckt durch die Rippen dort am Dom,
springt wie ein Tänzer in den Strom
und zittert schattenhaft an allen Wänden.

Verkohlte Bäume starren steif, entblättert
im Schutt. Das letzte Leben lischt.
Nur eine schwarze Krähe zischt
durchs Grau. Vergangenes verwischt.
Da standen Städte. Doch sie sind zerschmettert.

Dagmar Nick: Städte. In Gunter Groll (Hrsg.): De Profundis. Deutsche Lyrik in dieser Zeit. Eine Anthologie aus zwölf Jahren. München 1946.

auf Leitern, die draußen auf dem Schutt stehen. Wasser, Gas und Strom gibt es hier nicht mehr: Die städtischen Leitungsnetze sind zerstört. Wer ein paar Kartoffeln oder Mehl für eine Suppe ›organisieren‹ konnte, kocht auf einer Feuerstelle im Freien. Noch gibt es genug Holz in den Trümmern, das sich verfeuern läßt. Komfort heißt hier, daß man einen Raum besitzt, der gegen Nässe und Zugluft einigermaßen abgedichtet ist. Die Einrichtung besteht im günstigsten Fall aus Resten des eigenen Mobiliars. Häufiger besteht sie nur aus ein paar Matratzen und anderen Materialien aus den Trümmern, die zu Tischen, Bänken und Regalen zusammengebastelt wurden.« (*Dieter Franck*)[198]

Oft blieb zum Wohnen nur der Keller übrig; die Deutschen seien Kellerbewohner geworden, notiert *Jürgen Kuczynski*.[199] Die Kellerwohnung gehörte wie die Behelfsheime, Wohnbaracken, Nissenhütten, Bunker, Wohnlauben, Wellblechbaracken, Bretterbuden, Wohnwagen zu der Kategorie der ›Notwohnungen‹; ferner gab es ›Unterkünfte‹ in Lagern, Fremdenheimen, Gasthäusern, Turnhallen etc.; die ›Normalwohnung‹ fehlte in den zerbombten Städten weitgehend.[200] War dennoch die eigene Wohnung einigermaßen unversehrt erhalten geblieben, so konnte es leicht vorkommen, daß man, wenn man evakuiert gewesen oder geflohen war, die Räume bei der Rückkehr bereits von fremden Leuten belegt vorfand.

Frau K. erlebte dies, als sie mit ihren drei Kindern ein halbes Jahr nach Kriegsende aus Tirol, wohin sie sich zu ihrer Schwester begeben hatte, nach Nürnberg zurückkehrte. Verzweifelt begab sie sich zur amerikanischen Militärregierung und drohte, wenn sie nicht wieder in ihre Wohnung könne, bringe sie die Kinder und sich um. »Solche Worte machten offenbar Eindruck, denn ich bekam die Erlaubnis, zunächst ein Zimmer zu beziehen. Später gestand das Wohnungsamt uns vieren einen zweiten Raum zu. Das dritte Zimmer blieb an andere Leute vermietet. Nun war wenigstens geklärt, wo ich mit meinen Kindern leben konnte, doch es blieb die Frage, wovon wir leben sollten.« (Zwei Jahre später erhielt sie die Nachricht, daß ihr Mann gefallen sei.)[201]

Was ein Bericht über die Wohnsituation in Dortmund feststellt, galt generell (auch für wenig oder nicht zerstörte Gemeinden, da diese vor allem Flüchtlinge und Vertriebene zugewiesen erhielten): daß die meisten Wohnungen total überbelegt waren. Das enge Zusammenleben wie die gemeinsame Bad-, Toiletten- und Küchenbenutzung führten zu oft erheblichen Störungen der zwischenmenschlichen Beziehungen. »Auch zunächst freiwillig aufgenommene Untermieter oder Verwandte erwiesen sich später nicht selten als schwere Belastung. Die Überbelegung machte es oft unmöglich, ungestört in der Wohnung zu leben. Insbesondere in den Wintermonaten mußten die Mieter in dem einzigen – oft ungenügend – beheizten Raum zusammenrücken. Aufgrund der Kriegszerstörungen fehlten vielfach Mobiliar und Hausrat. Möblierte Zimmer standen hoch im Kurs.«[202]

Das Wohnungsamt versuchte, den vorhandenen Wohnraum gerecht zu verteilen; das ging jedoch nur mit Zwangsmaßnahmen; wo ausreichender Wohnraum vorhanden war, kam es zu Beschlagnahmungen und Einweisungen. Das Wohnungsamt war somit eine zentrale Behörde, an der sich viele Ängste, Sorgen und Hoffnungen festmachten. Der Normaltag einer ›Dame vom Wohnungsamt‹ – geschildert im Berliner ›Tagesspiegel‹ vom 27. September 1945 – war voller Turbulenzen. »Großäugig und sorgenvoll bitten Flüchtlinge um Aufnahme. Wir dürfen nicht. Verzweifelte Gesichter, Tränen. Man möchte gern helfen. Wenigstens für ein paar Tage Brot wollen sie haben. (Ohne die Zustimmung des Wohnungsamtes darf die Kartenstelle keine Marken ausgeben.) Sie sind bei Verwandten oder Bekannten, in einer leeren Baracke oder einem Keller untergekrochen zu kurzer Rast. Aber gerade dies soll vermieden werden. Seuchen und Hunger drohen, wenn Berlins Verwaltung den Überblick verliert, das Herz vor dem Verstand sprechen läßt... Flüchtlinge werden zu den Sammelstellen geschickt, wo vorübergehende Betreuung und ärztliche Überwachung sicher sind.

Rückkehrer kommen und wollen wieder in ihre alte Wohnung einziehen. Die Wohnung ist von neuen Mietern besetzt. Aufregung und Empörung. Es muß ein Weg gefunden werden, beiden Teilen gerecht zu werden. Wer aus seiner Wohnung fortging, um das Leben zu retten, durfte nicht ohne weiteres erwarten, etwas von seinem Eigentum wiederzufinden. Die Fremden, die es vor den Kriegseinwirkungen bewahrten, haben sich gewiß ein Anrecht zur Benutzung erworben. Daß das Mobiliar Eigentum bleibt, ist selbstverständlich. Dennoch werden die Rückkehrer versuchen müssen, mit den jetzigen Mietern die Wohnung zu teilen. Für beide Teile ein Verzicht – aber Wohnraum ist knapp.

Umquartierungen! Bis morgen früh um acht Uhr müssen fünfzig

Familien ihre Wohnung räumen. Ein aufgeregter Haufen Menschen diskutiert erregt auf den Gängen vor dem Wohnungsamt. Ehrenamtliche Helfer werden schnell ausgeschickt, um die Notquartiere zu prüfen. Die Kartei wird gewälzt. Bei einer derartigen Fluktuation ist sie nicht ständig auf dem Laufenden. Eine korrekte Bearbeitung fordert einen riesigen Stab von Mitarbeitern, den kann sich die Stadt auf die Dauer nicht leisten. Also wird improvisiert. Bis zum Abend ist für jeden Umzuquartierenden eine Unterkunft geschaffen.«[203]

Auf ihr Architekten, plant!

Angesichts der Kriegszerstörungen – im Anblick des Justizpalastes einer zerbombten Stadt, der sich wie ein ›zerklüftetes steinernes Gerippe‹ darbietet – meinte der 1883 geborene Architekt *Otto Bartning*, der sich in den 20er Jahren als Kirchenbauer einen Namen gemacht hatte: »Wiederaufbau? Technisch, geldlich nicht möglich, sage ich Ihnen; was sage ich? – seelisch unmöglich! Aber schlichte Räume lassen sich auf den bestehenden Grundmauern und aus den brauchbaren Trümmerstoffen errichten, schlichte, helle Räume, in denen ein schlichtes, für jedermann gleiches und durchsichtiges Recht verhandelt und entschieden wird, ohne Hinterklauseln und ohne Stuckornamente. Auf, ihr Juristen und Architekten, plant und entwerft Formen, Räume von eindeutiger Klarheit und einfältiger Kraft, darin unsere Kinder und Enkel aufrichtig und also frei dem gemeinsam anerkannten Rechte sich fügen!«[204]

Bartnings ›Ketzerische Gedanken am Rande der Trümmerhaufen‹ charakterisieren die Grundstimmung derjenigen Architekten und Stadtplaner, die nach der totalen Niederlage eine radikale, d. h. bis zu den Wurzeln des nationalsozialistischen Übels reichende Bestandsaufnahme versuchten. Dieser Geist bestimmte auch die neuen Ansätze des Werkbundes, der nach seiner Unterdrückung im Dritten Reich die Vorbereitungen für eine Neugründung (als Dachverband ab 1950) traf. Werkbundgesinnung und -gesittung erfuhren nach Kriegsende einen ›Hoffnungsschub‹, der aber bald einer gewissen Enttäuschung, ja Resignation wich.

In einem Aufruf 1947, u. a. unterzeichnet von *Otto Bartning, Willi Baumeister, Gerhard Marcus, Ewald Mataré, Fritz Schumacher, Gu-*

stav Hassenpflug, Otto Haupt, Hans Leistikow, Hans Schwippert, hieß es unter Bezug auf die Aufbruchsstimmung des Jahres 1945: »Der Zusammenbruch hat die sichtbare Welt unseres Lebens und unserer Arbeit zerstört. Mit einem Gefühl der Befreiung glaubten wir damals, wieder ans Werk gehen zu können. Heute, nach zwei Jahren, erkennen wir, wie sehr der sichtbare Einsturz nur Ausdruck der geistigen Zerrüttung ist, und könnten in Verzweiflung verharren. Wir sind auf den Grund der Dinge verwiesen, und von da aus muß die Aufgabe in aller Einfalt neu begriffen werden. Alle Völker der Erde sind vor diese Aufgabe gestellt, für unser Volk entscheidet sich daran Sein oder Nicht-Sein. Uns aber, den Schaffenden, ist es auf das Gewissen gelegt, die neue sichtbare Welt unseres Lebens und unserer Arbeit zu bauen.«[205]

Die Forderung nach schlichter, einfacher Architektur entsprang weniger pragmatischen Gesichtspunkten – obwohl solche natürlich auch eine Rolle spielten (die ungeheure Aufgabe des Wiederaufbaus glaubte man sonst überhaupt nicht bewältigen zu können) –, als vielmehr der ideellen Überzeugung, daß man der gigantomanischen, durch totalitäres Imponiergehabe geprägten NS-Architektur nun ›demokratische Ehrlichkeit‹ entgegensetzen müsse. Dabei ergab sich eine äußerliche Konvergenz mit denjenigen, die im Dritten Reich unter Führung des NS-Chef-Achitekten und -Stadtplaners *Albert Speer* (ab 1943 Reichsminister für Rüstung- und Kriegsproduktion) Protagonisten des neoklassizistischen Monumentalstils, den *Hitler* so liebte, gewesen waren, sich aber angesichts der großen Zerstörung der deutschen Städte in ihren Planungen umorientiert hatten: ebenfalls Einfachheit, freilich normierte, anstrebend. Von repräsentativer Neugestaltung und traditionsgebundener Architektur war keine Rede mehr, sondern ausschließlich von rasch zu errichtenden Behelfsbauten in weit auseinanderwachsenden Stadtlandschaften.[206]

Das Bekenntnis zur klaren, funktionalistischen Bauweise, allerdings nicht bestimmt durch den Armutsdruck, der behelfsmäßige Bauweise erzwang, war im besonderen die Botschaft, die von amerikanischer Seite, basierend auf dem Werk deutscher Emigranten (wie *Walter Gropius* und *Ludwig Mies van der Rohe*), den Deutschen mit Nachdruck übermittelt wurde. Die ›Schutthaufensituation‹ fordere zu einer radikal-modernen Gesamtlösung heraus; mit den progressivsten baukünstlerischen Kräften der Gegenwart sollten neue Stadtorganismen geschaffen werden, bei denen die aus Deutschland vertrie-

Die Großstadt endigte nicht, sie zerriß an ihrer Peripherie. Sie zerfetzte wie das brüchige Tuch einer vom Wind umtobten, knatternden Fahne, die man schon längst von dem Mast hätte abnehmen müssen, weil die Sache verloren war, der sie gedient und für die sie sich hatte in Stücke reißen und bis auf den letzten schäbigen Rest hatte verbrauchen lassen. Noch lagen an dem Ausgang der Straßen die Überbleibsel der Panzersperren und spotteten ihrer selbst; Heereswagen, als hätte die Faust eines Riesen sie zusammengequetscht wie ein dünnes Blech und mit einem Fußtritt die Böschung hinan in Haufen von Munition getreten, bäumten den ausgebrannten, scheußlichen Hinterleib. Andere wieder, Kadavern ähnlich, welche Schakale und Geier ganz ausgeweidet haben, waren so von dem Feuer der Schlacht und den Schnabelhieben der Artillerie ihres ursprünglichen Stoffes beraubt, daß ihre Skelette nur noch ein Klappern hervorzubringen vermochten, wenn man dagegen stieß. Unter dem jammervoll alten Gerümpel der frischen Niederlage war kaum ein winziges Fleckchen Erde, das diesen Namen verdiente, noch irgendwo wahrzunehmen, denn, was da, von Glas und Geschossen gespickt, an das Tageslicht trat, hätte ebensogut Saturngemarkung oder Mondpaß genannt werden können; ja, dieser ganze Planet schien hier tiefer als die Urstromtäler zu liegen, tiefer selbst als sein eigener Ursprung und, wenn das noch schlechterdings in diesen Tagen möglich gewesen wäre, als seiner entsetzten Bewohner, der Menschen, Menschlichkeit. Sie war umgestülpt, diese alte Erde, sie war so vollkommen umgegraben, daß, was sich da immer noch ausgab mit ihrem ursprünglichen Namen, etwas völlig von ihr Verschiedenes war, nämlich der Tartarus.

Elisabeth Langgässer: Märkische Argonautenfahrt. Düsseldorf 1950.

bene sozialreformerische Architektur als Symbol von Freiheit und Individualität endlich zum Durchbruch kommen müsse. Die moderne Architektur hätte mit ihrer Ehrlichkeit, Durchsichtigkeit, Offenheit die Prinzipien des Neuaufbaus zu bestimmen. Im Zeichen eines leichten, beschwingten, internationalen Stils, der ganz auf technischen und zivilisatorischen Fortschritt ausgerichtet war und die sozialutopischen Vorstellungen von der Gleichheit im Wohnen transportierte, wandte man sich gegen Provinzialismus, Folklorismus, Monumentalismus, Historismus, zumal gerade diese Bauformen vom Nationalsozialismus bevorzugt worden waren.

Die meisten Städtebauerwägungen, schrieb der Architekt *Alfons Leitl* in den ›Frankfurter Heften‹, die Modernisten unterstützend, zeigten eine kompromißlerische Halbheit, die geradezu erschreckend sei. Noch von kaum einer Stadt – Hannover sei da ausgenommen – habe man gehört, daß sie einen grundlegenden neuen Gedanken erwäge; nur Erhaltung, Wiederherstellung, bestenfalls vorsichtige Korrektur. Und daran glaubten offensichtlich die Städtelenker und jeder einzelne Bürger. Es gehe aber im Grundsätzlichen keineswegs um Straßen- und Stadtbilder, um Fluchtlinien, um Platzgestaltungen, sondern um den geistigen und tatsächlichen Vollzug veränderter Lebens- und Wirtschaftszustände.

»Seit fünfzig Jahren führen Städtebauer, Wohnungs- und Sozialreformer, Männer der Volksgesundheit einen aufopferungsvollen Kampf gegen die städtebauliche Erbschaft des 19. Jahrhunderts, gegen die Auswucherungen und Verzerrungen unserer Städte. Heute wäre in fürchterlicher Einmaligkeit Gelegenheit nicht nur zu kleinen mühsamen Korrekturen, sondern zu einer grundsätzlichen Neuordnung. Und wir stellen fest: Erwägungen über Heimatschutz und Denkmalspflege. – Müßte nicht die ungeheure Verpflichtung gegenüber den Lebenden und den Kommenden uns Gedanken und Lösungen von vollendeter und klarer Folgerichtigkeit geradezu abzwingen? Wäre heute nicht das Bild der Stadt als wohlgegliedertes, lebensfähiges und lebenerfülltes Gefüge neu zu entwerfen mit allen geistigen, sozialen, gesundheitlichen und künstlerischen Folgerungen? Statt dessen kann es geschehen, daß einem gewissenhaften Städtebauer, einem erfahrenen und klugen Lehrer der Stadtbaukunst, eine Welle der Empörung entgegenschlägt, weil er den konsequenten Vorschlag macht, den alten, völlig vernichteten Kern einer Stadt nicht mehr aufzubauen, sondern an günstigerer Stelle eine neue Stadt zu errichten.«[207]

Viele Architekten, die für das nationalsozialistische Regime gebaut hatten, waren nach der bedingungslosen Kapitulation in Deutschland rasch wieder präsent; zunächst freilich nur planend, denn für ein reales Bauen, das über Reparatur und Behelfsmaßnahmen hinausging, fehlten die Ressourcen. Fast sämtliche Planungsgedanken und Konzepte der vorhergehenden NS-Jahre lassen sich in den Entwürfen zum Wiederaufbau der zerstörten Städte wiederfinden, »in einer Kontinuität, die sich nicht allein mit der Lebensgeschichte der beteiligten Planer und einer zunehmend restaurativen Politik erklären läßt, die den Experten von einst auch unter den neuen Verhältnissen führende Positionen einräumt. Ebenso wichtig erscheint uns die lange Tradition biologistischen Denkens und Sprechens über das ›Wachsen‹ und ›Schrumpfen‹ der Städte, das Planer in der Rolle von Ärzten sieht, die, allen gesellschaftlichen Zwängen enthoben, zur ›Gesundung der Stadtkörper‹ beitragen, wie dies auch schon *Fritz Schumacher* suggestiv beschrieben hatte.«[208]

Kaum war der Krieg zu Ende, wurden in allen zerstörten oder teilzerstörten Städten Überlegungen für den Wiederaufbau angestellt und unzählige Planungen begonnen; teilweise griffen sie Überlegungen aus der NS-Zeit auf. Welchem Leitbild sie auch verpflichtet waren – eine Stunde Null war hinsichtlich der Konzeptionen nicht gegeben; bereits vorhandene Tendenzen wirkten weiter, wurden aber meist der nach dem Mai 1945 gegebenen Situation angepaßt. Die in scharfen Gegensätzen zwischen Traditionalisten und Modernisten sich entwikkelnden Planungsvorstellungen blieben freilich zunächst auf dem Papier. Konkret ging es nicht ums Aufbauen, sondern ums Wegräumen des Schutts und darum, die Dächer vor Regen wieder dicht zu machen.

»Rama dama«, dieses volkstümliche Münchner Motto wurde zwar erst für eine Schutträumaktion ausgegeben, die am 29. Oktober 1949 auf Anregung der amerikanischen Besatzungsmacht stattfand[209]; es galt aber sinngemäß schon seit den ersten Nachkriegstagen – und zwar für jede Gemeinde mit Kriegsschäden. Die Trümmerbeseitigung und -verwertung waren die erste Voraussetzung für Stadtreparatur und Wiederaufbau. Erhebliche organisatorische Probleme mußten bewältigt werden: die Gewinnung von Arbeitskräften, die Beschaffung von Transportmitteln, die Bereitstellung geeigneter Lagerflächen sowie die Verwertung der Trümmer; als Werkzeuge standen oft nur Hacke, Schaufel und Meißel zur Verfügung.

16 Schutträumen im Zentrum von Nürnberg

»Es gab Diskussionen darüber, ob man nicht einfach die Trümmerflächen planieren und darauf neu bauen sollte, aber aufgefüllte Flächen ergaben keinen tragfähigen Baugrund. Auch waren die erhaltenen Kellergewölbe nicht beliebig belastbar. Schließlich war das Verlegen von Versorgungsleitungen in Trümmern äußerst schwierig. Auch über die Ablagerflächen gab es Diskussionen, so wurde z. B. in Hamburg vorgeschlagen, die Alster mit Trümmerschutt aufzufüllen. Die Trümmer wurden zu Baustoffen aufbereitet, mit denen erste Reparaturen durchgeführt wurden. Aufs Ganze gesehen forderte die Zeit der Trümmerbeseitigung und der Reparaturen zu erfindungsreichen Improvisationen heraus. Viele stellten sich vor, daß die Trümmerbeseitigung bei Beginn des Wiederaufbaus abgeschlossen war. Das war nicht so. Sie war noch bis Mitte der 50er Jahre, ja bis zum Ende des Jahrzehnts eine wichtige Aufgabe, deren Schwierigkeiten lediglich mit den Jahren abnahmen, weil mechanisches Räumgerät eingesetzt werden konnte und die Verwertung langsam uninteressant wurde.«[210]

Das Hauptproblem war die benötigte hohe Zahl von Arbeitskräften. »Rama dama«: Freiwillige Aktionen waren identitätsbildend und daher psychologisch wichtig, aber wegen der geringen Resonanz bei der Bevölkerung ohne besondere Effizienz. So mußten die Stadtverwaltungen entsprechenden Druck ausüben. In Wetzlar z. B. wurde die Wochenendarbeit zum Wiederaufbau im August 1945 zur Pflicht gemacht (wobei die nationalsozialistische Notdienstverordnung vom 15. 10. 1938 die rechtliche Grundlage war). »Alle Männer im Alter von 15–60 Jahren und alle Frauen im Alter von 16–45 Jahren hatten an jedem Wochenende eine Pflichtschicht von 4 Stunden zu leisten; nur Arbeitsunfähige, Mütter von Kindern unter fünf Jahren und Personen, die durch unaufschiebbare Dienstobliegenheiten verhindert waren, durften von der Arbeit befreit werden.«

Auf Befehl der Bezirksmilitärregierung ordnete der Regierungspräsident in Wiesbaden an, daß alle Personen, die zu irgendeiner Zeit Mitglieder der NSDAP waren, ohne Rücksicht auf ihre Stellung im bürgerlichen Leben, verpflichtet seien, wöchentlich zwölf Stunden Aufräumungs- und Säuberungsarbeiten gegen Entgelt zu leisten. Personen, die in einem Arbeitsverhältnis standen, mußten den Einsatz außerhalb ihrer regulären Arbeitszeit leisten.[211] In Nürnberg wurden (wie auch in anderen Städten) kurzfristig Kriegsgefangene von der Militärregierung zum Schutträumen abkommandiert. Da es der

Stadtverwaltung nicht gelang, einen erfolgreichen freiwilligen Arbeitseinsatz zur Schutträumung zu organisieren, führte der Stadtrat, allerdings erst im Juni 1946, die Pflichtarbeit zum Schutträumen für die männliche Bevölkerung vom 16. bis 60. Lebensjahr ein:

»In Nürnberg liegen ca. 12 Millionen cbm Schutt. Die Beseitigung dieser ungeheuren Massen erfordert besondere Maßnahmen. Die Hauptarbeit muß von der Maschine geleistet werden. Gleichwohl muß auch menschliche Arbeitskraft in großem Umfang eingesetzt werden. Das Arbeitsamt kann diese Kräfte nicht zur Verfügung stellen. Die Voraussetzung für den Wiederaufbau der Stadt Nürnberg ist die Beseitigung der Schutthaufen. An dieser Arbeit müssen alle arbeitsfähigen Nürnberger mithelfen. Es ist eine Pflichtarbeit, aber diese Pflichtarbeit muß und wird als Ehrendienst für die Stadt Nürnberg gewertet werden. Wer diesen Ehrendienst verweigert, bekundet damit, daß er an dem Wiederaufbau der Stadt Nürnberg kein Interesse hat. Er muß dann auch die Konsequenzen aus seinem unsolidarischen Verhalten beim Wiederaufbau der Stadt in Zukunft tragen. Geben wir ein gutes Beispiel. Je kräftiger wir selbst an den Wiederaufbau der Stadt herangehen, umso eher werden wir notwendige Hilfe von auswärts bekommen. Darum frisch ans Werk!

Aus eigener Initiative und infolge eines Befehls der Militärregierung hat der Stadttrat Nürnberg in seiner Sitzung am 14. Juni beschlossen: Einführung von Pflichtarbeit zum Schutträumen für die ganze männliche Bevölkerung Nürnbergs vom 16. bis 60. Lebensjahr. Als Dauer des Einsatzes sind 50 Stunden vorgesehen.«[212]

Trümmerfrauen

Ob freiwillig oder arbeitsverpflichtet – ohne die Arbeit der Trümmerfrauen im Jahr 1945 und in den nachfolgenden Jahren wären die Städte lange Zeit Schutthalden geblieben; die ›Trümmerfrau‹ wurde geradezu ein Mythos der ersten Aufbauphase.

Ameisengleich wimmelte es in den zerstörten Städten von aufräumenden Menschen; »fast alle sind Frauen, ein paar alte Männer dazwischen, denn nicht viele Männer sind bis jetzt heimgekehrt. Die ›Trümmerfrau‹ – vor allem die in Berlin – wird berühmt werden als Beispiel für die Leistung der Frau in dieser schweren Zeit. Sechs Tage in der Woche müssen die Trümmerfrauen für Stundenlöhne um die sechzig oder siebzig Pfennig arbeiten. Es ist Knochenarbeit, das Vollschippen der Eimer und Loren, das Weiterreichen der schweren Kübel entlang den Eimerketten, das Schleppen von Granitbrocken und Stahlträgern. Die Trümmerfrauen sind gefährdet durch Ruinenmauern, die plötzlich einstürzen. Viele Frauen besitzen keine Arbeitshandschuhe, machen sich täglich die Hände blutig beim Abklopfen der Steine. Für die harte Arbeit werden die Trümmerfrauen durch zusätzliche Lebensmittel belohnt. Und das Erlebnis, einer verschworenen Gemeinschaft anzugehören, macht manches wett: Die Frau des Regierungsrates enttrümmert Seite an Seite mit der Frau des Fabrikarbeiters. Enttrümmern ist die Universalbeschäftigung in dieser Zeit, die Voraussetzung für den ersten, notdürftigen Aufbau.« (*Dieter Franck*)[213]

›Trümmerfrau‹ bezeichnet aber natürlich nicht nur die Frau, die eine herausragende Rolle bei der Trümmerbeseitigung spielte; die Bezeichnung steht für die Rolle der Frau in Deutschland während der Trümmerzeit insgesamt.

»›Anfangs dachte man: So schlimm wird es schon nicht werden. Wir haben ja alles schon einmal erfahren. Erst kommt ein Waffenstillstand, dann kommt eine Besetzung. Die Männer kehren heim, und wir geben die Bürde der Verantwortung ab. Man wird sich in jeder Beziehung nach der Decke strecken müssen... Es kam eine bedingungslose Kapitulation. Es kam eine gründliche Besetzung, und danach kam lange Zeit gar nichts. Nur ein geringer Teil der Männer wurde aus der Gefangenschaft entlassen und kehrte gleich zurück. Vorerst blieb die ganze Bürde auf den müden Schultern der Frauen lasten.‹ 1945 war Deutschland ein Land der Frauen. Sie bestimmten neben den Trümmern, die sie mit ihren Händen beiseite räumten, das Bild des Landes. In langen Schlangen standen sie vor den Geschäften. Auf Handkarren zogen sie den Rest ihrer Habe und ihre Kinder über die Chausseen. Auf den Bahnhöfen suchten sie unter Heimkehrern ihre Männer oder mit dem Foto in der Hand wenigstens einen Hinweis auf ihr Schicksal... Die Männer, die aus der Gefangenschaft heimkehrten oder ihr entgangen waren, waren von den Strapazen des Krieges und der Gefangenschaft körperlich aufgezehrt, viele zu Pflegefällen geworden. Die Frauen hatten die Bombennächte in Sorge um ihre Familien in den Kellern verbracht und die knappen Rationen geteilt. Als der Krieg vorüber war, waren es

17 Trümmerfrauen in Berlin

die Frauen, die Land und Menschen am Leben halten mußten.« (*Maria Eiken*)[214]

Das Fernsein der Männer und Väter in der Not des Krieges und der Nachkriegszeit ›erzwang‹ weibliche Emanzipation und Autonomie (›starke Frauen und Mütter‹). *Inge Stolten* hat die Situation der Frauen nach 1945, autobiographische Berichte resümierend, als »Hunger nach Erfahrung« beschrieben.[215] Als die Frauen die Trümmer beiseite räumten, Betriebe leiteten, ihre Kinder aufzogen, als Bürgermeisterinnen das Leben in Städten und Gemeinden wieder in Gang setzten, in sogenannten Männerberufen arbeiteten, unter schwierigsten Bedingungen also insgesamt den größten Teil des Wiederaufbaus leisteten (bis die Männer aus der Kriegsgefangenschaft zurückkehrten und die Söhne wie Töchter erwachsen waren), vollzog sich Emanzipation durch Praxis. Das Bewußtsein blieb freilich hinter einer derartigen Wirklichkeit zurück: Die Chance der ›Festschreibung‹ solchen Fortschritts wurde schließlich vertan. Weniger ihre Kinder hinderten die Frauen daran, ihr eigenes Leben zu führen, als das Streben nach einem Familienglück, das vor allem der Bequemlichkeit der Männer diente; sie ließen sich wieder aus der Hand nehmen, was die Männer ihnen in der Kriegs- und Nachkriegszeit überlassen hatten.

Bei dem Emanzipationsprozeß, der sich schon im Krieg vollzogen hatte – immer mehr Männer waren eingezogen worden, deren Arbeit Frauen übernehmen mußten –, handelte es sich zunächst um eine vornehmlich äußere Veränderung. Von der Mentalität her blieben bis zum Kriegsende viele Frauen im Bann *Hitlers* und der NS-Bewegung; sie empfanden die politische Entmündigung und die entwürdigende Reduzierung ihrer Persönlichkeit auf die biologische Funktion des Kindergebärens keineswegs als bedrückend. »Sie schwärmten für den ›Führer‹ *Adolf Hitler*, der als Idol der Massen ängstlich jeden Einblick in sein Privatleben vermied. Dankbar empfanden die Frauen die umfassenden sozialpolitischen Maßnahmen des Regimes zur Förderung von Ehe, Mutterschaft und Hausfrauentätigkeit. Sie übersahen dabei zumeist die Kehrseite der Medaille: Eheverbot nach dem ›Blutschutzgesetz‹, Sterilisierung angeblich minderwertiger Frauen, sittliche Entgleisungen der SS bei der Züchtung ›rassisch wertvollen‹ Nachwuchses, die bis zum Kindesraub in den eroberten Ländern führten, und die verbrecherische Vernichtungspolitik gegen Millionen rassisch unerwünschter Menschen im deutschen Machtbereich während des

Heute bin ich froh, daß meine Kinder noch so klein waren. Sie haben deswegen nicht soviel von dem ganzen Elend mitbekommen. Ich arbeitete auch als Trümmerfrau, um ein paar Pfennige zu verdienen. Die Kinder mußte ich mitnehmen. Den Kinderwagen stopfte ich mit einem warmen Schaffell aus, setzte meine Kinder hinein und los ging's. Für die Kinder hatte ich zu trinken dabei, auch schön gewärmt unter dem Schaffell, und einen Kanten Brot. Das war alles. Wann immer ich konnte, schob ich dann auch noch mit dem Kinderwagen los, um Brennmaterial zu suchen. Eine Kinderwagenladung von Tannenzapfen reichte dann gerade, um am Abend das Breichen aufzuwärmen. So blieb es auch nicht aus, daß ich Holz und Briketts klaute, wenn sich eine Möglichkeit bot. Viele Stunden stand ich vor den Lebensmittelgeschäften in der Schlange, um etwas Eßbares zu ergattern. Es gab zwar die Lebensmittelkarten, aber noch lange nicht die dazugehörigen Lebensmittel. Die Frauen in der Schlange waren recht abgestumpft, kaum jemand unterhielt sich. Manche hatten einen Hocker dabei und stierten vor sich hin.

Hedwig S. Zit. nach Trude Unruh: Trümmerfrauen. Biographien einer betrogenen Generation. Essen 1987.

Zweiten Weltkrieges – in der Mehrzahl Frauen und Kinder. Viele wußten davon oder ahnten doch zumindest das Ausmaß dieser Verbrechen, von denen die Männer auf ›Heimaturlaub‹ während des Krieges unter dem Druck schwerer seelischer Not oder nur in Andeutungen berichteten, sofern sie Augenzeugen dieser verbrecherischen Aktionen geworden waren.«[216]

Nach dem Krieg hätten die Frauen – so *Ulla Roberts* – aufgrund der nun besonders geforderten Beziehungsarbeit in reproduktiven Aufgaben (wie Schutz des Lebens der Kinder, Bewahrung der Nachkommen, Inganghaltung des zivilen Lebens und aller Bereiche, in denen die Qualität zwischenmenschlicher Beziehungen zentral war) Kriegserlebnisse und Nazi-Vergangenheit auf andere Weise als die Männer verarbeitet. »Auf erfahrenes Leid durch Zerstörung, Verlust von Angehörigen, Haus und Heimat reagierten viele Frauen mit innerer Distanzierung, damit ihnen die Fähigkeit zur Bewältigung der allernächsten, oft sehr kurzzeitigen Überlebensaufgaben nicht am Ende noch abhanden kam.«[217] Die äußere Dynamik der Nachkriegssituation habe nach Überwindung gedrängt; die Trümmer wurden aufgeräumt, neue Häuser entstanden in den Ruinen, Fabriken wurden wieder aufgebaut. Die dabei mobilisierte Energie sei in das Vergessen, Überwinden, den Wiederaufbau, kurz, in die Restauration und weniger in die Besinnung geflossen. Die Unfähigkeit zu trauern charakterisierte auch die deutschen Frauen nach dem 8. Mai 1945; die Behauptung eines anderen, geschlechtsbestimmten Verhaltens: daß vor allem die Frauen Erinnerungsarbeit geleistet hätten, dürfte sich als feministische Projektion erweisen. Auch die ›starken Mütter‹ blieben ›schwachem Denken‹ verhaftet.

Die ›bürgerliche Moral‹, die selbst im Dritten Reich das Familienleben bestimmt hatte – dic sozial- und sexualpathologischen Perversionen waren gewissermaßen nationalisiert und auf Rassenfeinde umgeleitet worden –, war durch den Zusammenbruch des Nationalsozialismus erschüttert worden. Die Vergewaltigungen im Osten wie die Verführungen im Westen, die Aufdeckung ungeheurer nationalsozialistischer Kriegsverbrechen wie der brutale Kampf ums Dasein hatten den Glauben an ein allgemein gültiges, den Wechselfällen des Lebens standhaltendes Wertesystem erschüttert. Das Gefühl der Sinnlosigkeit wurde verstärkt durch die Erkenntnis, daß viele Bindungen, die man überstürzt und teilweise im Gefühl einer gewissen Endzeitstimmung im Krieg eingegangen war, in der ›Zeit danach‹ nicht hielten.

Unter den Frauen, den jungen und halbwegs attraktiven, gab es die Chance, die sich ihnen in den Notzeiten nach den Kriegen immer bietet: Wenn das elementare Bedürfnis des Essens nicht mehr gestillt werden kann, haben sie etwas zu tauschen, mit dem sie ein elementares Bedürfnis der Sieger stillen können. So war es während des Krieges in vielen von den Deutschen besetzten Ländern, wo die Soldaten auf die Suche gingen, um, wie sie sagten, »einen Laib Brot zu verficken«, und so war es nun auch in Deutschland. Die amerikanische Soldatenzeitung »Stars and Stripes« nannte diese »Frauleins« zur Abschreckung »Veronika Dankeschön«, darin steckten die Initialen »V. D.«, es war die Abkürzung für »veneral disease«, die Geschlechtskrankheiten. Der Neid und die Reste des Nationalismus fielen hämisch über diese Frauen her, die doch nur eine sachliche Überlebensrechnung aufgemacht hatten: Eine Packung oder gar eine Stange amerikanischer Zigaretten, aber auch schon eine Schachtel mit den langen Zigarettenkippen der Amerikaner waren Kostbarkeiten, man konnte sie tauschen und von ihnen existieren.

Georg Hensel: Glück gehabt. Frankfurt am Main und Leipzig 1994.

»Infolge der jahrelangen Trennungen der Ehepaare durch den Zweiten Weltkrieg, der Kriegsgefangenschaft und der Wanderung arbeitssuchender Männer in die Großstädte und industriellen Ballungsräume zerbrachen in der Nachkriegszeit viele Ehen. Die ›Scheidungsziffer‹ stieg auf das Doppelte derjenigen der Vorkriegszeit und erreichte ihren Höhepunkt 1948. Vor allem Ehen, die während des Krieges geschlossen worden waren und die sich von den Ehen aus der Zeit vor dem Zweiten Weltkrieg dadurch unterschieden, daß sich die Ehepartner nur relativ kurze Zeit kannten, wurden geschieden. Häufigster Scheidungsanlaß war, daß in der langen Trennungszeit – auch in der Ungewißheit über den Verbleib des anderen – neue Bindungen eingegangen worden waren. In anderen Fällen waren die sozial abgestiegenen Männer (z. B. ehemalige Berufsoffiziere und Parteifunktionäre) nicht bereit, die zum Zeitpunkt der Eheschließung bestehende Rollendefinition der Geschlechter zu überdenken und der selbstbewußt und selbständig gewordenen Ehefrau eigene Rechte einzuräumen. Hinzu kommt, daß ein Teil der Ehemänner aufgrund der geschlechtsspezifischen Doppelmoral die in der Kriegs- und Nachkriegszeit entstandene freizügigere Sexualmoral der Frauen nicht verkraftete.«[218]

Für viele Frauen blieb die Hoffnung auf Liebe, Heirat und Familie unerfüllt. Es gab über 2 Millionen Kriegerwitwen, über 7 Millionen mehr Frauen als Männer (davon der größte Teil im heiratsfähigen Alter).[219]

Jugend in einer verwüsteten Welt

Die Desorganisations- bzw. Destabilisierungs-Erscheinungen der deutschen Nachkriegsfamilie, die allerdings mit zunehmender wirtschaftlich-gesellschaftlicher Konsolidierung rasch überwunden waren, hatten erstaunlicherweise keine besondere Auswirkung auf die Sozialisation von Jugendlichen. »Im Gegenteil: gerade Jugendliche aus unvollständigen Familien waren in Schule und Berufsausbildung besonders anpassungsbereit und aufstiegsmotiviert, obwohl sie in hohem Maße in beengten und sozial depravierten Verhältnissen aufwuchsen.«[220] Damit ist freilich nichts gesagt über die seelischen Leiden, die Kinder und Jugendliche in der Zusammenbruchgesellschaft gerade dann durchmachen mußten, wenn sie in ›unvollständigen‹, d.h. meist vaterlosen Familien lebten, was bei etwa 40–50 Prozent der westdeutschen Bevölkerung der Fall gewesen sein dürfte.

»Die Jugend betritt ein Trümmerfeld, auf dem sie ihr Leben bauen soll; Schmerz und Scham müssen sie bewegen, vielleicht auch der Groll auf die Väter, die ihr diese verwüstete Welt vererbt, sie ihr bereitet haben.« Der 1903 geborene Schriftsteller *Reinhold Schneider*, gegen Ende der nationalsozialistischen Herrschaft wegen Hochverrats angeklagt, schrieb dies in einem Bändchen, das den Titel ›Das Unzerstörbare‹ trug – eine der ersten Publikationen, die nach dem Krieg 1945 erschienen. Nur wenige Wünsche würden sich erfüllen lassen: Die Weiten, auf die der Mensch sein natürliches Anrecht habe, seien verschlossen; das Leben im Reich des Geistes werde auf das bitterste erdarbt, erlitten werden müssen. Man solle sich über die Härte der Wirklichkeit keine Illusionen machen; das bedeute jedoch auch eine Gnade: »Die Jugend muß nicht mehr aus Träumen gerüttelt werden, sie ist wach: so furchtbar ist die Erde, überdeckt von Gräbern und Trümmern, von Schuld, die zu verschweigen Feigheit wäre. Ein männlicher Sinn stellt sich der Schuld, sucht sie zu ergründen und zu verstehen.« *Schneider* plädiert für Sühne; sie sei eine Haltung, mit der man seine Würde wiedergewinnen werde. »Wer in die Zusammenhänge der Schuld gestellt ist und nicht sühnt, gibt seine Würde endgültig auf.« Der Zug ins Große sei einmal das Gepräge des deutschen Geistes gewesen – ein Zug ins Unbestimmte; der Zug zum festbestimmten Großen könne sein neues Gepräge sein. Bewegt von einem tief religiösen (unkonventionell katholischen) Grundgefühl fordert *Schneider* die Jugend auf, dafür zu sorgen, daß der Geist in keinem Fall mehr der Macht dienstbar werde.[221]

Die Gläubigkeit der früheren Hitlerjungen und BDM-Mädel war von ganz anderer Art gewesen. Ehe sie nun den Weg nach innen antreten konnten, mußten sie sich von den ideologischen Verstrickungen lösen; sie taten dies verhältnismäßig rasch – neugierig auf eine andere, neue Welt, wie sie zum Beispiel über die westalliierten Soldaten, vor allem die Amerikaner, vermittelt wurde. Für alle, die an *Hitler* geglaubt hatten und dann vor den Scherben ihres Götzenbildes standen (so charakterisierte damals ein Jugendlicher seine Situation), sei es nicht leicht gewesen, sich inmitten der radikalen Veränderungen zurechtzufinden; man habe die Welt nur mit den Augen des Nationalsozialismus zu sehen gelernt und geschichtliche Erinnerung an die Zeit vor *Hitler*, die man kritisch hätte verarbeiten können, nicht besessen.[222] Der Einschnitt war, zumindest für viele, tief und vollzog sich abrupt; doch zeigte sich – wie bei der Flakhelfergeneration – auch bei den noch Jüngeren eine große Wandlungsbereitschaft wie -fähigkeit. »Dann kam der Tag, an dem auch ich meinen Führer verleugnete. Ein betrunkener polnischer Korporal hatte meine Mutter und mich nachts aus dem Bett geholt. Er bedrohte uns mit der Pistole, stieß unsere Köpfe zusammen und schrie: ›Ich polnische SS! Du lieben *Hitler*!‹ In meiner Todesangst fing ich wie ein Sturzbach an zu reden: ›*Hitler* ist ein Verbrecher, *Hitler* ist verrückt, wir lieben *Hitler* nicht, wir hassen ihn‹, usw.! Durch den Lärm im Haus wurden die Hühner aus dem Schlaf gescheucht. Der Hahn krähte mitten in der Nacht. Ich fühlte mich wie Simon Petrus.«[223]

Die von *Reinhold Schneider* und anderen ausgesprochene Erwartung auf eine Zuwendung der Jugend zu ›gläub'ger Liebe‹ und ›reinem Geist‹ erfüllte sich in gewissen Zirkeln, z. B. an den Universitäten; es gab einen Kult des einfachen Lebens und das Bekenntnis zu bewußt weltabgewandter Innerlichkeit. Soziologisch zeigte sich jedoch ein anderes Bild. In einer 1949 erschienenen Studie heißt es, daß es nicht verwundere, wenn angesichts der Lebensumstände nach der bedingungslosen Kapitulation das ganze Denken und Handeln der Jugendlichen in erster Linie auf die Befriedigung der notwendigsten menschlichen Bedürfnisse, auf Nahrung, Kleidung, Wohnung, Heizung und sonstige Gebrauchsgegenstände des täglichen Lebens gerichtet gewesen seien.[224] Dementsprechend gab es auch eine ausgeprägte ›Beschaffungskriminalität‹, wobei die Gerichte, soweit sie diese überhaupt ahndeten, meistens Urteile zugunsten der Jugendlichen fällten. »Die Motive für die Beschaffungskriminalität der Jugendlichen in den Jahren 1945 bis 1948 lagen in einer Mischung aus Abenteuerlust und bitterer Not. Das Prinzip des Organisierens war für sie zugleich Ausdruck ihrer konkreten Lebensumwelt, individuelle und auch kollektive Überlebensstrategie und Versuch der Selbsthilfe. Die Kriminalität hatte nicht nur wirtschaftliche Ursachen, die Lebensumstände in den Jahren davor haben das soziale Denken und Handeln der Jugendlichen wie auch der Erwachsenen verändert. Gerade auch durch das Beispiel vieler Erwachsener erfuhren die Jugendlichen, daß sich jeder selbst der Nächste ist.«[225]

Besonders schwer hatten es natürlich die Halbwaisen unter den Kindern und Jugendlichen (etwa 1,25 Millionen), deren Dasein durch

Am 18.3.45 fuhren meine Mutter, mein Bruder und ich nach Neustadt in der Oberpfalz. Dort verweilten wir bis zu dem Tage des Einmarsches der Amerikaner. Ich hörte vorher schon immer etwas von einem Zusammenbruch reden. Aber ich konnte es nicht glauben, daß wir von unserer Führung so betrogen worden sind. Bis der 19.4.45 kam und mir gleich vielen anderen die bittere Wahrheit und Enttäuschung brachte, den Einmarsch der Amerikaner. Nun hielt es meine Mutter in Neustadt nicht mehr aus und wir liefen die 120 km zu Fuß nach Nürnberg. In Nürnberg angekommen erfuhren wir von unserem Vater, daß man uns wegen seiner Zugehörigkeit zur SA aus der Wohnung gewiesen hatte. Im August 1945 trat ich meine Lehrstelle als kaufmännisches Lehrmädchen bei Firma B.M. an. Ich bin stolz darauf, auch ein wenig zum Wiederaufbau beitragen zu können und fülle pflichtbewußt meinen Beruf aus. Voll Zuversicht sehe ich meiner Zukunft entgegen und hoffe, daß diese durch Zusammenarbeit und Einigkeit aussichtsreicher und schöner werde als meine Vergangenheit.

L.B. in: Hannes Heer (Hrsg.): Als ich 9 Jahre alt war, kam der Krieg. Schüleraufsätze 1946. Köln 1980.

die Berufstätigkeit der Mütter geprägt war. Noch härter war das Schicksal der jugendlichen Heimatvertriebenen, deren Zahl ständig zunahm (1949 insgesamt 1,555 Millionen).

Die meisten waren zunächst in provisorischen Lagern und Notunterkünften, meist auf dem Lande, untergebracht. Doch bewirkte die Not auch die Entwicklung besonderer sozialer Qualitäten; bei Geschwistern übernahmen zum Beispiel vielfach die Älteren neben ihrer Arbeit für die Schule oder am Ausbildungsplatz frühzeitig die Verantwortung für die Aufsicht über die Jüngeren und wirkten im Haushalt mit.

Bald nach dem Zusammenbruch des Dritten Reiches organisierten sich, von der lokalen Ebene ausgehend, die von den Nationalsozialisten gewaltsam unterdrückten Jugendverbände der evangelischen und katholischen Kirche, der bündischen, sozialistischen und gewerkschaftlichen Jugend wieder; so gab es z. B. in der britischen Besatzungszone – von den Militärbehörden noch nicht ausdrücklich genehmigt, aber geduldet – in den meisten Städten des Ruhrgebietes Gruppen der Freien Deutschen Jugend (FDJ), der sozialistischen Jugend ›Die Falken‹, der ›Naturfreundejugend‹ und der Gewerkschaftsjugend.[226] In der amerikanischen Zone entwickelte sich, in Sorge vor zunehmender Jugendkriminalität, die Jugendarbeit in eine doppelte Richtung: Sie wurde einerseits in deutsche Verantwortlichkeit gegeben, wobei die Besatzungsmächte lediglich beratende und kontrollierende Funktionen ausübten; andererseits entwarf man ein eigenständiges Umerziehungsprogramm für die Jugend, das sich (natürlich auch aus materialistischen Gründen) als besonders attraktiv erwies.

»Als ›Erfinder‹ der German Youth Acitivties gilt ein amerikanischer Sergeant namens *Moritay*, der im Jahr 1945 in Bremen von sich reden machte, als er von sich aus begann, die verwahrloste Jugend der Stadt zu sammeln und sinnvoll zu beschäftigen. Ob er der Erste war, ist nicht mehr feststellbar. Es fanden sich vielerorts gerade amerikanische Unteroffiziere und Mannschaftsdienstgrade, die trotz Verbrüderungsverbots in ihrer Freizeit vor allem Ballspiele und Bastelabende für deutsche Jugendliche organisierten. Daneben veranstalteten viele Truppenteile in eigener Regie Weihnachtsbescherungen und Geschenkaktionen, bei denen freiwillige Spenden der Soldaten unter den Kindern und Jugendlichen verteilt wurden. Besonders beliebt waren Süßigkeiten, Nahrungsmittel und Kleidung... Mit der Organi-

18 Spielende Kinder vor Notwohnung in Berlin

sation und Planung des eigentlichen GYA-Programms wären einzelne Personen wie Sergeant *Moritay* allerdings überfordert gewesen. Tatsächlich lagen diese bei den Erziehungsabteilungen der amerikanischen Militärbehörden auf Landesebene und bei den einzelnen Kreis-Resident-Offices. Der grundlegende Gedanke des GYA-Programms war, den jungen Deutschen Gelegenheit zu geben, demokratische Handlungsweisen kennenzulernen und einzuüben. Aus diesem Grund war beabsichtigt, dem deutschen Volk in der US-Zone möglichst viele Gemeindejugendheime zur Verfügung zu stellen. Diese GYA-Häuser sollten der organisierten und nichtorganisierten Jugend zum gegenseitigen Kennenlernen, zur Freizeitgestaltung und zur staatsbürgerlichen Unterrichtung dienen.«[227]

Bei den politischen Jugendverbänden gewann die FDJ insofern besondere Bedeutung, als sie ein ideologisch bestimmtes Bindeglied zwischen Ost und West darstellte und auch das Bemühen der Arbeiterjugendbewegung um Einheit widerspiegelte. Die FDJ, die sich dann im Rahmen der Sowjetisierung zu einer militanten kommunistischen Kaderorganisation entwickelte, war von der Kommunistischen Partei Deutschlands zunächst als ›Volksfrontjugend‹ gedacht, wobei vor allem dem Antifaschismus (der auch zur Bildung anderer Jugendgruppierungen führte) eine besonders integrierende Kraft zugemessen wurde. Als man 1945 wieder anfing, politisch zu arbeiten, so erinnert sich ein Frankfurter Zeitzeuge, sei dies zunächst spontan und ohne zentrale Bindungen erfolgt. In der Illegalität habe man die Einheit der Arbeiterschaft schätzen gelernt; eine Spaltung der Arbeiterklasse sollte es nicht mehr geben. Bald jedoch kam es zu Spannungen zwischen SPD und FDJ.

In einer späteren Analyse (›Keine blaue Blume mehr‹) hat *Hans Heigert* festgestellt, daß die Jugendbewegung nach dem Zusammenbruch des Dritten Reiches viele Gesichter gezeigt und damit die väterlichen Betreuer und Politiker verwirrt habe. Die Voraussagen in- und ausländischer Psychologen und Soziologen, die deutsche Jugend werde in seelischer Verwahrlosung verrotten und der Welt schwere Probleme aufgeben, sei nicht Wirklichkeit geworden. Im Gegenteil; aber auch die Hoffnung, die Nachkriegsjugend werde wieder den romantisch schönen Stil und die Erlebnisfülle der bündischen Jugend von vor 1933 gewinnen, habe sich als eitel und wirklichkeitsfremd erwiesen.[228]

›Messianisches Hoffen‹ hatten vor allem die Alt-Jugendbewegten

Täglich spielten wir in Ruinen. Das war nichts Besonderes. Alle Kinder spielten in Ruinen. Ruinen waren unsere Spielplätze.

Für uns Großstadtkinder gab es nichts anderes: Verstecken, Schatzsuchen, Krieg, arme Leute, Räuber und Gendarm. Wir hatten unsere Buden in ausgebombten Kellern. Immer neue Schätze zogen wir aus den Trümmern. Allein spielten wir eigentlich nie. Wir waren immer viele. Und Langeweile hatten wir auch nie. Bis an einem Tage alles anders wurde: Wir spielten Verstecken. Ich stand an einer Wand, die Hände vorm Gesicht, und zählte. Die anderen hatten sich in den Ruinen versteckt. Plötzlich eine Detonation. Instinktiv warf ich mich auf den Boden. Das steckte noch drin. Nach einer Weile kamen die anderen, nur Hans fehlte. Später fanden wir ihn. Eine Granate hatte ihn zerrissen.

Gisela Kind. In: 1948–1984. PZ Nr. 36, hrsg. von der Bundeszentrale für Politische Bildung, Bonn 1984.

(in Erinnerung an die Zeit der Weimarer Republik, freilich geläutert durch die Erfahrung der Ideologisierung von Jugendarbeit) in den jugendpolitischen Diskurs eingebracht; der emphatische Zukunftsglaube und die pathetische Aufbruchsstimmung wurden jedoch bald durch die ›tapfere Skepsis‹ und das ›Lebensbegehren‹ der Jüngeren vom Kopf auf die Füße gestellt. Die ›skeptische Generation‹ hatte auch in der neuen Jugendbewegung zunehmend das Sagen.

Allerdings ist eines der bedeutendsten Dokumente für die geistig-seelische Befindlichkeit der Trümmerzeitjugend in einem emotional höchst aufgeladenen, expressiv-expressionistischen Stil verfaßt; man wird ihm nicht nur inhaltlich, sondern auch ›stilistisch‹ insofern Signifikanz zusprechen können, als die durch Realismus und Skeptizismus geprägte jugendliche Seelenlandschaft durchaus tiefliegende eruptive Schichten und Verwerfungen aufweist. In ›Das ist unser Manifest‹ entwirft *Wolfgang Borchert*, »der jugendliche Meister im Ausmalen apokalyptischen Grauens und trauernden Eingedenkens, im selben Atemzug auch Bilder der Sehnsucht«. Der leidvolle Kampf ums Überleben ist durchzogen von der »Sehnsucht nach einem abenteuerlichen und sinnen-berauschten Leben, wo Rilke-Verse und Jazz-Klänge, Mädchenleiber und Mutterphantasien, triviales Kulturgut und erotisches Feuer sich gatten«[229]. Jetzt sei – so *Borchert* – der Jazz unser Gesang, der erregte, hektische Jazz unsere Musik; (ähnlich hatte es auch Harry Haller, der ›Steppenwolf‹ in *Hermann Hesses* gleichnamigem Roman, 1927, formuliert).

»... Wir werden nie mehr antreten auf einen Pfiff hin und Jawohl sagen auf ein Gebrüll. Die Kanonen und die Feldwebel brüllen nicht mehr. Wir werden weinen, scheißen und singen, wann wir wollen. Aber das Lied von den brausenden Panzern und das Lied von dem Edelweiß werden wir niemals mehr singen. Denn die Panzer und die Feldwebel brausen nicht mehr und das Edelweiß, das ist verrottet unter dem blutigen Singsang. Und kein General sagt mehr Du zu uns vor der Schlacht. Vor der furchtbaren Schlacht... Denn Krieg hat uns nicht hart gemacht, glaubt doch das nicht, und nicht roh und nicht leicht. Denn wir tragen viele weltschwere wächserne Tote auf unseren mageren Schultern. Und unsere Tränen, die saßen noch niemals so lose wie nach diesen Schlachten. Und darum lieben wir das lärmende laute lila Karussell, das jazzmusikene, das über unsere Schlünde rüberorgelt, dröhnend, clownig, lila, bunt und blöde – vielleicht. Und unser Rilke-Herz – ehe der Clown kräht, haben wir es dreimal verleugnet. Und unsere Mütter weinen bitterlich. Aber sie, sie wenden sich nicht ab. Die Mütter nicht!... Wir sind Neinsager. Aber wir sagen nicht nein aus Verzweiflung. Unser Nein ist Protest. Und wir haben keine Ruhe beim Küssen, wir Nihilisten. Denn wir müssen in das Nichts hinein wieder ein Ja bauen. Häuser müssen wir bauen in die freie Luft unseres Neins, über den Schlünden, den Trichtern und Erdlöchern und den offenen Mündern der Toten: Häuser bauen in die reingefegte Luft der Nihilisten, Häuser aus Holz und Gehirn und aus Stein und Gedanken. Denn wir lieben diese gigantische Wüste, die Deutschland heißt. Dies Deutschland lieben wir nun. Und jetzt am meisten. Und um Deutschland wollen wir nicht sterben. Um Deutschland wollen wir leben. Über den lilanen Abgründen. Dieses bissige, bittere, brutale Leben. Wir nehmen es auf uns für diese Wüste. Für Deutschland. Wir wollen dieses Deutschland lieben wie die Christen ihren Christus: Um sein Leid...«[230]

In Schulen dem lebendigen freien Geist dienen

Der Krieg als Kreuzzug gegen *Hitler* und den Nationalsozialismus – das schloß für die Westalliierten, vor allem für die Amerikaner, die demokratisch-optimistische Überzeugung ein, daß selbst die Deutschen erziehbar seien: durch Strenge (Entnazifizierung) und Ermutigung (Reeducation) auf den rechten Weg zurückgebracht werden könnten. Dementsprechend hatte die Bildungspolitik einen hohen Stellenwert bei den Militärverwaltungen. Während die Amerikaner zunächst die Gesamtschule (comprehensive high-school) durchzusetzen trachteten, dann aber gegenüber konservativen deutschen Kräften resignierten, folgten die Engländer in Nordrhein-Westfalen (allerdings nicht in Niedersachsen) von vorneherein den in der Bevölkerung vorherrschenden Wünschen nach einer konfessionellen Schule und der Wiedereinführung des dreigliedrigen Schulsystems. Die Franzosen führten ihre Art von Ausleseschule im Rahmen des dreigliedrigen Schulsystems ein. Jede Besatzungsbehörde versuchte, in Anlehnung an das eigene Bildungssystem Einfluß auf die zukünftige deutsche Erziehung zu nehmen.

Die sozialistische Schule war das Bildungsziel der Russen.[231]

Zunächst freilich ging es um sehr vordergründige Fragen: Die Schulen sollten, obwohl vielfach ihre Gebäude zerstört waren, möglichst rasch wiedereröffnet werden. Am Montag, den 4. Juni 1945, nahm in Aachen als erster deutschen Stadt die Volksschule ihren Betrieb wieder auf. »Seit August 1944 waren die Aachener Schulen völlig geschlossen, und ein regelmäßiges und geordnetes Schulwesen hatte seit beinahe zwei Jahren nicht mehr bestanden. Jetzt, nicht ganz einen Monat nach Beendigung der Feindseligkeiten, sind die Volksschulen mit Genehmigung der Alliierten Militärregierung wieder eröffnet worden. Vorerst werden die Kinder nach Jahrgängen in Klassen eingeteilt, doch wird diese Einteilung so schnell wie möglich geändert und dem Wissen der einzelnen Schüler angepaßt. Die Kinder haben viel vergessen. Manche Zehn- oder Elfjährigen können kaum noch lesen. Die sonst üblichen Sommerferien werden wahrscheinlich im kommenden Jahr ausfallen, um den Schülern die Möglichkeit zu geben, die verlorene Zeit nachzuholen.«

Das Erziehungswesen war einem Erziehungsausschuß unterstellt, der von der Stadtverwaltung im Einvernehmen mit der Militärregierung ernannt worden war. Dieser habe dafür zu sorgen, daß die Erziehung der Jugend in der von der Regierung vorgeschriebenen Weise vor sich gehe. Er wählte den Erziehungsdirektor: Es handelte sich um einen Mann, der nie Mitglied der NSDAP gewesen war und 1937 wegen Opposition zum Dritten Reich zwangsweise pensioniert worden war. Es gab kaum Lehrer, die nicht Mitglieder der NSDAP gewesen waren, oder Lehrerinnen, die sich nicht in der NS-Frauenschaft betätigt hatten. »Da in Aachen 1939 325 Lehrpersonen in den Volksschulen beschäftigt waren und vorerst nur 26 benötigt werden, war es jedoch möglich, erfahrenes und der großen Aufgaben würdiges Personal zu finden. Es ist jedoch anzunehmen, daß später ein Mangel an geeigneten Lehrern und Lehrerinnen eintreten wird.« Der Unterricht erstreckte sich auf Lesen, Schreiben, Rechnen und, in der vierten Klasse, Heimatkunde; dazu kam der Religionsunterricht, der zweimal wöchentlich durch Geistliche der katholischen und protestantischen Kirchen erteilt wurde. Da die nach 1933 gedruckten Schulbücher weitgehend nicht verwendungsfähig waren, gab es bei der Auswahl des Lehrmaterials erhebliche Schwierigkeiten.

In einer Ansprache an die versammelte Lehrerschaft wies ein Vertreter der alliierten Behörden darauf hin, daß den Schullehrern eine große Gelegenheit geboten worden sei: »Es ist Ihnen gegeben, die deutsche Jugend zu unterrichten, neu zu erziehen und von der Nied-

19 Schulbeginn in München (Herbst 1945)

rigkeit des Nationalsozialismus abzubringen.« Vertreter der Militärregierung seien beauftragt nachzuprüfen, ob diese verantwortungsvollen Verpflichtungen im ganzen Erziehungswesen erfüllt würden.[232]

In ähnlicher Form wurden nun nacheinander in den Gemeinden der Besatzungszonen die Schulen wiedereröffnet. Am 6. Oktober 1945 berichtete der ›Bayerische Tag‹, daß in dem amerikanischen Besatzungsgebiet wieder 1820000 Kinder zur Schule gingen; dies seien 90 Prozent aller Kinder im Alter von 6 bis 14 Jahren. Die restlichen 10 Prozent würden voraussichtlich Ende Oktober wieder zur Schule gehen können.[233]

In einem Bericht der ›Süddeutschen Zeitung‹ vom 9. November 1945 über die Wiedereröffnung der Schulen in München hieß es, daß es sich um einen Tag »bar jeder angenehmen Selbsttäuschung, bar aller Illusionen« handeln müsse. Eine Welt, die schon dem Winter bang entgegenfröstele, mache es einem mit grausamer Deutlichkeit klar, daß nun das echte, das stille Heldentum vom deutschen Volke gefordert werden würde, nämlich den Alltag mit Anstand und Menschlichkeit zu bestehen. »Gedankenschwer und sorgenvoll stieg man die Treppe zum Festaal hoch. Doch welche Beglückung sollte hinter dessen Türen auf einen warten!« Die neue Jugend lasse Hoffnung aufsteigen. »Unbefangen äugte sie in den Saal hinaus, voll sachlicher Neugierde, was sich vor ihren Augen tat, die Buben unverhohlener, sprungbereiter, die Mädchen verschämter, vorsichtiger, doch nicht weniger genau alles musternd und wahrnehmend.« Ein Eindruck habe am tiefsten, am innigsten berührt: »Zwei weißgekleidete Mädchen traten nach den Reden vor den jungen Offizier hin, dankten ihm mit einem humorvollen Gelegenheitspoem für sein stets gezeigtes Entgegenkommen und überreichten ihm einen mächtigen Chrysanthemenstrauß. Da sie Töchter einer Landschaft waren, deren begründeter Stolz die Sauberkeit ist, strahlte das frischgewaschene und frischgebügelte Weiß ihrer Kleidchen wie Neuschnee in den herbsttrüben Raum hinein. Und da sie Töchter einer von Natur aus gesunden, bergnahen Stadt waren, hatten sie die rotbackigsten Apfelgesichter, die man sich denken kann. Mit der holden Anmut der Jugend, mit der entwaffnenden Unschuld der Naivität tauchten ihre Augen in die des Geehrten, lächelten sie ihm schalkhaft zu.«[234]

Fast alle Berichte, Verlautbarungen und Ansprachen zur Eröffnung des neuen demokratischen Bildungswesens sind durch ›edles‹ bzw. ›inniges‹ Pathos bestimmt. Das fragwürdige Tremolo der Ergriffenheit beinhaltete jedoch eine richtige Erkenntnis: Nur wenn es gelang, dem ›lebendigen freien Geist‹ wieder zum Durchbruch zu verhelfen, konnte man für Deutschland eine bessere Zukunft erwarten.

Die Verwirklichung des Konzeptes einer ›neuen Schule‹ wurde freilich erschwert durch personelle Probleme. Die Zahl der Lehrkräfte, die das Dritte Reich unbelastet, in Distanz zum Nationalsozialismus, über- bzw. bestanden hatten, war klein. Freilich kamen diejenigen, die als Angehörige der inneren Emigration ein besonders starkes demokratisches Engagement gezeigt hatten, meist in führende Stellungen, etwa als Leiter von Schulen oder als Spitzenbeamte bei kommunalen Schulbehörden bzw. Kultusministerien.

Das ›Hamburger Nachrichtenblatt‹ vom 12. November 1945 meldete, daß die Fälle von 30000 Lehrern, die aus politischen Gründen ihre Tätigkeit vorläufig einstellen mußten, sich aber um erneute Zulassung zum Lehramt beworben hätten, gegenwärtig von den britischen Behörden geprüft würden. Die Bewerber müßten nachweisen, daß sie keine oder nur eine nominelle Bindung zur NSDAP gehabt hätten. In der britischen Zone seien gegenwärtig 35000 Lehrer zugelassen, 10000 Lehrer verhaftet, entlassen bzw. vom Lehrberuf ausgesperrt. In der amerikanischen Zone waren etwa 60 Prozent aller Volksschullehrer aufgrund ihrer nationalsozialistischen Einstellung entlassen worden. Das dringendste Problem der geistigen Erneuerung, so Professor *Dr. Hans von Eckardt* vom Bayerischen Staatsministerium für Kultus in München, in einem Zeitungsartikel von Oktober 1945, sei: »Wir brauchen Lehrer; es fehlt uns an jungen, frischen, begeisterten Kräften, die helfen, die Kinder von der Straße zu holen, zu erziehen und mit Gedanken vertraut zu machen wie: Man muß tüchtig lernen, um ein Mensch zu sein, und nicht nur als forscher Kerl den Nachbarbuben verhauen und den Schwachen als minderwertig verspotten.«[235]

Eine Mischung aus idealistischem Pathos, das die Abgründe des Nationalsozialismus zu überwölben trachtete, und burschikoser Pädagogik, deren Tugendsystem nach konservativem Muster ausgestanzt blieb, charakterisiert insgesamt das Mentalitätsmuster derjenigen, die es nun als »Ehrenpflicht empfanden, ungesäumt Hand anzulegen«. Man sprach zwar unablässig von ›innerer Reform‹, vertraute aber, neben der Reinigung vom faschistischen Ungeist, vor allem auf die (wenig reflektierte) Tradition. Hingen die allgemein-öffentlichen Einrichtungen und das private Dasein in gefahrvoller Schwebe, steck-

Ohne Aufsicht wächst der größte Teil dieser Generation auf. Es gibt noch immer keine neuen Lehrer, die den Problemen gewachsen wären. Die mittlere Generation der Lehrer fällt wegen politischer Belastung und der Verluste im Krieg aus. Die Schulen sind in den Händen der Ältesten, die alle Autorität verloren haben und die in einer alten, lebensfernen Welt weiterexistieren. Sie versuchen, die Macht nach dem überlieferten Prinzip aufrechtzuerhalten: Gehorsam ist die höchste Tugend. Diese Vaterneurose, die seit Generationen bei den Deutschen gepflegt wird und die sie zu gedanklicher Unselbständigkeit und stupider Untergebenheit führte, wurde von den Machtfaktoren des Vaters, des Lehrers und des militärischen Drills bestimmt. Die Verwilderung der Jugend kann man unter dieser Perspektive betrachten als ein Zeichen für Genesung – wenn es Leiter für sie gäbe und wenn man ihnen die Rechte des Individuums und des freien Denkens und der Arbeit verliehe. Aber wenn es kein Verständnis für sie gibt, wenn die Züchtigung in der Schule wiedereingeführt wird, um mit ihnen fertig zu werden, wenn sie in einer korrumpierten Gesellschaft leben, wenn sie als minderwertig angesehen werden, werden sie eines Tages für ihr zerstörtes Leben in einer allgemeinen Destruktion Kompensation suchen.

Auf einem Autowrack sitzt ein kleines Mädchen. Mit seiner Puppe spielt es »Vergewaltigung«. Es schildert dies mit der Intensität eines Erlebnisses aus erster Hand. Ein anderes Kind schneidet den Bauch seines Teddybärs auf und reißt seine Perlenaugen heraus; es singt: Der Soldat hat keine Augen mehr, der Soldat hat keine Augen mehr! Eine Schar kleiner Jungen kommt gerannt. Sie haben einem jungen Mädchen sein Brot geraubt. Ich halte sie fest, und die Jungen verteidigen sich: Wir haben ihr nicht weh getan! Sie haben bereits ihre eigenen Rechtsbegriffe. Es gibt kein: Stehlen, es gibt nur: den Besitzer wechseln.

Peter Weiss: Die Besiegten. Frankfurt am Main 1985.

ten sie in jämmerlicher Verelendung, dann suchten die Menschen Halt am Überlieferten. »Wonach denn sonst könnten sie greifen?« (*Gerhard Storz*)[236]

Die Bildungspläne, die für die Entwicklung des westdeutschen Schulwesens maßgebend waren (vor allem für die höhere Schule, die durchgängig erst 1946 ihre Arbeit wieder aufnahm), wurden zwar erst später entwickelt; die Vorüberlegungen zu diesen sogenannten Reformplänen fallen jedoch bereits ins Jahr 1945. Man rezipierte die Abendland-Idee, die im Laufe der europäischen Geschichte oft genug zur Ideologie verkommen war, reichlich kritik- und reflexionslos. Drei Grundwerte sollten die zukünftige Erziehung überwölben: Humanismus, Christentum, Demokratie. Diese wurden ergänzt durch andere erkenntnisleitende Begriffe wie Antike, Kultur, Religiosität, Sittlichkeit, ewige Werte, Freiheit, soziales Denken, Selbständigkeit; wissenschaftlich-mathematisches Denken und Berufstüchtigkeit wurden nur zurückhaltend eingefordert.

Der weit über den Kreis der Pädagogen hinaus beachteten Zeitschrift ›Die Sammlung‹ gab deren Mitherausgeber, der Philosoph und Erziehungswissenschaftler *Herman Nohl*, im Oktober 1945 als Leitspruch mit auf den Weg – das pädagogische Credo der nächsten Jahre war damit umrissen –: »Unser Kompaß ist die einfache Sittlichkeit, ein standhafter Glaube an die Ewigkeit der geistigen Welt... Wurde bisher sehr laut gesprochen, so wollen wir still und sachlich werden, und wurden Phantasie und Gedanken unseres Volkes zu lange einseitig nach außen gewiesen, so wollen wir sie wieder nach innen lenken und zur Sammlung führen.«[237]

Die Strukturdiskussionen waren überschattet von den Problemen materieller Not; die verstellte Praxis wurde zum Alibi für all diejenigen, die einem grundsätzlichen Nachdenken über die Bildungssituation aus dem Weg gingen. Die vielen völlig zerstörten oder nur noch teilweise brauchbaren Schulhäuser waren wieder aufzubauen, was im besonderen die Großstädte jahrzehntelang beschäftigte; viele Schulgebäude wurden zudem als Lazarett, Flüchtlingslager, Notunterkünfte für Ausgebombte und für die Zwecke der Besatzungsmächte genutzt. In Hamburg waren von 400 Schulen nur noch 60 brauchbar. In Kiel gab es vor Ausbruch des Zweiten Weltkrieges 1134 Unterrichtsräume; am 1. September 1945 waren von diesen gerade noch 100 erhalten und benutzbar. (1952 fehlte trotz siebenjährigen Wiederaufbaus insgesamt noch ein Viertel des Schulraumbestandes von 1939;

verglichen mit den Zahlen von damals bedeutete dies in Köln 64 Prozent des Schulraumbestandes, in Düsseldorf und Bremen 32 Prozent, in Bonn 33 Prozent, in München 35 Prozent, in Mannheim 57 Prozent.)

Die geburtenstarken Jahrgänge der Vorkriegszeit wuchsen ins Schulalter hinein; dazu kamen die Flüchtlingskinder. Angesichts des sowieso bestehenden Lehrermangels konnte somit ein Schulbetrieb nur durchgeführt werden, wenn man sehr große Klassen bildete. Klassenstärken bis zu 70 und 80 Schülern waren der Regelfall.[238]

Die Schulbuchmisere spiegeln Druckvermerke, welche die Vorläufigkeit bzw. den Übergangscharakter des Lehrmaterials betonen: »Das vorliegende Buch gehört zu einer Reihe von Schulbüchern, die auf Anordnung des Obersten Befehlshabers der Alliierten Streitkräfte veröffentlicht werden... Dieses Buch wurde gewählt nach gründlicher Untersuchung vieler Schulbücher, die in Deutschland vor der Machtübernahme durch den Nationalsozialismus in Gebrauch waren. Es ist die gekürzte Form eines Buches, von Deutschen geschrieben, und die gelieferten Auszüge werden hiermit ohne jedwede Textänderung neugedruckt. Die Tatsache des Neudruckes bedeutet nicht, daß dieses Buch vom erzieherischen und anderen Gesichtspunkt völlig einwandfrei ist. Aber unter gegebenen Umständen ist es das geeignetste Buch...«[239] Eilig wurde versucht, möglichst viele unbelastete Autoren für die Herstellung neuer Schulbücher zu gewinnen. In Bayern fand Anfang 1946 ein Preisausschreiben statt, das breite Kreise zur Mitarbeit ermunterte; dort prüfte die Militärregierung von Juni bis Dezember 1945 318 Lehrbücher für die höhere Schule; 175 wurden zugelassen, 30 mit Veränderungen angenommen, 113 zurückgewiesen.[240]

Das Protokoll der Potsdamer Konferenz vom 2. August 1945 hatte festgelegt, daß das deutsche Erziehungswesen so überwacht werden solle, daß die nazistischen und militaristischen Lehren völlig ausgemerzt und die erfolgreiche Entwicklung demokratischer Ideen ermöglicht werde. Die hinter der Fassade des Antifaschismus sich vollziehende Sowjetisierung der russischen Besatzungszone brachte es mit sich, daß 1945 auch die pädagogische Teilung Deutschlands begann.

»Zwar war die ›Ausgangslage‹ im Jahre 1945 in materieller und personeller Hinsicht in vieler Beziehung ähnlich und die Befehls- und Kontrollgewalt der Militärverwaltungen anfangs umfassend und richtungbestimmend, aber schon früh kamen zwei unterschiedliche und bald gegensätzliche Konzeptionen für die pädagogische Neugestaltung in Deutschland zur Geltung: im Osten die Konzeption einer radikalen Reform, die ... das Programm der Einheitsschule verfocht und dieses als Teil einer tiefgreifenden gesellschaftlichen Umgestaltung betrachtete; im Westen eine stärker an den Schulstrukturen der Weimarer Republik orientierte, Experimenten abgeneigte und auf eine ›innere Schulreform‹ bedachte Strömung, die Bildung und Erziehung einen autonomen Raum sichern wollte. Es bestand zwar eine gemeinsame Abwehrhaltung gegenüber der nationalsozialistischen Vergangenheit, deren Folgen auch mit Hilfe der Erziehung beseitigt werden sollten, und es gab nicht wenige Anhänger einer gemäßigten Einheitsschulkonzeption in den Westzonen – besonders in Norddeutschland und in Hessen –, aber auch bei diesen war der Gedanke einer pädagogischen Erneuerung durch Rückgriff auf die überlieferten Werte eines christlich geprägten Humanismus, die sich mit den Ideen einer sozialen Demokratie verbinden ließen, stärker als ein entschiedenes gesellschaftspolitisches Programm, in dessen Dienst Schule und Erziehung gestellt werden sollten.«[241] Im Protokoll der Döbelner Konferenz der KPD vom 19. August 1945 hieß es, daß die Lehrpläne den Forderungen der heutigen Gesellschaft anzupassen seien; Vereinfachung, Konzentration und intensivere Bearbeitung des Lehrstoffes seien anzustreben.[242]

Universitäre Pflanzstätten des Geistes

Das hochgemute pädagogische Pathos – mit den Versatzstücken affirmativer Kultur – überschlug sich geradezu, als es darum ging, die Universitäten als ›Pflanzstätten des Geistes‹ wieder zu begründen. Am 6. November 1945 wurde die Hamburger Universität der Jugend übergeben; Senator *Landahl* rief in seiner Rede dazu auf, »zum Besten des schwer geprüften Volkes«, »zum Ruhme der ewig jungen Hansestadt Hamburg«, »den deutschen Anteil an der abendländischen Kultur zur Ehre des unsterblichen deutschen Geistes« zur Geltung zu bringen.

»In dieser Stunde der feierlichen Wiedereröffnung der Universität Hamburg, die nicht mehr und nicht weniger eine Wiedergeburt aus neuem Geiste sein mußte und sein wird, gilt unser erster Gedanke den Studenten aller Universitäten und Hochschulen der alten und der neuen Welt, die in dem sechsjährigen Völkerringen auf den Schlachtfeldern und Meeren der ganzen Erde kämpfend den Tod gefunden haben. Ihr Leben war noch im ersten Anstieg, überstrahlt vom Glanze des Idealismus, der jeden echten Jüngling beseelt. Früh hat sich ihr Leben vollendet. Tränen der Mütter, der jungen Frauen, der Bräute sind um sie geflossen und werden noch lange fließen... Wir Deutschen wollen der bitteren Wahrheit mutig ins Auge sehen und uns keinen billigen Selbsttäuschungen hingeben. Nur so werden wir Haltung und Würde angesichts des Zusammenbruches finden und bewahren. In zwei gewaltigen Kriegen militärisch besiegt durch die Schuld einer dilettantischen und verantwortungslosen politischen Führung, stehen wir heute nicht nur inmitten der Trümmer unserer Städte, sondern auch unseres Reiches – und unseres Geistes.«[243]

Als die neue Universität Marburg im September 1945 eröffnet wurde, hieß es im ›Gelöbnis‹ des Rektors, des Philosophen *Julius Ebbinghaus*, der im Jahr 1940 seinen Lehrstuhl an der Universität Rostock wegen seiner aufrechten und kompromißlosen Haltung den Nazis gegenüber hatte aufgeben müssen, daß es zuerst und zuoberst die akademische Aufgabe sei, den Geist der Wissenschaft und der freien Kritik bei den Studentinnen und Studenten zu entzünden.[244]

Anläßlich der bevorstehenden Eröffnung der Universität München im Dezember 1945 sprach der Rektor *Albert Rehm* die Hoffnung aus, daß der »alte Geist freier Wissenschaften« sich wieder entfalten werde. »Nicht als ob er in den letzten Jahren erloschen wäre, als ob wir alle vergessen hätten, was über der einen Tür zu unserem großen Hörsaal steht: ›Möge die Wissenschaft nicht wagen Falsches, nicht sich fürchten Wahres auszusagen.‹ Aber der Druck eines Willens, der freie Wissenschaft wie Religion von den Allmachtsansprüchen der Partei aus mit mißtrauischen Augen betrachten mußte, war eben doch spürbar.«[245] Das war euphemistisch formuliert; denn die auch bei den alliierten Behörden häufig verbreitete Meinung, daß sich die deutschen Universitäten im ganzen relativ heil über die NS-Zeit hinübergerettet hätten, war personell und inhaltlich irrig.[246]

1933 hatte man viele der besten Gelehrten vertrieben; der größte Teil der verbleibenden Professoren paßte sich an, wobei diese vielfach mit korrumpierter Beflissenheit weit über das Maß des ihnen abverlangten ›Wissenschaftsdienstes‹ hinausgingen. Das Ordinarienwurde zum Führerprinzip; der Philosoph *Martin Heidegger* zum Beispiel feierte in seiner Antrittsrede als Freiburger Rektor 1933 die »Größe dieses Aufbruchs«, der den »Wissensdienst« mit dem »Arbeitsdienst« und dem »Wehrdienst« verbände. Selbst der Pädagoge *Eduard Spranger*, der gegen Gewalttaten nationalsozialistischer Studentenfunktionäre protestiert hatte, pries die wiederentdeckte Einheit von »Wissenschaft und Wehrmacht«. »So ist es denn nicht zufällig ein militärischer Geist, der die neu entstehenden Erziehungsideale bis in die äußere Terminologie hinein bestimmt. Der Weltkrieg beginnt endlich seinen positiven (denn alles Tragische ist positiv!) Gehalt in unserem Volke zu entfalten, dessen Masse lange Zeit niedergeworfen und von pazifistischen Hoffnungen erfüllt war, obwohl sie jeder neue Tag realpolitischer Erfahrung aufs neue widerlegte. Wer wollte uns verdenken, wenn wir... den Krieg nicht nur als Vergangenheit sehen, sondern als die Notwendigkeit eines zweiten Aufbruchs...«[247]

Im Rahmen der allgemeinen Entnazifizierungsmaßnahmen gab es natürlich auch bei den Universitäten Veränderungen; doch überwog eine fatale Kontinuität, wobei die Germanistik (wie sich freilich erst viel später herausstellen sollte) ideologisch besonders belastet war. *Walter Dorn*, der Berater *Lucius D. Clays*, stellte in einer Denkschrift (Mai 1946) fest: »Nach meiner unmaßgeblichen Meinung hat die Militärregierung einen nahezu nicht wiedergutzumachenden Fehler begangen, indem sie die alte Universität München und andere Hochschulen wiederbelebte. Anstatt eine Gruppe politisch verläßlicher und energischer Professoren mit dem Aufbau einer wirklich demokratischen Universität zu beauftragen, hat die Militärregierung versucht, die alte Universität München wiederherzustellen, ohne Nazis natürlich. Was war das Ergebnis? Es werden keine Lehrstühle besetzt, solange auch nur die geringste Möglichkeit besteht, daß dieser oder jener Nazi-Professor doch noch entlastet werden könnte. Das hat sich bisher als unübersteigbare Hürde für die Schaffung einer demokratischen und antimilitaristischen Universität erwiesen.«[248]

Der Wille zu einer demokratischen Erneuerung des Hochschulwesens, der die beflissenen verbalen Bekundungen in die Realität hätte umsetzen müssen, war gering ausgeprägt. »Reformdiskussionen versandeten noch schneller als im schulischen Bereich. Die Restauration der alten deutschen Universität aus der Zeit vor 1933 vollzog sich schnell und nahezu perfekt, so daß auch die Auseinandersetzung mit der eigenen Vergangenheit lange Zeit verdrängt wurde.«[249]

Trotz Katastrophe, Trümmerfeldern und tiefster menschlicher Erniedrigung glaubte man, ohne kritische Bestandsaufnahme dem Guten, Schönen und Wahren weiter wie bislang dienen zu können. Der deutsche Geist sei mißbraucht, entehrt, aber nicht zerstört worden; an der Unsterblichkeit der Klassiker hielt man fest; durch deren Glanz erhielt auch die eigene Misere einen versöhnlichen Schein. Der Kahlschlag war sehr groß gewesen; die geistige Aufforstung sollte in den Pflanzstätten des Geistes nun geleistet werden. Die meisten Dozenten und Professoren, die in den Universitäten (weiter)lehrten, besaßen kaum das Rüstzeug, wegweisende Orientierungsmarken für Gegenwart und Zukunft zu setzen. Statt der Suche »nach den geistigen Ursachen des Zusammenbruchs in erschütternder Ehrlichkeit«, wie es der Student der Jurisprudenz, *Wolfgang Zipfel*, in Heft 1 der 1945 mit Genehmigung der Militärregierung erscheinenden ›Göttinger Universitätszeitung‹ forderte[250], dominierte der Drang, in Stoffhuberei sich zu vergessen; statt Umwertung der Werte ein Anklammern an den Gott im Detail.

Als *Karl Jaspers*, damals Ordinarius für Philosophie an der Universität Heidelberg, im Frühjahr 1947 bei einer Konferenz der Universitätsrektoren der US-Zone (in Anwesenheit britischer Gäste) die Verantwortung der Universitäten beschrieb, bewegte er sich weitgehend im Bereich von ›Fiktionen‹; er beschrieb idealtypisch, was die deutsche Universität bei ihrer Wiederbegründung im Jahr 1945 weder einlösen konnte noch wollte. »Wir können nicht leben, als ob nichts geschehen sei, als ob wir wieder anfingen, wo wir 1933 aufhörten, als ob wir bloß wiederherstellten, was war. In einer neuen Welt haben wir uns selbst zu finden und dadurch unseren bescheidenen Beitrag zu leisten auf dem Weg zur Weltordnung. Es steht noch nicht fest, was wir sind und was wir sein werden. Es bleibt im Sittlichen und Geistigen entscheidend Sache unserer Freiheit. Die Universität soll die geistige Springfeder der kommenden Demokratie als Ethos von Lebensart sein, nicht durch politische Aktivität, sondern durch Vorbereitung. Entweder wird sie sich selbst und die Jugend erziehen in der vollen Freiheit der in radikaler Diskussion hervorgehenden Wahrheit; und dann wird bis zum Ton der Sprache hin die Wahrheit ihr Wesen zeigen, die Menschen miteinander zu verbinden. Oder die Universität verschwindet in der Nivellierung einer bloßen Schule mit nur endlichen Zwecken des Nutzens, ohne Kraft der Menschenformung.«[251]

Die ›deutsche Jugend‹, für die sich nun, wie es die ›Neue Zeitung‹ am 4. November 1945 formulierte, »die Tore der Universitäten wieder geöffnet haben«, interessierte weniger die innere Struktur der neuen Hochschule, als die Frage, ob man zugelassen werde, also einen Studienplatz erhalte. »Groß ist die Zahl der jungen Deutschen, die studieren wollen, viel zu groß, als daß sie alle unter den derzeitigen schwierigen Bedingungen wirklich aufgenommen werden könnten.« Die medizinische Fakultät der Universität Heidelberg würde von 5000 Bewerbern lediglich 1000 zum Studium annehmen; in der theologischen Fakultät (Kapazität 300 Hörer) seien jedoch noch einige Plätze frei. Vom Studium seien von vorneherein ausgeschlossen die nationalsozialistischen Aktivisten; Studenten, die Ämter in der Hitlerjugend oder im Bund Deutscher Mädel innehatten; Freiwillige, die in der SS waren; ferner die Schüler und Angehörigen von Ordensburgen. Bei der Aufnahme würden bevorzugt: politisch Geschädigte; Kriegsinvaliden; Studenten, die ihr Studium lange unterbrechen mußten; Nichtparteigenossen; Heidelberger und Flüchtlinge aus dem Osten vor anderen, wenn die übrigen Voraussetzungen die gleichen seien.

In Göttingen waren von 10000 Anwärtern nur 4830 Studenten zum Zug gekommen; man sehe dort in der strengen Auslese nach Begabung und Vorbildung den besten Weg, das Niveau der Hochschule zu heben.

In Gießen erwarte man 3000 Studierende (früher zählte die Universität nur 1250 Studenten).

Die Universität Marburg beginne zunächst mit der medizinischen Fakultät; um aus der großen Anzahl von Studienanwärtern die 1200 Fähigsten herauszufinden, dürften nur diejenigen, die das Physikum mit der Mindestnote ›gut‹ bestanden hatten, weiterstudieren.

In der russischen Besatzungszone werde die Universität Jena den Studenten ohne Unterschied des Alters, des Geschlechts oder des Glaubensbekenntnisses offen stehen; außer der üblichen Zulassung nach Ablegung der Reifeprüfung könnten auch Volks- und Berufsschüler angenommen werden.[252]

Von Studienanwärtern wurden unzerstörte Universitätsstädte (wie z. B. Erlangen) bevorzugt, weil dort die Möglichkeit des Unterkommens leichter schien; doch war dafür der Andrang auch um so größer.

Auf der Suche nach einem Studienplatz war z. B. C.K. nach Erlangen gekommen, wo er – da er keine andere Bleibe fand – die ersten Nächte auf Bänken im Schloßgarten schlief; dann bekam er Platz in einem Raum, den ein Pfarrer für ›Heimatlose‹ mit ein paar Doppelstock- bzw. Dreifachbetten eingerichtet hatte. »Von hier aus focht ich meinen Kampf mit der Bürokratie und mit dem Hunger. Als ich bei der Uni-Verwaltung am Schloßplatz vorsprach, um mich einzuschreiben, wurde ich gefragt, ob ich denn einen Zimmernachweis hätte: ›Angesichts der Überfüllung von Stadt und Universität können wir nur Abiturienten inskribieren, die auch wirklich hier wohnen.‹« Beim Wohnungsamt aber bekam man die Aufenthaltserlaubnis erst, wenn man bei der Universität eingeschrieben war. Mit Hilfe eines Päckchens amerikanischer Zigaretten gelang es C. K. dann, beim Flüchtlingsamt eine Aufenthaltsgenehmigung, daraufhin eine Zimmerzuweisung und schließlich einen Studienplatz zu bekommen.[253]

Welche Kriegserfahrungen die Studenten auch gemacht hatten – sie waren vor allem ans Gehorchen gewöhnt; das machte sie – zumal die innere Motivation, nun die ›Welt des Geistes‹ kennenzulernen, groß war – zu neugierigen und dankbaren Zuhörern. Gelegentliches Aufbegehren zeigte freilich, daß vor allem bei denjenigen, die als Kriegsheimkehrer verspätet ihr Studium begannen oder fortsetzten, das ›alte Deutschland‹ in den Köpfen weiterlebte, die Stunde Eins noch nicht stattgefunden hatte. Der Sinnverlust wurde nicht mit Trauer aufgearbeitet, sondern verdrängt; er schlug gelegentlich in nationale Aggressivität um. Als Indikator für solche reaktionären, restaurativen Tendenzen wurden Vorkommnisse empfunden, die sich in Zusammenhang mit einer Rede *Martin Niemöllers* an der Erlanger Universität im Januar 1946 ereigneten.

Niemöller, eine der profiliertesten Gestalten der Bekennenden Kirche – als U-Boot-Kommandant im Ersten Weltkrieg mit dem Pour le mérite ausgezeichnet, dann Pfarrer und 1937 von den Nationalsozialisten verhaftet –, hatte am 22. Januar 1946 vor evangelischen Studenten an der Universität Erlangen eine Rede gehalten, in der er betonte, daß das Schuldbekenntnis des ganzen deutschen Volkes an den Untaten der letzten zwölf Jahre eine wesentliche Voraussetzung zur geistigen Erneuerung Deutschlands sei. Die Deutschen müßten ihre Schuld vor Gott und vor den Menschen bekennen. »Ohne dieses Bekenntnis gibt es keine Vergebung und keinen Neuanfang... Denn wir Christen in Deutschland sind schuldig geworden durch die Blindheit und die Kälte unserer Liebe und den Mangel unserer Liebe. Wir sind schuldig geworden an der Welt. Es ist etwas vom Fürchterlichsten, wenn man nach Hause kommt und mit deutschen Volksgenossen spricht, wenn man so Predigten und Reden hört: Es wird viel gejammert und geklagt, aber es ist wenig die Rede von unserer Schuld. Gewiß, die Augen müssen uns erst geöffnet werden! Es ist viel Jammer über unser Elend, über unseren Hunger, aber ich habe in Deutschland noch nicht einen Mann sein Bedauern aussprechen hören von der Kanzel oder sonst über das furchtbare Leid, das wir, die Deutschen über andere Völker gebracht haben, über das, was in Polen passierte, und die Entvölkerung in Rußland und über die 5,6 Millionen toten Juden. Das steht auf unserem Schuldkonto, das kann niemand wegnehmen.« Bei dieser Stelle erfolgte »Empörung, Scharren und Zwischenrufe: ›Und die Schuld der anderen?‹«[254]

Insgesamt löste die Rede heftigen Widerspruch aus; am Schwarzen Brett der Universität wurde von den Studenten ein Flugblatt angeschlagen, in dem Pastor *Niemöller* heftig angegriffen wurde. Der Bayerische Ministerrat stellte fest, daß es sich nach Angabe des Rektors um eine Reaktion militaristischer und nationalsozialistischer Kreise der Studentenschaft handle, die einen Geist atme, der an einer Universität nicht geduldet werde; entsprechende Relegierungs-Maßnahmen würden getroffen.

Für die Mehrheit der Studentenschaft traf jedoch zu, was ein Bericht über den Neubeginn an der Universität Erlangen feststellt: daß nämlich, anders als nach dem Ersten Weltkrieg, die Kommilitonen keine politische Unruhe in die Universität gebracht hätten. Die Mehrzahl der Studierenden blieb gleichgültig gegenüber sowohl restaurativen als auch reformerischen Tendenzen. »Die sozialen Milieus ihrer Herkunftswelten hatten sich schon während des Dritten Reiches gemischt. Noch nicht verblaßt war die Konfession, zumal wenn sie während der zu Ende gegangenen Zeit Orientierung geboten hatte. Der Student der frühen Nachkriegsjahre dachte an die Zukunft. Sein Blick zurück war durch den Kampf mit den bedrängenden Alltagsproblemen weitgehend verstellt und die jüngste Vergangenheit bald musealisiert, nachdem er über die eigenen Verstrickungen Rechenschaft hatte abgeben müssen. Denn auch die Studenten unterlagen vor der Immatrikulation einer politischen Überprüfung, die in der amerikanischen Zone rigoroser gehandhabt wurde als in der englischen und französischen. Eine Nachprüfung der ›großen Fragebogen‹ durch die Militärregierung gegen Ende des Wintersemesters 1947/48 ergab, daß 726 von ihnen ihre Parteizugehörigkeit verschwiegen hatten. Der Universitätsoffizier *Flygt* kam den Wünschen des Rektors *Brenner* entgegen: Die Betroffenen konnten vorläufig weiterstudieren.«[255]

Politischer als die Universität, die sich mit ihrem elitären Wissenschafts- und Bildungsbegriff von ›Volksbildung‹ abgrenzte, erwies sich die Volkshochschule bzw. Erwachsenenbildung, die vor allem mit den neugegründeten ›Evangelischen Akademien‹ sich der Demokratisierung von Bildung verschrieb und besonderes Gewicht auf ›brennende Zeitfragen‹ legte. Doch erfuhren gleichermaßen die idealistischen, vorwiegend schöngeistigen Tendenzen der Erwachsenenbildungsbewegung der Weimarer Republik im Rahmen des allgemeinen Rückzugs auf Innerlichkeit eine Fortsetzung. Die Forderung auf ›Schöngutheit‹ stand jedoch insofern in einem politisch-gesellschaftlichen Kontext, als die Bemühung um ›Wandlung‹ wie ›Besinnung‹, vorgetragen mit dem Pathos ›radikaler Humanität‹, sich gegen den deutschen geschichtlichen Irrweg wandte, somit auch keine ästhetische Fluchtbewegung darstellte (freilich daran festhielt, daß der zeitweilige Niedergang der deutschen Kultur die ›Unsterblichkeit des deutschen Geistes‹ nicht infrage gestellt habe). Es galt, nach innen wiederzugewinnen, was nach außen verloren gegangen war. Die evangelische Kirche habe, so *Heinz Flügel*, mit den Akademien Stätten der Begegnung geschaffen, in denen fortlaufend ein systematischer ›dialogus christianus‹ zwischen Kirche und Welt geführt werde. Es gehe um den Versuch eines offenen Dialogs mit der Welt, deren Kritik sich die evangelische Kirche mit derselben Ehrlichkeit aussetze, mit der sie dem Laien die Antwort auf den Ruf Gottes, »Adam wo bist du?« abverlange.[256]

Der für die Evangelischen Akademien und dann auch für die (weltlichen) Volkshochschulen in der zweiten Hälfte des Jahres 1945 entwickelte ›neue Bildungsweg‹ war in den meisten Fällen von Erwachsenenbildnern aus der Weimarer Republik initiiert worden und daher ›jugendbewegter‹ Motivation zu danken. Verfolgte des Nationalsozialismus wie Angehörige der inneren Emigration wollten nach der totalen Niederlage wieder den Versuch machen, »das deutsche Geschick durch eine erzieherische Volksbewegung zu beeinflussen« (so *Eduard Brenner* auf dem 1. Bayerischen Volksbildungskongreß im September 1946).

Zu den ›Alten‹ gehörten auch Vertreter des ›Hohenrodter Bundes‹, die sich in der Weimarer Republik zu einer pädagogischen Reformbewegung zusammengeschlossen und nun im Bereich von Kultur und Bildung wichtige Funktionen in den Besatzungszonen übernommen hatten: *Eduard Weitsch* in München, *Theodor Bäuerle* in Stuttgart, *Wilhelm Flitner* in Hamburg, *Herman Nohl* in Göttingen, *Heiner Lotze* und *Adolf Grimme* in Hannover und *Ernst Niekisch* in Berlin. »Sie alle definierten, wenn auch von unterschiedlichen Standpunkten aus, mit *Brenner* Volksbildung als ›einigenden Faktor im Leben unseres Volkes, und damit hat sie auch ein gewaltiges Ziel vor sich, die innere Einheit des Volkes überhaupt‹. Sie erwarteten von den Volkshochschulen, die mit Zustimmung der Militärregierungen ab Herbst 1945 wieder eröffnet werden konnten, eine ›sittlich-geistige Erneuerung‹ der Deutschen: ›Die Volkshochschulen müssen die Hohen Schulen der Zweiten deutschen Republik sein.‹ Eine solche Weiterbildungseinrichtung hatte sozialintegrativ zu wirken, sollte also die Menschen in der neuen Gesellschaft zusammenfügen. Über alle konfessionellen, politischen und ökonomischen Grenzen hinweg beherrschte die Idee einer ›Gemeinschaftsbildung‹ die Aufgaben und Ziele der Erwachsenenbildung, die sich zunächst noch in Anknüpfung an Weimarer Traditionen ›Volksbildung‹ nannte. Insgesamt ist der Aufbau der Erwachsenenbildung in den ersten Nachkriegsjahren eher als Wiedergründungsprozeß denn als Neubeginn zu bezeichnen.« (*Jörg Wollenberg*)[257]

Im Gegensatz zu den Schulen und Hochschulen wurden nach Kriegsende die Volkshochschulgründungen nicht von zentralen Instanzen vorgegeben und hierarchisch aufgebaut; sie blieben stärker an lokale Träger gebunden (in Form von Vereinen oder als Teil der Gemeindeverwaltung). In Nürnberg legte der im Juni 1945 vom Oberbürgermeister eingesetzte Volkshochschulleiter *Georg Gustaf Wieszner* schon im Mai 1945 eine Denkschrift zur Neugestaltung der Volkshochschule vor, die diesen Mittelpunkt der Bildungs- und Kulturpolitik der Stadt, »das Herz der gesamten Kulturarbeit«, darstellen sollte. Anläßlich der Eröffnung der Volkshochschule (fast zeitgleich mit der Eröffnung der Volksbücherei) definierte *Wieszner* diese als eine Hochschule, die für jeden zugänglich sei, der die ›nötige Reife‹ mitbringe; Reife werde durch kein Zeugnis, sondern durch den tatsächlich strebsamen Geist innerhalb der Vorlesung festgestellt. Es gelte, die ›Internationale‹ des 19. Jahrhunderts mit ihrer streng materialistischen Wahrheitssuche und die humanistisch weltbürgerlichen Ideen der Jahrzehnte um 1800 miteinander zu verbinden; die Fehler der Denkunfähigkeit in den vergangenen zwölf Jahren seien auszumerzen. Die Volkshochschule sei nicht parteigebunden, obwohl die meisten Interessenten erfahrungsgemäß aus den Arbeiterkreisen kämen; sie müsse über den einzelnen Parteien stehen, da ihre Aufgabe die weltanschaulichen Ziele nicht bestimme, sondern sich um sie bemühe.[258]

Versorgungsschwierigkeiten

Der Weg von der Zusammenbruch- in die Aufbaugesellschaft war eine ›Hungerstrecke‹ – mit enormen Versorgungsschwierigkeiten, nicht nur im Ernährungssektor, sondern auf allen Gebieten. Es gab auch, wie bei einem solchen gesellschaftlichen, wirtschaftlichen, politischen Zusammenbruch üblich, Kriegs- und Nachkriegsgewinnler: Personen, die über alte und neue Beziehungen wie über gehortete Waren verfügten und auf dem Schwarzmarkt reüssierten. Aber der größte Teil der vor allem städtischen Bevölkerung, der Kriegsheimkehrer und Flüchtlinge stand ›draußen vor der Tür‹.

Nach der augenblicklichen Lage zu schließen, meinte die ›Kölnische Rundschau‹ in einer Glosse mit realistischem Hintergrund, habe jeder Bewohner der britischen Zone Aussicht, in 15 Jahren ein Hemd, in 7 Jahren ein Paar Socken oder Strümpfe, in 31 Jahren einen Pullover oder eine Strickweste, in 48 Jahren einen Mantel zu erhalten. Etwa 3,5 Millionen Ostflüchtlinge und Ausgebombte müßten ihren Hausrat erneuern; unter der Voraussetzung, daß die übrigen Zonenbewohner nichts erhielten, seien sie in 21 Jahren mit einem Bett versehen, in 30 Jahren mit einem Fischmesser, in 14 Jahren mit einer Gabel und in 6 1/2 Jahren mit einem Löffel.[259]

Besonders gravierend war der Mangel an Brennmaterial, vor allem was Kohle betraf; mit dem Nahen des Winters 1945/46 bedeutete dies eine besondere Gefahr. Man sägte nachts Bäume, Parkbänke und Geländer ab und sammelte in den Ruinen Holz – es gab aber auch genehmigte derartige Holzbeschaffung – und versuchte, die bisher dürftigen Kohlezuweisungen durch ›Fringsen‹ zu erweitern.

»In den Monaten Oktober 1945 bis März 1946 waren über 60000

Solange die Läden unseren Kleiderträumen notgedrungen noch soviel schuldig bleiben müssen, heißt's eben nur: Selbst ist die Frau – mit Nadel, Schere, Zwirn! Vor allem gilt es, den Geist zu nutzen – bevor der Winter naht und die heute noch so regsamen Flügel unserer modischen Phantasie in seiner Kälte vereisen läßt. Da wären etwa die alten Decken aus dem Luftschutzkeller. Jetzt brauchen sie das Tageslicht nicht mehr zu scheuen – und Einfallsreichtum kann aus ihnen einen schicken Mantel, eine Jacke oder lange Hose, einen Wickelrock oder dergleichen zaubern. Ihre wärmenden Qualitäten haben wir in der Vergangenheit ja hinreichend erprobt. Also: Einfärben, zerschneiden – nicht so zaghaft, bitte, sondern mit Schwung, das macht sich später im eleganten Sitz bezahlt! – nähen, steppen – und fertig ist das gute Stück ... Unbrauchbar gewordene Unterwäsche, alte Strümpfe etc., in schmale Streifen geschnitten, aneinander genäht und dann zu Zöpfen geflochten: ein bewährtes Material, Sohlen für Hausschuhe zu fertigen, die warm und haltbar sind. Ein ebenso gutes, jedoch weit weniger bekanntes Material für die Herstellung von Hausschuhsohlen sind getrocknete Maisblätter, die ebenfalls in geflochtenem Zustand verarbeitet werden.

Besonders wichtig sind auch die anderen wärmenden Kleinigkeiten. Handschuhe, Strümpfe, Gamaschen, Schals – all das können wir aus Woll-, Stoff- oder Pelzresten in wirklich netter Form anfertigen.

Bei allem kommt es eben nicht so sehr auf das »Was« als auf das »Wie« an. Und vielleicht gibt es auch einen findigen Kopf (es braucht wirklich keine amtliche Organisation dafür geschaffen zu werden), der in kurzer Zeit einmal eine Fülle von Vorschlägen aus der Praxis des stillen Nähkämmerleins zu einer Modenschau unter dem Motto: »Wintermoden – warm und hübsch« vereint. Also das Schwungrad unserer Phantasie in Gang gesetzt und den Fingerhut aufgestülpt! Wir wollen dem Winter die kalte Schulter zeigen und keine Blößen, sowohl was die Nützlichkeit, d.h. Wärme, als auch die Hübschheit unseres Anzugs betrifft.

Die Neue Zeitung, 28.10.1945.

20 Kleider machen Sorgen

Berliner gestorben, viele davon erfroren. In den Wintermonaten 1946/47 starben weitere 40000 Berliner. Glück hatte, wer an einer Holzaktion teilnehmen konnte. Für das Bäumefällen bekam man dann einige Zentner Brennholz zugewiesen. Müttern mit kleinen Kindern überließ man Stubben, die dann mühevoll ausgegraben und zerteilt werden mußten. Frauen schleppten Eisenbahnschwellen nach Hause und zersägten sie in der Küche.«[260]

Was Deutschland zum Weiterleben brauche, sei Kohle und nochmals Kohle, hieß es in der ›Ruhrzeitung‹ vom 5. September 1945. »Ob die Eisenbahnen fahren, die Hochöfen brennen, ob das Brot auf den Tisch kommt, ob die Fischdampfer ausfahren können, alles hängt davon ab, daß genug Kohle da ist.« Deshalb sei das oberste Gebot der Stunde: Jeder Bergmann müsse jetzt in die Zeche zurück. Und all diejenigen, die etwas vom Bergbau verstünden, schon einmal unter Tag gearbeitet hätten, sollten sich beim Arbeitsamt melden.[261]

Der alliierte Kontrollrat war auch für die Aufsicht der Kohleförderung zuständig und nahm die Verteilung vor; ein Viertel der Fördermenge ging an Frankreich, England, Holland und Belgien. Europa litt insgesamt an Kohlemangel; die Deutschen als Hauptverursacher des Übels sollten im besonderen zur Behebung des Mißstandes herangezogen werden.

Nur durch die Erhöhung der scharf zurückgegangenen Kohleförderung könne der Wiederaufbau in ganz Mittel- und Westeuropa in Gang gebracht werden, hieß es in Nr. 3 der illustrierten Zeitschrift ›Heute‹.[262] Am Ende des Jahres 1945 fragte die ›Neue Zeitung‹: Warum keine Kohle? – wo doch zum Beispiel auf den Eisenbahnstrecken, die aus dem Ruhrgebiet in die amerikanische Zone führten, lange Kohlenzüge nach Süden rollten; das täusche aber. Gegenwärtig seien 90 von 100 der Ruhrzechen wieder in Betrieb genommen; davon hätten jedoch 25 Prozent schwere Kriegsschäden erlitten und arbeiteten nur mit einem Bruchteil ihrer normalen Leistung. Trotz intensiver Werbung für den Bergbau und entsprechender Vergünstigungen – Sonderzuteilung von Lebensmitteln, die die tägliche Kalorienzahl auf 3500 erhöhten, ferner Sonderzuteilungen von Tabak, Alkohol und Süßigkeiten sowie 96 Zentner Heizkohle pro Jahr für die Familien der Bergarbeiter, Arbeitskleidung und Schuhe – bestehe weiterhin Arbeitermangel; doch marschierten wöchentlich 4000–5000 neue Kumpel in die Bergwerke ein. Vor allem wegen des Transportproblems könne Deutschland nicht ausreichend mit Kohle versorgt werden.[263] In der britischen Zone waren allein 2800 Brücken zerstört, davon 1300 Eisenbahnbrücken; auch die Schiffahrt war überall blockiert; im Juni 1945 waren nur noch 650 Kilometer Schiene intakt. So lagerten ca. 2–3 Millionen Tonnen Kohle (nach anderen Einschätzungen 5 Millionen) auf Halde. Wenn dem so sei, meinte die Bevölkerung an der Ruhr, so sei unverständlich, warum man auf der Kohle säße und sie doch nicht verwenden dürfe; sie sage auch ganz offen, heißt es in einem Stimmungsbericht des Regierungspräsidenten von Arnsberg, daß, wenn Transportschwierigkeiten wirklich die Ursache hierfür wären, man nicht begreife, warum die Kohle nicht unmittelbar bei den Bergwerken in Strom und Gas umgewandelt würde.

Damit war eine andere generelle Versorgungsschwierigkeit angesprochen; es fehlte nicht nur an Kohle für das Betreiben der Elektrizitäts- und Gas-Werke; die Anlagen waren vielfach zerstört. Allerdings gelang es in den meisten Städten verhältnismäßig rasch, den Betrieb wieder aufzunehmen.

In einer Analyse der Verkehrssituation des Jahres 1945 stellt *Uwe Burghardt* fest, daß die Eisenbahn höchstens noch für regionale Hamsterfahrten und den Berufspendelverkehr getaugt hätte – wegen Überfüllung unter Mitbenützung der Trittbretter, Puffer und Wagendächer; die Waggons waren meist ohne Fensterscheiben. Durch die Zerstörung großer Fluß- und Talbrücken seien vom Eisenbahnnetz lediglich ›Inselbetriebe‹ übriggeblieben. »Die Großstadtbahnhöfe lagen in Trümmern, und die Eisenbahnknotenpunkte glichen Ruinenfeldern.«[264] Von einer Null-Stunde konnte man jedoch nicht sprechen. Nach Kriegsende waren von den vorhandenen Lokomotiven immerhin 39,1 Prozent und von den Güterwagen 70 Prozent betriebsbereit.

Im August konnte der ›Bayerische Tag‹ befriedigt feststellen, daß der Aufbau des Transportwesens Fortschritte mache. In der amerikanischen Zone seien von einem Eisenbahnnetz mit 17000 Kilometern Länge inzwischen fast 7000 Kilometer wieder instandgesetzt worden; mehr als 100000 Eisenbahnarbeiter seien damit beschäftigt, die beschädigten Lokomotiven, Wagen und Gleise zu reparieren. »Nur diejenigen, die mit der Wiederinstandsetzung der Eisenbahnen vertraut sind, können sich ein Bild von den Schwierigkeiten machen, die überwunden werden mußten, um die Bahnen wieder in den augenblicklichen Zustand zu bringen.«[265]

Was den Stadtverkehr betraf, so waren in den zerstörten Städten zunächst die Straßen und damit auch die Schienen vom Schutt freigeräumt worden. Die Situation in Nürnberg dürfte für die Lage in schwer zerstörten Städten typisch gewesen sein: Dort mußte das Straßenbahnwesen praktisch aus dem Nichts wieder aufgebaut werden. Die Gleise wiesen bei Kriegsende über 200 Bombentreffer auf; von 175 Kilometern Fahrdraht hingen ganze vier Kilometer noch an den Verspannungen. Von 185 Triebwagen und Anhängern bei Ausbruch des Krieges waren nach den Kampfhandlungen noch 15 übriggeblieben; von über 100 Omnibussen und Anhängern galt nicht ein einziges Fahrzeug mehr als betriebsfähig. »Trotz dieser schier aussichtslosen Situation verkehrten im Oktober 1945 bereits wieder Linien vom Hauptbahnhof zum Nordostbahnhof und nach Fürth, nach Schweinau und Erlenstegen, um den Altstadtring und zum Westfriedhof. Dieser rasche Aufbau galt als ein kleines Wunder, denn häufig fehlten sogar die Häuser, um Spanndrähte für die Oberleitungen daran festzumachen.«[266] (Im April 1946 wurde in einem Verwaltungsbericht des Oberbürgermeisters der erreichte Stand der einsatzfähigen Wagen mit 96 Triebwagen und 150 Beiwagen, der wieder eingerichteten Strecken mit 44 Prozent des Vorkriegsstreckennetzes angegeben.[267])

Vierzig Prozent der Produktionskapazität der Automobilindustrie waren zerstört. »Wer Glück hatte, verfügte über einen zusammengeflickten Kübelwagen, ein Uraltmodell aus der Weimarer Zeit (mit noch mehr Glück hatte er auch Treibstoff) oder ein Holzgasgeneratorauto.« Das Volkswagenwerk nahm jedoch bereits Ende Mai 1945 als ›Wolfsburg Motor Works‹ den Reparaturbetrieb für die britischen Streitkräfte auf; bald wurden wieder Autos produziert, vorerst für die britische Militärregierung, zumeist Kübelwagen (weitgehend in Handarbeit gefertigt), dann ›Käfer‹ als Behelfslieferwagen für die Reichspost. »Obwohl die meisten der 6000 Beschäftigten noch mit Aufräumungsarbeiten beschäftigt waren, lief am 14. Oktober 1946 der 10000. Nachkriegs-›Käfer‹ vom Band, versehen mit Kommentaren der Belegschaft, die einen Eindruck von den Arbeitsbedingungen und der Ernährungssituation des Jahres 1946 hinterließen.«[268]

Besonders sehnsüchtig erwartete man die Wiederaufnahme des Postverkehrs, hoffte man doch, auf diese Weise Nachricht von Bekannten und Verwandten zu erhalten. Auf Anordnung der Militärregierung wurde ab 2. Juli 1945 ein Postdienst für Teile der britischen

Besatzungszone eingerichtet. Die Gebühren wurden nach den vor der Besetzung geltenden Gebührensätzen erhoben; es gab Militärregierungs-Briefmarken, die bei den Postämtern zu erhalten waren. »Zugelassen sind Postkarten von und an jedermann, Briefe (bis 500 g) von und an Behörden sowie Briefe von zugelassenen Industrie- und Handelsbetrieben, Banken sowie Briefe in Postscheck- und Postsparkassenangelegenheiten. Es ist gut lesbare lateinische Schrift anzuwenden; der Text darf nur in deutscher oder englischer Sprache abgefaßt sein. Alle Sendungen müssen auf der Außenseite Name und Anschrift des Absenders tragen. Sämtliche Sendungen sind am Postschalter – nicht durch Briefkasten – auszuliefern. Weitere Auskunft erteilen die Postämter.«[269]

Aus der amerikanischen Zone meldete der ›Bayerische Tag‹ am 11. August 1945, daß, nachdem schon Wochen vor Deutschlands Kapitulation das Postwesen völlig zusammengebrochen gewesen war, sich die zuständigen amerikanischen Stellen ständig bemüht hätten, den Postverkehr wieder zu ermöglichen. Der erste Schritt in diese Richtung sei die Wiedereröffnung eines innerstädtischen Postverkehrs in München und anderen bayerischen Städten gewesen; ein Postverkehr zwischen den verschiedenen Städten bestehe zur Zeit nur für Handelsfirmen; er werde aber in kürzester Zeit auch für die Zivilbevölkerung in der ganzen Provinz Bayern freigegeben werden können.

Dem Fernsprechwesen hatte der Krieg tiefe Wunden geschlagen; die meisten Apparate waren seit längerem ›tot‹; doch hatte es bis in die ›letzten Tage‹ noch eigenartige, geradezu surreal anmutende ›Verbindungen‹ gegeben. So konnte man im untergehenden Berlin über die Fronten hinweg zwischen Stadtteilen, die schon in russischer Hand waren, und solchen, die noch von der deutschen Wehrmacht gehalten wurden, telefonieren.[270] Ein sowjetischer Leutnant, von zwei Kriegsberichterstattern dazu angestiftet, soll sogar *Goebbels* kurz vor dessen Selbstmord angerufen und mit ihm gesprochen haben.[271]

Schon bis Ende Mai waren in Bayern vom amerikanischen Signal-Corps und deutschen Zivilarbeitern die wichtigsten Fernkabelleitungen wieder hergestellt; am Ende des Jahres konnten bereits 930 von früher 1060 Fernsprechämtern Ferngespräche empfangen. Die Zerstörungen waren in den Ortskabelnetzen der großen Städte am stärksten; in München wurden nach Kriegsende etwa 50000 Störungen

21 Flüchtlingshilfe: Amerikanische Care-Pakete werden verteilt

festgestellt; im Dezember waren 25000–40000 noch nicht behoben. Von den Fernsprechvermittlungsstellen waren im Bereich der Reichspostdirektion München am 1. Dezember 1945 95 Prozent erreichbar, in Nürnberg 70 Prozent, in Regensburg 91 Prozent. Für den Fernsprechverkehr mit den größeren Orten Bayerns standen meistens nur zwei Leitungen zur Verfügung; nach Stuttgart sollte in nächster Zeit ›geschaltet‹ werden können; ähnlich war die Situation in den anderen Städten. Zwischen den verschiedenen Besatzungszonen Deutschlands zu telefonieren, war deutschen Zivilpersonen nicht gestattet; der alliierte Koordinierungsausschuß des Kontrollrates plante jedoch die Wiederaufnahme des Telegraphen- und Telefondienstes zwischen den Städten der verschiedenen Besatzungszonen Deutschlands.[272]

Die Unterernährung und die schlechte Versorgungslage bewirkten in Deutschland einen überdurchschnittlich hohen Krankenstand; dazu kamen die vielen Kriegsverwundeten und -versehrten. Schon leichtere Erkrankungen wie Grippe konnten rasch zum Tod führen; Lungenentzündungen waren von besonderer Gefährlichkeit. Vor allem die Widerstandskraft der Kleinkinder und Alten war durch körperliche Anstrengungen, Hunger und Kälte geschwächt. Die Verbreitung von Tuberkulose nahm wie noch nie seit dem Ersten Weltkrieg zu; dazu kamen Darmerkrankungen, Ruhr, Gelbsucht (besonders für Säuglinge und Kleinkinder gefährlich). Viele Krankenhäuser waren zerstört, die noch bestehenden meist völlig überbelegt; die Ärzte klagten über mangelnde Ausstattung mit Geräten, Verbandsmaterialien und Lebensmitteln. Die Krankenpflege mußte von Frauen privat organisiert und meist unter Aufbietung letzter Kräfte geleistet werden.[273] Medikamente gab es kaum zu kaufen; der Hygiene dienten intensive Saubermachaktionen und die Chlorierung des Wassers. Von den Militärkommandanten wurden Entlausungsstationen eingerichtet, »wo Soldaten mit großen Pulverspritzen den Männern und Frauen und Kindern das DDT von unten und von oben unter die Kleidung verpassen. Die Geduld und Folgsamkeit, mit der sich fast alle Deutschen den Siegern fügen, setzt manchen Besatzungsoffizier in Erstaunen.«[274]

Da die »Geschlechtsmoral im Abstieg« sich befand (so eine Untersuchung der ›Neuen Zeitung‹ vom 8. November 1945), nahm die Zahl des syphilitischen und gonorrhoischen Erkrankungen in fast allen Gebieten Deutschlands bedrohlich zu. Die Häufigkeit der Geschlechtskrankheiten habe sich seit dem Jahr 1939 vervielfacht und teilweise epidemischen Charakter angenommen. »Die oberste amerikanische Gesundheitsbehörde hat daher angeordnet, daß durch Ausbau der Gesundheitsdienste, ärztliche Reihenuntersuchungen, Überwachung von Prostituierten und zwangsweise Einlieferung von Erkrankten in Heilanstalten diesen Seuchen wirksam begegnet wird.« (Bereits seit 1941 war ein starkes Ansteigen der Geschlechtskrankheiten in Deutschland festzustellen).[275]

Eine große Hoffnung bei der Krankheitsbekämpfung bedeuteten Penicillin und andere Antibiotika; doch waren diese, vor allem der britischen und der amerikanischen Forschung wie Pharmazie-Industrie zu dankenden Heilmittel – die Entdecker des Penicillins, drei britische Gelehrte, erhielten am 25. Oktober 1945 den Nobelpreis zugesprochen –, für Deutsche zunächst kaum zugänglich bzw. nur mit hohen Kosten auf dem Schwarzmarkt zu erhalten. Als Sensation wurde es deshalb empfunden, als Penicillin bei besonders schweren Krankheitsfällen auch deutschen Patienten zur Verfügung gestellt wurde. In einzelnen Fällen – so die ›Neue Zeitung‹–, in denen es um das Leben des Patienten ginge und alle anderen Heilmittel versagt hätten, seien deutsche Ärzte auf dem Weg über ihre zuständigen Gesundheitsdienststellen bei der Militärregierung um die Zuteilung von Penicillin vorstellig geworden. Inwieweit solche Gesuche auch weiterhin berücksichtigt würden, läge bei der Militärregierung; die bisherige Erfahrung zeige jedoch, daß einem derartigen Gesuch eine genaue Diagnose und Krankengeschichte des Falles beigefügt sein müsse. Die amerikanischen Militärärzte würden die Krankenpapiere überprüfen und darüber entscheiden, ob Penicillin zugeteilt werde. Die Anwendung müsse unter Aufsicht amerikanischer Ärzte vor sich gehen, da deutschen Ärzten jede Erfahrung mit Penicillin fehle.[276]

In der Zusammenbruchgesellschaft stieg die Zahl der Diebstähle und Verbrechen – unabhängig von Beschaffungskriminalität und Mundraub – sprunghaft an. In seiner Studie ›Soziologie der deutschen Nachkriegskriminalität‹ (1949) stellte *Karl S. Bader* fest, daß die gewaltige Steigerung der Kriminalität nach 1945 zum Anwachsen der Kriminalität nach dem Ersten Weltkrieg etwa im gleichen Verhältnis stehe wie die Katastrophe von heute zur Niederlage von damals.[277] Zerstörte Städte und Lager-Dasein gaben den Nährboden ab für eine die unmittelbare Nachkriegszeit sehr stark bestimmende Form sozialer Verwahrlosung: die Ruinenkriminalität. Eine rapide gestiegene Gesamt- und insbesondere Jugendkriminalität gehörten zwar auch zum Erscheinungsbild der Siegerstaaten, doch lag sie in Deutschland besonders hoch. In Berlin wies die Jugendkriminalität 1946 gegenüber 1938 eine Steigerung um 850 Prozent auf.

Auch wenn sich hinter diesem außerordentlichen Anstieg eine Vielzahl von Bagatelldelikten verbarg, wuchs doch statistisch mit der Schwere der verübten Tat zugleich der Anteil der beteiligten Jugendlichen. Insofern resultierte die Jugendkriminalität nicht nur aus einer allgemeinen Form von Verwahrlosung, sondern zeigte auch eine tiefe Erschütterung aller Wertvorstellungen. Neben der starken Beteiligung von Jugendlichen war die Nachkriegskriminalität durch bestimmte vorherrschende Deliktarten gekennzeichnet. Charakteristisch war die enge Verbindung von Mord und Raub, so daß der Raubmord als »der Mord der Nachkriegszeit schlechthin« bezeichnet worden ist. Dabei hing es oft vom Zufall ab, ob das Raubmotiv auch zur Mordtat führte. Besonders häufig waren ferner Einbruchsdiebstähle in Bauern- und Gasthäusern oder auch Rathäusern, um Nahrungsmittel bzw. Lebensmittelkarten zu erbeuten. Der Hunger baute die Hemmschwelle, zu töten, ab.[278]

Bandenbildung gab es vor allem bei vagabundierenden Jugendlichen (in der britischen Zone allein 40000, darunter 15000 Mädchen, 80 Prozent davon geschlechtskrank); und bei jüngeren Zwangsarbeitern bzw. DPs (Displaced Persons), die sich mit Diebstahl, Raub und Mord an ihren früheren Unterdrückern zu rächen trachteten.

Freigelassene Zwangsarbeiter dürften z. B. auch die Täter gewesen sein, die am 1. Juni 1945 in der Nähe von Nürnberg drei Männer, fünf Frauen und ein sechsjähriges Kind beim Holzsammeln im Wald erschlugen bzw. erschossen, die Frauen wahrscheinlich vorher vergewaltigten. (Ständig hörte man in diesen Tagen von Überfällen und Plünderungen.) Die amerikanische Militärpolizei konnte keine Täter ermitteln. Solche drastischen Fälle ereigneten sich nicht zu häufig, waren aber wiederum nicht so ungewöhnlich, daß sie besondere Aufmerksamkeit hervorgerufen hätten. Im Tagesbericht der Nürnberger Armeeverwaltung hieß es dementsprechend: »Nothing unusual to report.«[279]

Verwaltungen werden eingesetzt

Die Besatzungsmächte wollten und konnten nach der Übernahme der Regierungsgewalt angesichts der schier unermeßlichen Aufgaben nicht auf die Mitwirkung des Personals der deutschen Verwaltung verzichten. Im britischen Unterhaus erklärte *Winston Churchill* im Mai 1945: »Im allgemeinen ist es unsere Absicht, daß Deutschland unter unserer Oberaufsicht sich selbst verwalten und uns nicht die Last der Verwaltung aufbürden soll.«[280] Die Alliierten behielten die deutsche Verwaltungsorganisation auf lokaler Ebene bei und setzten neue Führungskräfte ein. Viele spätere prominente Bundespolitiker wie etwa *Konrad Adenauer, Fritz Erler, Gustav Heinemann, Franz Josef Strauß* begannen ihre Nachkriegskarriere als Oberbürgermeister oder Landräte.

Gemeinden, Städte und Landkreise bildeten ab Mitte 1945 das Fundament beim Wiederaufbau nicht nur der Verwaltung, sondern des gesamten öffentlichen Lebens. Da sich jedoch, vor allem in den Augen der amerikanischen und sowjetischen Besatzungsmacht, die deutsche Beamtenschaft als Steigbügelhalter der Nationalsozialisten erwiesen hatte, kam es zu umfangreichen Suspendierungen, Entlassungen und Entnazifizierungsverfahren.

Bei ihrem Einzug in die deutschen Gebiete hatten die Besatzungsmächte unterschiedlich gründliche, insgesamt aber gute Informationen über die für eine neue demokratische Aufgabe infrage kommenden Personen. Die in Kooperation mit dem Geheimdienst und deutschen Emigranten aufgestellten ›weißen Listen‹ wurden ergänzt durch Anfragen der örtlichen Befehlshaber bei Geistlichen, da man fälschlicherweise annahm, daß die Kirche in Deutschland relativ immun dem Nationalsozialismus gegenüber geblieben war; dazu kam der Kontakt mit Vertretern früherer demokratischer Parteien und den Gewerkschaften sowie mit ›Honoratioren‹ der inneren Emigration. Beamte, die entweder von den Nationalsozialisten entlassen worden waren oder wegen Erreichung der Altersgrenze den Dienst verlassen hatten, wurden zurückgeholt.

Das Einsetzen der deutschen Verwaltungskräfte durch die alliierte Militärherrschaft war ›Beförderung‹ im doppelten Wortsinne: Unbelastete oder solche, von denen man annahm, daß sie dem Nationalsozialismus fern gestanden waren, erhielten ohne lange Ausleseverfahren einflußreiche Positionen (mußten aber damit rechnen, daß sie, wenn sie sich z. B. nicht bewährten oder als nicht konform genug erwiesen, rasch wieder ›gefeuert‹ wurden); und sie wurden in ihr Amt dadurch gebracht, daß ein Militärfahrzeug (Jeep) vor der Wohnung vorfuhr und sie für die neue Aufgabe ›abholte‹ (Bedenkzeit gab es da kaum).

Für die von der Militärregierung angewandte Strategie bei der hilfsweisen Wiedereinsetzung der deutschen Zivilverwaltung kann Nürnberg als Fallstudie dienen. Zunächst wurde mit der Leitung der Stadtverwaltung der frühere Stellvertretende Oberbürgermeister betraut, aber wenige Tage später bereits entlassen und interniert; an seine Stelle trat zunächst ein früherer berufsmäßiger Stadtrat, der bei den Nationalsozialisten ein Fachressort geleitet hatte. Nach kritischer Überprüfung erfolgte die Entlassung von 2600 städtischen Beamten und Bediensteten wegen NS-Parteizugehörigkeit. Nun wurden zwei Sozialdemokraten zum Oberbürgermeister und Bürgermeister ernannt: »Sie sind bis auf weiteres als Oberbürgermeister und erster Beigeordneter eingesetzt. In dieser Eigenschaft werden sie restlos alle Erlasse der MR (Militärregierung) durchführen.« Beide mußten täglich zur Besprechung der anstehenden Probleme und zum Befehlsempfang bei der Militärregierung erscheinen. Auch die einzelnen Fach- und Sachbereiche der Stadtverwaltung wurden von der autonom regierenden und agierenden lokalen Militärregierung, die alle legislative, exekutive und judikative Gewalt übernommen hatte, gelenkt; und zwar mit Hilfe entsprechender Abteilungen (sections).

Die ›Abteilung für öffentliche Sicherheit‹ (Public Safety Section) begann schon am 20. April mit der Reorganisierung der Polizei – zur Abwehr von Nahrungsmittelplünderungen; u. a. wurden 225 unbewaffnete Straßenbahnschaffner als Hilfspolizisten eingesetzt; im Juni erfolgte die Wiederbewaffnung der deutschen Polizei; im September ging die Verkehrskontrolle von der Militärpolizei in die Hände der deutschen Polizei über.

Die ›Abteilung für öffentliche Gesundheit‹ (Public Health Section) richtete, da drei der fünf Krankenhäuser fast vollständig zerstört waren, einen Notdienst ein. Die Übertragung der Funktionen und Pflichten auf das städtische Gesundheitsamt erfolgte erst im März 1946.

Ähnlich vollzog sich die Arbeit der ›Abteilung für öffentliche Wohlfahrt‹ (Public Welfare Section); diese gab ihre Funktionen an die deutsche Stelle ebenfalls im März 1946 ab.

Das ›Erziehungsbüro‹ (Education Office) übertrug am 15. Dezember alle Erziehungsangelegenheiten in deutsche Hände; vorher hatten die ersten Schulen den Unterricht wieder aufgenommen.

Die ›Abteilung für den Kommunikationsbereich‹ (Postal and Telegraph Service) sorgte dafür, daß am 25. Juni 1945 die innerstädtischen Postdienste wieder funktionierten.

Der ›Schnellgerichtshof der Militärregierung‹ (Summary Military Government Court) behandelte ab 28. April alle anstehenden Fälle: Von der Übertretung des Ausgehverbotes bis zur Fälschung von ›Fragebogen‹ (mit denen man frühere Nationalsozialisten ausfindig zu machen suchte). Die deutschen Gerichte wurden erst nach der Entnazifizierung des Justizpersonals wiedereröffnet, das Amtsgericht Ende September 1945, das Landgericht am 28. Dezember 1945 und das Oberlandesgericht am 17. Januar 1946.

Die ›Abteilung für Nahrungsmittel und Landwirtschaft‹ (Food and Agriculture Section) versuchte, die immensen Versorgungsprobleme zu lösen; sie entwickelte ein besonderes Kartoffel-Programm.

Die ›Abteilung für zivile Versorgung‹ (Civilian Supply Section) sicherte und verteilte die geringen Kohlenvorräte; schon am 1. September 1945 ging diese Tätigkeit auf deutsche Stellen über.

Die ›Abteilung für öffentliche Angelegenheiten‹ (Public Utilities Section) kümmerte sich um die Engergieversorgung, um die Instandsetzung des städtischen Verkehrs, die Trümmerräumung der Straßen und die Reparatur wie den Wiederaufbau des zerstörten Wohnraums; sie übergab ihre Arbeit am 26. April 1946 der deutschen Behörde.

Die ›Abteilung für Wirtschaft, Handel und Industrie‹ (Economics, Trade and Industry Section) versuchte so rasch wie möglich Produktion und Handel zum Laufen zu bringen – in Zusammenarbeit mit der zunächst provisorisch wieder zugelassenen Industrie- und Handelskammer sowie der Handwerkskammer.

Die erste Aufgabe der ›Abteilung für Finanzen‹ (Fiscal Section) bestand im Schutz der Geldinstitute vor Raub und Plünderung; schon in der ersten Mai-Woche eröffnete die Reichsbank ihre Hauptstelle; nach Vorlage der Fragebogen und Finanzerklärungen nahmen weitere 26 Banken und 38 Versicherungsgesellschaften ihre Tätigkeit auf.

Ferner gab es ein ›Büro für Eigentumskontrolle‹ (Property Control Office), eine ›Transportabteilung‹ (Transportation Section), eine ›Abteilung für Arbeit‹ (Labor Section): Sie bewirkte, daß das Arbeitsamt zur Vermittlung von Arbeitskräften innerhalb weniger Tage seine Funktion wieder aufnahm.[281]

In der SBZ erhielt *Wolfgang Leonhard*, der mit *Walter Ulbricht* nach Berlin zurückgekommen war, die Aufgabe, Bürgermeister und Bezirksverwaltungen einzusetzen. »*Ulbricht* gab uns neue Direktiven. Jede Bezirksverwaltung sollte von einem Bürgermeister und zwei Stellvertretern (wobei der erste Stellvertreter gleichzeitig der Dezernent für Personalfragen sein sollte) geleitet werden und aus einer Reihe von Dezernaten bestehen: Ernährung, Wirtschaft und Soziales, Gesundheitswesen, Verkehr, Arbeitseinsatz, Volksbildung, Finanzen, einem Beirat für Kirchenfragen u. a.

Schon die einfache Besetzung dieser Stellen – in zwanzig Berliner Bezirken! – war eine sehr schwierige Aufgabe, um so mehr, als *Ulbricht* uns dauernd antrieb und erklärte, die Arbeit müsse ›spätestens in zwei Wochen‹ zu Ende sein. Aber es handelte sich nicht nur um eine ›einfache Besetzung‹. *Ulbricht* erklärte uns: ›Die Bezirksverwaltungen müssen politisch richtig zusammengestellt werden. Kommunisten als Bürgermeister können wir nicht brauchen, höchstens im Wedding und in Friedrichshain. Die Bürgermeister sollen in den Arbeiterbezirken in der Regel Sozialdemokraten sein. In den bürgerlichen Vierteln – Zehlendorf, Wilmersdorf, Charlottenburg usw. – müssen wir an die Spitze einen bürgerlichen Mann stellen, einen, der früher dem Zentrum, der Demokratischen oder Deutschen Volkspartei angehört hat. Am besten, wenn er ein Doktor ist; er muß aber gleichzeitig auch Antifaschist sein und ein Mann, mit dem wir gut zusammenarbeiten können.‹

›Und die anderen Posten?‹ warf einer ein.

›Nicht so voreilig, kommt gleich dran. Die müssen der politischen Struktur der Berliner Bezirke angepaßt sein... Für den stellvertretenden Bürgermeister, für Ernährung, für Wirtschaft und Soziales sowie für Verkehr nehmen wir am besten Sozialdemokraten, die verstehen was von Kommunalpolitik. Für Gesundheitswesen antifaschistisch eingestellte Ärzte, für Post und Verbindungswesen parteilose Spezialisten, die etwas davon verstehen. Jedenfalls müssen zahlenmäßig mindestens die Hälfte aller Funktionen mit Bürgerlichen oder Sozialdemokraten besetzt werden.‹«[282]

Als nach verhältnismäßig kurzer Zeit die Westalliierten die Verwaltung in die Hände der Deutschen zurückgaben, zeigte sich, daß die ›Erstausrüstung‹ der Verwaltung weitgehend aus dem politischen und administrativen Personalreservoir der Weimarer Republik erfolgt war. »Das traditionelle deutsche Verwaltungssystem war wunderbar geeignet für die Notlage der Alliierten... Es war gegenüber höchster staatlicher Autorität... immer zugänglich, aber andererseits gegenüber gesellschaftlichen Bewegungen, denen jetzt die Militärregierung argwöhnisch gegenüberstand, unzugänglich gewesen.« Alle vier Alliierten hätten, so *Theodor Eschenburg*, revolutionäre Tendenzen abgelehnt (auch die Sowjets, die sie – wo es möglich schien – zu integrieren suchten, aber sonst strikt unterbanden). So sei im Westen der administrative Apparat zum Angelpunkt der Wiederbelebung des deutschen Lebens geworden. Die politische Quarantäne in den ersten Monaten – bis zur Potsdamer Konferenz bestand im Westen noch das Verbot politischer Betätigung – habe die Abwehr grundlegender Veränderungen gefördert und die etablierten gesellschaftlichen Kräfte gestützt. Aus ihrer Kolonialtradition hätten die Engländer und Franzosen das Prinzip der ›indirect rule‹, der indirekten Herrschaft mit Hilfe eingeborener Eliten gekannt; das übertrugen sie nun auf Deutschland; die Amerikaner schlossen sich an. Eine englische Direktive umschrieb das so: »Eine solche Verwaltung ist... autoritär, und solange sie besteht, muß sie, wenn sie überhaupt zufriedenstellend sein soll, eine ›wohltätige Gewaltherrschaft‹ sein.«[283] Der Vollzug der Befehle sollte in erster Linie bei den Gemeinde- und Kreisverwaltungen liegen; dringlich war daher die Besetzung der Spitzenstellungen von Bürgermeister- und Landratsämtern.

Ab 26. September wurden innerhalb der amerikanischen Besatzungszone zusammenfassende Verwaltungsgebiete gebildet, die nun die Bezeichnung ›Staaten‹ trugen und eine ›Staatsregierung‹ bekamen; es handelte sich um Großhessen, Württemberg-Baden und Bayern. »Jeder der hierdurch gebildeten Staaten hat unter Vorbehalt der übergeordneten Machtbefugnis der Militärregierung volle gesetzgebende, richterliche und vollziehende Gewalt, soweit deren Ausübung nicht mit früher und zukünftig getroffenen Maßnahmen des Kontrollrates für Deutschland oder einer von diesem errichteten zentralen deutschen Behörde im Widerspruch steht. Bis zu dem Zeitpunkt, an dem die Schaffung demokratischer Einrichtungen möglich sein wird, genügt es für die Gültigkeit staatlicher Gesetzgebung, daß sie von dem Ministerpräsidenten genehmigt und verkündet wird.«[284] Am 15. November übertrug die amerikanische Militärregierung die Verwaltung von Landkreisen und den diesen unterstellten Städten an die deutschen Behörden. Für die Stadt übernahm der Bürgermeister die Geschäfte, für den Landkreis der Landrat.

In der ersten Phase der die Zusammenbruch-Gesellschaft ablösenden Aufbau-Gesellschaft waren die Gemeinden die zunächst einzigen funktionsfähigen Verwaltungseinheiten. Dies entsprach der politischen Zielsetzung der (westlichen) Alliierten, die im Rahmen ihres Reeducation-Programms eine Demokratisierung ›von unten‹ (grassroot-democracy) beabsichtigten. Die Stadtverwaltungen begriffen sehr rasch, daß ein solches Konzept von Selbstverwaltung einen großen Einfluß bei einer späteren Staatsbildung einräumen könnte – vor allem dann, wenn man sich, zur Stärkung der kommunalen Position, zusammenschließen würde. Bereits im Juli 1945 beauftragte *Konrad Adenauer Peter van Aubel*, den Vorstandsvorsitzenden der Wirtschaftsberatungs AG, der einzigen kommunalen Fachorganisation, die den Zusammenbruch ohne größere Beeinträchtigung überstanden hatte, den Wiederaufbau des Deutschen Städtetages vorzubereiten. *Adenauer* – in der Weimarer Republik Oberbürgermeister von Köln, als Gegner des Nationalsozialismus 1933 aus allen Ämtern entlassen – war am 4. Mai 1945 von den Amerikanern wieder als Kölner Oberbürgermeister eingesetzt worden; unter der dann folgenden britischen Besatzung kam es zu Spannungen – u. a. weil *Adenauer* forderte, weniger Kohle aus dem Ruhrgebiet nach Frankreich und Belgien zu transportieren; am 6. Oktober wurde er wegen ›Unfähigkeit‹ entlassen – mit dem Verbot jeglicher politischen Betätigung.

Erfolgreich erwies sich ein Aufruf *Adenauers* am 23. August 1945 an die Oberbürgermeister der größeren Städte (der Städte über 80000 Einwohner): »Ich darf wohl annehmen, daß auch Ihre Stadt an der Tätigkeit des Deutschen Städtetages auf der alten Grundlage interessiert ist...«[285] Das schnelle und große Echo führte dazu, daß sich im Dezember in Essen ein vorläufiger Vorstand des Städtetags konstituierte; die britische Militärregierung sprach dann die Genehmigung für einen Deutschen Städtetag in der britischen Zone am 12. Mai 1946 aus; ihr folgte die amerikanische Militärregierung; doch konnte die erste ordentliche Hauptversammlung des neuen bizonalen Deutschen Städtetages erst am 20. Mai 1948 in der Frankfurter Paulskirche – an einem Ort großer historischer Bedeutung – stattfinden.

Erste Schritte zur Demokratie

Reeducation der Deutschen: Das bedeutete vor allem Demokratisierung im Sinne parlamentarischer Demokratie, mit den Parteien als wichtigen Trägern der Willensbildung des Volkes; und freie geheime Wahlen auf allen Ebenen. Zunächst galt es, den Deutschen, die sich durch den Nationalsozialismus als politisch unmündig erwiesen hatten, zu zeigen und zu lehren, was Demokratie überhaupt bedeutete; in dieser Phase der ›Erziehung‹ legten die Militärregierungen mit ihren Beratungsteams im Rahmen des Besatzungsstatuts in allen Bereichen fest, was demokratisch gut und demokratisch schlecht sei; mit Hilfe der Entnazifizierung versuchten sie hinsichtlich der benötigten Personen die Spreu vom Weizen zu sondern, d.h. geeignete Kräfte für den demokratischen Aufbau zu finden. Nach diesem, übrigens angesichts der deutschen Regression ins Autoritäre und Totalitäre sehr heilsamen Vorgang konnte die ›Gängelung‹ gelockert werden; den Deutschen wurden die ersten Schritte auf dem vorgegebenen Weg der Demokratie relativ bald erlaubt. Als solche Gehversuche gelangen, wurde – zumal in der SBZ eine gegenläufige Entwicklung, hin zu einem von einer kommunistischen Einheitspartei bestimmten autoritären Staatswesen zu erwarten war – das Tempo der Demokratisierung beschleunigt.

Die Alliierten wollten jedoch das Terrain sorgfältig absichern: und zwar durch eine gut arbeitende Verwaltung, die somit als Exekutive im Dienst der Militärregierung der später zu bildenden deutschen Legislative vorgeschaltet war. Mit diesem Vorgehen stimmten auch die eingesetzten deutschen Verwaltungsspitzen weitgehend überein – etwa die Ministerpräsidenten, die im wesentlichen das durchzuführen hatten, was die Militäradministration anordnete. So warnten z. B. der erste bayerische Ministerpräsident *Fritz Schäffer* (CSU) und dessen Nachfolger *Wilhelm Hoegner* (SPD) sowie *Reinhold Maier* und *Theodor Heuss* (DVP) in Württemberg-Baden vor verfrühten Parteigründungen. »Man wollte sich im Verwaltungsaufbau von den Parteien nicht stören lassen und fürchtete bei Wahlen eine Radikalisierung als Reaktion auf den totalen Zusammenbruch. Typisch ist die Überschrift ›Die Parteipolitik erhebt ihr Haupt‹ im ersten Band von *Reinhold Maiers* Memoiren ›Ein Grundstein wird gelegt‹. *Maier* (und nicht nur er) lebte in der Gewißheit, als Ministerpräsident ›Sachverwalter eines demokratisch organisierten Landes‹ zu sein. Den Vor-

22 Schrottplatz des Krieges – Anfänge von Verständigung

23 Zögerliche Fraternization (Photo von Hermann Claasen)

sprung, den die Verwaltung anderen Zweigen des öffentlichen Lebens voraus hatte, konnten Männer wie er getrost für rechtens halten, an ihrer eigenen demokratischen Zuverlässigkeit war ja nicht zu zweifeln.«[286]

Nachdem zur Überraschung der westlichen Alliierten der russische Marschall *Georgij K. Schukow* bereits am 10. Juni 1945, gut einen Monat vor Beginn der Potsdamer Konferenz, die Zulassung politischer Parteien verkündet hatte – er wollte die Parteigründungen vollzogen wissen, bevor die westlichen Alliierten Anfang Juli nach Berlin kämen –, wies General *Eisenhower* im September die Behörden der amerikanischen Zone an, die ersten freien Wahlen nach 1932 in Deutschland vorzubereiten; dies sei möglich, da die Säuberung der amerikanischen Zone von den Nationalsozialisten so weit fortgeschritten sei, daß der Bevölkerung ein größeres Mitbestimmungsrecht eingeräumt werden könne. In der Erklärung wurden die Gemeindewahlen als »erster logischer Schritt auf dem Weg der Einführung demokratischer Methoden in Deutschland« bezeichnet; diese könnten möglicherweise schon im Januar 1946 abgehalten werden; (sie fanden in der amerikanischen Zone im April und Mai 1946, in der britischen und französischen Zone im Oktober 1946 statt). Die Wahlen in den Großstädten sowie die Provinzial- und Länderwahlen würden erst zu einem späteren Zeitpunkt stattfinden; (sie erfolgten dann ebenfalls 1946). »Die Vornahme der Wahlen in den kleinsten Einheiten dient dem Sammeln von Erfahrungen in der Handhabung der Wahlordnung und soll Gelegenheit zur Wiederaufnahme des örtlichen politischen Lebens im Zusammenhang mit örtlichen Fragen bieten. Sobald die neue Gemeindewahlordnung fertiggestellt und gebilligt ist, werden die technischen Wahlvorbereitungen getroffen, die Wählerlisten aufgestellt und die Stimmzettel gedruckt werden.«[287]

Unabhängig von einem solchen Vorgehen in kleinen Schritten – mit der Aufgabe, Gemeindeordnungen durch die Provinzen und Länder der amerikanischen Zone auszuarbeiten –, brachte das Jahr 1945 bereits auch ein Nachdenken über die mögliche Struktur von Landesverfassungen (welche die Voraussetzung für die in Aussicht gestellten Landtagswahlen darstellten). Die Ausarbeitung von deutschen Verfassungen, als einer grundsätzlichen Konzession der Besatzungsmächte an die deutsche Autonomie, habe zwar – so *Barbara Fait* – den Potsdamer Vereinbarungen nicht widersprochen, sei aber eigentlich unvereinbar mit einem dominanten Aspekt der Besatzungsrealität gewesen: der klaren Unterordnung deutscher Interessen und deutscher Politik unter die Weisungen der Besatzungsmacht, die die oberste Regierungsgewalt ausübte und die wichtigsten politischen Entscheidungen nach Prioritäten traf, unter denen die deutschen Interessen von geringster Bedeutung waren. Schon aus diesen Gründen seien die Rahmenbedingungen für die Ausarbeitung einer Verfassung eigentlich nicht gegeben gewesen. Wohnungsnot, Hunger, Mangel an fast allen Dingen des täglichen Bedarfs – verschärft noch durch den nicht endenden Flüchtlingsstrom –, die Konfrontation mit den Folgen der nationalsozialistischen Herrschaft (Massenentlassungen, Internierung, Kriegsgefangenschaft) habe das Leben der Nachkriegsdeutschen beherrscht. Die von der amerikanischen Besatzungsmacht wiederholt beklagte ›komplette politische Apathie‹ einer durch existentielle Probleme weitgehend absorbierten Bevölkerung, ihr weitgehender Rückzug von der Politik auch als Reaktion auf die permanente Indienstnahme für monumentalpolitische Ziele in der Nazi-Zeit, deutliche Restbestände nazistischen Gedankenguts im Bewußtsein der meisten Nachkriegsdeutschen – all diese Hypotheken der zwölf Jahre währenden NS-Herrschaft seien sicher keine gute Basis für die ›sakrale Handlung‹ der Ausarbeitung einer Verfassung als ›eines Volkes... wertvollster Kleinodie‹ gewesen.

»Daß es trotz dieser widrigen Umstände gelang, ein Staatsgrundgesetz zu schaffen, das bis heute im wesentlichen unverändert Gültigkeit besitzt, ist vor allem auf zwei Faktoren zurückzuführen: Grundvoraussetzung hierfür war das von demokratischem Bewußtsein geprägte Bemühen der amerikanischen Militärregierung, den Akt der Verfassungsgebung aus dem Besatzungsalltag herauszulösen, die Beratungen gleichsam auf eine Insel zu verlegen, auf der die Verfassungsväter ›in einer Atmosphäre von Freiheit‹ weitgehend unberührt von den oft rüden Praktiken der Besatzungsmacht ihre verfassungspolitischen Vorstellungen frei entfalten konnten. Trotz der unfreien Bedingungen unter der Herrschaft einer fremden Macht gelang es so, ein Staatsgrundgesetz auszuarbeiten, das, wie der Präsident der Bayerischen Verfassunggebenden Landesversammlung, *Michael Horlacher* (CSU), in seiner Schlußansprache vor der Versammlung ausdrücklich betonte, auf der ›freien Beschlußkraft‹, den ›eigenen Anstrengungen‹ und dem ›eigenen Willen‹ seiner Schöpfer beruhte.«[288]

Auch das Fernziel – für viele ein höchst unrealistisches Ziel –, nämlich die Verfassung eines vereinten, demokratischen Deutschland, wurde bereits 1945 diskutiert; so unterbreiteten im Mai 1945 ›Das Demokratische Deutschland‹ – eine 1943 von deutschen Emigranten in der Schweiz ins Leben gerufene Arbeitsgemeinschaft (ihr gehörten der ehemalige sozialdemokratische Reichstagsabgeordnete und spätere bayerische Ministerpräsident *Wilhelm Hoegner*, der ehemalige Reichskanzler *Joseph Wirth*, Zentrum, und *Otto Braun*, bis 1932 Preußens Ministerpäsident, an) – ›Grundsätze und Richtlinien für den deutschen Wiederaufbau im demokratischen, republikanischen, föderalistischen und genossenschaftlichen Sinne‹; darin hieß es:

»Errichtung der deutschen Bundesrepublik (DBR).

Gliederung des deutschen Reiches in Länder unter Wahrung des Selbstbestimmungsrechtes der Bevölkerung. Zusammenschluß der Länderrepubliken zu einem deutschen Bundesstaat.

Zuständigkeit des Bundes (nur) für die Vertretung nach außen, Zollwesen, Wirtschafts-, Verkehrs- und Sozialpolitik sowie für die Gesetzgebung im Finanz- und Steuerwesen und im Zivil- und Strafrecht.

Einrichtung einer Länderkammer. Verhinderung der Hegemonie eines Landes oder von Sonderbünden.«[289]

Auch eine andere Exilgruppe, die ›Union Deutscher Sozialistischer Organisationen‹ in Großbritannien (die aus emigrierten Sozialdemokraten und drei linksoppositionellen sozialistischen Vereinigungen bestand), veröffentlichte ›Richtlinien für eine deutsche Staatsverfassung‹ (London, November 1945), in denen Deutschland als eine Republik mit politischer und sozialer Demokratie, als ein ›Einheitsstaat‹ mit weitestgehender Dezentralisation und Selbstverwaltung postuliert wurde.[290]

Die Parteien formieren sich

Der Politik der Demokratisierung in kleinen Schritten entsprechend, vollzog sich der Aufbau des Parteilebens zunächst auf lokaler Ebene. In Dortmund kamen bereits einen Tag nach dem Einmarsch der Amerikaner, am 14. April 1945, frühere Sozialdemokraten, die während des Dritten Reiches Verbindung untereinander gehalten hatten, zusammen, um die ersten Maßnahmen zur Wiedergründung der SPD zu besprechen. Im Mai eröffnete die SPD mehr oder weniger illegal ein Parteibüro in einem halbzerstörten Gebäude, das dann zu einem Mittelpunkt des neuerwachenden politischen Lebens wurde. Anfang August teilte der britische Stadtkommandant mit, daß Sozialdemokratie, Kommunisten und Zentrum als Parteien zugelassen seien. Im ersten offiziellen Rundschreiben des SPD-Bezirks Westliches Westfalen am 20. August 1945 hieß es, daß die Sehnsucht des politischen Menschen in Deutschland sich nun erfülle: seine Freiheit zurückzuerhalten. »Wir können wieder Versammlungen abhalten, können teilnehmen am öffentlichen Leben, in freiem Meinungsaustausch um die Probleme der Zeit ringen und mitarbeiten an dem Aufbau des Staates.«[291]

Mitglieder der alten Zentrumspartei, deren Ausrichtung auf die katholische Bevölkerung man schon in der Weimarer Republik kritisiert hatte, stellten Ende Mai beim Dortmunder Stadtkommandanten den Antrag, im geschlossenen Kreis früherer Mitglieder diskutieren und ein Büro für die Gründung einer überkonfessionellen, gleichwohl christlichen Sammlungspartei einrichten zu dürfen. Die Partei wurde zunächst noch auf den Namen ›Zentrum‹ zugelassen, dann als Christlich-Demokratische Partei Westfalens am 2. September 1945 gegründet. »Wir sind im Begriff«, hieß es in der Rede des Ersten Vorsitzenden, »eine in Deutschland revolutionäre Tat zu begehen, den Versuch zu machen, eine einheitliche, christliche politische Front zu bilden ... Wir bringen mit uns die gute und ehrwürdige Tradition der Väter und lassen hinter uns alle trennenden Gedanken und Überlieferungen aus der Geschichte der Gegensätzlichkeit der Konfessionen ... Schließen wir unsere Reihen zusammen in einer einzigen großen Christlich-Demokratischen Partei, und setzen wir alle Kräfte dieser Partei ein zur Rettung, zur christlichen Gestaltung und zur Wiederaufrichtung unseres Vaterlandes.«[292]

Die Kommunistische Partei hatte besonders unter den Verfolgungsmaßnahmen der Nationalsozialisten gelitten; unmittelbar vor dem Einmarsch der Amerikaner waren noch zahlreiche Aktivisten und Funktionäre der Partei in Dortmund erschossen worden. Nachdem die Bemühungen um eine einheitliche Arbeiterpartei zusammen mit der SPD gescheitert waren – später, 1947, versuchte man die Gründung einer SED (diese wurde kurz darauf von der britischen Militärregierung verboten) –, formierte sich die Kommunistische Partei Deutschlands/Bezirksleitung Ruhrgebiet. In einem Aufruf vom 15. September 1945 hieß es, daß feste Einheit und entschlossener Kampf die Garanten des Erfolges der gerechten Sache seien.

Es waren bewegende Szenen, als in den ersten improvisierten Begegnungen nach dem Sturz Hitlers Hunderttausende Sozialdemokraten überall in Deutschland sich die Hände schüttelten oder sich in die Arme sanken. Sie kamen aus Konzentrationslagern oder Zuchthäusern, aus der äußeren oder inneren Emigration, und aus der Gewißheit, der Idee die Treue gehalten zu haben, gingen sie nun wieder an den Aufbau ihrer Partei. Da hatte das Wort Genosse – heute scheint es so sehr entleert –, das vom mittelhochdeutschen »genôte« kommt, den in Not und Sieg verläßlich Vereinten, noch seinen brüderlichen Sinn.

Nicht von oben, von einer zentralen Stelle, auch nicht auf der Konferenz im Oktober 1945 im Kloster Wennigsen bei Hannover – wo die Partei sich mit Kurt Schumacher und Erich Ollenhauer eine Führung gab, die symbolhaft den inneren und äußeren Widerstand vereinte –, sondern von unten, ganz spontan hatten sich die örtlichen Gemeinschaften gebildet. Es war, als hätte die Partei unter der Zementdecke von Demagogie und Terror der Freiheit entgegengeatmet, die sie selber zurückzuerobern nicht stark genug gewesen war. Nun, da diese niederhaltende Decke zerbröckelte, war sie wieder da, allenthalben, am stärksten in den Großstädten, von denen aus sie sich in die Breite des Landes verästelte und gleichzeitig nach oben den größeren Zusammenschluß suchte.

Heinz Kühn: Aufbau und Bewährung. Die Jahre 1945–1978. Hamburg 1981.

Bereits am Tage der Kapitulation waren in München (um ein Beispiel für lokale Parteibildungen aus der amerikanischen Zone zu nennen) führende Vertreter von SPD und KPD sowie Gewerkschaftsfunktionäre zu einem ersten Gedankenaustausch zusammengekommen; es kam zu einer Vereinbarung, daß man zwar in der Öffentlichkeit getrennt auftreten werde, die Stellungnahmen zu wichtigen Problemen jedoch vorher absprechen und öffentliche Kritik an der jeweils anderen Partei unterlassen wolle. Nach dem Berliner Zusammenschluß von SPD und KPD in der sowjetischen Zone erteilte die Münchner SPD, die am 17. November 1945 lizenziert worden war, der Vereinigung beider Parteien jedoch eine klare Absage. Die Kommunisten waren übrigens als erste Partei in München bereits am 1. November 1945 zugelassen worden.

Im August leitete *Karl Scharnagl*, nach vorausgegangenen Besprechungen mit politischen Freunden, in München die Gründung einer neuen christlichen Partei ein; in der Weimarer Republik hatte er der Bayerischen Volkspartei angehört und war von 1925 bis 1933 Oberbürgermeister von München gewesen; nach dem 20. Juli 1944 verhaftet und ins Konzentrationslager Dachau eingeliefert, hatten ihn die Amerikaner am 5. Mai 1945 wieder als Oberbürgermeister von München eingesetzt; (1946 wurde er in diesem Amt durch Wahlen bestätigt). Die Namen der früheren Parteien seien unmöglich und müßten verschwinden; sie seien belastet durch die Vergangenheit und beengt durch die früheren Programme.[293]

Als bayerische Besonderheit entstand in München die Bayerische Heimat- und Königspartei, deren Traum einer Restauration der Monarchie die Militärregierung am 10. Mai 1946 durch Verbot beendete. Erfolgreicher war die Bayernpartei, die im Oktober 1945 ihre Zulassung beantragte und im Januar 1946 genehmigt wurde.

Eine völlige Neugründung stellte die Wirtschaftliche Aufbauvereinigung (WAV) dar, die am 8. Dezember 1945 die Zulassung in München und im März 1946 fürs ganze Land erhielt. »Gründer und dominierende Gestalt der Partei war *Alfred Loritz*. Vor 1933 gehörte er der ›Reichspartei des Deutschen Mittelstandes (Wirtschaftspartei)‹ an, aus der er aber 1932 im Streit ausgeschieden war. Seine Tätigkeiten während des Dritten Reiches sind nicht geklärt; er selbst stilisierte sich zu einem großen Widerstandskämpfer. Sicher ist, daß er mit deutschen Widerstandsgruppen in Verbindung stand. In der Nachkriegszeit kursierten, von ihm selbst nie nachdrücklich dementierte

Gerüchte, daß er für alliierte Geheimdienste tätig gewesen sei. Seine Beziehungen und Kontakte zur Militärregierung waren auffallend gut, ebenso seine finanziellen Verhältnisse. Vielleicht konnte es sich die WAV deshalb leisten, ihre Arbeit ohne einen obligatorischen Mitgliedsbeitrag nur aus Spendenmitteln zu finanzieren.«[294] Mit der Parole »Arbeiter, Bauern und Mittelstand vereint« rief die WAV zum schärfsten Kampf gegen die gemeinsamen Todfeinde aller Werktätigen auf: den immer noch versteckt fortwirkenden Nazismus, den Militarismus und die dahinterstehenden Multimillionäre. Das deutsche Volk solle sich von allen Versagerparteien und Versagerpolitikern, die durch ihre politischen Fehler auf volkswirtschaftlichem Gebiet am Aufkommen des Nationalsozialismus mitschuldig geworden seien, loslösen. (*Loritz*, der aufgrund des Erfolgs seiner Partei bei den ersten Bayerischen Landtagswahlen 1946 das für Entnazifizierung zuständige Sonderministerium übernahm – die wirklich Schuldigen sollten hart bestraft, die kleinen Leute aber entlastet und wieder in die Gesellschaft eingegliedert werden –, wurde im Juni 1947 von Ministerpräsident *Hans Ehard* aus seinem Amt entlassen, weil er die Entnazifizierungspolitik der Militärregierung kritisiert hatte. Wegen Schwarzmarktgeschäften verhaftet, floh er aus der Untersuchungshaft und lebte ein Jahr im ›Untergrund‹.[295])

Am 28. Oktober 1945 brachte die ›Neue Zeitung‹, die als Organ der amerikanischen Militärregierung journalistisch den besten Überblick über die deutsche Situation hatte, einen Bericht über den Aufschwung des deutschen Parteienlebens. Zunächst habe es so ausgesehen, daß nach Zulassung der Parteien auf örtlicher Basis das deutsche Volk, der politischen Freiheit entwöhnt, nur langsam zu selbständigem Denken und politischem Handeln zurückfinden würde; immer deutlicher zeige sich aber, daß es sich hier nur um ein Übergangsstadium gehandelt habe – aus allen Zonen würde jetzt lebhafte Parteitätigkeit gemeldet.

Die Linksparteien seien besonders rege, wobei die Gründung örtlicher und regionaler Einheitsfronten der Sozialdemokraten und Kommunisten im Mittelpunkt der Diskussionen stünden. Die Sozialdemokraten hätten auch die erste große Zusammenkunft ihrer Partei (in der Nähe von Hannover) durchgeführt, wo Delegierte aus allen Bezirken der britischen Zone und Vertreter aus London zusammengetroffen seien, um Fragen sozialdemokratischer Gegenwartspolitik zu erörtern. »Aus der Rede des aus London eingetroffenen Parteivorstandsmitglieds *Erich Ollenhauer* ergab sich, daß zwölf Jahre des Getrenntseins keine Kluft zwischen den Anhängern der Sozialdemokratischen Partei zu Hause und im Ausland gerissen habe.«[296]

Hannover war für das Wiedererstehen der Sozialdemokratischen Partei Deutschlands von besonderer Bedeutung; bereits am 19. April – neun Tage nach der Besetzung durch die Amerikaner (später übernahmen englische Besatzungstruppen die Stadt) – hatten sich dort sozialdemokratische Funktionäre, unter ihnen auch *Kurt Schumacher* (von 1930 bis 1933 Reichstagsabgeordneter der SPD, von 1933 bis 1944 im Konzentrationslager), getroffen, um die Neuorganisation der Partei vorzubereiten. Auf der Gründungsversammlung des Ortsvereins der SPD am 6. Mai 1945 hielt *Schumacher* das Referat und »stellte sich damit... unwidersprochen an die Spitze des Ortsvereins«.[297] Anderswo gab es ähnliche, meist noch illegale Gründungsversammlungen; *Schumacher* errichtete jedoch in Hannover den Sitz der Parteiführung; sogleich wurde mit dem Aufbau der Bezirksorganisation begonnen und anhand alter Mitgliederlisten Verbindung zu Parteiangehörigen in anderen Städten der britischen wie amerikanischen Zone gesucht. »Schon im Mai gab es eine zentrale Stelle der Partei mit dem unverfänglichen Namen ›Büro Dr. Schumacher‹. Die Mitglieder in der britischen, weitgehend aber auch in der amerikanischen Zone erkannten, dank *Schumachers* Autorität, das Büro an.«[298]

Im Aufruf des Zentralausschusses der Sozialdemokratischen Partei Deutschlands (Berlin 15. Juni 1945) – deren organisatorischer Aufbau war erst mit dem Parteitag im Mai 1946, wiederum in Hannover, auf dem *Kurt Schumacher* zum Vorsitzenden und *Erich Ollenhauer* zum stellvertretenden Vorsitzenden gewählt wurden, abgeschlossen – wurde gefordert, daß alle Spuren des Hitlerregimes in Gesetzgebung, Rechtsprechung und Verwaltung restlos zu vernichten seien; die Sicherung der Ernährung habe durch die Bereitstellung von Arbeitskräften und den genossenschaftlichen Zusammenschluß der Landwirtschaft zu erfolgen; die kommunale Selbstverwaltung müsse den lebensnotwendigen Bedarf der breiten Volksmassen an Wohnung, Kleidung und Heizung gewährleisten; der Wiederaufbau der Wirtschaft habe ebenfalls unter Mitwirkung der kommunalen Selbstverwaltung und der Gewerkschaften zu erfolgen. »Beseitigung aller Hemmungen der privaten Unternehmerinitiative unter Wahrung der sozialen Interessen.« Man wolle sich einsetzen für einen ›völkstümlichen Kulturaufbau‹, die Förderung von Kunst und Wissenschaft sowie für die Erziehung der Jugend im demokratischen, sozialistischen Geiste. Es gehe um die Neuregelung des Sozialrechts wie die freiheitliche und demokratische Gestaltung des Arbeitsrechts. Wohnungsfürsorge und Siedlungswesen seien zu fördern, die Verstaatlichung der Banken, Versicherungsunternehmen, der Bodenschätze, der Bergwerke und der Energiewirtschaft vorzunehmen. »Erfassung des Großgrundbesitzes und der lebensfähigen Großindustrie und aller Kriegsgewinne für die Zwecke des Wiederaufbaus, Beseitigung des arbeitslosen Einkommens aus Grund und Boden und Mietshäusern.«[299]

Im Gründungsaufruf der CDU (Berlin, 26.6.1945) hieß es, daß sich »aus heißer Liebe zum deutschen Volk« die christlichen, demokratischen und sozialen Kräfte sammeln müßten; aus dem Chaos von Schuld und Schande, in das die Vergottung eines verbrecherischen Abenteurers es gestürzt habe, könne eine Ordnung in demokratischer Freiheit nur erstehen, wenn man sich auf die kulturgestaltenden sittlichen und geistigen Kräfte des Christentums besinne und diese Kraftquelle dem Volke immer mehr erschließe. Das unermeßliche Elend im deutschen Volk zwinge dazu, den Aufbau des Wirtschaftslebens in straffer Planung durchzuführen; es sei unerläßlich, schon um für alle Zeiten die Staatsgewalt vor illegitimen Einflüssen wirtschaftlicher Machtzusammenballungen zu sichern, die Bodenschätze in Staatsbesitz überzuführen; der Bergbau und andere monopolartige Schlüsselunternehmungen des Wirtschaftslebens müßten klar der Staatsgewalt unterworfen werden. Man bejahe das Privateigentum, das die Entfaltung der Persönlichkeit sichere; es müsse aber an die Verantwortung für die Allgemeinheit gebunden bleiben.[300] (Im Dezember 1945 kam es in Godesberg zum ersten Treffen der Christlich-demokratischen Parteigruppierungen Deutschlands; *Konrad Adenauer*, der im Februar 1946 zum Vorsitzenden der CDU der britischen Zone gewählt wurde, war im Oktober 1945, als er sein Amt als Oberbürgermeister der Stadt Köln verlor, parteipolitisch aktiv geworden.)

Die Organisationsgeschichte der CDU, so *Christoph Kleßmann*, verdeutliche deren Herkunft aus unterschiedlichen ideologischen und regionalen Parteitraditionen; programmatisch habe sie den Charakter einer breiten bürgerlichen Sammlungsbewegung angenommen, die schnell zum Hauptkonkurrenten der zunächst als potentieller Block wahrgenommenen Linksparteien aufstieg. In dem Begriff ›Union‹ sei dieser Sieg der Sammlungsbewegung zum Ausdruck gekommen. Der hohe, zwischen 50 und 60 Jahren liegende Altersdurchschnitt der Gründungsmitglieder verweise jedoch auch auf eine starke personelle Kontinuität zu Weimar. So waren an den lokalen Gründungen vielfach ehemalige Zentrums-, DDP- und christliche Gewerkschaftsmitglieder beteiligt. Die stark divergierenden Tendenzen in der CDU faßte eine französische Zeitung so zusammen: Die Partei sei sozialistisch und radikal in Berlin, klerikal und konservativ in Köln, kapitalistisch und reaktionär in Hamburg und gegenrevolutionär und partikularisch in München; (sozialistisch orientiert war auch die Frankfurter Gruppe um *Walter Dirks*).[301]

Bei der Neubildung der CSU in Bayern habe es, so *Franz Josef Strauß* in seinen ›Erinnerungen‹, zwei Strömungen gegeben: Die einen wollten die Wiedergründung der Bayerischen Volkspartei unter einem anderen Namen (Bayerische Volksunion zum Beispiel); Männer, die hierfür eintraten, *Alois Hundhammer* und *Fritz Schäffer*, seien von der Mehrheit der katholischen Geistlichkeit unterstützt worden. Die anderen hätten sich um *Josef Müller* (im Dritten Reich mehrfach verhaftet) und den christlichen Arbeiterführer *Adam Stegerwald* gruppiert; sie wollten zwar eine eigenständige bayerische, aber an den christlich-demokratischen Gesamtgedanken angelehnte Partei. »Ich fühlte mich, nach kurzfristiger Sympathie mit der ersten Gruppe, doch von der zweiten, der christlich-sozialen, angesprochen. Die verhängnisvolle Vergangenheit und sechs Jahre Krieg waren an mir nicht spurlos vorbeigegangen; es sollte Schluß sein mit dem Weimarer Parteiensystem, das so kläglich versagt hatte, es sollte eine andere parteipolitische Architektur entstehen, ein wirklicher Neuanfang gemacht werden. In meiner Grundanalyse stimmte ich – obwohl er mir damals noch völlig unbekannt war – mit *Konrad Adenauer* überein, der ebenfalls die Meinung vertrat, daß das Parteiensystem der Weimarer Republik gescheitert war und nicht neu belebt oder wiederhergestellt werden könne.«[302]

Im Aufruf der Liberal-Demokratischen Partei Deutschlands (Berlin 5. Juli 1945) wurden als »nächste Ziele einer jahrelang zu leistenden schweren Arbeit« folgende Forderungen erhoben:

Äußere und innere Befreiung des Deutschen Volkes von den letzten Spuren der Schmach und Schande des Nationalsozialismus; Achtung vor der Menschenwürde ohne Unterschied von Rasse und Klasse, von Alter und Geschlecht; Sicherung der elementaren Lebensbedingungen des deutschen Volkes, der Ernährung und Kleidung, der Volksgesundheit und Volkserholung, der angemessenen Wohnmöglichkeit; Neugestaltung des deutschen Gemeinschaftslebens auf wahrhaft demokratischer Grundlage mit dem Ziel politischer, wirtschaftlicher, sozialer und kultureller Gerechtigkeit; Wiedergewinnung der Freiheit nach innen und außen, unter Ablehnung jeder nationalistischen Überheblichkeit; aufrichtige Mitarbeit an der Festigung des friedlichen Zusammenlebens der Völker und Einreihung Deutschlands in die Familie der Nationen; Beseitigung des Militarismus; Schaffung wahrer sozialer Gesinnung; Schutz und Förderung jeder schaffenden Arbeit in Handwerk und Kunst, in Handel, Industrie und Landwirtschaft, in Büro und Werkstatt; die Erhaltung einer einheitlichen deutschen Volkswirtschaft, des Privateigentums und der freien Wirtschaft; kultureller Wiederaufstieg des deutschen Volkes, Freiheit in Wort und Schrift, in Presse und Rundfunk, geistige, wissenschaftliche und künstlerische Reinheit; Freiheit für jedes religiöse Bekenntnis; Erziehung der Jugend zu Menschen, die durch ihre Persönlichkeit, ihre sittliche Bildung, ihre Berufstüchtigkeit und durch eine für ihr Volk und für die Menschheit aufgeschlossene Gesinnung zum Dienst an Vaterland und Menschheit befähigt würden; Erneuerung des Unterrichtswesen, im besonderen auch der Hochschule, mit dem Ziel des ungehinderten Aufstiegs der Tüchtigen aus allen Schichten des Volkes; Förderung der Familie als Ur- und Keimzelle des Gemeinschaftswesen; Vereinfachung des Staatsapparats, Wiederherstellung eines unabhängigen, leistungsfähigen Berufsbeamtentums neben dem Ehrenamt; Schaffung eines Rechtsstaates, in dem jeder gegen jede Gewalt und Unrecht geschützt seien.[303]

Der Mittelpunkt der liberalen Parteien – LDPD (Liberal-Demokratische Partei Deutschlands), DVP (Demokratische Volkspartei) – war in den Westzonen in Württemberg, wo im September 1945 *Theodor Heuss, Reinhold Maier* und andere die DVP gegründet hatten. »Die DVP wollte Mitglieder und Wähler der beiden liberalen Parteien der Weimarer Republik, der Deutschen Volkspartei und der Deutschen Demokratischen Partei, aber auch der konservativen Deutsch-Nationalen Volkspartei vereinen. In den übrigen Ländern entstanden liberale Parteien zunächst unter verschiedenen Namen. In der britischen Besatzungszone vereinigten sich im Januar 1946 die verschiedenen Parteigruppierungen zur Freien Demokratischen Partei (FDP). Diesen Namen gab sich auch die Bundespartei, zu der sich im Dezember 1948 die verschiedenen Länder- bzw. Zonenparteien der Westzonen in Heppenheim zusammenschlossen. *Theodor Heuss*, der spätere Bundespräsident, wurde erster Bundesvorsitzender der FDP.«[304]

In Westdeutschland trat die Kommunistische Partei zunächst »nicht als radikale, revolutionäre Klassenpartei auf, sondern als antifaschistische demokratische Partei des ›Kampfes für die nationale Einheit Deutschlands und einen gerechten Frieden‹ und als Partei, die einen besonderen deutschen Weg zum Sozialismus beschreiten wollte.«[305] (Mit dieser Taktik erzielte sie bei den ersten Landtagswahlen 1946/47 beachtliche Erfolge.) In ihrem Aufruf vom 11. Juli 1945 – in vielen Punkten gemäßigter als die SPD – nannte die KPD als die unmittelbarsten und dringendsten Aufgaben: die vollständige Liquidierung der Übereste des Hitlerregimes und der Hitlerpartei; den Kampf gegen Hunger, Arbeitslosigkeit und Obdachlosigkeit; die Herstellung der demokratischen Rechte und Freiheiten des Volkes; die Wiederaufrichtung der auf demokratischer Grundlage beruhenden Selbstverwaltungsorgane; den Schutz der Werktätigen gegen Unternehmerwillkür und übermäßige Ausbeutung; die Enteignung des gesamten Vermögens der Nazibonzen und Kriegsverbrecher; die Liquidierung des Großgrundbesitzes; die Übergabe aller jener Betriebe, die lebenswichtigen öffentlichen Bedürfnissen dienten (wie Verkehrsbetriebe, Wasser-, Gas- und Elektrizitätsbetriebe) sowie jener Betriebe, die von ihren Besitzern verlassen worden seien, in die Hände der Gemeinden oder Provinzen bzw. Länder; friedliches und gutnachbarliches Zusammenleben mit den anderen Völkern; Anerkennung der Pflicht zur Wiedergutmachung für die durch die Hitler-Aggression den anderen Völkern zugefügten Schäden. »Feste Einheit, entschlossener Kampf und beharrliche Arbeit bilden die Garantien des Erfolges unserer gerechten Sache! Fester den Tritt gefaßt! Höher das Haupt erhoben! Mit aller Kraft ans Werk! Dann werden aus Not und Tod, Ruinen und Schmach die Freiheit des Volkes und ein neues, würdiges Leben entstehen.«[306]

In der sowjetisch besetzten Zone erfuhr die KPD verständlicherweise besondere Förderung. Der für die Westalliierten überraschend ausgegebene ›Befehl Nr. 2 des Obersten Chefs der sowjetischen Militärverwaltung in Deutschland über die Zulassung antifaschistischer Parteien und Organisationen‹ vom 10. Juni 1945 bekundete dies indirekt dadurch, daß er die Aufgabe des ›Antifaschismus‹ besonders betonte; die KPD wiederum verstand sich nicht nur als Avantgarde des antifaschistischen Kampfes, sondern im besonderen auch als Anwalt einer erstrebten antifaschistischen Einheitsfront. (Im Parteiprogramm war davon nur andeutungsweise die Rede.)

Seit dem Herbst 1945 forderte das Zentralkomitee der KPD den beschleunigten Aufbau einer ›einheitlichen Arbeiterpartei‹ in der sowjetischen Zone und im Westen. »Dabei wurde die Entwicklung in der Sowjetzone als vorbildlich hingestellt und der Initiative wie dem entscheidenden Einfluß der KPD zugeschrieben. Die Entwicklungen in den Westzonen seien hingegen ›äußerst negativ‹, da sich seit Ende des Krieges nichts verändert habe. Die Schuld daran wurde pauschal den ›reaktionären Kräften‹ oder den Sabotageversuchen *Schumachers* zugeschoben.«[307]

Otto Grotewohl, einer der Vorsitzenden des Zentralausschusses der SPD in Berlin, war Anfang Oktober auf der Konferenz der SPD in Wennigsen bei Hannover dabei gewesen und auf die strikt antikommunistische Haltung von *Kurt Schumacher* gestoßen. Die Tendenzen in Richtung Einheitspartei stellten, so *Schumacher*, den Versuch dar, der Sozialdemokratie eine kommunistische Führung aufzuzwingen; eine sozialdemokratische Partei unter kommunistischer Führung aber wäre eine kommunistische Partei.[308] (In der SBZ vollzog sich dann die zwangsweise Vereinigung von KPD und SPD zur SED im April 1946; *Otto Grotewohl* und *Wilhelm Pieck* wurden zu gleichberechtigten Vorsitzenden gewählt).

Die Chance einer einheitlichen Arbeiterpartei habe es im Westen, meint *Helga Grebing*, nach 1945 nicht gegeben, obwohl das Potential der eine Einheitspartei Befürwortenden, vor allem in den industriellen Ballungsräumen des Ruhrgebiets, Sachsens, aber auch Süddeutschlands, groß gewesen sei; auch die linkssozialistische Emigration – *Willy Brandt* gehörte zu ihr – habe der Einheitspartei zunächst gegenüber der Reorganisation der alten Arbeiterparteien den Vorrang gegeben. »Daß es zur Bildung einer sozialistischen Einheitspartei in Westdeutschland nicht und in Ostdeutschland nur unter Bedingungen des Zwanges kam, lag nicht nur an den Führungen der beiden alten Arbeiterparteien SPD und KDP. Während die KPD-Führung der ideologischen Stabilisierung ihrer Kader den Vorrang gab, hat die westdeutsche SPD-Führung, und hier vor allem *Kurt Schumacher*, seit den Maitagen 1945 eine Vereinigung der beiden Parteien für unvereinbar mit den Zielen des demokratischen Sozialismus erklärt.

Auch auf lokaler Ebene funktionierte bald die Zusammenarbeit mit den Kommunisten nicht mehr; die alte anti-sozialdemokratische

Einstellung vieler Kommunisten wurde wieder lebendig; die Erkenntnis auf seiten der Sozialdemokraten, daß man zwar mit den Kommunisten bei der Regelung aktueller Probleme zusammenarbeiten konnte, aber nie und nimmer eine gemeinsame programmatische Basis mit ihnen würde finden können, stellte sich immer deutlicher heraus, je mehr der Antisozialismus des Stalinismus ins Bewußtsein drang. So waren es die anfangs eindeutigsten Anhänger der Einheitspartei, die Linkssozialisten, die nicht mehr müde wurden, scharfe Abgrenzungslinien zu den Kommunisten zu ziehen, und zu ihnen gehörte wiederum *Willy Brandt*. Die Chance für die Wiederherstellung einer einheitlichen Arbeiterbewegung war 1945/46 nicht vertan worden, es hatte sie gar nicht gegeben.«[309]

Das Ringen um eine Einheitsgewerkschaft

Noch ehe die Besatzungsbehörden eine generelle Genehmigung zur Bildung politischer Parteien gaben, erklärten sie, daß sie den Zusammenschluß der Arbeitnehmer zu Gewerkschaften nicht nur genehmigen, sondern begrüßen und fördern würden. Auch hier galt als Richtlinie, daß die Gewerkschaftsbewegung von unten nach oben aufzubauen sei, also aus den Betrieben erwachsen solle; die örtlichen Organisationen, die sich daraufhin bildeten, äußerten freilich von vorneherein den Wunsch, sich im Laufe der Zeit zu einer Einheitsgewerkschaft zusammenschließen zu dürfen; die Zersplitterung, wie sie in der Weimarer Republik durch parteipolitisch orientierte Richtungsgewerkschaften und Berufsorganisationen hervorgerufen worden war, sollte vermieden werden. Dem entsprachen die Alliierten nur zögerlich. Der Aufbau sollte, nach Meinung der englischen Militärregierung (August 1945) »langsam und gut« erfolgen.

In Nürnberg nahmen frühere Gewerkschafter schon wenige Tage nach dem Einmarsch der Amerikaner den Wiederaufbau der Arbeitnehmerorganisation in die Hand; doch zogen sich die Zulassungsverhandlungen mit der Militärregierung bis Dezember hin; erst am 12. Dezember 1945 konnte der Gründungskongreß des ›Allgemeinen Deutschen Gewerkschaftsbundes im Stadt- und Landkreis Nürnberg‹ im Opernhaus stattfinden.[310]

Ähnliche Erfahrungen machte man in anderen Städten der amerikanischen, britischen und französischen Zone. Die West-Alliierten bekundeten zwar, daß sie nicht die Absicht hätten, »die Form vorzuschreiben, unter der sich die Gewerkschaften in Deutschland bilden sollten«,[311] waren aber generell gegenüber deutschen überregionalen Organisationen von großem Mißtrauen erfüllt; sie fürchteten auch, daß die Kommunisten zunehmend einen Vorteil daraus ziehen könnten – zumal der von den Russen in ihrer Zone schon vor der Potsdamer Konferenz geschaffene Freie Deutsche Gewerkschaftsbund (FDGB) unter kommunistischer Führung stand. So wurde am 1. Juli von der amerikanischen Militärverwaltung der Beschluß gefaßt, drei Monate lang keinerlei Gewerkschaften zuzulassen und die Briten zu einem ähnlichen Vorgehen zu veranlassen. Das kam Feldmarschall *Montgomery* entgegen; es bestünde Gefahr, so meinte er, daß die Gewerkschaften in falsche Hände gerieten und daraus Schwierigkeiten entstünden; in einigen Gegenden der englischen Zone gäbe es deutliche Anzeichen für die Wühlarbeit russischer Kommunisten, und in allen von den Westalliierten besetzten Gebieten hätten sich kommunistische Zellen gebildet.[312]

Ein besonderer Verfechter der Einheitsgewerkschaft war der siebzigjährige *Hans Böckler*, der seit 1903 in der Gewerkschaftsbewegung tätig war (im Dritten Reich illegal und deshalb zeitweise in Haft); er gründete in Köln die Gewerkschaft wieder. »Die Kölner Gewerkschaftsgründung wurde auf der Basis eines von *Böckler* entworfenen Fünf-Punkte-Programms am 2. August von der britischen Militärregierung genehmigt, am gleichen Tag, als die Potsdamer Konferenz zu Ende ging, auf der die offizielle Zulassung von Gewerkschaften und Parteien durch die Besatzungsmächte vereinbart wurde.

Böcklers Optimismus, sein zentralistisches Einheitsgewerkschaftsmodell über die örtliche Ebene hinaus schnell auf regionaler und Zonenebene durchsetzen zu können, erwies sich jedoch als verfrüht. Noch im August erschienen zwei Bekanntmachungen, die jede Gewerkschaftsgründung nicht nur einer stärkeren britischen Kontrolle unterwarfen, sondern auch direkt in den Organisationsprozeß eingriffen, indem ausdrücklich eine langsame Entwicklung vorgeschrieben wurde. In einer späteren Direktive wurde ein Drei-Phasen-Modell festgelegt (Vorbereitung, vorläufige Entwicklung, errichtete Gewerkschaft), nach dem das Gründungs- und Genehmigungsverfahren ablaufen sollte. Die auf diese Weise praktizierte Verzögerungsstrategie der Briten hatte zur Folge, daß die Gewerkschaften als handlungsfähiger politischer Faktor nicht gleich auf den Plan treten konnten und ihre Energien durch den von außen bürokratisierten Wiederaufbau absorbiert wurden. In noch stärkerem Maß galt dies für die amerikanische und französische Zone, in denen es nur auf Länderebene Zusammenschlüsse gab.« (*Christoph Kleßmann*)[313] Für *Böckler* lag der Kapitalismus in den letzten Zügen; er forderte den allergrößten Einfluß der Arbeitnehmer auf die Wirtschaft. Die Vorstellungen der Alliierten von der ›Wirtschaftsdemokratie‹ gingen jedoch dahin, daß der Einfluß der Arbeitnehmer nicht zu groß sein solle.

Hans Böckler stellte sich auf die neue Lage ein. Auf einer Delegiertenkonferenz am 7. Dezember 1945 in Düsseldorf erklärte er: »Wir müssen endlich zur Anerkennung und zur Arbeit kommen. Wie können wir das aber erreichen? Es wird möglich sein, wenn wir unsere Pläne ändern, das heißt, daß wir zunächst autonome Gewerkschaften aufzubauen haben, ohne unsere weitgehenderen und zusammenfassenden Pläne aus den Augen zu verlieren.«[314] Die Gewerkschaften hätten in jenen schweren Jahren, so *Böckler*, der 1947 zum Vorsitzenden des Deutschen Gewerkschaftsbundes für die britische Zone und im November 1949 zum Vorsitzenden des dann endlich konstituierten DGB gewählt wurde, in einem späteren Rückblick, alles bisher Trennende – Weltanschauungen und historisch gewordene Organisationsformen – überwunden und »durch diese Tat dem ganzen Volk das erste Beispiel einer schöpferischen Kraft aus neuer demokratischer Gesinnung« gegeben.[315]

Wirtschaft zwischen Kapitalismus und Sozialismus

›Wirtschaftsdemokratie‹ wurde schon 1945 unterschiedlich interpretiert. Da sich jedoch die deutsche Wirtschaft als Steigbügelhalter *Hitlers* erwiesen hatte, aber die Gewerkschaften und die Sozialdemokratische Partei von Anfang an bei den Alliierten eine gewichtige Rolle spielten und auch die anderen Parteien durch ein starkes soziales Engagement geprägt waren, nahm die Entwicklung in den Westzonen zwischen US-Kapitalismus und dem sowjetischen Staatssozialismus einen eigenen Weg. Die spätere ›soziale Marktwirtschaft‹ reicht in ihren Wurzeln auf das Jahr 1945 zurück.

Die in Antizipation des Kriegsendes und unmittelbar danach ausgearbeiteten Entwürfe, Konzepte, Utopien wirkten wie ein Ferment bei der Heranbildung eines Wirtschaftsdenkens, das in Erinnerung an die Weltwirtschaftskrise und die damit verknüpfte Massenarbeitslosigkeit wie nach den Erfahrungen mit der nationalsozialistischen Wirtschaftslenkung und seinem streng geregelten Zuteilungssystem, auch angesichts der in der SBZ immer stärker werdenden kommunistischen Zwangswirtschaft, eine am Gemeinwohl orientierte, durchs Gemeinwohl kontrollierte Wettbewerbswirtschaft anstrebte. Es galt, die freie Initiative mit einem gerade durch die marktwirtschaftliche Leistung gesicherten sozialen Fortschritt zu verbinden. Dergestalt definierte *Alfred Müller-Armack* in seinem Buch ›Wirtschaftslenkung und Marktwirtschaft‹ 1946 zum ersten Mal den Begriff ›Soziale Marktwirtschaft‹.[316] Er gehörte zusammen mit *Ludwig Erhard, Walter Eucken, Franz Böhm, Alexander Rüstow, Wilhelm Röpke* zu einer Gruppe von deutschen Nationalökonomen, die sich seit Anfang der 40er Jahre Gedanken über eine neue Wirtschaftsordnung nach dem für sie unvermeidlichen Zusammenbruch der NS-Diktatur machten. Den ökonomischen Kräften sollte nicht allein das Feld überlassen werden; der Staat dürfe keine Nachtwächterrolle spielen; seine Aufgabe sei es, die sozialen Hindernisse, die Ungleichheit bewirkten, zu beseitigen; die Freiheit des einzelnen könne sich nur in den Grenzen entfalten, die die Freiheit aller anderen setze.

Inmitten des ›Maskenfests der Ideologien‹ versuchte *Wilhelm Röpke* (1933 in die Türkei emigriert, von 1937 bis 1966 Professor für Nationalökonomie in Genf), das ›Wesen eines unvergänglichen Liberalismus‹ wieder zu entdecken und für die Politik fruchtbar zu machen. Der Liberalismus sei humanistisch, d.h., er gehe von der zum Guten fähigen und erst in der Gemeinschaft sich erfüllenden Natur des Menschen, von seiner über seine materielle Existenz hinausweisenden Bestimmung und von der Achtung aus, die man jedem als Menschen in seiner Einmaligkeit schuldig sei und die es verbiete, ihn zum bloßen Mittel zu erniedrigen.

»Er ist daher individualistisch oder, wenn man das lieber hört, ›personalistisch‹; d.h. entsprechend der christlichen Lehre, daß jede Menschenseele unmittelbar zu Gott ist und als ein abgeschlossenes Ganzes zu ihm eingeht, ist die einzelne menschliche Person das letztlich Wirkliche, nicht aber die Gesellschaft, so sehr auch der Mensch nur in der Gemeinschaft, in ihrem Dienste und möglicherweise in der Aufopferung für sie die ihm gesetzte Erfüllung finden kann. Der Liberalismus ist daher ›antiautoritär‹: d.h., bei aller Bereitschaft, dem Kaiser zu geben, was des Kaisers ist, hütet er sich klug vor jeder Gemeinschaftsromantik, die die staatliche Organisation zum Gegenstand eines mystischen Kultus, zu einer Art von Supra-Organismus oder gar zum Gott macht, und ebenso widerstrebt er (männlich) dem Kaiser, wenn er mehr fordert, als was des Kaisers ist. Der Liberalismus ist daher ›universal‹: d.h., indem er humanistisch, personalistisch und antiautoritär ist und den Menschen als solchen respektiert, während er sich vor der Vergottung des Staates hütet, widerstrebt er der Übersteigerung des Patriotismus zum Nationalismus und damit dem Machiavellismus und Imperialismus. Mit alledem ist er schließlich ›rationalistisch‹ in dem zunächst noch nicht kritisch gemeinten Sinne, daß der Liberale als Humanist allen Menschen die nämliche Vernunft zuschreibt, als Personalist in ihr ›des Menschen allerhöchste Kraft‹ sieht, als antiautoritärer und universaler Sozialphilosoph aber die Vernunft zum Richter macht, vor dem sich die Torheiten, Lügen und Bosheiten der Menschen zu verantworten haben.«[317]

Der seit 1935 in England als Publizist tätige *Richard Löwenthal* (später Ordinarius für Theorie und Geschichte der Auswärtigen Politik an der Freien Universität Berlin) forderte 1946 in einem unter dem Pseudonym *Paul Sering* veröffentlichten Buch eine Wirtschaftsordnung ›jenseits des Kapitalismus‹. Von *Karl Marx* beeinflußt, bezeichnet er Wirtschaftsplanung als unumgänglich; sie könne aber auf verschiedene Arten erfolgen: kapitalistisch oder kollektivistisch gehandhabt werden; in beiden Fällen außerdem demokratisch oder totalitär sein. Gegenüber demokratisch-kapitalistischer Planung propagierte er den demokratischen Kollektivismus, den er vom sowjetischen Kollektivismus abgrenzte; dieser könne nicht sozialistisch genannt werden, weil er nicht demokratisch sei.[318]

In den von der Gruppe ›Das Demokatische Deutschland‹ 1945 im Schweizer Exil herausgegebenen ›Grundsätzen und Richtlinien für den deutschen Wiederaufbau im demokratischen, republikanischen, föderalistischen und genossenschaftlichen Sinne‹ heißt es zum Thema ›Wirtschaftsgestaltung‹, daß der Wiederaufbau der gesamten Volkswirtschaft nach den Bedürfnissen der breiten Volksschichten ›planmäßig‹ erfolgen müsse. Wenn man die Freiheit des Geistes und die Kulturerrungenschaften Europas retten wolle, müsse man die soziale Frage von Grund auf lösen. Der deutsche Großgrundbesitz und die deutsche Großindustrie hätten durch ihre Züchtung des Militarismus und Unterstützung des Imperialismus sowie durch ihre Zutreiberdienste für das Nazitum sich ihr eigenes Grab geschaufelt.[319]

Analog zur Besatzungspolitik, die in allen Bereichen, damit auch in der Wirtschaft, den Deutschen zunächst einmal ein ›richtiges‹ demokratisches Verhalten verordnen wollte, waren die hier erwähnten, auf das Jahr 1945 zurückgehenden oder bereits früher entwickelten wirtschaftstheoretischen Überlegungen sehr stark von der Idee der ›Planung‹ bestimmt.[320] Einerseits handelte es sich um ›negative‹, die falschen nationalsozialistischen Strukturen (z. B. das deutsche Kartellwesen) beseitigende Maßnahmen, die auch mit wirtschaftlichen Sanktionen und Strafmaßnahmen verbunden waren (Demontage, Reparationen); andererseits sollte, wiederum mit Hilfe von Planung, der Weg zur freien Marktwirtschaft, z. B. durch die Sanierung der Währungsverhältnisse, die in der Währungsreform von 1948 gipfelte, vorbereitet werden.

Die Kartelle wurden in der ›Neuen Zeitung‹ vom 3. Dezember 1945 – und nicht nur dies zeigte eine gewisse Linkstendenz des von der amerikanischen Armee herausgegebenen Blattes (es wurde später deshalb von konservativen amerikanischen Kreisen kritisiert) – als ein Gebilde des hochkapitalistischen Wirtschaftssystems bezeichnet. Ihr Ziel sei die Ausschaltung des Wettbewerbs auf den Märkten gewesen: im Rahmen der Konzentrationsbewegung der Wirtschaft im Gegensatz zu den Konzernen mit liberalistischen Methoden zu alleinherrschenden wirtschaftlichen Machtfaktoren zu werden. Die deutschen Kartelle, wie z. B. der IG Farbenkonzern, hätten wesentlich zur Militarisierung Deutschlands beigetragen. (Dementsprechend beschloß der alliierte Kontrollrat Anfang November die Auflösung der Kartelle.)[321]

Das spektakulärste Beispiel für die Auflösung und Entflechtung der Kartelle, Syndikate und Monopole der deutschen Industrie, aber auch der Großbanken, war die Auflösung des bis 1945 größten deutschen Unternehmens, des Chemie-Giganten ›Interessen-Gemeinschaft Farbenindustrie AG‹. »Die I.G. Farben, wie die gängige Kurzbezeichnung lautete, wurde im Sommer 1945 beschlagnahmt, das Auslandsvermögen enteignet. Den Verwaltungssitz in Frankfurt, ein Gebäude von imposantem Ausmaß, übernahmen die Amerikaner als Zentrale der Militärregierung der US-Zone. Durch Kontrollrats-Gesetz vom 30. November 1945 wurden die einzelnen Glieder des Konzerns verpflichtet, alle Kartellbeziehungen zu liquidieren und sich wieder als selbständige Einheiten zu etablieren. Die I.G. Farben wurde dadurch wieder in die Bestandteile zerlegt, aus denen sie 1925 entstanden war: BASF, Agfa, Casella Farbenwerke, Chemische Werke Hüls, Bayer AG, Farbwerke Hoechst, Duisburger Kupferhütte, Dynamit Nobel AG und einige andere mehr. Der Entflechtungsprozeß zog sich über Jahre hin und war nur in Ausnahmefällen von Dauer.«[322]

Das Ende des Kartellwesens, so die ›Neue Zeitung‹, könne in ihrer Auswirkung mit der Bodenreform und der Verstaatlichung des Bergbaus in dem russisch besetzten Teil Deutschlands verglichen werden. »Galten Bodenreform und Bergwerksverstaatlichung der Ausschaltung des ostelbischen Junkertums und der Industriebarone aus dem Wirtschaftsprozeß, so läßt sich in der Beseitigung der Kartelle die Absicht erkennen, Ansätzen der Bildung eines ambitionierten kriegsbereiten Großkapitals entgegenzutreten.« Das Zitat macht deutlich, daß zumindest bei bestimmten offiziösen Kreisen der Westalliierten eine gewisse Sympathie für die sowjetische Bodenreform gegeben war. Dennoch bedeutete diese eine weitere Verschärfung des Ost-West-Gegensatzes, zumal sie von vorneherein nicht pragmatisch, sondern ideologisch bestimmt war.

Die Bodenreform müsse, so hieß es etwa in der ›Sächsischen Verordnung über die landwirtschaftliche Bodenreform‹ vom 10. September 1945, »die Liquidierung des feudal junkerlichen Großgrundbesitzes« gewährleisten und der »Herrschaft der Großgrundbesitzer im Dorfe eine Ende bereiten«, weil diese Herrschaft eine Bastion der Reaktion und des Faschismus darstelle und eine der Hauptquellen der Aggression wie der Eroberungskriege gegen andere Völker gewesen sei. Der Grundbesitz müsse sich »in unserer deutschen Heimat auf feste, gesunde und produktive Bauernwirtschaften« stützen, die Privateigentum ihres Besitzers seien.[323] Mit der Bodenreform ginge der jahrhundertealte Traum der landlosen und landarmen Bauern wie Landarbeiter von der Übergabe des Großgrundbesitzes in ihre Hände in Erfüllung.

Im Dezember 1945 kam es wegen der Bodenreform zu einer Parteikrise der ostzonalen CDU, deren Vorsitzender *Dr. Andreas Hermes* – zu Beginn der Weimarer Republik als Mitglied des Zentrums Reichsernährungs- und Reichsfinanzminister, im Dritten Reich wegen der Teilnahme an der Widerstandsbewegung verhaftet, später, 1946, in Westdeutschland Begründer der Arbeitsgemeinschaft der deutschen

Ulbricht stellte einige Fragen nach der Ernte und über die Ablieferungspflicht, aber nur zwei oder drei der Anwesenden gaben nach längerem Zögern recht einsilbige Antworten. Manche blickten zweifelnd auf die beiden sowjetischen Offiziere, die in einer Ecke des Zimmers standen. Erst als diese freundlich lächelten, in fließendem Deutsch einige Fragen stellten und die Bauern inzwischen auch noch mit Zigaretten versorgt hatten, nahmen sie mehr und mehr an dem allgemeinen Gespräch teil. Allmählich begannen die Bauern, von sich aus über die Ertragsfähigkeit des Bodens zu sprechen. Jetzt steuerte auch Ulbricht auf das eigentliche Ziel des Gespräches zu: die Bodenreform. Ulbricht sprach von der Aufteilung des Großgrundbesitzes und sagte, daß die Bauern auch mehr Land bekommen würden.

»Nun sagt doch mal, was ihr dazu meint!«

Sie schauten uns wieder skeptisch an. Zunächst herrschte Stillschweigen. Endlich machte einer der Bauern den Anfang:

»Ja, es wär' nicht schlecht, wenn wir mehr Boden bekämen«, meinte er.

Nachdem der Gemeindevorsteher die Sache noch einmal erklärt hatte, äußerten auch einige andere Bauern ihre Zustimmung. Die Schweigsameren gaben durch Kopfnicken zu verstehen, daß auch sie einverstanden waren.

Es war zwar nicht gerade so, wie ich mir eine begeisterte Zustimmung der Bauern zu einer Bodenreform vorgestellt hatte, aber alle Anwesenden hatten in der einen oder anderen Form ihr Einverständnis geäußert.

Wolfgang Leonhard: Die Revolution entläßt ihre Kinder. Köln 1961.

Bauernverbände und des Deutschen Raiffeisenverbandes – zum Rücktritt veranlaßt wurde; er hätte vor allem in Fragen der Bodenreform und Schulreform eine Einstellung bekundet, die zu Konflikten innerhalb der Partei geführt und das Verhältnis zu den anderen antifaschistischen Kräften gefährdet habe. (Zum neuen Vorstand der CDU wurden daraufhin *Jakob Kaiser* und *Ernst Lemmer* gewählt; beide, von der sowjetischen Militäradministration 1947 bzw. 1948 ihres Amtes erhoben, gingen später in den Westen, wo sie eine wichtige politische Rolle spielten.) *Dr. Hermes*, so hieß es in einem Bericht der ›Neuen Zeitung‹, habe im Namen seiner Partei sich lediglich an einer allgemeinen Empfehlung der Bodenreform durch die Berliner Einheitsfront, der die CDU angehöre, beteiligt, ohne zu verhehlen, daß diese z. B. in der Frage der Entschädigung als Verfechter des Privateigentums einen von der SPD und KPD grundsätzlich abweichenden Standpunkt verträte. Es sei bislang nicht bekannt geworden, daß er und der stellvertretende Vorsitzende, der ebenfalls zum Rücktritt veranlaßt wurde, nicht nur im Gegensatz zu den Arbeiterparteien der Einheitsfront stünden, sondern auch zu starken Gruppen innerhalb der eigenen Partei. Übrigens war *Hermes* kurz vorher von der sozialdemokratischen Zeitung ›Das Volk‹ als Reaktionär angegriffen worden; er habe sich zu den anderen drei Parteien des antifaschistischen Blocks in Gegensatz gesetzt und damit dessen Existenz gefährdet.

Der Berliner ›Tagesspiegel‹ interpretierte die Krise der CDU auf eine Weise, die das damit wieder zutage tretende Kernproblem, nämlich die zunehmende Spaltung Deutschlands in Ost und West, ansprach: »Entweder verzichten die Parteien der Berliner Spielart endgültig darauf, im übrigen Deutschland Fuß zu fassen, das heißt, sie bekennen sich zu den Tatsachen, die klar genug die Verschiedenheit der Anschauungen zwischen den politischen Gebilden im Osten und denen im Süden und Westen Deutschlands beweisen, oder aber die Parteien des Typus Berlin werden dafür sorgen müssen, daß bei allen Entscheidungen die Stimme des Westens und Südens gehört wird.«[324]

Die »Verschiedenheit der Anschauungen« trat bald auch bei den Reparationen und der damit verbundenen Demontage zutage. Die Konferenz von Potsdam, Juli/August 1945, hatte festgelegt, daß Deutschland gezwungen werden solle, in größtmöglichem Ausmaß für die Verluste und Leiden, die es den vereinten Nationen verursacht hatte, Ausgleich zu schaffen. Die Reparationsansprüche der Russen müßten durch Entnahmen aus der von der UdSSR besetzten Zone in

Deutschland und unter Verwendung deutscher Auslandsguthaben, die Reparationsansprüche der Vereinigten Staaten, des Vereinigten Königreiches und der anderen zu Reparationsforderungen berechtigten Länder durch Einnahmen aus den westlichen Zonen (einschließlich deutscher Auslandsguthaben) befriedigt werden. Die deutschen Reparationen sollten nicht, wie nach dem Ersten Weltkrieg, in Geld geleistet werden, sondern in Form von Sachlieferungen erfolgen, und zwar – wie bereits die Konferenz von Jalta Anfang 1945 festgelegt hatte – durch Demontagen, Warenlieferungen und die Verwendung deutscher Arbeitskräfte.

Nach *Theodor Eschenburg* ergab die Kapazitätsminderung durch Demontagen in Westdeutschland Werte zwischen 3,1 und 5,3 Prozent.[325] *Werner Abelshauser*[326] hat jedoch darauf hingewiesen, daß solche globalen Angaben den wahren Umfang der Beeinträchtigung der industriellen Leistungsfähigkeit verschleiern könnten, da die Entnahme von vier bis fünf Prozent der Ausrüstung der Industrie eines Landes ebensogut das Rückgrat brechen oder ihr lediglich einen kleinen Aderlaß bereiten könne. Immerhin sei zu vermuten, daß durch die Demontage ein im Vergleich zur mengenmäßigen Entnahme überproportionaler Effekt der Leistungsminderung am gesamten Kapitalstock entstanden sei, da nur neue, besonders wertvolle Anlagen abgebaut wurden.

Den Engländern lag mehr an einer Schwächung der deutschen Konkurrenz auf dem Weltmarkt als an der Eigenverwendung demontierter Ausrüstungen. Den Franzosen ging es in erster Linie um die Maschinen; wie in der sowjetischen Zone erfolgten bei ihnen massive Demontagen in Branchen reiner Friedensindustrien (was im Widerspruch zum Potsamer Abkommen stand).[327]

Der Straf- und Sühnegedanke der Alliierten sei, so *Wolfgang Benz*, der Allgemeinheit nirgendwo im Alltag der Nachkriegszeit so drastisch vor Augen geführt worden wie bei den Demontagen; kein anderes Problem habe bis in die 50er Jahre hinein vergleichbare Emotionen freigesetzt, keine andere Maßnahme der Alliierten das Verhältnis zwischen Siegern und Besiegten so stark belastet. »Der Abtransport der Maschinen und Geräte und die anschließende Sprengung der Fabrikgebäude wurden als blindes Wüten gegen deutsches Eigentum, als Rache gegen deutsche Tüchtigkeit und von den betroffenen Arbeitern als existenzbedrohende Vernichtung ihrer Arbeitsplätze empfunden.«[328]

Besonders stark war natürlich das Rhein-Ruhrgebiet betroffen; (von dessen Kontrolle und von zusätzlichen Lieferungen aus diesem Gebiet wollten auch die Sowjets profitieren); auf der endgültigen Demontageliste in Nordrhein-Westfalen standen 294 Betriebe, von denen bis in die fünfziger Jahre hinein 140 voll- und 78 teildemontiert wurden.[329] Damit war die erstaunlich rasche Erholung der industriellen Produktion in Deutschland – Ende 1945 waren in der britischen Zone etwa 25 Prozent und in der amerikanischen sogar 30 Prozent der Vorkriegsproduktion wieder erreicht – gefährdet.

Ein Wandel der Reparations- und Demontagepolitik ging von den Amerikanern aus. Die drückende Last der Besatzungskosten und das Interesse an einer schnellen Ingangsetzung der deutschen Industrieproduktion (insbesondere der Energiewirtschaft) als Voraussetzung auch für die ökonomische Gesundung Europas ließ die Westalliierten im Zuge des sich abzeichnenden Kalten Krieges von ihren ursprünglichen Plänen abrücken.[330] Allerdings war dies ein relativ langsamer Prozeß: Die Demontagen gingen selbst dann noch weiter, als bereits die Marshallplanhilfe in Ausicht stand (US-Außenminister *George Marshall* hatte in einer Rede in der Harvard-Universität am 5. Juni 1947 ein europäisches Hilfs- und Wiederaufbauprogramm verkündet, an dem auch Deutschland teilhaben sollte).

Im Dezember 1945 brachte der stellvertretende Militärgouverneur der amerikanischen Besatzungszone, der politisch einflußreiche *Lucius D. Clay*, nach Gesprächen mit der amerikanischen Regierung in Washington neue Gesichtspunkte in die Arbeit des Vier-Mächte-Ausschusses des Kontrollrates zur Festlegung des deutschen Industrieniveaus ein. Die Meinungsverschiedenheiten über Grundsatz- und Detailfragen ließen freilich keinen Fortschritt erwarten. Uneinig war man sich schon bei der Berechnung der Einwohnerzahl für ganz Deutschland: Seit 1939 hatte keine Volkszählung stattgefunden, und sowohl die Zahl der Flüchtlinge aus dem Osten als auch die der im Krieg gefallenen Deutschen konnte man nur grob schätzen. Die drei Westmächte rechneten mit wenigstens 68 Millionen Einwohnern im künftigen Deutschland, die Sowjets mit 62 Millionen; man einigte sich schließlich auf die Zahl von 66,5 Millionen (aber die Sowjets gingen weiterhin unilateral von der 62-Millionen-Basis aus).

John H. Backer, der *Clay*-Biograph, schreibt über die komplizierten Verhandlungen: »Noch schwieriger war es, den Begriff der ›industriellen Abrüstung‹ zu interpretieren. Reine Rüstungsbetriebe muß-

24 Gleise nach vorn (Köln, Photo von Hermann Claasen)

ten natürlich demontiert werden. Doch darüber hinaus war der Begriff der industriellen Abrüstung nicht klar definiert. Nach Auffassung der Vereinigten Staaten und Großbritanniens sollte die Schwerindustrie so weit abgebaut werden, daß Deutschland über keine über den zivilen Bedarf hinausgehenden Kapazitäten mehr verfügte. Aber die Sowjets und die Franzosen wollten auch bestimmte Zweige der Friedensindustrie wesentlich reduzieren. Außerdem sahen es die Sowjets nicht als zwingend an, so viele Betriebe intakt zu lassen, daß in Deutschland ein Lebensstandard erhalten blieb, der dem europäischen Durchschnitt entsprach. Sie behaupteten, jeder Lebensstandard, der unter dem Durchschnitt läge, entspräche den Potsdamer Beschlüssen. Da Deutschland bei der Versorgung mit Lebensmitteln und Rohstoffen weniger autark war als das übrige Europa, brauchte es mehr Industrien, um einen vergleichbaren Lebensstandard aufrecht zu erhalten. Die Sowjets lehnten diese Interpretation ab.«[331]

Insgesamt kann man sagen, so *Ulrich Herbert* in der Besprechung des Buches von *Jörg Fisch* ›Reparationen nach dem Zweiten Weltkrieg‹, daß die Westdeutschen durch die Reparationspolitik der Westalliierten so begünstigt, die Ostdeutschen dagegen so benachteiligt waren, daß man von heute aus zweifeln möchte, ob beide denselben Krieg verloren haben. »Daß die Reparationspolitik der Westmächte die klügere war, weil sie die besiegten Feinde schonte und zu Verbündeten machte, ist gewiß richtig – aber die USA konnten sich eine solche Politik auch leisten, die zerstörte Sowjetunion hingegen nicht. Insofern haben die Westdeutschen einfach Glück gehabt. Das soll man nicht beklagen; aber man darf sich in Westdeutschland dieses Glück auch nicht als eigenes Verdienst anrechnen lassen.«[332]

Was die ›positive‹ Wirtschaftspolitik der Westalliierten betraf, so war sie paradoxerweise mit der Sühnepolitik eng verzahnt. Als entscheidende Voraussetzung für Reparationen, Demontagen und deutschen Außenhandel sahen die Amerikaner die wirtschaftliche Einheit der vier Besatzungszonen an – hätte doch diese bei wirtschaftlicher Aufspaltung viel weniger Chancen, die gewünschten Leistungen zu erbringen.[333] Schon im März 1945 hatte der britische Schatzkanzler *J. Anderson* darauf hingewiesen, daß die finanziellen und ökonomischen Verpflichtungen, die man als Besatzungsmacht zu übernehmen habe, nur dann nicht auf Kosten des eigenen Volkes gingen, wenn man das Prinzip eines einheitlichen deutschen Staates verwirkliche und dabei auch die Reparationsleistungen erwähnt.[334] So hingen Reparationspolitik und die Bemühungen um eine deutsche, zumindest west-deutsche Wirtschaftseinheit, die dann die Basis für den rasch voranschreitenden deutschen Aufbau wurde, eng zusammen.

Im Dezember 1945 veröffentlichte das amerikanische Außenministerium eine Zwölf-Punkte-Erklärung über Reparationen und Friedenswirtschaft, die insofern ambivalent war, als sie die Potsdamer Beschlüsse ergänzte und damit bestärkte; zugleich aber betonte sie, daß die gegenwärtigen Feststellungen nicht das Ziel hätten, der deutschen Wirtschaft ständige Beschränkungen aufzuerlegen; die Besatzungsbehörden sähen ihre Aufgabe darin, den Deutschen die Verantwortung für die deutsche Wirtschaft wieder übergeben zu können.[335]

Zur selben Zeit erklärte auch Präsident *Harry S. Truman* – und das war weniger gegen den sowjetischen als vielmehr gegen den französischen ›Sonderweg‹ gerichtet –, daß man, durchaus im Sinne der Potsdamer Konferenz, Deutschland als wirtschaftliche Einheit behandeln müsse, damit es sich ohne Hilfe von außen erhalten könne. Die Zentralverwaltung solle zudem eine Zivilverwaltung sein. *Dwight D. Eisenhower* stellte fest, daß die Bestrebungen zur Errichtung eines zentralen deutschen Verwaltungsapparats, wie ihn die Potsdamer Erklärung vorsehe, durch die ablehnende Haltung Frankreichs vereitelt würde. Der Vertreter des französischen Außenministeriums konterte, man sei durchaus einverstanden, vorausgesetzt, daß Ruhrgebiet und Rheinland von einer deutschen Zentralverwaltung ausgenommen blieben. Auch dürften die deutschen Amtsstellen bei der Verwaltung des Saargebietes nicht mitreden; wenn man dies wolle, dann hätten die Franzosen nur eine Antwort: »Nein, und abermals nein.«[336]

Die wirtschaftliche Einheit war nicht nur die Voraussetzung für die deutschen Sachleistungen; sie erst würde es auch ermöglichen, daß Deutschland seine Schulden bezahle; dazu müßte das Währungssystem saniert werden – und wiederum erleichterte diese zunächst ›negative‹ Handlungsmotivation den späteren Aufbau. Schulden, die ein besiegtes Volk zurückzahlen müsse, hießen seit 1918 ›Reparationen‹, so *Erich Kästner* in seinem Beitrag ›Die Schuld und die Schulden‹ im Feuilleton der ›Neuen Zeitung‹ am 3. Dezember 1945. Reparationen: ein Fremdwort, jedoch kein fremdes Wort. Wir Deutschen würden es noch recht gut kennen; »und die anderen Völker kennen es ebenfalls. Wir kennen auch die Wörter Revolution, Inflation, Deflation, lauter Fremdwörter, die sich in unserer Generation vortrefflich eingebürgert haben.« Der Erste Weltkrieg habe gezeigt: Alle Völker, die Sieger und die Besiegten, hätten den Krieg verloren. Und es sei bei den mißglückten Versuchen, die Kriegsschulden bezahlt zu erhalten, auch der andere Plan automatisch mitgescheitert: den Frieden zu gewinnen. »Nun sind wieder ganze Länder verwüstet worden. Mit allem, was einst zu ihnen gehörte: Menschen, Häuser, Höfe, Fabriken, Stauwerke, Museen, Bibliotheken, Kirchen, Brücken, Viehherden, Flotten, Banken – alles. Und die Fachleute sind dabei, diese Verluste in Summen auszudrücken. In astronomischen, in apokalyptischen Summen. Die Fachleute denken darüber nach, wie Deutschland diese Werte zu ersetzen in der Lage sein wird und wie es das tun kann, ohne in den Ländern der Sieger Anleihen aufzunehmen, ohne dort Lohnsenkungen und Arbeitslosigkeit hervorzurufen und schließlich ohne Deutschland selber, das schon ruiniert ist, endgültig lebens- und damit auch reparationsunfähig zu machen. Ich bedauere, daß ich weder von diesen Problemen noch von ihren Lösungen etwas verstehe. Und ich bin froh darüber, daß ich, da ich einem vollkommen anderen Beruf nachgehe, nichts davon zu verstehen brauche.«[337]

Das konstruktive Nachdenken, das der Feuilletonist *Kästner* durch seine Naivität in Gang setzen wollte, bestimmte dann erfreulicherweise auch die alliierte Wirtschaftspolitik. Ende des Jahres 1945 begannen die Alliierten mit der Einrichtung einer ›Zentralstelle für Währungsangelegenheiten‹, die schrittweise das Problem, daß gewaltigen Geldmengen keine entsprechenden Gütermengen gegenüberstanden, angehen wollte. Zu Kriegsende hatte die deutsche Reichsschuld etwa 400 Milliarden Reichsmark betragen; mit den Kriegsschäden und den Entschädigungen für Beschlagnahmungen und Reparationszwecke kam man auf eine Summe von 700 Milliarden. Ohne jedes Verantwortungsgefühl hatten die Nationalsozialisten durch Kreditschöpfung die Währung ruiniert. Die Alliierten machten deutlich, daß den Deutschen nur so viel Geld verbleiben könne, wie sie an wirklichen Werten zu schaffen vermöchten. Wieviel dies sei und auf welche Weise der andere, viel größere Teil des Geldes gebunden oder abgeschöpft werde, sei es durch Steuern, Vermögensabgaben, Blockierungen und ähnliche Maßnahmen, lasse sich noch nicht sagen. Indirekt wurde damit schon angedeutet, daß eine Währungsreform in absehbarer Zukunft bevorstehe.[338]

Wenn der hungernde, frierende, eine Wohnung suchende, in keinem Bereich genügend versorgte Normalverbraucher die Wirtschaftsnachrichten nach der bedingungslosen Kapitulation in der Presse verfolgte, konnte er zumindest antizipatorischen Mut entwickeln: Es ging aufwärts.

Am 27. September 1945 hieß es im ›Tagesspiegel‹ – es war die erste Nummer der lizenzierten ›Berliner Zeitung‹ –, daß mit der Aussicht auf neuartige und reizvolle Aufgaben der Wirtschaftsoptimismus, dieser schon halb vergessene Begriff, neues und fruchtbares Leben gewinne: Manches, was heute so kompliziert und fast ausweglos erscheine, werde bald als weniger drückend und weniger problematisch empfunden werden. »Wer sich um den Zugang zu den wirklich gestaltenden Kräften der Zeit bemüht, für den kann es keinerlei Zweifel darüber geben, daß auch Deutschland auf weitere Sicht der Segen einer gesteigerten technischen und wirtschaftlichen Dynamik nicht versagt bleiben wird.«[339]

Zum Jahresende konnte die ›Neue Zeitung‹ aufgrund von Erhebungen in den drei Ländern des US-Gebietes feststellen, daß die deutsche Wirtschaft trotz der bestehenden Schwierigkeiten (etwa des Rohstoffmangels und der Transportbeschränkungen) aktionsfähig geblieben sei. Die Übersicht ergebe, daß dank der Bemühungen der Militärregierung die deutsche Wirtschaft bereitstehe, schon im kommenden Jahr einen wesentlichen Schritt nach vorwärts zu tun.

Der damalige bayerische Wirtschaftsminister *Dr. Ludwig Erhard* (1948 bis 1949 Direktor der Verwaltung für Wirtschaft des Vereinigten Wirtschaftsgebietes, ab 1949 Bundeswirtschaftsminister) erklärte, daß man sich nun mit aller Macht aus der Isolierung lösen müsse. »Wenn auch der Mangel der politischen Einheit Deutschlands den deutschen Ländern die staatspolitische Selbständigkeit gebracht hat, so wissen wir doch nur zu gut, daß diese Abgrenzung uns nicht hindern darf, auf ökonomischem Gebiet wieder die umfassendere deutsche Lösung anzustreben. Ja mehr noch: Wir wollen Brücken schlagen zu der übrigen Welt und an den Vorteilen des friedlichen Warenaustausches zwischen allen Völkern teilhaben.« *Erhard* hoffte, daß es im Verlauf des Jahres 1946 gelinge, die nur künstlich stabilisierte Währung wieder auf eine geordnete Grundlage zu stellen und nach Möglichkeit in eine feste Relation zu den ausländischen Valuten zu bringen. Der heute festgestellte hohe Beschäftigungsstand sei unwahrhaftig und trügerisch; man werde erst dann wieder volkswirtschaftlich nützliche Arbeit zu leisten vermögen, wenn der im Einkommen repräsentierten Kaufkraft auf dem Markt der gesicherte Bezug von Gütern entspräche.[340]

Was diesen Arbeitsmarkt betraf, so war dessen Entwicklung seit Mai 1945 durch mehrere Größen bestimmt. »Die ausländischen Zwangsarbeiter, die 1944 fast 30 Prozent (!) der Beschäftigten in der Industrie stellten, fielen nach dem Krieg als Arbeitskräfte aus. Andererseits war der Großteil der über 9 Millionen Wehrmachtsangehörigen (1944) schon bald nach dem Krieg wieder zu Hause. Wenngleich noch 1947 mehr als 2 Millionen deutsche Kriegsgefangene nicht zurückgekehrt waren (fast die Hälfte davon war in der Sowjetunion), stieg die Zahl der Personen im erwerbsfähigen Alter durch den Flüchtlingszustrom im Laufe des Jahres 1946 deutlich über den Stand von 1936. Innerhalb der Erwerbsbevölkerung nahm allerdings der Frauenanteil und der Anteil älterer Personen zu. In der Qualifikationsstruktur ergaben sich wahrscheinlich keine größeren Veränderungen. Daß es trotzdem einige Mangelberufe und auch offene Stellen gab – in der britischen Zone im November 1946 besonders in den Bereichen Bergbau, Metallerzeugung und -verarbeitung, Bauberufe –, hing damit zusammen, daß man die Flüchtlinge zunächst nur in den Kleinstädten und auf dem Lande unterbringen konnte, wo es Wohnungen, oft genug aber keine Arbeit gab.«[341]

Das Gespenst der Arbeitslosigkeit ging um; diese könne, so stellte der Leiter der Abteilung Arbeitseinsatz im amerikanischen Kontrollrat auf einer Pressekonferenz am 14. September 1945 fest, ein nicht unbeträchtliches Ausmaß annehmen. »Amerikanische Finanzsachverständige arbeiten zur Zeit Pläne aus, nach denen deutsches Kapital in der amerikanischen Zone dazu verwendet werden soll, Unternehmen zu finanzieren, in denen eine möglichst große Anzahl von Arbeitskräften beschäftigt werden kann. Außerdem sind die Arbeitsämter angewiesen worden, eine gründliche Registrierung aller Arbeitskräfte vorzunehmen, damit alle Facharbeiter in den Industrien, in denen sie am notwendigsten gebraucht werden, eingestellt werden können.«[342]

Für die Organisation des Arbeitsmarktes war die Direktive Nr. 14 des alliierten Kontrollrates vom 12. Oktober 1945 maßgeblich; sie legte auf der Basis der entsprechenden Verordnung vom 12. Oktober 1939 einen Stop aller Löhne und Gehälter fest, der prinzipiell bis zum Herbst 1948 dauerte. »Der durchschnittliche Bruttostundenlohn eines Industriearbeiters betrug im Juni 1946 im Zweizonengebiet 88,7

Pfennig (1939: 80,8 Pf.). Dieser absolut vergleichsweise günstig erscheinende Lohn wurde nahezu wertlos, wenn man ihn in Relation zu den Schwarzmarktpreisen sieht. Der Kontrollrat schrieb am 17. Januar 1946 ferner die Registrierungspflicht aller arbeitsfähigen Männer zwischen 14 und 65 und Frauen zwischen 15 und 50 Jahren vor. Wer dieser Pflicht nicht nachkam, verlor seinen Anspruch auf Lebensmittelkarten. In der gleichen Direktive wurden wesentliche Elemente der NS-Verordnung vom 1. September 1939 über die Einschränkung des Arbeitsplatzwechsels übernommen.

Die durchschnittliche wöchentliche Arbeitszeit in der Industrie erreichte im Frühjahr 1947 mit 38,7 Stunden für Männer und 34,5 für Frauen ihren Tiefpunkt. Eine schlagartige Erhöhung trat erst mit der Währungsreform ein, die Wiedereinführung der 48-Stunden-Woche konnte jedoch auch danach erst zögernd und gegen starke Widerstände der Belegschaften durchgeführt werden (September 1948: 45,0 Stunden für Männer, 40,5 für Frauen).

1939 war fast die Hälfte der Bevölkerung erwerbstätig, 1946 nur noch 40 Prozent. 1947 blieb dieses Bild im wesentlichen erhalten. Einer Bevölkerungszunahme von 6 Prozent stand eine Abnahme der Beschäftigten um 15 Prozent gegenüber. Während es 1939 nur 60000 registrierte Arbeitslose gab, belief sich deren Zahl 1946 auf 1,36 Millionen (Jahresdurchschnitt). Die Hälfte von ihnen war jedoch nur teilweise erwerbsfähig. Dazu wurde für 1947 noch eine Zahl von etwa zwei Millionen ›unsichtbarer‹, nicht registrierter Arbeitslosen geschätzt, die von Ersparnissen lebten, von der Familie unterhalten wurden, sich auf dem Schwarzmarkt den notwendigen Nebenverdienst beschafften oder Scheinarbeitsverhältnisse eingingen. Erst mit der Währungsreform wurde diese verdeckte Arbeitslosigkeit voll sichtbar. Ein großer Teil der Bevölkerung war auf öffentliche Unterstützung angewiesen. Anfang 1947 wurden in der britischen Zone 2,3 Millionen Personen (10 Prozent der Bevölkerung), in der amerikanischen Zone 1,4 Millionen (8 Prozent) öffentlich unterstützt.« (*Christoph Kleßmann*)[343]

Die politischen Emigranten, vor allem die Gruppe von Wissenschaftlern um *Franz L. Neumann*[344], *Otto Kirchheimer* und *Herbert Marcuse*, die im amerikanischen Office of Strategic Services Analysen der NS-Diktatur erstellt und Vorschläge für die Zeit nach dem militärischen Sieg der Alliierten entwickelt hatten, wollten einem sozialistischen Wirtschaftsmodell auf die Beine verhelfen. »Dem standen auf amerikanischer Seite vor allem die Konservativen entgegen, die auf Europa als neues kapitalistisches Expansionsfeld spekulierten. Mit dem Marshallplan hat sich später dann ja eine Kompromißlösung durchgesetzt, die Demokratie und Kapitalismus auf Kosten der deutschen Einheit zu verbinden wußte.«[345]

Insgesamt kann man – *Christopher Simpson*[346] folgend – von einem Wiedererstarken des deutschen Kapitalismus in der Zeit von 1945 bis 1948 sprechen, wobei die Verflechtung der Wirtschaftseliten, vor allem das Netzwerk der Beziehungen zwischen den deutschen und amerikanischen Wirtschaftskreisen seit den 20er Jahren, diese Entwicklung begünstigte. »Diese Eliten sprachen nicht alle dieselbe Sprache, und sie waren unterschiedlicher Meinung über *Hitler*. Aber sie teilten gemeinsame Überzeugungen in Fragen, die für sie von viel grundsätzlicherer Bedeutung waren: Sie wollten den Kapitalismus als nationales und weltweites Wirtschaftssystem lebensfähig erhalten und schrieben dem deutschen Markt hierbei eine Schlüsselrolle zu. An diesen grundlegenden Werten gemessen, sahen viele von ihnen *Hitler* und seinen gesamten brutalen Apparat als vorübergehendes, vergängliches Problem an. Die Angehörigen dieser Eliten fühlten sich – vom Standpunkt einer Unternehmensideologie aus – als erste Generation der sogenannten Manager-Revolution. Sie empfanden sich selbst als fortschrittsorientierte ›Vorausdenker‹, frei vom muffigen Provinzialismus früherer Generationen.«

Der ›Progressismus‹ (besser zu bezeichnen als ein Defizit an Wirtschaftsethik) amerikanischer Kreise führte auch zur Ablehnung des Morgenthau-Plans; man bekämpfte diesen freilich nicht aus moralischen, sondern aus pragmatischen Gründen. Ein Agrarland Deutschland hätte die internationale Wirksamkeit der wirtschaftlichen Machteliten gefährdet; auch meinte man, daß ein dauerhafter Frieden mit Deutschland nur gewährleistet sei, wenn die deutschen Verhandlungspartner zwar nicht Nazis, aber Männer seien, die bereits innerhalb Deutschlands über eine beachtliche Machtfülle verfügten. So war diese Appeasement-Gruppe »kurz gesagt dafür, zwischen der ›nicht-nationalsozialistischen‹ deutschen Wirtschafts- und Militärelite, die für den Aufbau eines Cordon Sanitaire nach dem Kriege gebraucht wurde, und dem inneren Kreis um *Hitler*, der öffentlich für alle Verbrechen der Nazis verantwortlich gemacht und so schnell wie möglich liquidiert werden sollte, zu unterscheiden«.

Das hatte übrigens für die europäischen Juden tragische Konsequenzen. Die Gruppe im Außenministerium, die sich der Wiederbelebung der deutschen Wirtschaft verschrieben hatte, war gleichzeitig während des Krieges für die Politik der amerikanischen Regierung gegenüber jüdischen Flüchtlingen zuständig. Diese Appeasement-Fraktion – so *Simpson* – plädierte dafür, »keine Rettungsaktionen für die Flüchtlinge zu unternehmen und die Nachrichten über den Völkermord, wann immer möglich, herunterzuspielen. Schon im Sommer 1942, als die ersten Meldungen über die Massenvernichtungen in den Gaskammern die USA erreichten, bemühten sich die Deutschlandexperten des Außenministeriums, diese Nachrichten zu unterdrücken, und versuchten, die Glaubwürdigkeit der Berichte über den Holocaust in Frage zu stellen, als die Informationen schließlich durchsickerten. Ende 1943 verhinderten sie erfolgreich den Versuch, Nationalsozialisten, die verdächtigt wurden, Kriegsverbrechen begangen zu haben und sich in US-amerikanischem Gewahrsam befanden, vor Gericht zu stellen, was zu einer starken Verstimmung in den Beziehungen zwischen den USA und der UdSSR führte, die solche Prozesse befürwortete. Als die nationalsozialistischen Massenmordprogramme in vollem Schwange waren, verhinderte die Appeasement-Fraktion alle US-Aktionen zur Rettung der Flüchtlinge, auch wenn relativ einfache Maßnahmen Zehntausende von Menschenleben hätten retten können.«

Die Gelder des Marshall-Plans ermöglichten es später, die Re-Integration kompromittierter Mitglieder der deutschen Wirtschaftselite, die als Regierungsmitglieder auf öffentliche Ablehnung gestoßen wären, in den halbstaatlichen wirtschaftlichen Sektor vorzunehmen – mit *Hermann Abs* als wichtigster Figur. (Im Dritten Reich hatte *Abs* 40 Aufsichtsratsmandate inne, wozu er eine Sondergenehmigung des Reichswirtschaftsministeriums benötigte, weil nur 20 erlaubt waren; zehn dieser Mandate übte er bei Firmen aus, die in den von deutschen Truppen besetzten europäischen Gebieten lagen. Nach dem Krieg wirkte er als Finanzberater von *Konrad Adenauer*; nach der Wiedergründung der Deutschen Bank im Jahre 1957 wurde er deren Vorstandssprecher[347]).

Der verhältnismäßig glatte Übergang der NS-Wirtschafts-Eliten in die neue demokratische Ordnung verstärkte natürlich den restaurativen Charakter der Bundesrepublik. Die US-Appeasement-Gruppe konnte zwar die Nürnberger Prozesse gegen *Krupp, Flick* und ein paar der leitenden Angestellten der IG Farben, von denen einige

Ich wurde einmal in die Berge geschickt, um Hermann Josef Abs zu treffen. Ich sollte ihn verhören und Informationen sammeln für eine Untersuchung über das deutsche Bankensystem. Ich erinnere mich hauptsächlich daran, in welch prachtvollem Haus er lebte, verglichen mit der Armut der meisten Deutschen zu jener Zeit. Und Herr Abs benahm sich eher wie ein Bankmagnat und nicht wie ein geschlagener Banker. Ich erinnere mich, wie verärgert er war, daß dieser junge Kerl und nicht irgendein bedeutender Offizier zu ihm kam. Ich kriegte nicht viel aus ihm heraus – übrigens gelang dies unserer Abteilung später ebensowenig.

Peter Weiss (Mitarbeiter in der US-Decartelization Branch): Entflechtung der Kartelle. Erinnerungen an die Arbeit der amerikanischen Militärregierung in Deutschland 1946–47. In: 1999. Zeitschrift für Sozialgeschichte des 20. und 21. Jahrhunderts, Heft 3/1989.

schließlich wegen der Ausbeutung von Zwangsarbeitern und Plünderungen in den besetzten Gebieten während des Krieges verurteilt wurden, nicht verhindern. »Aber diese Verfahren – so wichtig sie auch gewesen sind – waren in vielerlei Hinsicht lediglich die Rückzugsgefechte der Anti-Nazi-Hardliner innerhalb der US-Regierung. Die Verfahren gegen Industrielle wurden nicht nur durch Beschränkungen im Budget behindert, sondern in einigen Fällen noch zusätzlich durch mangelnde Kooperation der US-Behörden in Berlin. Als das Geld für Ermittlungen zur Neige ging, fanden die Prozesse ein abruptes Ende. Knapp zweieinhalb Jahre danach begnadigte der neue US High Commissioner for Germany, *John McCloy*, jeden einzelnen der Industriellen, die in Nürnberg verurteilt worden waren.«[348]

Es war wohl auch ein Ausdruck der Sympathie der amerikanischen Wirtschaftselite für die deutsche, daß die Festnahmen prominenter Repräsentanten der deutschen Rüstungsindustrie unmittelbar nach dem 8. Mai 1945 – in der amerikanischen Zone etwa 130 Personen, darunter *Willy Messerschmidt* – recht schonend vorgenommen wurden; Ende Juni setzte eine zweite systematische Verhaftungswelle ein. Nach der Entnazifizierung erfolgte meist die rasche Rehabilitierung und Rückkehr der Entlassenen in ihre Betriebe; sie »unterblieb auf Dauer in der Regel nur, wenn der Treuhänder oder die verbliebene leitende Angestelltenschaft die Entlassenen vor der Tür zu halten wünschten.«[349]

Während die Industrie- und Handelskammern wie die Handwerkskammern in dem nationalsozialistischen Kriegswirtschaftssystem keine exponierte Stellung innegehabt hatten – belastete Amtsträger wurden nach Kriegsende rasch ausgewechselt, ansonsten konnten sich die Funktionäre den Alliierten als vergleichsweise wenig oder gar nicht belastete Fachleute präsentieren[350] –, hatte es bei den Wirtschaftsgruppenleitungen eine stärkere Verflechtung mit dem Nationalsozialismus gegeben. Die Westalliierten wollten sich jedoch der Schrittmacher-Dienste der Fachverbände bedienen, was diese, in Umgehung der Kontrolle durch die Kammern, nutzten; mit teilweise ›altem‹ Personal bauten sie den Kontakt zu den Besatzungsdienststellen auf (zumal sie ihre Organisationsapparate noch vor Kriegsende mit Absicht in den voraussichtlichen Machtbereich der USA und Großbritanniens verlegt hatten). Die Bezirksvertretung der Stahlindustrie konnte bereits am 21. August 1945 ihre erste

Mitgliederversammlung abhalten, was freilich noch nicht von seiten der Militärregierung offiziell anerkannt wurde.

Um der Rentabilität und Erhaltung des Betriebes willen hätten sich die jetzt wieder freien Wirtschaftsverbände – so *Theodor Eschenburg* – dem Besatzungsregime und der neuen demokratischen Ordnung angepaßt. Die politisch Belasteten seien sehr bald ausgeschieden oder zumindest in den Hindergrund getreten; die Mitläufer eingerückt. »Wo an der Unternehmensspitze ein Vakuum entstanden war, übernahmen zunächst Treuhänder, die von den früheren Unternehmern oder deren Beauftragten bestellt worden waren, die Führungsaufgaben. Es erfolgte also wohl ein Personalwechsel in der Wirtschaft. Man kann aber feststellen, daß ›zwar überwiegend neue Gesichter in den Führungspositionen auftauchten, aber die soziale Homogenität der Funktionsträger weitgehend erhalten blieb..., das heißt, zwischen alter und neuer Elite gab es keinen Bruch in den Sozialisationsmustern.‹« (*H.* und *J. Schissler*)[351]

Als die amerikanische Journalistin *Margaret Bourke-White* im April 1945 Deutschland durchreiste und durchraste, besuchte sie auch die Krupp-Villa.[352] Unter ihr befand sich »ein Netz von Schutzräumen, die in den massiven Fels getrieben waren. Manche waren mit Möbeln eingerichtet und hatten elektrisches Licht, in einem standen ein Bett für Herrn *Krupp* und Regale mit Büchern. Es waren Schienen für Förderwagen gelegt, um im Fall eines Volltreffers den Schutt abtransportieren zu können. Auch war dafür gesorgt, daß kein *Krupp* unterirdisch eingeschlossen werden konnte: Mehrere Ausgänge führten zu den Flanken des Hügels und einer hinauf in die Küche.« Sie interviewte den unter Hausarrest stehenden *Alfried Krupp* und bat ihn, seine Meinung zu den Konzentrationslagern zu äußern. »Er zuckte mit seinen Patrizier-Achseln. ›Vielleicht hat es ein paar Verrückte gegeben...‹, sagte er zögernd, ›ein paar Psychopathen...‹ Er zögerte wieder und sagte dann: ›Die Männer an der Spitze hätten sicher nicht gebilligt, wie man ihre Anweisungen befolgte.‹ Noch eine längere Pause, und dann: ›Ja, es mag ein paar gegeben haben, Irre oder Verrückte, die die Befehle falsch ausgelegt haben.‹ Ja, Gerüchte hatte er gehört. So viel gab er zu.«

In der Villa fanden sich immer mehr alliierte Experten ein, u.a. bedeutende Angehörige der Wirtschaftsabteilung des Kontrollrates: z.B. ein englischer Aristokrat und ein amerikanischer General, im Zivilleben Bankdirektor an der Wall Street.

Bei einer Diskussion über die Frage, wer ein Kriegsverbrecher sei, stellte ein Major fest, daß Waschfrauen und Büroangestellte wohl entnazifiziert, aber die meisten Industriebosse nicht angerührt würden; sie seien die größten Kriegsverbrecher an der Ruhr, liefen jedoch frei herum. »›Das ist eine sehr gefährliche Theorie‹, mischte sich das vornehme Mitglied des Kontrollrates mit der Miene eines Seelsorgers ein, der die Jugend aufklärt. ›Was soll mit den Burschen los sein? Sie sind keine Nazis.‹«

Jedenfalls fand die deutsche Wirtschaftselite – begünstigt vom Kalten Krieg – aus dem alliierten Purgatorium (in dem es recht zivil-vornehm zuging) bald wieder einen Weg nach oben, der schließlich ins bundesrepublikanische Wirtschaftsparadies einmündete. Der 1907 geborene *Alfried Krupp von Bohlen und Halbach* zum Beispiel – Sohn von *Gustav Krupp von Bohlen und Halbach*, dem Leiter des größten deutschen Rüstungsunternehmens, seit 1943 Alleininhaber der Werke, 1948 anstelle seines Vaters in Nürnberg zu zwölf Jahren Gefängnis verurteilt, 1951 aus dem Gefängnis entlassen – fungierte seit 1953 wieder als Leiter des Unternehmens.

(So)viel Anfang war nie
Kultur als Überlebensmittel

Von der ewig besseren, wertvolleren Welt

Der »affirmative Charakter der Kultur« besteht nach *Herbert Marcuse* darin, daß in der bürgerlichen Epoche die geistig-seelische Welt als ein selbständiges Reich der Werte von der Zivilisation abgelöst und über sie erhöht worden sei. Der entscheidende Zug affirmativer Kultur bestehe in der Behauptung einer allgemein verpflichtenden, unbedingt zu bejahenden, ewig besseren, wertvolleren Welt, welche von der tatsächlichen Welt des alltäglichen Daseinskampfes wesentlich verschieden sei, die aber jedes Individuum, ›von innen‹ her, ohne jene Tatsächlichkeiten zu verändern, für sich realisieren könne. Erst in dieser Kultur gewönnen die kulturellen Tätigkeiten und Gegenstände ihre hoch über den Alltag emporgesteigerte Würde: ihre Rezeption werde zu einem Akt der Feierstunde und der Erhebung. »Auf die Not des isolierten Individuums antwortet sie mit der allgemeinen Menschlichkeit, auf das leibliche Elend mit der Schönheit der Seele, auf die äußere Knechtschaft mit der inneren Freiheit, auf den brutalen Egoismus mit dem Tugendreich der Pflicht.«[353]

Während einerseits die Nationalsozialisten auf schamlose Weise den realitätsfernen, auch realitätsblinden idealistischen Kulturbegriff des Bürgertums, der noch dazu durch eine jahrzehntelange Fehlentwicklung substantiell ausgehöhlt war, für ihre barbarischen Zwecke als Fassade nutzten, erwies sich andererseits das affirmative Kulturverständnis auch von großer Bedeutung für die innere Emigration während des Dritten Reiches und für die Zeit des Aufbaus nach Kriegsende. Dem Glauben an die allgemeine Menschlichkeit, die Schönheit der Seele, die innere Freiheit, das Tugendreich der Pflicht hatte offensichtlich der Nationalsozialismus nichts anhaben können.

Die Kultur nach der bedingungslosen Kapitulation und der dadurch besiegelten totalen Niederlage stand, mit wenigen Ausnahmen, einem radikal reflektierenden Denken fern – wie es etwa *Theodor W. Adorno* vertrat (Auschwitz habe das Mißlingen der Kultur unwiderleglich bewiesen: »Daß es geschehen konnte inmitten aller Tradition der Philosophie, der Kunst und der aufklärenden Wissenschaften, sagt mehr als nur, daß diese, der Geist, es nicht vermochte, die Menschen zu ergreifen und zu verändern«[354]). »Wird das deutsche Volk, dies ordnungsliebende und – das wird man nicht bestreiten – tapfere, dies in seiner breiten Masse reich begabte, aber zu großen Teilen heute so völlig sich selbst entfremdete Volk begreifen, was eigentlich mit ihm geschehen ist?« fragte *Alfred Weber*. Äußerlich würden bald auch die Blinden die furchtbare Logik der Gesamtvorgänge begreifen können, wenn sie erst die wahren Tatsachen erfahren haben, die ihnen weithin bisher vorenthalten oder verzerrt geboten wurden.

»Aber als geistiger Körper! Wird es imstande sein, wird es die seelische Größe haben, in seinem Jammer und Elend unter fremdem Druck und fremder Herrschaft mit sich selber abzurechnen? Wird es die Fähigkeit besitzen, in sich selber niedersteigend, die eigenen menschlichen Tiefen wieder zu entdecken, dort einen neuen Grund zu finden, aus dem befreiende Quellen fließen? Statt sich – das entsetzliche Geschehen, das es verschuldet hat, entstellend oder vergessend – in bitterer Reaktion oder, schlimmer noch, in Haß gegen die harten Vollstrecker des selbstgerufenen Schicksals zu verzehren? Wird es diese schwerste Probe, die über ein großes Volk in der Geschichte verhängt werden kann, derart bestehen, daß es Überwinder wird? Überwinder seines eigenen Schattens? Wird es in einem neuen Lichte seinen inneren Reichtum, gegen sich selber kämpfend, neu entdecken? Es würde dadurch jedem anderen Volk der Erde wieder ebenbürtig.«[355] Zwar stellte man solche ›zu den Wurzeln‹ des kulturellen wie geschichtlichen Selbstverständnisses reichende Fragen, gab sich dann aber rasch mit beschwichtigenden, existentielle Zweifel beruhigenden Antworten zufrieden.

Das Dunkel war hell genug. Man mußte sich nur aus dem geschichtlichen Dickicht befreien und den richtigen Weg einschlagen – und schon war die Erlösung in Sicht. Solchen Sing-out-Optimismus zeigte *Friedrich Meineckes* ›Die deutsche Katastrophe‹ (1946, doch schon 1945 konzipiert).[356] Auf eine geradezu rührende Weise beschließt dieser sein Monumentalwerk, das das Geschichtsbewußtsein der Nachkriegszeit aufwühlte, indem er ein »Wunschbild, das ihm in den

Über stinkendem Graben,
Papier voll Blut und Urin,
umschwirrt von funkelnden Flie-
gen,
hocke ich in den Knien,

den Blick auf bewaldete Ufer,
Gärten, gestrandetes Boot.
In den Schlamm der Verwesung
klatscht der versteinte Kot.

Irr mir im Ohre schallen
Verse von Hölderlin.
In schneeiger Reinheit spiegeln
Wolken sich im Urin.

›Geh aber nun und grüße
die schöne Garonne –‹
Unter den schwankenden Füßen
schwimmen die Wolken davon.

Günter Eich: Latrine. In: Gesammelte Werke. Frankfurt am Main 1973.

furchtbaren Wochen nach dem Zusammenbruch in den Sinn kam«, ausmalt. Deutlich wird in dieser Apotheose des Buches, die zur biedermeierlichen Genremalerei gerät, wie ungehindert affirmative Kultur (aus dem 19. Jahrhundert emporsteigend, im Bildungsbürgertum ihren sichersten Garanten findend, von der nationalsozialistischen Massenbewegung nivelliert, doch nicht liquidiert) in den Trümmern mit der Frische von gestern wieder aufgrünen konnte. Am deutschen wahren (›goetheanischen‹) Wesen könne, wenn schon nicht mehr die Welt, so doch das darniederliegende Deutschland wieder genesen. Künftig sollten in jeder deutschen Stadt und größeren Ortschaft ›Goethegemeinden‹ entstehen.

Diesen würde die Aufgabe zufallen, »die lebendigsten Zeugnisse des großen deutschen Geistes durch den Klang der Stimme den Hörern ins Herz zu tragen – edelste deutsche Musik und Poesie zugleich ihnen immer zu bieten. Die Not, nämlich der Mangel an Büchern, in den wir alle durch die Verbrennung so vieler Bibliotheken, Büchereien und Verlagshandlungen geraten sind, unterstützt diesen Vorschlag. Wer ist denn heute noch im vollen Besitz auch nur seiner Lieblingsbücher, seines vollständigen *Goethe, Schiller* usw.? Vielen jungen Menschen kann vielleicht in Zukunft der erste Zugang zu den unvergänglichen Gedichten *Hölderlins, Mörikes, C. F. Meyers, Rilkes* erschlossen werden durch eine jener regelmäßigen musikalisch-poetischen Feierstunden der ›Goethegemeinden‹, die wir uns nun als feste Einrichtung überall wünschen. Etwa wöchentlich zu einer späten Sonntagnachmittagstunde – und wo es irgend möglich wird, sogar in einer Kirche! Denn der religiöse Untergrund unserer großen Dichtung rechtfertigt, ja fordert es, daß er auch durch einen derartig symbolischen Vorgang anschaulich werde. Anfang und Schluß solcher Feierstunden seien dann immer durch große deutsche Musik, durch *Bach, Mozart, Beethoven, Schubert, Brahms* usw. emporgehoben. Lyrik und Gedankendichtung mögen dann den inneren Kern solcher Feierstunden bilden. Lyrik von jener wunderbaren Art, wie sie in *Goethe* und *Mörike* gipfelt, wo Seele zu Natur und Natur zu Seele wird, und tiefsinnige Gedankendichtung von der Art der Goetheschen und Schillerschen sind vielleicht das Deutscheste vom Deutschen in unserem gesamten Schrifttum. Wer sich ganz in sie versenkt, wird in allem Unglück unseres Vaterlandes und inmitten der Zerstörung etwas Unzerstörbares, einen deutschen ›character indelebilis‹ spüren.«

25 Kammermusik im Grottenhof der Münchner Residenz, 1945 (Photo von Hans Schürer)

In der Trümmerwelt war vor allem die Musik Lebens- bzw. Überlebensmittel. Die Musik, so *Ernst Bloch*, habe kraft ihrer so unmittelbar menschlichen Ausdrucksfähigkeit mehr als andere Künste die Eigenschaft, das zahlreiche Leid, die Wünsche und die Lichtpunkte der unterdrückten Klasse aufzunehmen[357] – und unterdrückt mußten sich in dieser Zeit fast alle fühlen.

Der Trost, den Kultur in der Misere der Zusammenbruchgesellschaft bieten konnte, hatte aber auch in Hinblick auf die sich nun formierende Aufbaugesellschaft eine pragmatische Wirkung. Indem man durch Kultur eine idealistische Stabilisierung erfuhr, war man viel besser für ›zivilisatorische‹ Tätigkeit konditioniert, die man eigentlich gar nicht zur Kultur zählte. Das utopische Potential konnte sich in der bedrückenden Wirklichkeit des Jahres 1945 verhältnismäßig rasch wieder ausbilden. Man enthob sich der Trümmerwirklichkeit kulturell, indem man sich zum Beispiel in nur notdürftig hergerichteten Konzertsälen dem Erlebnis unzerstörbarer Musik hingab, um dann, in die Trümmerwelt zurückgekehrt, diese mit wesentlich optimistischeren Augen ›erbaut‹ zu sehen.

Dichterlesungen etwa erwiesen sich als religiöse Weihestunden, die (wie schon zu Zeiten innerer Emigration) für den parterren Lebenskampf stärkten. Kultur war Lebensmittel, Überlebensmittel. Als *Ernst Wiechert* im November 1945 in den Münchner Kammerspielen las, begann die ›Neue Zeitung‹ die Besprechung dieses kulturellen Ereignisses mit den Sätzen – damit die Interdependenz von realitätsabgehobenem Idealismus und idealistischer Wirklichkeitsrelevanz bekundend –: »Der innere Zwang der vergangenen zwölf Jahre hat aus einem der wenigen Dichter, die diese Zeit innerhalb Deutschlands überstanden, einen Politiker gemacht. Einen, der seine Stimme für den Geist und gegen das Unrecht erhob und dafür in Buchenwald Unmenschliches litt; einen, der jetzt wie ein Savonarola das deutsche Volk, sein Volk, zur Buße aufruft.« Im Bericht hieß es dann, daß *Wiecherts* Formulierungen so geschliffen, seine Erzählkunst so erhaben, sein Vortrag so eindringlich gewesen seien, daß die Hörerschaft mitgerissen wurde; die Veranstaltung sei »zur Höhe einer religiösen Weihestunde« erhoben worden, »und die Zuhörer verließen das Theater lautlos, als gingen sie aus einer Kirche«.[358]

Dom, Kirche, Tempel, Heiligtum waren die Topoi (in diametralem Gegensatz zu den destruierten, real existierenden Kulturorten), die das Gute, Schöne und Wahre lokalisierten. Und auch dann, wenn

Berichte über die nun neu aufzubauenden Kulturdenkmäler dem materiellen Unterbau sich zuwandten – etwa den Beginn der Arbeit im ›Germanischen Nationalmuseum‹ Nürnberg betreffend –, sind sie von affirmativem Kulturverständnis überwölbt. Weder wird der fragwürdige Name des Museums problematisiert noch die Rolle des Museums an sich nach Auschwitz reflektiert.

Das Museum bleibt, was es immer war – »eine Schatzkammer deutscher Kultur«. (*Theodor Heuss*, der erste Vorsitzende des neugebildeten Verwaltungsrates des Germanischen Nationalmuseums nannte das Haus später eine »Fluchtburg der deutschen Seele«.) Die »museale Sache«, für die geworben wird, sei grundsätzlich gut; sie diene »der Humanität, dem Frieden und der Neustärkung unseres Volkes auf dem einzigen Felde, das ihm Unsterblichkeit und neue Achtung erwerben kann: seiner Kultur. Möge das Germanische Nationalmuseum bald in die Lage kommen, seine Mission als Stätte universaler Bildung und Forschung aufs neue erfüllen und der Welt wieder Kunde geben zu können von jenem anderen Deutschland, das nur einige Jahre verstummt, aber nicht tot war.«[359]

Schwarze Liste und weiße Westen

Im Oktober 1945 gab die Leitung des amerikanischen Nachrichtenkontrollamtes bekannt, daß sie eine Liste mit den Namen von 1440 Deutschen zusammengestellt habe, die die Möglichkeit ihrer Betätigung auf irgendeinem Gebiet des Kulturwesens im amerikanischen Gebiet festlege. Die Liste bestehe aus einer ›schwarzen‹, ›grauen‹ und ›weißen Liste‹, die eine Beurteilungsgrundlage bildeten, nach der Deutsche, die eine Stellung bei der Presse, beim Film, Theater oder Konzertwesen suchten, zugelassen werden könnten.[360] »Die Liste ist gegenwärtig von besonderer Bedeutung, da alle Betätigungen im Nachrichten- und Kulturwesen, die während der vergangenen sechs Monate von den Besatzungsmächten ausgeübt wurden, allmählich wieder erprobten deutschen Zivilpersonen anvertraut werden sollen.« Auf der ›weißen Liste‹ waren 441 Deutsche aufgeführt, von denen 207 als politisch zuverlässig für führende Stellungen befunden wurden. Die übrigen 234 Personen dieser Liste könnten ebenfalls eine Schlüsselstellung, allerdings nur probeweise erhalten. Die 389 Deutschen, die auf der ›grauen Liste‹ genannt wurden, durften sich auf kulturellem Gebiet betätigen, jedoch nicht in politisch führender, schöpferischer oder geschäftsführender Stellung. Auf der ›schwarzen Liste‹ standen 327 Personen, denen eine Betätigung grundsätzlich untersagt war, während 283 Personen aufgeführt waren, die nach Möglichkeit nicht angestellt werden sollten, weil sie eine Gefährdung der öffentlichen Sicherheit darstellten und unter Umständen einer Verhaftung ausgesetzt seien. Unter den Prominenten der ›schwarzen Liste‹ befanden sich der Pianist *Prof. Gieseking*, der Kapellmeister *Hans Knappertsbusch*, der Schauspieler *Emil Jannings*, die Schriftsteller *Ernst Jünger* und *Friedrich Sieburg*.

Eine derart ›exakte Kategorisierung‹ führte natürlich sofort zu einer intensiven Diskussion. So erklärte *Knappertsbusch*, von dem in weiten Kreisen die Ansicht vertreten wurde, er gehöre zu den Verfolgten des Dritten Reiches, daß er zehn Jahre in Bayern nicht mehr habe dirigieren dürfen, »da dem Gauleiter *Wagner*, wie er mir schrieb, mein Auftreten vom polizeilichen Standpunkt aus nicht erwünscht war«. Er sei als Antifaschist bekannt gewesen; er habe den Nazis als ›nicht sauber‹ gegolten, da er in den Häusern angesehener Juden in München ein- und ausgegangen sei. »Auch war ich denunziert worden, daß ich einmal – es war in der deutschen Gesandtschaft im Haag – abfällige Bemerkungen über *Hitler* und seine Firma fallen gelassen hatte. Nun wurde ich an die Kette gelegt. Mein auf Lebensdauer abgeschlossener Vertrag ging von heute auf morgen in die Brüche. Ich wurde mit einer kleinen Rente in Pension geschickt. Es war mir erst später möglich, wenigstens wieder im Ausland zu dirigieren. Ich ging nach Wien und von dort aus auf Gastspielreisen in viele andere ausländische Städte: nach London, Stockholm, Kopenhagen, Mailand, Florenz, Budapest, Athen und andere. So war ich z. B. noch vor der Einverleibung Österreichs auch als Gast der Dirigent des Baseler Städtischen Orchesters. Ich war schon aus materiellen Gründen gezwungen, ins Ausland zu gehen – das Ausland war es, das mich gerettet hat.«

Seine völlig eindeutige Haltung in der Judenfrage gehe auch daraus hervor, daß er schon im Mai 1933 bei *Hitler* in der Reichskanzlei vorgesprochen habe, um zu erreichen, daß sein Freund, der als Mensch und Künstler gleich hochstehende *Leo Blech*, in seinem Amte belassen würde. »Ich mußte mich zwar einigen Taktlosigkeiten *Hitlers* aussetzen, hatte aber doch die Genugtuung, daß *Leo Blech* an der Berliner Staatsoper verbleiben durfte. Meine Weste ist rein. Ich wünschte mit jenen Leuten konfrontiert zu werden, die mich antisemitischer Äußerungen zeihen.«

Einen aufschlußreichen Einblick ins künstlerische Psychogramm herausragender Kulturschaffender im Dritten Reich, im Aussagewert tpyisch für ähnliche Fälle, bot auch das Entnazifizierungsverfahren gegen *Wilhelm Furtwängler*, das zwar erst im Dezember 1946 stattfand, aber in seiner inneren Problematik auf das Jahr 1945 zurückging. Der Vorsitzende der Entnazifizierungskommission erklärte, daß *Furtwängler* zwar niemals der Partei oder einer ihrer Gliederungen angehört habe, daß aber in der Hauptverhandlung geklärt werden müsse, in welchem Umfang sich der Dirigent als Staatsrat, als Vizepräsident und Präsidialmitglied der Reichsmusikkammer und als Leiter des Philharmonischen Orchesters an der Verbreitung der nationalsozialistischen Ideologie beteiligt habe. *Furtwängler* betonte bei seiner Vernehmung, er habe mit der Regierung arbeiten müssen, um gegen die Regierung arbeiten zu können. Er habe den ihm 1933 verliehenen Titel eines Preußischen Staatsrates nicht ablehnen können und hätte es damals außerdem für die Pflicht eines jeden Deutschen gehalten, bei der neuen Regierung auf das Beste zu hoffen. Er hätte mehrmals an *Goebbels* appelliert, den Parteiterror im Musikleben zu unterbinden. Der Anklagevertreter konterte, indem er einen Brief *Furtwänglers* an *Goebbels* vorlegte; darin hatte dieser sich zwar für die Dirigenten *Bruno Walter* und *Otto Klemperer* eingesetzt, aber auch die »Bekämpfung zersetzender Elemente« gebilligt. Was *Furtwänglers* zahlreiche Konzerte im Ausland betraf, so bemerkte der Dirigent, daß er stets die Kunst über die Politik gesetzt habe; es sei ihm allerdings klar gewesen, daß das Propagandaministerium aus kulturpolitischen Gründen an seiner Tätigkeit im Ausland ein Interesse gehabt hätte. Als Protest auf das Verbot, Werke von *Paul Hindemith* aufzuführen, habe er seine Ämter niedergelegt, lediglich den Staatsratstitel beibehalten. Eine formelle Aussöhnung mit den Führern des Dritten Reiches sei dann durch seine spätere ›Loyalitätserklärung‹ zustande gekommen, die in der Öffentlichkeit bekannt wurde, als er zum ersten Mal wieder das Berliner Philharmonische Orchester zugunsten des Winterhilfswerkes dirigierte. Nach Abschluß des Konzertes habe ihn *Hitler* mit Händedruck begrüßt.[361]

Gustav Gründgens, dem die Nationalsozialisten als Intendant des Berliner Staatstheaters ebenfalls den Titel ›Staatsrat‹ verliehen hat-

Manche der Nazi-Häuptlinge – sagt Richard Strauss – waren famose Menschen: Hans Frank, zum Beispiel, der Fronherr des Polenlandes (›Sehr fein! Sehr kultiviert! Er schätzt meine Opern!‹), und Baldur von Schirach, der über die ›Ostmark‹ (sonst Österreich genannt) zu gebieten hatte. Dank seiner Protektion genoß die Familie Strauss in Wien eine Vorzugsstellung – und dies, obwohl der Sohn des Komponisten eine rassisch nicht einwandfreie Gattin hat! »Ich darf wohl behaupten, daß meine Schwiegertochter die einzige freie Jüdin in Großdeutschland war.«

»Frei? Nicht doch, Papa! Oder doch nicht so ganz!« Es war Frau Strauss ›junior‹, geborene Grab, die kokett-wehleidig protestierte. »Meine Freiheit ließ zu wünschen übrig. Du vergißt, was ich auszustehen hatte. Durfte ich etwa jagen gehen? Nein! Sogar das Reiten war mir zeitweise verboten...« Ich schwöre es, dies waren ihre Worte! Die Nürnberger Gesetze sind gewesen; Auschwitz ist gewesen; ein Massaker ohne Beispiel hat stattgehabt; das infamste Regierungssystem der Weltgeschichte hat die Juden zum Freiwild degradiert. All dies ist bekannt. Und die Schwiegertochter des Komponisten Richard Strauss beklagt sich, weil sie nicht ›jagen‹ durfte...

Die Naivität, mit der Strauss sich zu einem völlig ruchlosen, völlig amoralischen Egoismus bekennt, könnte entwaffnend, fast erheiternd sein, wenn sie nicht als Symptom sittlich-geistigen Tiefstandes so erschreckend wäre. ›Erschreckend‹ ist das Wort. Ein Künstler von solcher Sensitivität – dabei stumpf wie der Letzte, wenn es um Fragen der Gesinnung und des Gewissens geht! Ein Talent von solcher Originalität und Kraft, ein Genie beinahe – und weiß nicht, wozu seine Gaben ihn verpflichten! Ein großer Mann – so völlig ohne Größe! Ich kann nicht umhin, dies Phänomen erschreckend und auch ein wenig degoutant zu finden.

Klaus Mann: Der Wendepunkt. Hamburg 1989.
Im Mai 1945 besuchte K. Mann als Sonderberichterstatter der US-Armeezeitung ›Stars and Stripes‹ den Komponisten in seinem Haus in Garmisch.

ten und der nach 1945 mehrfach verhaftet wurde, schrieb 1946 in einem Aufsatz zur ›Soziologie des deutschen Schauspielers‹, daß dieser in seiner Gesamtheit politisch uninteressiert gewesen sei. »Im Vordergrund hat für den Schauspieler die Kunst gestanden oder besser gesagt, die gute Rolle, die interessante schauspielerische Aufgabe. Diesen Mangel an politischer Erziehung teilt der deutsche Schauspieler mit dem gesamten deutschen Volk... Der Nationalsozialismus, der eine Lehre der Oberfläche war und nur mit Massenpsychose gearbeitet hat, ging ja nicht – wenigstens für die meisten Menschen bewußt nicht – in die Tiefe, und so kommt das für den Betrachter von außen verwunderliche Bild zustande, daß sich die Schauspieler, die in den letzten zwölf Jahren Theater gespielt haben, zum großen Teil nie vom Nationalsozialismus getroffen fühlten und sich auch mit seinen Schandtaten nicht identifiziert haben. Folglich erkennen sie zwar das, was man Kollektivschuld der Deutschen nennt, resigniert auch für sich an, ohne sich einer Einzelschuld bewußt zu sein.«[362]

Man könne annehmen, hieß es dagegen im wöchentlichen Informationsbulletin der US-Militärregierung Ende Januar 1946, daß kein namhafter Künstler gezwungen worden sei, Mitglied der Nazi-Partei zu werden. Das Propagandaministerium habe sie mit Glacéhandschuhen behandelt. Theaterleute hätten Lippenbekenntnisse abgelegt, entweder der Karriere wegen oder weil sie exponiert waren durch jüdische Verwandtschaft oder kommunistische Aktivität. Viele dagegen, deren Fragebogen in Ordnung sei, hätten sich als Nazis hervorgetan.[363]

Solche Ambivalenz des künstlerischen Verhaltens im Dritten Reich führte bei den Alliierten zu entsprechend ambivalenten Reaktionen. Was *Carl Zuckmayer* 1943 in einer Expertise für die US-Regierung über führende Persönlichkeiten des deutschen Kulturlebens festgestellt hatte, daß Schauspieler nämlich das Dritte Reich als Inszenierung, in der sie eine Rolle spielten, genössen – er halte *Gründgens* zum Beispiel für keinen abgründigen Bösewicht, sondern für eine Spielernatur, die auf dem Theater wie im Leben auf ›Grand jeu‹ eingestellt sei[364] –, entsprach nicht dem moralischen Raster, mit dem man das kulturelle Leben ordnen, das heißt vom Nationalsozialismus reinigen wollte.

Wie auf politischem und ideologischem Gebiet – so *Jost Hermand* ›Über die Kulturpolitik der Besatzungsmächte‹ – hätten sich die vier Besatzungsmächte nach der Niederringung des Nazi-Regimes im Bereich des Kulturellen vor zwei Aufgaben gestellt gesehen: die Liquidierung der bestehenden faschistischen Organisation und den Neuaufbau einer demokratischen Ordnung, die sowohl Freiheit als auch Gerechtigkeit garantiere. In dem Willen, einen Rückfall der Deutschen in den Faschismus ein für allemal unmöglich zu machen, seien sich die Alliierten zu Anfang weitgehend einig gewesen. Alle Verantwortlichen in Rundfunk, Presse, Verlagswesen und Theater seien deshalb einer genauen Prüfung unterzogen und notfalls aus ihren bisherigen Ämtern entfernt, auch alle Bücher, welche Nationalsozialismus, Rassenlehre und Aggressionslehre propagierten, seien aus öffentlichen Bibliotheken, Buchläden und Verlagssortimenten entfernt worden. »Als man jedoch zum Aufbau einer neuen Kultur überging und die höchst verschiedenartigen Kulturvorstellungen der jeweiligen Besatzungsmächte deutlich wurden, begannen die ersten Schwierigkeiten. Doch selbst diese Differenzen ließen sich anfangs kaschieren, da sich das Potsdamer Abkommen gegen alle zentralistischen Tendenzen ausgesprochen hatte und eine föderalistische Struktur Deutschlands begünstigte. Kulturpolitisch wohl am aktivsten traten in den ersten Jahren die USA und die UdSSR auf, während sich die Engländer und Franzosen[365] eher zurückhielten, ja im Zuge der Zusammenlegung der westlichen Besatzungszonen auch auf diesem Gebiet die Führungsrolle zusehends den US-Amerikanern überließen.«[366]

Kulturbund

Der Schwerpunkt der sowjetrussischen Kulturpolitik lag in Berlin. Schon am 14. Mai trafen sich auf Einladung des Generalobersten *Bersarin*, der mit ›Befehl Nr. 1‹ vom 28. April 1945 den Betrieb von Kinos, Theater, Gaststätten und Restaurants bis 21 Uhr gestattet und sofort ein Büro für kulturelle Angelegenheiten eingerichtete hatte, Künstler und Intellektuelle Berlins unter der Leitung des Beauftragten des sowjetischen Militärkommandanten für das Kunstschaffen, *Klemens Herzberg*, in Friedrichsfelde, um den Wiederaufbau des Kulturlebens zu besprechen und eigene Vorstellungen vorzutragen.

Hierzu *Jürgen Reiche*: »Berühmte Theaterleute wie *Heinz Tietjen, Gustaf Gründgens, Paul Wegener, Ernst Legal* und *Viktor de Kowa* waren unter den Anwesenden, aber auch einige weniger bekannte Vertreter ihres Fachs sowie verschiedene ›Konjunkturritter‹, denen offenbar die angekündigten höheren Lebensmittelrationen die Sache schmackhaft gemacht hatten... Am 19. Mai begann das Volksvarieté ›Roter Stern‹ im Bürgersaal des Schöneberger Rathauses mit seinem Programm (Leitung: *Schemjakin/Nasaroff*), tags darauf gab es das erste öffentliche Funkkonzert (der Rundfunk war am 13. Mai wieder in Betrieb genommen worden) und das erste Fußballspiel vor zehntausend Zuschauern im Lichtenberger Stadion. Die ›Tribüne‹ am Knie (Ernst-Reuter-Platz), in der man nach dem Ersten Weltkrieg den Expressionismus geprobt hatte, eröffnete am 1. Juni – vier Tage nach dem ›Raub der Sabinerinnen‹ im Renaissance-Theater – mit einem Kleinkunstprogramm. Am selben Tag nahm auch das bekannte ›Kabarett der Komiker‹ am Lehniner Platz, das unter *Willi Schaeffers* als eines der wenigen Kabaretts die Nazi-Zeit überstanden hatte, den Spielbetrieb wieder auf. Wie aus dem Bericht eines amerikanischen Kulturoffiziers hervorgeht, hatten die Sowjets sogar ehemaligen Nachtklubbesitzern befohlen, wieder zu öffnen, und so konkurrierten bis Juli 1945 allein im Stadtbezirk Schöneberg vier derartige Lokale miteinander, darunter die ›Femina-Bar‹, der ›Schwarze Adler‹ und die ›Miki-Bar‹. Trotz der katastrophalen äußeren Bedingungen gab der Erfolg den Initiatoren recht. Dankbar und kulturhungrig nahm die Bevölkerung alles Angebotene an und faßte neuen Lebensmut. Ganz nach dem Geschmack des Berliner Publikums war denn auch das Kabarett-Programm von *Willi Schaeffers*. ›Berlin kommt wieder...‹, der Schlager von *Heino Gaze* wurde – als Solonummer und Finale – gleich zweimal vorgetragen.«[367]

Am 6. Juni konstituierte sich die Kammer der Kunstschaffenden; zu ihrem Präsidenten wurde der 70jährige Schauspieler *Paul Wegener* und zum Sekretär der 24jährige *Wolfgang Harich*, der als eigentlich ›graue Eminenz‹ die politische Kontrolle ausübte und das uneingeschränkte Vertrauen der Sowjets besaß, gewählt. »Der zum Direktor der Hochschule für Bildende Künste ernannte *Karl Hofer*, der gemeinsam mit seinem Stellvertreter *Heinrich Ehmsen* daranging, dieses Institut zu (re)organisieren, wurde nachträglich in den Präsidialrat aufgenommen. Aufgabe und Ziel der Kammer sollten es sein, ›die Entfaltung der schöpferischen Kräfte aller Gebiete des Kulturlebens nach neuen geistigen, politischen und organisatorischen Gesichtspunkten‹ zu lenken und zu kontrollieren. Für die Künstler war es vorerst wichtiger, in der Schlüterstraße 45 so schnell ein Zentrum, einen ›Sammelpunkt der Hoffnung‹ gefunden zu haben, ›einen Ort der Klärung und der Kontakte‹. Alle Künstler wurden hier entsprechend den verschiedenen Unterabteilungen (Theater, Film, Musik, Kabarett, Bildende Kunst etc.) registriert und mit Lebensmittelkarten versorgt. Später fanden hier auch von der Kammer organisierte Ausstellungen statt: ab dem 25. Juli die erste große Ausstellung in Berlin mit über 180 Werken von 52 in der Nazi-Zeit verfemten Künstlern; ab dem 21. Oktober 1945 – mit der Abteilung für Volksbildung gemeinsam veranstaltet – eine *Käthe Kollwitz*-Gedächtnisausstellung und ab dem 29. Dezember 1945 – ebenfalls gemeinsam mit dem Magistrat – eine Ausstellung von Berliner Künstlern in der Deutschen Staatsoper im Admiralspalast. Ein Großteil der Verantwortung ging sehr bald von der Kammer an das Hauptamt Kunst des Magistrats über und an die in den Stadtbezirken gegründeten Kunstämter, die den jeweiligen Militärverwaltungen unterstanden. Sie organisierten einige Ausstellungen, zumeist in der Absicht, im Bezirk ansässige Künstler vorzustellen. ›Nach 12 Jahren‹ lautete der Titel einer Ausstellung, die der Bildhauer *Hans Uhlmann* als Leiter des Amtes für Volksbildung in Steglitz zusammengestellt hatte.«[368]

In das Haus der ›Kammer der Kunstschaffenden‹ war im Sommer 1945 der ›Kulturbund zur demokratischen Erneuerung Deutschlands‹ eingezogen. Dieser war Ende Juni auf Antrag des Dichters *Johannes R. Becher*, der dann erster Präsident wurde, gegründet worden. *Becher*, ab 1954 bis zu seinem Tod 1958 Minister für Kultur in der DDR, hatte 1933 Deutschland verlassen und in der Tschechoslowakei, in Frankreich und von 1935 bis 1945 in der Sowjetunion gelebt.

Als am 3. Juli 1945 im Großen Sendesaal des Berliner Rundfunkhauses die erste öffentliche Kulturbund-Kundgebung stattfand, waren etwa 1500 Berliner und Berlinerinnen, vor allem Bewohner aus den westlichen Bezirken, gekommen. »Zuversicht und Hoffnung gingen von dieser Kundgebung aus. Die Hoffnung schien um so berechtigter, als sich hier Menschen aller demokratischen Parteien und Weltanschauungen einig waren in dem Gedanken, über Meinungsverschiedenheiten hinweg einen gemeinsamen Weg zu finden im Interesse der fortschrittlichen Erweckung eines neuen deutschen Geisteslebens.«

Das ostdeutsche Festritual unterschied sich wenig von ähnlichen westlichen Ereignissen. Affirmative Weihestunden-Kultur entfaltete

Am Nachmittag ein interessantes Gespräch mit Johannes R. Becher, dem deutschen Dichter ... »Mit wenigen Ausnahmen existiert beim ganzen Volk keinerlei Schuldgefühl«, sagte er von sich aus, ohne daß wir danach gefragt hatten.

»Nicht diese Ruinen sind das schlimmste am gegenwärtigen Zustand Deutschlands«, erklärte er und zeigte auf die Trümmerhaufen der einstigen Häuser wohlhabender Bürger am Kurfürstendamm. »Viel schlimmer ist die Leblosigkeit der deutschen Seele. Sie ist durch zwölf Jahre Nazismus über alle Maßen vergiftet worden. Und heute besitzt sie keinerlei geistige Bindung mehr, sowohl zu unserer deutschen Vergangenheit – der Welt Goethes und Schillers zum Beispiel – als auch zur auswärtigen Welt der Gegenwart. Natürlich stimmt es, daß ein jeder jetzt damit beschäftigt ist, Unterkunft, Wärme und Nahrung zu finden (der Raum, in dem wir mit ihm sprachen, war bitterkalt). Doch das ist keine Entschuldigung dafür, daß die Seelen der Deutschen tot sind, ihr Geist schwach, und daß sie nicht den leisesten Wunsch verspüren, ihre schlimmen Verbrechen wieder gutzumachen oder diese Verbrechen wenigstens zu erkennen oder wenigstens darüber nachzudenken, wie Deutschland wieder Anschluß finden kann an den Rest der Welt und an die Zivilisation.«

Und dann machte er die zynischste Bemerkung, die ich bis dahin in Berlin gehört hatte.

»Ach, diese Leute da«, sagte er und zeigte auf die Straßenpassanten draußen, »sie beklagen den Verlust ihrer kleinen Wohnungen und ihrer schäbigen Möbel durch die Bombenangriffe mehr als den Verlust ihrer Männer oder Frauen, die im Krieg umgekommen sind. Es schmerzt mich, glauben Sie mir, als Deutscher so etwas sagen zu müssen«, erklärte er, offenbar unseren leichten Schock bemerkend, »doch ich denke, es ist besser, ganz brutal offen zu sein.«

William L. Shirer: Berliner Tagebuch. Das Ende. 1944–1945. Leipzig 1994.
Der amerikanische Journalist, der im Dritten Reich aus Deutschland berichtet hatte, kam 1945 wieder mit den alliierten Truppen nach Berlin; das Gespräch mit Becher notierte er am 8. November 1945.

sich voll: Die Berliner Philharmoniker spielten *Beethovens* Egmont-Ouvertüre; das verabschiedete Manifest sprach von der »großen deutschen Kultur«, die als »Stolz unseres Vaterlandes« wiedererweckt werden solle. Dazu müsse das deutsche Volk von allem reaktionären Unrat seiner Geschichte befreit und ihm die Möglichkeit gegeben werden, in die Gemeinschaft der Völker zurückzukehren. Es gälte, die besten Deutschen aller Berufe und Schichten in dieser schweren Notzeit deutscher Geschichte zu sammeln, um eine deutsche Erneuerungsbewegung zu schaffen und auch auf geistig-kulturellem Gebiet ein neues, sauberes, anständiges Leben aufzubauen.

Ein kritischer Tenor – expressiv formuliert – bestimmte lediglich die Rede des Schriftstellers *Bernhard Kellermann*: Der ›Kulturbund‹ werde alle, die für die deutsche Fehlentwicklung verantwortlich seien, zu finden wissen, Dichter, Publizisten, Beamte, hohe Offiziere, Generäle, Bankiers oder allmächtige Industrielle. »Er wird euch an der Brust packen und die fürchterliche Frage ins Gesicht schreien: ›Warum habt ihr Deutschlands Ehre in den Schmutz getreten? Warum? Warum? Antwortet. Und seid verflucht.‹« Demgegenüber forderte *Paul Wegener* dazu auf, den »Geist Goethes wiederzubringen«.[369]

Der Kulturbund gab vor, sich um eine ›sozialistische Renaissance‹ zu bemühen; diese sei dann, so *Frank Trommler*, von den Amerikanern abgewürgt worden[370] (eine Feststellung, die freilich die mit dem Kulturbund von den Sowjets beabsichtigte ideologische Manipulation naiv übersieht). Eine Reihe politisch bzw. sozialistisch engagierter Schriftsteller und Künstler, wie *Johannes R. Becher, Bert Brecht, Anna Seghers, Ludwig Renn, Alfred Kantorowicz, Ernst Bloch, Stephan Hermlin, Stefan Heym*, begaben sich dementsprechend aus dem ›dekadenten Westen‹ in die als Realutopie empfundene sowjetisch besetzte Zone (SBZ), oder, wie *Thomas Mann* und *Heinrich Mann* (der kurz vor seiner Übersiedlung starb), sympathisierten mit dem Osten.

Der Kulturbund gründete den Aufbau-Verlag; im Rückblick auf dieses Unterfangen schrieb *Erich Wendt* (in einem Verlags-Almanach): »Damals im August 1945, als der Kulturbund zur demokratischen Erneuerung Deutschlands den Aufbau-Verlag gründete, schien es vielen Wahnwitz, inmitten der Ruinen Bücher zu produzieren, wo es am Unentbehrlichsten zur Linderung der allgemeinen Not fehlte. Es bedurfte der hingebungsvollen Arbeit opferbereiter Menschen, um dieses Unternehmen zu schaffen. Vor allem aber ist der verständnisvollen und großmütigen Hilfe der sowjetischen Besatzungsbehörden zu danken.«[371]

Deutlich setzte sich der Verlag von der in seinen Augen westlich eskapistischen, ästhetizistischen Kultur ab; ähnlich gab *Johannes R. Becher* im Geleitwort der vom Kulturbund ebenfalls im August 1945 gegründeten Zeitschrift ›Aufbau‹ der Überzeugung Ausdruck, daß die eine kulturelle Neugeburt anstrebende Sammlung aller aufbauenden Kräfte auf weltanschaulich-kulturellem Gebiet die große nationale Aufgabe des Volkes sei. »Wir können nicht aufbauen ohne eine grundsätzliche Bereinigung alles dessen, was weltanschaulich-moralisch die Vernichtung begünstigt und angebahnt hat. Um feste Maße und Werte zu gewinnen, um das Wort von der hinterhältigen Vieldeutigkeit zu befreien und den Begriffen einen verbindlichen Sinn zu geben, dazu bedarf es gründlicher Untersuchung, klärender Aussprache, geistiger Auseinandersetzung und Selbstverständigung. Erziehung zu Wahrheit und Freiheit: Diesen Beitrag zum Aufbauwerk unseres Volkes sind wir zu leisten gewillt, wobei wir nicht vergessen, daß gerade auch der Lehrende heute mehr denn je ein Lernender ist. In der geistigen Erneuerungsbewegung, in diesem geschichtlichen Wandlungsprozeß unseres Volkes kann nur der einen Platz finden, der unablässig im Geiste dieser Erneuerung und Wandlung an sich selbst arbeitet, in Strenge und Zucht. Möge das Reformationswerk, das wir beginnen, seine Erfüllung finden in der Errichtung eines freiheitlichen, wahrhaft demokratischen Deutschlands!«[372]

Hans Mayer (von 1935 bis 1945 im Exil in Frankreich und in der Schweiz, dann bei Radio Frankfurt, von 1968 bis 1973 Professor für Literaturgeschichte in Leipzig) hat in seinem Buch ›Die umerzogene Literatur‹ darauf hingewiesen, daß vor allem zwei deutsche Schriftsteller – in München und in dem vorerst noch allein von den Russen besetzten Berlin – »inmitten eines terminologischen Kauderwelschs von Reeducation und demokratischer Erneuerung Deutschlands die Arbeitsgrundlagen geliefert haben für ein literarisches Leben in Deutschland«: und zwar *Erich Kästner* und *Johannes R. Becher*. Diese beiden hätten dafür gesorgt, daß das literarische Leben in den ersten Jahren nach 1945, also bis in die Zeit des Kalten Krieges hinein, gemeinsam für die Deutschen in den vier Besatzungszonen geblieben sei. »*Kästners* Feuilleton in der ›Neuen Zeitung‹ wurde allenthalben gelesen und reflektiert: von Schwerin bis Lörrach. Der von *Johannes R. Becher* begründete ›Kulturbund zur Demokratischen Erneuerung

Deutschlands‹ konnte in jeder Ortschaft aller vier Besatzungszonen eine Dependence unterhalten. Das Prinzip der Sammlung aller ›aufbauwilligen Kräfte‹, wie man damals formulierte, hatte Priorität. Bei den Vorbereitungen des Kulturbundes in Frankfurt am Main beteiligten sich neben den Herausgebern der ›Frankfurter Rundschau‹ der damalige Kommunist und spätere Sozialdemokrat *Leo Bauer*, der Germanist Professor *Ernst Beutler* und der katholische Publizist und nunmehrige Mitherausgeber der ›Frankfurter Hefte‹, *Walter Dirks*. *Johannes R. Becher* reiste in Deutschland umher. Er war glücklich, seine Vaterstadt München wiedersehen zu können. In Oberbayern besuchte er *Ernst Wiechert* auf dessen Bauernhof. Der von *Becher* gleichfalls gegründete Aufbau-Verlag in Berlin publizierte bald darauf *Wiecherts* Buchenwald-Erzählung ›Der Totenwald‹. Bei der Gründung des Kulturbundes in Stuttgart hielt *Becher* das einleitende Referat. Leiter der Veranstaltung war *Theodor Heuss*, der spätere erste Präsident der Bundesrepublik Deutschland.«[373]

War der Kulturbund auch insofern gesamtdeutsch, als er sich nicht vom pathetisch-affirmativen Sprachmuster und affirmativem Kulturritual lösen konnte – das brachte erst die Kahlschlagliteratur der ›Gruppe '47‹ zuwege –, so stellte er sich doch wie keine andere kulturelle Institution auf die Seite engagierter Kunst. Echtes Kulturleben, so das Gründungsmitglied *Hans-Georg Gadamer* (damals Rektor der Universität Leipzig) in einer Veranstaltung des Leipziger Kulturbundes, bedeute, daß man sich nicht mit der Kultur als einer bloßen Welt der Bildung zufrieden geben dürfe, daß Kunst, Wissenschaft, alle Gestaltung unseres sozialen Selbstbewußtseins nicht mehr gedacht werden dürfe in der Form der Erlösung von dem Druck der Wirklichkeit, »sondern als Ausdruck und Erhöhung dieser Wirklichkeit selbst«. Der Blick auf die Situation unserer klassischen Kultur könne die Aufgabe sehr deutlich machen: »Wie dort aus dem Freiheitspathos der französischen Revolution und des Eintretens des Bürgertums in das politische Leben ein Anspruch auf Bildung einer kulturellen Gesellschaft als eines Kreises von Schaffenden, Nachschaffenden und Aufnehmenden entstand, so muß auch heute eine Integration der Gesellschaft, eine Zusammenschließung aller einzelnen versucht werden. Ich bin dabei fest überzeugt, daß das nur ein Versuch von einer Seite her ist und daß von der anderen Seite her auch gearbeitet werden muß. Es ist kein Zufall, sondern Ausdruck einer gesellschaftlichen Wirklichkeit, daß die Kultur in dieser Weise zu einer bloßen Bildungswelt herabgesunken war, aber ebenso überzeugt bin ich, daß es die Gegenwirkung der Kulturarbeit auf die gesellschaftliche Wirklichkeit gibt, daß gleichsam die gemeinschaftsbildende Kraft der Kultur einen politischen Faktor für die Zukunft eines demokratischen Deutschlands darstellt.«[374]

Kultur war also kein ›Schatzkästlein‹ mehr, das Schmuckbedürfnisse befriedigte; dem ornamentalen Charakter von Kultur wurde deren gesellschaftliche Relevanz entgegengestellt. Eine derartige progressive Einstellung rekurrierte dabei auf die historische Position des Bildungsbürgertums, das in der Zeit von Aufklärung und Klassik einen humanitären Universalismus vertrat. In seinem Aufsatz ›Über den affirmativen Charakter der Kultur‹ (1937) hat dementsprechend *Herbert Marcuse* betont, daß zur Zeit des kämpferischen Aufstiegs der neuen Gesellschaft die Ideen der allgemeinen Menschlichkeit, der Schönheit der Seele, der inneren Freiheit, das Tugendreich der Pflicht in der Tat »einen fortschrittlichen, über die erreichte Organisation des Daseins hinausweisenden Charakter« gehabt hätten; erst mit der sich stabilisierenden Herrschaft des Bürgertums sei diese Ideenwelt in den Dienst der Niederhaltung unzufriedener Massen und der bloßen rechtfertigenden Selbsterhebung gestellt und damit die leibliche und psychische Verkümmerung des Individuums verdeckt worden.[375]

Berlin und die Provinz

Trotz weitreichender Zerstörung zeige Berlin ein ungebrochenes Kulturleben – war die Meinung vieler, die 1945 in Berlin ansässig waren oder in die Stadt zurückkehrten bzw. diese besuchten. Kam sie noch einmal wieder, die schöne Metropolenzeit, deren Glanz den dumpfen nationalsozialistischen Provinzialismus hinwegzuscheuchen oder zumindest zu überlagern vermochte? Würde die verspätete Nation noch einmal an westlicher Zivilisation partizipieren können? Daß *Gottfried Benn* zunehmend an Bedeutung gewann, lag gerade auch daran, daß er den Weg ins gelobte Land großstädtisch-urbaner Sensibilität wies. ›Dranbleiben‹ hieß die Parole. »Der Lyriker kann gar nicht genug wissen, er kann gar nicht genug arbeiten, er muß an allem nahe dran sein, er muß sich orientieren, wo die Welt heute hält, welche Stunde an diesem Mittag über der Erde steht... Er muß Nüstern haben – mein Genie sitzt in meinen Nüstern, sagte *Nietzsche* –, Nüstern auf allen Start- und Sattelplätzen, auf dem intellektuellen, da wo die materielle und die ideelle Dialektik sich voneinander fortbewegen wie zwei Seeungeheuer, sich bespeiend mit Geist und Gift, mit Büchern und Streiks – und da, wo die neueste Schöpfung von Schiaparelli einen Kurswechsel in der Mode andeutet mit dem Modell aus aschgrauem Leinen und mit ananasgelbem Organdy. Aus allem kommen die Farben, die unwägbaren Nuancen, die Valeurs – aus allem kommt das Gedicht.«[376]

Bei aller Bedeutung Berlins (vor allem auch als eines Topos der zumindest noch einige Zeit existierenden kulturellen Einheit Deutschlands) – mit der Zerschlagung des Deutschen Reiches und Preußens, der Isolierung der Stadt und ihrer Aufteilung in vier Besatzungsgzonen vollzog sich ein entscheidender Paradigmenwechsel. Das ›Neue‹, der kulturelle Aufbruch, trat vielerorts zutage. Mit zunehmendem Selbstbewußtsein meldeten sich die anderen Städte zu Wort. Man wünsche nicht mehr, so formulierte es der Schriftsteller und Dichter *Otto Flake*, von der französischen Kulturverwaltung als Redakteur am ›Badener Tagblatt‹ eingesetzt, im April 1946, daß das, was außer Berlin übrig bleibe, ›abgefertigt‹ werde:

»Das Deutschland von morgen baut sich unter dem Gesetz der Aufteilung in Zonen, nicht mehr vom Zentrum, sondern vom Rande, von den das bisherige Zentrum umlagernden Ländern auf... eine föderalistische Bewegung liegt vor. Das ist durchaus natürlich. Die Hauptstadt des Königreichs Preußen wurde nach 1870 auch die des deutschen Bundesstaates. Vor lauter Kaiserreich haben sehr viele dessen bundesstaatlichen Charakter vergessen. Wir bauen nur logisch auf den Grundlagen weiter, wenn wir die zwei Worte Bund und Staat erneut auf die Möglichkeit der Verbindung prüfen... Die Berliner mögen ihre Anstrengungen machen, wir machen die unseren. In München, Tübingen, Freiburg, Baden-Baden, Mainz, Frankfurt, Wiesbaden, Koblenz, Hamburg entstanden seit dem Sommer des vorigen Jahres geradezu automatisch Ansatzpunkte eines neuen Lebens – in Stuttgart, Augsburg, Kassel und anderswo... Keine künstlichen Programme waren nötig, keine Anrufe des gefährlichen Totalismus, dieses hitlerischen Erbes. Totale Lenkung durch die Berliner – nein. Sie übernehmen sich, ihre Stadt liegt in Trümmern... Wir sind föderalistisch... die Wiederherstellung kann nur ausgehen... von der Region.«[377]

Was ein ›Frankfurter Brief‹ (›Neue Zeitung‹, 1. November 1945) – bei gleichzeitiger realistischer und kritischer Auflistung von Defiziten und versäumten Gelegenheiten – für das Theater der Stadt feststellte, galt generell für alle Kunstsparten der sich nun entfaltenden urbanen Kultur: »Die große Chance für die Zukunft und der Reiz aller und besonders der hiesigen Theaterarbeit wird nicht in der Wiederaufnahme einer Tradition, sondern in einem Vonvorneanfangen liegen... Vielleicht wird... gerade aus dem Zwang zum primitivsten Neubeginn eine Rückkehr zu den Elementen des Theaters zustande kommen, eine neue Form, ein neuer Stil entstehen, den das Publikum nicht mehr, wie heute, schlechtweg als ›Ruinenstil‹ bezeichnen kann... Not zwingt zum Wesentlichen.«[378] So viel Anfang war nie! Allerdings galt auch, wenn man das Vonvorneanfangen affirmativ und nicht radikal, harmonisierend und nicht provokativ verstand: Viel Anfang war nie!

Exil und innere Emigration

Eine große Anzahl von denjenigen, die unbeirrbar an der Freiheit des Geistes festhielten, hatten beim Machtantritt der Nationalsozialisten Deutschland verlassen und versucht, im Exil sich durchzuschlagen. »Wie steht es um die Emigrationsliteratur 1933 bis 1945?« schrieb in einem Artikel über ›Die beiden deutschen Literaturen‹ *Alfred Döblin* nach seiner Rückkehr aus dem Exil 1945: »Was trieb man draußen?... Im allgemeinen schlug man um sich, so gut man konnte. Es wurden heftige Kampfbücher geschrieben. Der deutschen Zustände wurde unaufhörlich gedacht. Die Auseinandersetzung riß nicht ab. In Romanen, Lyrik und Dramen, auch in Biographien wurden die Dinge drüben scharf reflektiert. Man schilderte sie teils direkt und kritisierte sie, teils in durchsichtigen historischen Parallelen. Wie gesagt: Nur wenige schlüpften abseits und flüchteten in mythische Wolken. Es starben und verkamen viele. Aber ich habe nicht den Eindruck, daß die Emigration die Autoren schwach und defaitistisch machte. Vergleiche ich die beiden Literaturen, so möchte ich feststellen, die Außenliteratur hat ihre Autoren im allgemeinen frisch und kämpferisch rüstig erhalten.«[379] Eine solche Feststellung traf auch auf die anderen Kunstbereiche zu, wobei meist nur wenige sich im Ausland wirklich hatten durchsetzen können (wie z. B. in der Literatur *Thomas Mann* und *Franz Werfel*).

Nach dem Zusammenbruch der nationalsozialistischen Kunstdiktatur »begünstigten die vier Besatzungsmächte – mit Unterstützung der deutschen Antifaschisten – erst einmal all jene Künstler, die bis dahin als ›verfemt‹ oder gar ›entartet‹ gegolten hatten. Zugleich stellten sie ihnen Repräsentanten ihrer eigenen Kultur zur Seite, um den Deutschen nach zwölfjähriger Abgeschlossenheit wieder einen Anschluß an die neuesten Tendenzen innerhalb der Weltkultur zu ermöglichen.« Bei der Mehrheit der Verfemten, Exilierten und Vergessenen war die Rehabilitierung schwierig; »eine Reihe von ihnen war inzwischen gestorben, andere galten als verschollen. Ja selbst ihre Werke, welche die Kunstbeauftragten des Dritten Reichs systematisch ›ausgesäubert‹ hatten, ließen sich nur in Ausnahmefällen erneut zugänglich machen.« (*Jost Hermand*)[380]

Dazu kam, daß die an sich exilfreundliche Kulturpolitik der Alliierten keineswegs die ›leibhaftige‹ Rückkehr der Künstler nach Deutschland zu fördern bereit war; man befürchtete wohl, daß diese, mit der Autorität der Emigration ausgestattet, die strikt angelegte Reeducation-Politik differenzierend stören könnten. Nach Deutschland hätten viele der Exilschriftsteller gerne zurückkommen wollen, bemerkt *Hans Albert Walter*[381], der wohl beste Kenner der Exilliteratur; sie durften aber nicht, weil die westlichen Siegermächte zunächst kein Interesse daran hatten, exilierte Deutsche nach Deutschland zurückzulassen. Bei den Russen verhielt es sich etwas anders – soweit es sich um kommunistische Autoren handelte, die in der Sowjetunion Asyl gefunden hatten; sie wurden von Anfang an für den Wiederaufbau der Besatzungszone herangezogen. Aber es gab auch innere Vorbehalte, ins Nachkriegsdeutschland zurückzukehren: »Einer der Exilierten hat beispielweise gefragt, muß man sich dann wieder eine neue Existenz aufbauen in einem zerstörten Europa? Mit 60 Jahren war er ein Mann, der es im Exil sehr schwer gehabt hat.« Eine andere private Motivation für ein Zögern lag darin, daß Exilierte draußen sehr häufig familiäre Bindungen entwickelt hatten. Ihre Kinder wuchsen in England, in den USA oder wo auch immer auf, waren dort integriert. Eine Rückkehr nach Europa hätte bedeutet, diesen schon einmal entwurzelten Kindern und Jugendlichen zum zweiten Male den sozialen Wurzelgrund zu entziehen und sie in eine ungewisse Zukunft zu führen. Davor waren viele zurückgeschreckt.

Wir ohne Heimat irren so verloren
und sinnlos durch der Fremde Labyrinth.
Die Eingebornen plaudern vor den Toren
vertraut im abendlichen Sommerwind.
Er macht den Fenstervorhang flüchtig wehen
und läßt uns in die lang entbehrte Ruh
des sichren Friedens einer Stube sehen
und schließt sie vor uns grausam wieder zu.
Die herrenlosen Katzen in den Gassen,
die Bettler, nächtigend im nassen Gras,
sind nicht so ausgestoßen und verlassen
wie jeder, der ein Heimatglück besaß
und hat es ohne seine Schuld verloren
und irrt jetzt durch der Fremde Labyrinth.
Die Eingebornen träumen vor den Toren
und wissen nicht, daß wir ihr Schatten sind.

Max Herrmann-Neiße: Heimatlos. Aus: Max Herrmann-Neiße »Um uns die Fremde. Gedichte 2«.

Der 1933 emigrierte Dichter starb 1941 im Londoner Exil.

Ganz wesentlich und quantitativ viel wichtiger als solche privaten Motive war das politische Zögern, in ein Land zurückzukehren, dessen Bevölkerung entgegen der Hoffnungen der Exilierten mehrheitlich auf der Naziseite gestanden hatte. Das zeigte sich im Laufe des Krieges. Die Exilierten haben in den dreißiger Jahren noch gemeint, wenn der Krieg komme, dann breche das Regime sofort zusammen; das Volk werde die Waffen umdrehen und gegen seine Bedrücker vorgehen.

Es hat sich dann gezeigt, daß die Waffen keineswegs umgedreht wurden und daß die große Mehrheit des deutschen Volkes der Diktatur anhing. »Das war eine so schmerzliche Erfahrung und Enttäuschung, mindestens so schmerzlich wie die Massenmorde an den Juden, daß sehr viele Exilierte begreiflicherweise gesagt haben, das möchte ich mir erst einmal aus der Distanz ansehen.«

Die Rezeption der Exilliteratur (bis weit in die fünfziger Jahre) wurde nicht zuletzt dadurch erschwert, daß die moralisierende Erbauungsliteratur der inneren Emigration von Autoren wie z. B. *Werner Bergengruen, Reinhold Schneider, Stefan Andres, Hans Carossa, Rudolf Alexander Schröder, Ernst Wiechert, Elisabeth Langgässer* dominierte.[382] Auch gab es zwischen den beiden ›Emigrationen‹, der äußeren und der inneren, tiefgreifende Mißverständnisse; signifikant dafür war der Briefwechsel von *Walter von Molo* und *Thomas Mann*, nach *Hans Mayer* »ein Dokument der totalen Entfremdung«[383].

Walter von Molo, Autor geschichtlicher Romane, vor 1933 Präsident der preußischen Dichterakademie, hatte *Thomas Mann* im August 1945 dazu aufgefordert, seinen Wohnsitz wieder in der alten Heimat zu nehmen. »Bitte, kommen Sie bald und geben Sie den zertretenen Herzen Trost durch Menschlichkeit und den aufrichtenden Glauben zurück, daß es Gerechtigkeit gibt, man nicht pauschal die Menschheit zertrennen darf, wie es so grauenvoll hier geschah.«[384]

Molos Brief, der nach seiner Veröffentlichung großes Aufsehen erregte, wurde von dem Schriftsteller *Frank Thieß* in einem Beitrag aufgegriffen, in dem er heuchlerisch für die Einheit von innerer und äußerer Emigration plädierte: »Auch ich bin oft gefragt worden, warum ich nicht emigriert sei, und konnte immer nur dasselbe antworten: Falls es mir gelänge, diese schauerliche Epoche (über deren Dauer wir uns freilich alle getäuscht hatten) lebendig zu überstehen, würde ich dadurch derart viel für meine geistige und menschliche Entwicklung gewonnen haben, daß ich reicher an Wissen und Erleben daraus hervorginge, als wenn ich aus den Logen und Parterreplätzen des Auslands der deutschen Tragödie zuschaute. Es ist nun einmal zweierlei, ob ich den Brand meines Hauses selbst erlebe oder ihn in der Wochenschau sehe, ob ich selber hungere oder vom Hunger in den Zeitungen lese, ob ich den Bombenhagel auf deutsche Städte lebend überstehe oder mir davon berichten lasse, ob ich den beispiellosen Absturz eines verirrten Volkes unmittelbar an hundert Einzelfällen feststellen oder nur als historische Tatsache registrieren kann... Wir erwarten dafür keine Belohnung, daß wir Deutschland nicht verließen. Es war für uns natürlich, daß wir bei ihm blieben. Aber es würde uns sehr unnatürlich erscheinen, wenn die Söhne, welche um es so ehrlich und tief gelitten haben wie ein *Thomas Mann*, heute nicht den Weg zu ihm fänden und erst einmal abwarten wollten, ob sein Elend zum Tode oder zu neuem Leben führt. Ich denke, nichts ist schlimmer für sie, als wenn diese Rückkehr zu spät erfolgt und sie dann vielleicht nicht mehr die Sprache ihrer Mutter verstehen würden.«[385]

Thomas Mann antwortete im Oktober 1945. Mit einer gewissen Ironie konstatierte er, daß es ihn natürlich freue, wenn Deutschland ihn als Mensch und Person, und nicht nur seine Bücher, wiederhaben wolle. Aber: »Sind diese zwölf Jahre und ihre Ereignisse denn von der Tafel zu wischen, und kann man tun, als seien sie nicht gewesen? Schwer genug, atembeklemmend genug war, Anno dreiunddreißig, der Choc des Verlustes der gewohnten Lebensbasis, von Haus und Land, Büchern, Andenken und Vermögen, begleitet von kläglichen Aktionen daheim, Ausbootungen, Absagen... Schwer genug war, was dann erfolgte, das Wanderleben von Land zu Land; die Paßsorgen, das Hoteldasein, während die Ohren klangen von den Schandgeschichten, die täglich aus dem verlorenen, verwildernden, wildfremd gewordenen Land herüberdrangen. Das haben Sie alle, die Sie dem ›charismatischen Führer‹ (entsetzlich, entsetzlich die betrunkene Bildung!) Treue schworen und unter *Goebbels* Kultur betrieben, nicht durchgemacht. Ich vergesse nicht, daß Sie später viel Schlimmeres durchgemacht haben, dem ich entging: Aber das haben Sie nicht gekannt: das Herzasthma des Exils, die Entwurzelung, die nervösen Schrecken der Heimatlosigkeit.«

Thomas Mann rechnet ab mit der ›Verleugnung der Solidarität‹, die er erfahren habe. »Heute bin ich amerikanischer Bürger und lange vor Deutschlands schrecklicher Niederlage habe ich öffentlich und privat erklärt, daß ich nicht die Absicht hätte, Amerika je wieder den Rücken zu kehren. Meine Kinder, von denen zwei Söhne noch heute im amerikanischen Heere dienen, sind eingewurzelt in diesem Lande, englisch sprechende Enkel wachsen um mich auf. Ich selbst, mannigfach verankert auch schon in diesem Boden, da und dort ehrenhalber gebunden, in Washington, an den Hauptuniversitäten der Staaten, die mir ihre Honorary Degrees verliehen, habe ich mir an dieser herrlichen, zukunftatmenden Küste mein Haus errichtet, in dessen Schutz ich mein Lebenswerk zu Ende führen möchte – teilhaft einer Atmosphäre von Macht, Vernunft, Überfluß und Frieden. Geradeheraus: Ich sehe nicht, warum ich die Vorteile meines seltsamen Loses nicht genießen sollte, nachdem ich seine Nachteile bis zur Hefe gekostet. Ich sehe das namentlich darum nicht, weil ich den Dienst nicht sehe, den ich dem deutschen Volke leisten – und den ich ihm nicht auch vom Lande California aus leisten könnte. Daß alles kam, wie es gekommen ist, ist nicht meine Veranstaltung. Wie ganz und gar nicht ist es das! Es ist ein Ergebnis des Charakters und Schicksals des deutschen Volkes – eines Volkes, merkwürdig genug, tragisch-interessant genug, daß man manches von ihm hinnimmt, sich manches von ihm gefallen läßt. Aber dann soll man die Resultate auch anerkennen und nicht das Ganze in ein banales ›Kehre zurück, alles ist vergeben!‹ ausgehen lassen wollen.«[386]

War in der inneren Emigration auch das affirmative Kulturverständnis vorherrschend – es gab Gegenbeispiele: so der ›Radikal-Kritik‹ betreibende politisch engagierte Philosoph *Karl Jaspers*, neben *Martin Heidegger* Begründer der Existenzphilosophie, der seit Ende 1945 seinen Lehrstuhl in Heidelberg wieder innehatte. *Jaspers* treffe, so *Jeanne Hersch*, bei jeder Schwierigkeit auf den Kern der Sache. Diejenigen, die ihn nicht kennengelernt hätten, könnten sich nur schwer dieses Sichbegegnen von Maßhalten und Entschiedenheit vorstellen. Als ihm nach Jahren des Schweigens und einem furchtbaren Krieg die Freiheit des Wortes zurückgegeben war, habe er das quälende Problem der Stunde gelöst: »Worüber sollte er zu den jungen Menschen sprechen, die in Unheil und Lüge all das sich auflösen sahen, woran man sie zu glauben gelehrt hatte? Zu diesen jungen Menschen, denen jede menschliche Stimme dazu verurteilt schien, unwillkürlich nur Abwehr und Mißtrauen wachzurufen? *Jaspers* griff das Hindernis ohne Scheu an. Er nannte das Mißtrauen beim Namen, erklärte es; und er wählte das unerträglichste Thema, das der Schuld. Er sprach ohne

Pathos, er beleidigte seine Zuhörer durch keinerlei Beschönigungen, noch schmeichelte er ihnen durch Übertreibungen.«[387]

Jaspers hielt im Wintersemester 1945/46 eine Vorlesungsreihe über ›Die geistige Situation in Deutschland‹, mit der er eine aktuelle geistige Orientierung inmitten der Nachkriegsmisere zu geben trachtete.[388] Das allein schon hob ihn von den Kollegen der ›Zunft‹ ab, die sich – soweit sie der inneren Emigration angehörten – im Dritten Reich wie danach meist aufgrund einer vordergründig-unpolitischen Haltung ab- und eingekapselt hatten (und deshalb den alliierten Siegermächten als unverdächtig erschienen), in der Geschichtswissenschaft wie in anderen Disziplinen. Diese waren zwar nicht der ›braunen Universität‹ wie viele fanatisierte oder opportunistische Kollegen verfallen; doch transzendierten sie kaum ihre hermetische Wissenschaftsexistenz mit viel Stoffhuberei.

Walter H. Pehle und *Peter Sillem* stellten als Herausgeber eines Sammelbandes über die ›Wissenschaft im geteilten Deutschland. Restauration oder Neubeginn nach 1945?‹ auf Grund der dort versammelten Analysen fest, daß in beiden deutschen Staaten die Entwicklung höchst unterschiedlich verlaufen sei. Gerade in Ostdeutschland habe es nach 1945 große Chancen für einen Wandel gegeben; nicht ohne Grund seien so viele Emigranten dorthin zurückgekehrt, die dann freilich mit der Etablierung des DDR-Staates vom Stalinismus unterdrückt wurden. Im Westen sei die Entwicklung dagegen bruchlos verlaufen – von wenigen Ausnahmen abgesehen. Die Zahl der zur Rechenschaft Gezogenen sei selbst in Promille-Werten kaum meßbar; eine ›Stunde Null‹ habe es nicht gegeben.[389] Die innere Emigration des Dritten Reiches hatte sich in einen Elfenbeinturm zurückzuziehen versucht; übriggeblieben war eine Elfenbeinturmruine, in der man weiter, fern von Zeitfragen, domizilierte.

Theatralische Sendung

Die bereits für das Jahr 1945 zu konstatierende politische, wirtschaftliche und gesellschaftliche Gegenläufigkeit von West- und Ost-Deutschland kennzeichnet auch, trotz ›Kulturbund‹, die Situation der einzelnen Kunstsparten. Zumindest in den westalliierten Zonen konnte endlich der fatale deutsche Sonderweg, auf dem man sich von den Ideen der demokratischen Welt ferngehalten hatte, verlassen werden; die ›verspätete Nation‹ fand Anschluß an die freiheitliche Gesellschaftsordnung, wie sie sich im Gefolge der Französischen Revolution in den Ländern parlamentarischer Demokratie durchgesetzt hatte. Solche Westernization[390] wurde als direkte Antithese zur kommunistischen Diktatur begriffen; zudem ermöglichte sie eine nachträgliche und nachdrückliche Abgrenzung von der NS-Diktatur. Die Hinwendung zum Westen, bevorzugt den USA, vollzog sich dabei auf herausragende Weise als *kulturelle* Neuorientierung.

Im Zentrum des kulturellen Wiederaufbaus stand das Theater. Zunächst ›reinigten‹ die alliierten Kulturbehörden das Repertoire von nationalsozialistischen Dramen und ließen ›unbelastete‹ Stücke, darunter auch die klassischen, rasch wieder zu; vor allem aber sorgten sie für den Import von Stücken aus dem eigenen Sprachbereich. Maßgebend für die amerikanische Theaterpolitik war die Richtlinie Nr. 2.

In einer Bilanz der ›Neuen Zeitung‹ vom 24. Dezember 1945 heißt es: »Sehr frei übersetzt steht da ungefähr folgendes: Wir haben dich geprüft und glauben, daß du ein anständiger und tüchtiger Künstler bist. Und jetzt gehe hin und eröffne dein Theater oder veranstalte deine Konzerte. Wir wollen nur das eine nicht – daß du für die Leute, von denen jetzt einige in Nürnberg die Hauptrolle spielen, Propaganda machst oder dich mit ihnen einläßt. Sonst stehen wir nämlich in zwanzig Jahren wieder hier und müssen Lizenzen vergeben. Sonst kannst du machen, was du willst.« Man wolle nicht wie im Dritten Reich die Einrichtungen gängeln, die öffentliche Meinung beeinflussen; vom Bewerber für staatliche und städtische Bühnen werde jedoch künstlerische Unabhängigkeit von allen politischen Strömungen verlangt. Notwendig sei auch ein hinreichendes Maß praktischer Fähigkeiten; eine Bühne werde nicht aus Gedanken, sondern aus Brettern errichtet. Die Lizenz laute auf den Namen des Bewerbers, nie auf eine Bühne oder sonstige Gemeinschaft. Es gebe zur Zeit Leute, die eine Lizenz, aber kein Theater hätten. Erteilte Lizenzen würden für die ganze US-Zone gelten; wenn also ein Lizenzinhaber in München höre, daß z. B. in Heidelberg ein Theater oder ein sonstiger geeigneter Raum sei, könne er sich darum bemühen.[391]

In der von den USA besetzten Zone war die Theatersituation besonders günstig, da hier wichtige Theaterstädte wie München, Frankfurt, Stuttgart, Wiesbaden, Mannheim, Bremen, Kassel, Nürnberg und der US-Sektor von Berlin (mit Hebbel- und Schloßpark-Theater)

26 Szenenbild aus Thornton Wilders ›Unsere kleine Stadt‹ (Regie Erich Engel, Schauspiel München, August 1945)

lagen. Bis zur zweiten Nachkriegsspielzeit hatte die US-Militärregierung in ihrer Zone und in ihrem Sektor Berlin 400 Theaterlizenzen vergeben; allein 400 Gesuche für die Eröffnung von Theatern lagen im Herbst 1945 der Abteilung Volksbildung des Magistrats von Berlin vor. Durch Kriegseinwirkung waren von den 179 Staats-, Landes- und Stadttheatern im alten Reichsgebiet von 1937 98, also über die Hälfte, zerbombt oder ausgebrannt, viele andere beschädigt und nicht bespielbar.[392] Deshalb mußte häufig in provisorischen Räumen, Konzert- und Vortragssälen, Kinos, Aulen, Turn- und Stadthallen, Gemeinde- oder Rathaussälen gespielt werden; die Improvisationgabe war dadurch besonders herausgefordert.[393]

Im Herbst 1947 waren im verkleinerten Reichsgebiet wieder spielbereit: 133 Staats-, Landes- und Stadttheater einschließlich 84 Behelfsbühnen, 125 gewerblich betriebene Privattheater und 20 Behelfsbühnen, dazu 57 Wanderbühnen, Bauerntheater, Gastspielbühnen, also insgesamt 419 Bühnen, so viel wie nie zuvor. »Selbst Städte von 6000 Einwohnern, wie zum Beispiel Weilburg an der Lahn, verfügten bald über ein eigenes Theater. Das war nur möglich, weil dem neu entfachten Spielverlangen der Schauspieler auch eine neue, ungewohnte Lust am Theaterbesuch entgegenkam, die nicht nur aus den billigen Eintrittspreisen für das inflationierende Nachkriegsgeld zu erklären war. Über das Theater fanden die Zuschauer in der Not der Nachkriegsjahre wieder Zugang zur Lebensfreude, zur Lebensbetrachtung, zum Kunsterlebnis als einer gesteigerten Lebensempfindung. Der Satz ging um: Die Kunst hat das Volk gerettet.« (*Günther Rühle*)[394]

Was die Ensembles betraf, so spielte bei ihrem Entstehen der Zufall eine große Rolle; sie setzten sich zusammen aus Ortsansässigen, Flüchtlingen, Kriegsheimkehrern (später dann auch Schauspielerinnen und Schauspielern, die aus der Emigration zurückkehrten). Neben den Arrivierten, die freilich wegen Entnazifizierungsverfahren – die Diskussion um den ›Fall *Gründgens*‹ war besonders intensiv – zumindest zeitweise Auftrittsverbot hatten, bekamen Neulinge eine große Chance. Die Sängerin *Martha Mödl* zum Beispiel hatte ihr erstes Engagement am Stadttheater Remscheid 1942 mit 31 Jahren erhalten; kurz danach wurden Stadt und Theater durch Luftangriffe schwer getroffen; die Künstlerin bekam eine Arbeitsverpflichtung und setzte in einer Fabrik Granatzünder ein. Einen Vertrag nach Düsseldorf konnte sie in der letzten Kriegsphase nicht mehr antreten –

Goebbels hatte im Spätsommer 1944 verfügt, daß die Theater zum 1. September 1944 zu schließen seien, weil die an den Bühnen Beschäftigten in der Rüstungsindustrie und an den Fronten gebraucht würden. Nach der Kapitulation wanderte *Martha Mödl* zu Fuß von Remscheid nach Düsseldorf; sie wurde dort angenommen und begann eine Karriere, die zum Weltruhm führte.[395]

Was den Spielplan betraf, so war der Zugang zum ›Welttheater‹ durch die Alliierten festgelegt. Der offizielle Dramenkanon der USA umfaßte 60 übersetzte Stücke, von denen etwa 45 tatsächlich auf die Bühne gebracht wurden. Die Liste der übersetzten französischen Stücke enthielt 98 Werke, die der Briten 15 (allerdings nur zeitgenössische) Stücke. Da die Reichsmark nicht konvertibel und so im Ausland praktisch wertlos war, übernahmen die Militärregierungen die Übersetzungs- und Aufführungsrechte für eine gewisse Zeit und fungierten als Vermittlungsagentur.[396] Im Gegensatz zur Wirklichkeit des amerikanischen Theaters, bei dem die Broadway-Vergnügungen gerade auch in dieser Zeit eine große Rolle spielten, zielte das Kulturprogramm der US-Regierung auf ideelle Umerziehung jenseits des Unterhaltungs- und Amüsierbetriebs. Ins Übersetzungsprogramm wurden dabei vorwiegend Stücke aufgenommen, die die USA positiv darstellten und zum ›abendländischen Diskurs‹ beitrugen. Trotz einer solchen anspruchsvollen Theaterprogrammatik waren dann doch über die Hälfte aller aufgeführten Stücke Broadway-Komödien, Lustspiele, Boulevard-Stücke, Farcen, Possen und Kriminalreißer. Von den modernen Klassikern wurden in der Spielzeit 1945/46 uraufgeführt: *Anouilh*: ›Antigone‹ (Darmstadt), ›Euridike‹ (Frankfurt und Heidelberg), ›Der Passagier ohne Gepäck‹ (München), ›Der Ball der Diebe‹ (Berlin); *Claudel*: ›Der erniedrigte Vater‹ (München); *Cocteau*: ›Die Schreibmaschine‹ (Berlin); *Giraudoux*: ›Der trojanische Krieg findet nicht statt‹ (Berlin); *Ardrey*: ›Leuchtfeuer‹ (München, Berlin); *O'Neill*: ›O Wildnis‹ (Esslingen); *Wilder*: ›Wir sind noch einmal davongekommen‹ (Darmstadt), ›Unsere kleine Stadt‹ (München).[397]

Die rasche Blüte des Theaterlebens nach der totalen Niederlage war, was das Schauspiel betraf, in einem erheblichen Maße der Tatsache zu danken, daß während der Zeit der Verfolgung und danach eine deutschsprachige Bühne von höchstem Niveau existierte, die, nicht in Deutschland gelegen, dem Einfluß des Nationalsozialismus entzogen gewesen war. Das Zürcher Schauspielhaus hatte sich als eine Bastion des freien Geistes und als Refugium für viele erwiesen, die Deutschland verlassen mußten.[398] Bereits am Tag, als die Kapitulation der deutschen Wehrmacht in Kraft trat, am 9. Mai 1945, organisierte der zum Ensemble gehörende *Wolfgang Langhoff*, der Ende 1945 als Generalintendant nach Düsseldorf ging (1946 wurde er Intendant des Deutschen Theaters in Ostberlin), eine Hilfsaktion für Deutschland. Unter anderem schrieben Zürcher Schauspieler für ihre deutschen Kollegen Dramen von *Giraudoux, Jean-Paul Sartre, Friedrich Wolf, Thornton Wilder, Ferdinand Bruckner* ab; das Schauspielhaus wurde zur Auskunftei. Kleider und Lebensmittel sowie Requisiten, Vorhangstoffe und Textbücher wurden gesammelt. Vor allem aber war das Zürcher Haus eine geistige Umschlagstätte von nicht zu unterschätzender Bedeutung.

Am 6. Mai schon hatte sich *Leonhard Steckel*, Bühnenvorstand und Regisseur, »Notizen zum ideellen Neuaufbau des Theaterwesens im freien Deutschland« gemacht. »Es wird aller Wahrscheinlichkeit nach in Deutschland in der ersten Nachkriegszeit keine ständigen Theater geben. Gastspieltruppen, zum Teil von den Besatzungsmächten zusammengestellt und umhergeschickt, werden in den Ortschaften auf improvisierten Bühnen spielen.« *Steckel* hoffte, daß Verwaltung und Zensur der Besatzungsmächte erkennen würden, daß das Theater eine »gewichtige Stimme für den demokratischen Staatsgedanken zu sein vermag, dann wird sich in nicht ferner Zeit irgendwo zwischen den Trümmern der deutschen Städte der Vorhang heben, und ein Festspiel wird eine neue, freiheitliche Spielzeit eröffnen«.[399]

Die Autoren und Werke, die das Zürcher Schauspielhaus, meist in deutschsprachigen Erstaufführungen, vor und nach 1945 erschloß und vermittelte (z. B. *Max Frischs* ›Versuch eines Requiems‹: ›Nun singen sie wieder‹, 1945), fanden verhältnismäßig rasch ihren Weg ins zerstörte Deutschland. Gerade weil sich *Leonhard Steckels* Prognose nicht bewahrheitete, sondern zwischen den Trümmern der deutschen Städte der Vorhang sich verhältnismäßig rasch hob, war es so wichtig, daß auf der Bühne das selbstverschuldete Ghetto, in das die deutsche Theaterkultur im Dritten Reich geraten war, aufgebrochen wurde. Die deutschen Theaterleiter, Regisseure und Dramaturgen nutzten die Chance, die ihnen Zürich in seiner Statthalter-Funktion bot.

Am frühesten begann man in Berlin mit dem Theaterspielen.[400] Schon dreieinhalb Wochen nach der deutschen Kapitulation fand die erste Premiere, und zwar am 27. Mai, im Renaissance-Theater statt.

(Gespielt wurde *Franz Schönthans* Posse ›Der Raub der Sabinerinnen‹, eine aufgewärmte Staatstheater-Inszenierung aus der Zeit vor der ›Pause‹.)

Insgesamt gab es in den sieben Monaten von Juni bis Dezember 1945 mindestens 121 Premieren – in den erwähnten Theatern, aber auch in Wirtshaus- und Gemeindesälen, Schulaulen und Kinos. (Eine der kurzlebigsten Unternehmungen war das im Pankower Tivoli-Kino eröffnete ›Volkstheater‹; es spielte *Tolstois* ›Lebender Leichnam‹. Das Ensemble bestand aus 80 Personen; in zehn Tagen kamen 6000 Zuschauer; bald verschwand das Unternehmen wieder.) Gezeigt wurden 19 Operetten, 11 Opern, über 50 Schwänke, Lustspiele mit Musik, Revuen, Boulevardstücke, gleich dreimal *Shakespeares* ›Sommernachtstraum‹, des weiteren aber nur sechs Klassiker-Inszenierungen und etwa zwei Dutzend Werke aus der Dramenliteratur des 20. Jahrhunderts.[401] Am 17. Dezember stellte *Friedrich Luft* in einem Berliner Theaterbrief fest: »Das muß man dem Berliner Theater lassen: Kühl sind sie, aber rege.«[402] Die Betriebsamkeit hatte sich auch in der ›warmen‹ Jahreszeit erwiesen: viele Premieren, hohe künstlerische Leistungen, große Publikumsresonanz.

Luft verkörperte eine neue Kritikergeneration, die, trotz der Abkapselung im Dritten Reich, kompetent und geistreich das künstlerische Geschehen kommentierte – beeinflußt von den Theaterkritikern der Weimarer Republik, von denen die wichtigsten freilich nach dem Krieg nicht mehr, abgesehen von Reiseaufenthalten, in Deutschland wirkten. (*Alfred Polgar* und *Julius Bab*, die 1955 starben, waren in die Vereinigten Staaten emigriert; *Alfred Kerr*, der 1948 starb, war nach England ausgewandert.) Die neue Theaterkritik, die rasch an Ansehen gewann und auch viel Staub aufwirbelte, grenzte sich allerdings vom früheren Feuilletonismus ab und betonte ihre pädagogische, gesellschaftspolitische Aufgabe.

In den drei westlichen Besatzungszonen setzte der Theaterbetrieb später ein als in Berlin, wo der kulturelle Wettbewerb der vier alliierten Besatzungsmächte für Beschleunigung sorgte. »Klassisch begann man in Bonn (13.7. ›Faust‹-Szenen), in Tübingen (1.8. ›Romeo und Julia‹), in Essen (29.8. ›Die Mitschuldigen‹), Mainz (7.9. ›Kabale und Liebe‹), Kiel (8.9. ›Clavigo‹), Nürnberg (›Iphigenie‹, 1.10.), Augsburg (10.10. ›Der zerbrochene Krug‹), Münchner Kammerspiele (›Macbeth‹, 12.10.), Darmstadt (›Iphigenie‹, 15.12.), Bochum (17.12. ›Weh dem, der lügt‹). Mit heiterer Unterhaltung ging es los in

Frankfurt (5.9. ›Ingeborg‹), Düsseldorf (23.9. ›Aimée‹), Wuppertal (›Charleys Tante‹, 19.10.). Mit dem seit 1933 verboten gewesenen, von Salzburg her als Spiel von Reue und Sich-Fügen geläufigen Hofmannsthalschen ›Jedermann‹ begann man in Innsbruck (17.7.1945), in Stuttgart (4.8.1945), in Hamburg (29.8.1945 an *Goethes* Geburtstag, in einer Kirche), in Hannover (3.9.1945), in Köln (17.10.1945), in Karlsruhe (27.10.1945) und in Mannheim (11.11.1945).«[403]

Was den Spielplan, die Inszenierungsweise und das Publikumsinteresse des damaligen deutschen Theaters betraf, so kann zur Charakterisierung – sieht man von wenigen avantgardistischen Ausnahmen ab – die Überschrift herangezogen werden, mit der *Werner Schulze-Reimpell* die Arbeit des Theaters im Rheinland zu dieser Zeit bilanziert: »Man spielte, was gefiel.« Zu den hartnäckigsten Geschichtslegenden gehöre die Mär von der Stunde Null. *Daß* wieder Theater gespielt werden konnte, sei allen Beteiligten das Wichtigste gewesen, den Künstlern ebenso wie den Stadtvätern und dem Publikum, aber auch den alliierten Kulturoffizieren. »Zwischen ›vorher‹ und ›nachher‹ spannten sich viele Brücken. Der Wiederbeginn im Theater spiegelte überall das gesellschaftliche Selbstverständnis 1945. Es zielte nicht auf moralische Erneuerung im radikalen Bruch mit der unseligen Vergangenheit. Kaum einer fühlte sich schuldig an der Katastrophe – Besiegte, nicht Befreite, beklagten sich als Opfer, orientierten sich an humanistischen Werten zur eigenen Rechtfertigung. Vor allem die Liebe zur Kunst diente als Alibi, sie verbürgte zudem die Identität mit der älteren Vergangenheit, den großen Zeiten der Nation. Dem sollte und wollte das Theater entsprechen, indem es bewahrend auf das sogenannte Gute verwies und dem Zuschauer ermöglichte, wieder den Einklang mit seiner eigenen Lebensgeschichte zu finden. Für die Kunst ergab sich darum nicht die Notwendigkeit einer ästhetischen Umkehr, nicht einmal die eines anderen Repertoires – Klassiker standen wie bisher außer Zweifel (von Ausnahmen abgesehen), und das Musiktheater war ohnehin vom Dritten Reich wenig tangiert worden. Lediglich auf *Wagner* mußte man zunächst verzichten, aber zahlreiche Erfolgs-Operetten von *Leo Fall, Jacques Offenbach, Robert Stolz* und vielen anderen waren jetzt wieder möglich.

Das Schauspiel erfuhr aber auch eine Bereicherung durch all das, was während der zurückliegenden zwölf Jahre im Ausland entstanden war, und da regte sich viel Neugier, die zudem von den Alliierten geschürt wurde, die Wert darauf legten, Stücke ihrer eigenen Autoren ins Repertoire zu integrieren, und sich von ihnen außerdem eine umerzieherische Wirkung versprachen... Ihr Erfolg auf hiesigen Bühnen veränderte freilich kaum deren Inszenierungsstil, der sich ›verallgemeinernd dadurch kennzeichnen läßt, daß er vom Expressionismus die Äußerlichkeiten, die Unsinnlichkeiten, die Pathetik bewahrt, daß er den hohlen Bombast der Nazizeit nicht wirklich ausgeschieden hatte und daß er diese leeren Formen über die klassischen Werke warf, sie verdeckend‹, wie ein aufmerksamer Beobachter des Nachkriegstheater, der spätere Theaterprofessor *Henning Rischbieter*, vielleicht etwas zu negativ konstatierte.

Nicht zu leugnen ist indes, daß keine Aufbruchsstimmung die Theater erfaßt hatte, das ›Theater nach der Pause‹ vielmehr möglichst vertraut wirken sollte. Kein Wunder – es wurde von den gleichen Personen gemacht und verantwortet wie vor 1945. Auch darin spiegelte sich der restaurative Zug der Gesellschaft, die sich weniger an der Zeit vor 1933 als vor dem Kriege orientierte. Heimkehrende Emigranten wie *Brecht* und *Viertel* urteilten eher noch härter.«[404]

Eine gewisse Gegenposition zum affirmativen Theaterstil – der später aus der Emigration zurückkehrende Regisseur *Berthold Viertel* sprach vom ›Reichskanzleistil‹ der Klassiker-Aufführungen (mit dem »Berserkerton einer gewaltsamen Rhetorik«[405]) – nahmen die an den Universitäten sich bildenden studentischen Studiobühnen ein; solche wurden 1945/46 an den Universitäten Erlangen, Frankfurt, Göttingen, Hamburg, Heidelberg, Kiel, Mainz, Münster, Würzburg gegründet; weitere waren im Entstehen. Allerdings überwog 1945 auch dort noch klischeehaftes deklamatorisches Pathos, das analytische Vernunft und gesellschaftsbezogene Aufklärung zu ›überspielen‹ trachtete. Ein Bericht über die Arbeit der Studiobühne der Universität Würzburg kann solches abgehobene, einseitig idealistische Mentalitätsmuster verdeutlichen: »Dieses Maschinenzeitalter raubt uns die Seele, weil wir die Maschine zum Gott erhoben und ein stählerner Gott nur ein Stahlherz geben kann, das das Leben instrumentalisiert und alle Lebenswerte in Prozenten erfaßt. Wir aber, die Studio-Studenten, lieben das Leben, dieses bunte, wechselvolle und schnelle Leben, das so unendlich schön und wertvoll sein kann, wenn wir das Stahlherz unserer Zeit überwinden.«[406]

Zugleich aber bedeutete die (in diesem Zitat ebenfalls zutage tretende) Neugier der Jugend den Ursprung einer Entwicklung, die dann die Studiobühnen für eine längere Zeit zum Gegenpol des ›saturierten Stadttheaters‹ werden ließen. Vor allem der Initiative der Studiobühne Erlangen war es zu danken, daß der Diskurs unter den Studiobühnen, einschließlich loser organisatorischer Zusammenarbeit und künstlerischen Erfahrungsaustausches, intensiviert wurde; (1949 kam es dann zur ersten Theaterwoche der Studiobühnen deutscher Hochschulen in Erlangen).

In den Trümmerjahren waren die Menschen geradezu von einem Theaterrausch erfaßt. Was *Lutz Besch*, Chefdramaturg der Städtischen Bühnen in Erfurt, im Rückblick auf 1945 für die SBZ feststellte (dort hatten die Sowjets bis Ende des Jahres 1974 Theater zugelassen), galt auch für die westlichen Zonen: »Meist wird nachmittags und abends gespielt; fast jede Bühne unternimmt Abstecher... in mehreren Städten wird in zwei Häusern gespielt... Die monatlichen Aufführungsziffern liegen meist zwischen 40 und 50 Vorstellungen, ja, es werden sogar bis zu 55 und noch mehr!«[407]

Humorige Zukunftskunst

Die Leidenschaft fürs Kabarett war dem Theaterenthusiasmus ähnlich. Zu der Zeit, da in Berlin 400 Gesuche auf die Eröffnung von Theatern vorlagen, gab es 1000 Anträge auf Kabaretts. Da Lächerlichkeit tötet, hatten die Nationalsozialisten einen erbitterten Kampf gegen die großstädtische Kleinkunst geführt; die urbane Freigeistigkeit des Weimarer Kabaretts war ihrem bombastischen Provinzialismus gefährlich; so wurden die ›*Tucholskys* und Konsorten‹ verboten, verfolgt, ausgerottet. In den Hauptorten des Exils jedoch blieb das Kabarett eine wichtige Waffe im antifaschistischen Kampf; in Deutschland selbst konnte der politische Witz nie völlig mundtot gemacht werden (selbst wenn seinen Verbreitern die Todesstrafe drohte).

Kaum war das Dritte Reich zu Ende, da zeigte sich, daß der Wert der Respektlosigkeit nicht vergessen war. Mit der Befreiung vom totalitären Joch war aufbegehrendes, kesses Mund-Werk nicht mehr zu knebeln. Es setzte ein erstaunlicher Kabarett-Boom ein. »Wenn sich alle Pläne dieser Wochen verwirklichten«, notierte *Erich Kästner* im August 1945, »gäbe es bald mehr Kabaretts als unzerstörte Häuser.«[408]

Das große Haus des Kieler Stadttheaters lag fast ganz in Trümmern, aber das kleine Theater in der Holtenauerstraße, es hatte etwa fünfhundert Plätze, war unversehrt. Wir wohnten in dieser Straße. Wir nannten es bald »Neues Schauspielhaus«. Es war damals die dürftigste Zeit. Der Hunger plagte uns. Wäre der Krämer in der Nähe nicht ein Theaternarr gewesen, hätte er uns nicht ab und zu mit Kartoffeln und Gemüse, das nicht rationiert war, geholfen, ich hätte die Zeit nicht so durchgestanden. Ich spürte, was es heißt, nicht ernährt zu sein. Das Gedächtnis funktionierte nur schwer, es mangelte an der täglichen Kraft für die Rollen. Die Butter fehlte, Kaffee. Aber ich war noch jung und begeistert; es war auch eine Zeit schönster menschlicher Erlebnisse... Es war damals fast leicht, Theater zu machen. Theater war die große Abwechslung, das Geschenk im nur notdürftig zu bestehenden Alltag. Für Schauspieler und fürs Publikum. Man spürte das Bedürfnis nach Literatur und nach Stücken, die bisher in Deutschland nicht zu sehen waren. Man wollte wieder die Verbindungen zu dem, was in den zwölf Jahren ›draußen‹ passiert war. Die Besatzungsmächte brachten durch ihre Kulturoffiziere die Theater wieder in Gang, kontrollierten sie auch, vermittelten aber auch die ausländischen Stücke... Wir spielten nicht, um nun eine neue Ära des Theaters zu begründen, einen neuen Stil, sondern aus Freude, mit anderen zusammen überhaupt wieder künstlerisch frei arbeiten zu können.

Bernhard Minetti: Erinnerungen eines Schauspielers. Stuttgart 1985.

Daß in der Trümmerzeit viele der Kabarett-Projekte verwirklicht werden konnten, lag an der Toleranz der westlichen Siegermächte, die, zumindest solange sie nicht selbst in den Mittelpunkt der Attakken gerieten, in diesen ein sehr praktikables Instrument für Aufklärung sahen. Das Kabarett wurde zu einem wichtigen Forum politischer Meinungsäußerung. »In welcher Form man auch auftrat, ob als Reisekabarett oder Kabarett mit festem Haus, als Keller- oder Theaterkabarett, um literarische Qualität bemüht oder eher um einen lockeren Revue- oder Musicalstil, überall war der politische Zeitbezug unverkennbar. Obendrein blieb man nicht – wie noch zumeist in der Weimarer Republik – auf einen recht elitären Zuschauerkreis beschränkt, sondern erreichte eine beachtliche Breitenwirkung, vor allem dank der jetzt üblich werdenden Radioübertragungen.«[409]

Die Münchner ›Schaubude‹ eröffnete bereits im August 1945 in den Kammerspielen. *Ursula Herking*, in *Werner Fincks* Berliner ›Katakombe‹, die noch bis 1935 hatte ›überwintern‹ können, groß geworden, war die beherrschende Figur des Ensembles. Wichtigster Autor wurde sehr bald *Erich Kästner*; seine ›linke Melancholie‹ prägte die Programme. Den Auftakt bildete ›Elegie mit Ei‹, ein Gedicht, das 1928 im Erstling des Autors, ›Herz auf Taille‹, erschienen war. Daß eine junge Generation sich von der Schuld der Väter befreien und ihr Recht auf eigene Fehler einfordern wollte, dabei an nichts mehr glaubte, aber doch den Mut zur Arbeit besaß, war als lyrischer Kommentar zur Situation im Sommer 1945 besonders gut geeignet:

»... Wir wollen endlich unsre eigenen Fehler machen.
Wir sind die Jugend, die an nichts mehr glaubt
und trotzdem Mut zur Arbeit hat. Und Mut zum Lachen.
Kennt Ihr das überhaupt?

Beginnt ein Anfang? Stehen wir am Ende?
Wir lachen hunderttausend Rätseln ins Gesicht.
Wir spucken – pfui, Herr Kästner – in die Hände
und gehn an unsre Pflicht.«[410]

Nach »leidvollen winterlichen Umbauerlebnissen« konnte sich die ›Schaubude‹ im Frühjahr 1946 einen eigenen Saal leisten.

Sein Solokabarett definierte *Werner Finck* als »humorige Zukunftskunst des Großstadtmenschen«; gerichtet gegen Bürokratie, Verplanung, Arbeitsstreß und politische Unbeweglichkeit. Im November 1945 meldete er sich ›zur Stelle!‹ (Nach der Schließung der ›Katakombe‹ war er ins KZ verschleppt worden; Kollegen gelang es, ihn herauszuholen; er spielte bei der UFA und erhielt Berufsverbot, wurde aus der Reichsschrifttumskammer ausgeschlossen und zur Wehrmacht eingezogen, bekam das EK II und die Ostmedaille; 1942 saß er wieder in Untersuchungshaft, war dann erneut Soldat und geriet schließlich in italienische Gefangenschaft, aus der er nun entlassen worden war.) »War ich nun ein zaghafter Held? Oder ein mutiger Angsthase? Auf alle Fälle ging ich niemals weiter als bis zur äußersten Grenze des gerade noch Erlaubten. Hier aber zog ich über die Narrenkappe des wortkargen Scherzes noch die Tarnkappe der vielsagenden Pause: Das machte die Angriffsspitzen unsichtbar. Gegen die sie gerichtet waren, die merkten nichts. Erst das schadenfrohe Gelächter meiner Freunde, die damit, ohne es zu wollen, meine Feinde wurden, ließ sie stutzig werden. Nie war die Kunst der geschliffenen politischen Spitze lebensgefährlicher als damals, niemals aber auch so reizvoll. Deshalb hat mich auch das Nachdenken über meine Möglichkeiten in einem wahrhaft demokratischen Staate immer etwas beunruhigt. Denn wenn man wieder alles frei heraussagen kann, was man denkt, wenn der schwindelnde Abgrund unter dem Seil, darauf die Worte halsbrecherisch balancieren müssen, abgeschirmt ist durch das Sicherheitsnetz einer liberalen Gesetzgebung: wird dann einer der vielen noch zuschauen wollen, denen früher das gleichgeschaltete Hasenherz stehen blieb, wenn man die Balance zu verlieren schien?«[411]

Unter den zahlreichen Neugründungen in Berlin war das Kabarett ›Ulenspiegel‹ unter der Leitung von *Günter Neumann* am bekanntesten; er knüpfte an die Revuen der zwanziger Jahre und an das amerikanische Musical an; übrigens war ›Ulenspiegel‹ auch der Titel einer 1945 in Berlin gegründeten Zeitschrift für Literatur, Kunst und Satire, die *Herbert Sandberg*, der sie im Zuchthaus und KZ geplant hatte, in Nachfolge des ›Simplizissimus‹ zusammen mit *Paul Rilla, Horst Lommer* und *Günther Weisenborn* herausbrachte.

Nach einer ersten Phase der Euphorie bekamen die Kabaretts – neben den erwähnten Kleinkunstbühnen wurden besonders bekannt ›Die Hinterbliebenen‹ (seit 1945), ›Die Amnestierten‹ und ›Das Kom(m)ödchen‹ (seit 1947) – Schwierigkeiten mit der Zensur der

Besatzungsbehörden, da sie diese zunehmend in ihre Kritik einbezogen. Auch die deutschen Politiker zeigten keine besonders heitere Miene beim satirischen Spiel.

Musikalische Vergangenheitsbewältigung

»Im Anfang war Musik«, heißt es in *Oliver Hassencamps* autobiographischem Bericht ›Der Sieg nach dem Krieg. Die gute schlechte Zeit‹. »Siebzig Tage nach der Kapitulation gaben die Münchner Philharmoniker unter *Eugen Jochum* im Prinzregententheater ihr erstes Konzert, mit *Mendelssohn, Mozart, Tschaikowsky* ein harmonischer Wiederanfang. Leben hieß Kulturleben; Kunst war Medizin gegen den Alltag.«[412]

Musikalisch ausgehungert sei Berlin gewesen.[413] Am 26. Mai wurde das erste Konzert der Berliner Philharmoniker nach dem Ende des Zweiten Weltkrieges, ebenfalls mit Werken von *Mendelssohn-Bartholdy, Mozart* und *Tschaikowsky*, gegeben; das letzte Konzert des Philharmonischen Orchesters vor dem Ende des Zweiten Weltkrieges hatte am 15. April 1945 stattgefunden; auf dem Programm standen Werke von *Beethoven* und *Wagner*. »Damit war die Vergangenheit bewältigt. Man hatte mit dem Juden und dem Russen im Programm alles wieder gut gemacht.« (*Klaus Ebbeke*)[414]

Die erste Oper nach Kriegsende, *Gioacchino Rossinis* ›Barbier von Sevilla‹, als Kammerspiel mit Klavierbegleitung und kleinem Streichorchester, wurde am 16. August im Bürgersaal des Rathauses am Lauterplatz aufgeführt. Die städtische Oper folgte am 4. September 1945 mit *Beethovens* ›Fidelio‹. »Kesselpauken, Kontrabässe und andere schwere Instrumente wurden von den Musikern in Kinderwagen und auf Rollschuhen von einem Veranstaltungsort zum anderen geschleppt. Der junge *Sergio Celibidache*, der als Nachfolger *Leo Borchards* die Leitung der Berliner Philharmoniker übernommen hatte, dirigierte am ›Titaniapalast‹ vor ständig ausverkauftem Haus.«[415]

In einem ›Berliner Musikbrief‹ zu Ende des Jahres 1945 hieß es: »Fünf große Orchester, dazu ein halbes Dutzend kleinerer Instrumentalvereinigungen für die einzelnen Stadtbezirke, zwei vollgültige Opernhäuser, fast ein Dutzend Operettenbühnen, die sich immer noch mit Stücken von gestern behelfen müssen, eine Musikhochschule, ein internationales Musikinstitut mit Meisterklassen, eine Kirchenmusikschule, mehrere tüchtige Konservatorien, zahlreiche Chorvereinigungen, darunter ein jüngst entstandener städtischer Oratorienchor, Kammermusikvereinigungen in Fülle, ein Heer von Solisten, die mit mehr oder weniger Berechtigung auf dem Podium stehen – das sind etwa die treibenden Kräfte des heutigen Berliner Musiklebens.« Zwar habe das Berliner Konzertleben durch das Fehlen international berühmter Dirigenten an Glanz verloren; dafür fühle man sich aber wieder mehr der Musik selbst verbunden. Die Werke seien wieder wichtiger geworden als ihre Ausdeuter.[416]

Ein Wandel ohne tiefgreifende Zäsur habe das Musikleben nach dem Krieg in Nordrhein-Westfalen bestimmt; (*Wolfgang Horn*) schon Ende Mai 1945 hätten die Briten in Düsseldorf 29 verbliebene Mitglieder der Symphoniker zusammengetrommelt; musikalische Unterhaltung war gefragt; die alliierten Zensurbestimmungen hätten sich für diesen Sektor auch in der Folgezeit weitgehend als Formalien erwiesen. »Am 7. Juni stand in einem ersten öffentlichen Konzert in Düsseldorf schon wieder *Beethovens* Fünfte auf dem Programm. Ein Anachronismus angesichts einer zu weit über 80 v. H. zerstörten Stadt mit völlig ungewisser politischer, wirtschaftlicher und gesellschaftlicher Zukunft? Für die Zeit unmittelbar nach dem Krieg eben nicht. Denn musikalische Kultur erfüllte durchaus reale Funktionen: Ablenkung und Zerstreuung nach nächtelanger Angst vor den Bombenangriffen, zaghaft zurückkehrendes Selbstbewußtsein im Sinne des Rückgriffs auf unbelastete Kultur-Traditionen und letztlich ein Zusammenfinden auch in Vereinen und privaten Gruppen mit gemeinsamen Interessen. Gleich im Sommer 1945 setzte in rheinischen wie westfälischen Städten ein Hunger nach Kultur ein, der dem physischen Hunger während der Nachkriegszeit in nichts nachstand.«[417]

Das Besondere des Neuanfangs 1945 habe darin bestanden, daß er in erster Linie ein Ende gewesen sei; nach der Kulturdemontage des totalen Kriegs wollte man einfach wieder hören. Ungeachtet all der dringlichen Existenzprobleme und oft enervierenden Daseinsnöte habe Musik sehr hoch rangiert, weil sie Trost und Abschirmung gegen Gewesenes, Ausgleich und Mut in der Gegenwart bedeutete. (*Ulrich Dibelius*) Solche restaurativen Tendenzen bestimmten schon wenige Monate nach Kriegsende die meist ebenso notdürftige wie regsame Konzerttätigkeit von meist provinziellem Zuschnitt. »Die Umstände erforderten Interimslösungen, was die Auswahl der Künstler und die

Verfügbarkeit geeigneter, nicht zerstörter Räume betraf. Auch die Programme unterlagen solchen Zufallsbedingungen. Man war ja froh, daß nach Lockerung anfänglicher Beschränkungen und Auflagen durch die Besatzungsmächte überhaupt wieder etwas, das in vorerst bescheidenen Verhältnissen einem Musikleben glich, stattfinden konnte; und man nutzte begierig die Chance, sich darin nicht nur vom Schock der überstandenen Katastrophe erholen, sondern auch in dem neuen Gefühl von Freiheit und Selbstbestimmung erfahren und bestätigen zu können. Insofern kam der Musik, die aufzuführen leichter gelingen mochte, als Theaterensembles, Museen oder Verlage zu reorganisieren, damals ein besonderer Stellenwert zu. Und nahezu irreal im Vergleich zur allenthalben herrschenden Bedürftigkeit im Lebensnotwendigsten kursierten bereits früh bei den neu eingesetzten Verwaltungsorganen allerhand kühne Ideen und Pläne zum Wiederaufbau von Konzertsälen und Opernhäusern. Tatsächlich jedoch spielten schnell zusammengewürfelte Musikergruppen zumeist noch in Notquartieren, in Kirchen, Gasthaussälen, Schulen oder auch Privathäusern. Und dort, wo sich der neue Geist der Nachkriegszeit am ehesten hätte abzeichnen können, im Repertoire der aufgeführten Werke, unterschied sich das Gebotene – außer in der zudiktierten Begünstigung von kleineren Besetzungen oder Kammermusik – höchstens insoweit vom Üblichen und Vertrauten, als nun die Werke der unterm Nazi-Regime verbotenen, verpönten oder, nach der geltenden Sprachregelung, ›unerwünschten‹ Komponisten einbezogen, manchmal sogar mit Vorrang behandelt wurden. Derartige Akte einer nachdrücklichen künstlerischen Wiedergutmachung an *Mendelssohn* oder *Mahler*, Franzosen oder Russen, Engländern oder Amerikanern und nicht zuletzt an den musikalischen Aufrührern der zwanziger Jahre wie *Hindemith, Křenek, Weill, Milhaud, Honegger, Prokofjew, Strawinsky* u.a. erschienen allerdings noch deutlich als Ausnahme. Dahinter verbargen sich ja eine kulturpolitische Initiative und ein Bewußtsein für Zusammenhänge, das über ein schlicht bemühtes Reagieren auf Augenblicksbedürfnisse hinausgriff und bereits eigene Fixpunkte anzusteuern verstand.«[418]

Das von *Ulrich Dibelius* angesprochene provinzielle Niveau des Musiklebens bezog sich auf die durchschnittliche Situation; es gab auch – vor allem in den großen Städten – hervorragende Orchester, zumal mit der großen Masse an Flüchtlingen hochqualifizierte Musiker in die Westzonen gekommen waren und Beschäftigung suchten; man denke etwa an die neugegründeten ›Bamberger Symphoniker‹.

Für das Musikleben der Trümmerzeit, vor allem was seine Qualität und die Präsentation neuer Musik betrifft, erwies sich der wiedererstandene Rundfunk von ausschlaggebender Bedeutung. Spitzenreiter unter den Sendeanstalten auf dem Gebiet der modernen Musik wurde der Südwestfunk in Baden-Baden; dort hatte im November 1945 die französische Militärregierung *Heinrich Strobel* beauftragt, die Musikabteilung aufzubauen; er kehrte aus Paris, wohin er 1935 emigriert war, in ein Land künstlerischer und damit auch musikalischer Verödung zurück. Freilich war nach zwölf Jahren von Marschmusik, Siegeshymnen und ›in-Dienst-genommener‹ klassischer Musik auch die Ideologieabneigung gewachsen, somit der Boden für ›Neues‹ durchaus gelockert. Auch gab es relativ viele moderne Komponisten, die entweder im Dritten Reich geschwiegen und sich zurückgezogen hatten oder nun am Anfang ihrer Laufbahn standen.

Engagierte und couragierte Initiatoren, mit *Strobel* als dem wohl bedeutendsten, bewirkten, daß sich die Entwicklung zeitgenössischer Musik nach 1945 zu einem sehr wesentlichen Teil auf deutschem Boden abspielte. »Trotz unzulänglicher Mittel begann bald schon zwischen Trümmern und Hoffnungen ein Musikleben aufzublühen, das den Keim wegweisender Entwicklungen in sich trug.«[419] In Baden-Baden hatte *Strobel* ein kleines Archiv von Schellackplatten und die Reste eines Kurorchesters vorgefunden. In kürzester Zeit entstand ein leistungsfähiges Orchester, das unter dem aus der Emigration zurückgekehrten *Otto Klemperer* bereits 1946 sein erstes Konzert gab.

Abgesehen von Unkenntnis, war die Abneigung gegenüber den ›Neutönern‹ beim Publikum wie in Fachkreisen weit verbreitet. An der Spitze der Antimodernisten stand der Münchner Komponist und Musikschriftsteller *Alois Melichar*[420]; er konnte sich nicht nur auf die Zustimmung der ›Klassizisten‹ stützen, sondern auch derjenigen, die an die Zeit unmittelbar vor dem Dritten Reich anzuknüpfen dachten – hatten doch die dreißiger Jahre für die neue Musik eine Epoche des Rückschlags bzw. der Rückbildung dargestellt, in der sich populistische Tendenzen in den Vordergrund drängten und die Idee der Avantgarde dem Verdacht ausgesetzt war, ein Sektenprinzip zu sein.[421] Seit der Mitte der zwanziger Jahre formierte sich eine Gegenbewegung von starkem Ausmaß; sie zielte auf leicht spielbare Klaviermusik, Spielmusiken für Liebhaber und Laien, betrieb eine Erneuerung der Chorliteratur aus dem Geiste der Jugend- und Arbeiterbewegung. Laienspiel, Lehrstück und Schuloper wandten sich gegen Esoterik. Für die Kinder schuf man leicht darstellbare, in der Schule aufzuführende Spiele. Der Laie sollte überhaupt zum aktiven Musizieren gebracht werden; die moderne, komplizierte und komplexe Musik stand dem entgegen.

Das Musikverständnis des Jahres 1945 war dichotom. Die Restauration der Oper zeigte, daß nach wie vor, vielleicht sogar mehr denn je in ihr der Bürger zum Menschen zu transzendieren hoffte (*Theodor W. Adorno*). *Strobel*, der von Baden-Baden aus seine ersten Informationsfahrten durch den Südwesten machte, war enttäuscht, was sich da auf dem Musiktheater tat. »Ich sah entweder den alten Illusionsplunder, der um so peinlicher wirkte, als die Not aus jeder Falte der mager bestrichenen Kulissen lugte – oder die alte Spielastik, deren ›bewährte‹ Effekte Sinn und Geist jeglicher Musik abtöten. Ich las Opern-Spielpläne, die sich kaum von den Spielplänen des ›tausendjährigen Reiches‹ unterschieden.« Dazu kam der ›Run auf die Operette‹.[422]

Daneben vollzog sich die Wiederentdeckung der antiromantischen Generation und der Aufstieg ihrer variantenreichen Nachfolger (auch Überläufer) – der *Schönberg, Berg, Webern, Hindemith, Egk, Reutter, Hartmann, Fortner, Blacher, Zimmermann, Klebe, Henze.* Deren ›Liebe zur Geometrie‹ faszinierte; in vielen, wenn auch kleinen Kreisen wurden leidenschaftliche Diskussionen um die neue Musik geführt. Man erkannte, daß hier Künstler am Werk waren, die Vergangenheit nicht nur als zu bewahrendes Erbe, sondern auch als wegzuräumendes Hindernis begriffen. Nicht mehr in Ghettos und Geheimbünden sollte die neue Musik in Zukunft eingesperrt sein; vor allem von der Breitenwirkung des Rundfunks und der Schallplatte erhoffte man sich die Heranbildung einer anders hörenden Generation.

Zur Pflege zeitgenössischer Musik wurden eigene Konzertreihen geschaffen; bereits im Oktober 1945 hatte *Karl Amadeus Hartmann*, der wohl als einziger der in Deutschland verbliebenen bedeutsamen Komponisten »das Schicksal der inneren Emigration mit totalem Schweigen auf sich genommen hatte«[423], in München ›Musica viva‹ gegründet – ein Modell für analoge Versuche im In- und Ausland. In besonderen Kursen und Wochen wurden Komponistenkollegen und Musikstudenten wie interessierte Laien mit moderner Musik vertraut gemacht.

Der deutsche Volksgenosse sollte nach dem Konzept der nationalsozialistischen Kulturpolitik von Jazz, Shimmy, Slow Fox, Rumba und anderen ›Negertänzen‹ abgebracht und zum deutschen Rund- und Reihentanz bekehrt werden. Der Jazz war 1935 im Rundfunk verboten worden; 1937 erfolgte die ›Anordnung über unerwünschte und schädliche Musik‹, die mit der ›Anordnung zum Schutz des musikalischen Kulturgutes‹ auf alle ausländischen Schlager ausgedehnt wurde. Die deutsche Unterhaltungsmusik bestand in der NS-Zeit aus den salonmusikalisch aufbereiteten Filmsongs, Stimmungs- und Trinkliedern, Marschliedern etc.; »für die ›gehobene Unterhaltung‹ war mit den Operettenmelodien von *Nico Dostal, Paul Lincke, Franz Lehár* und anderen gesorgt. Vor allem aber waren es die Schlager, die, allesamt unpolitisch, in den ›Wunschkonzerten‹ des Großdeutschen Rundfunks Millionen Deutsche, an den Fronten des Zweiten Weltkriegs wie in der Heimat, begeisterten. Ein guter Teil dieser Schlager blieb auch nach dem Zusammenbruch von 1945 präsent, ebenso wie ihre Interpreten, die Publikumslieblinge mehrerer Jahrzehnte – von *Hans Albers* über *Johannes Heesters, Evelyn Künneke* bis zu *Marika Rökk*. Eineinhalb Jahrzehnte staatlich verordneter Pflege deutschen Liedgutes und Abwehr ›artfremder‹ musikalischer Entwicklungen in der NS-Zeit hatten die Folge, daß sich in der Bundesrepublik eine eigenständige Variante der international populären Musikkultur zunächst nur zögernd herausbilden konnte. Die hierzulande nach 1945 mit dem Anspruch kultureller Eigenständigkeit auftretenden ›deutschen‹ Schlager waren – in Text und Melodie – in der großen Mehrzahl nur eingedeutschte, auf hiesige Hör- und Klanggewohnheiten zurechtgestutzte amerikanische Vorlagen. Die Nachahmung – und leider immer auch Glättung – erfolgreichen amerikanischen Entertainments war gleichwohl nicht nur der Tatsache geschuldet, daß die Vereinigten Staaten ihren Siegermachtstatus ›kulturimperialistisch‹ zu nutzen wußten. Die vielfältigen und schleichenden Formen der Amerikanisierung westdeutscher Alltagskultur waren zugleich Zugeständnis an ein Publikum, dessen nationale Identität durch die traumatische Erfahrung des Zweiten Weltkriegs zwar empfindlich gestört, dessen Bewußtsein aber immer noch von der Angst vor ›Überfremdung‹ geprägt war.« (*Hanna Brunhöber*)[424]

Die nationalsozialistische Kulturpolitik hatte mit ihren verbalen Ereiferungen und brachialen Verbotsmaßnahmen den Jazz nicht ausrotten können. Er hatte sich in private Nischen, vor allem bei opposi-

27 Tingeltangel 1945

tionell bzw. regimekritisch eingestellten Jugendlichen halten können. Sein Bruder Robert, ein Jazzfan, erzählt *Walter Kempowski*, habe während des Krieges so viele Schellackplatten besessen, daß er zehn eng beschriebene Schreibmaschinenseiten brauchte, um die rund 250 Titel, von *Ambrose* und *Armstrong* bis *Fats Waller* und *Benny de Weille* aufzuzeichnen.[425] ›Swing-Heinis‹ nannte man diese Jugendlichen; Swing war eine Musik von Zivilisten für Zivilisten, die im Zweiten Weltkrieg besonders auch von alliierten Soldatensendern, als Ableger der BBC an der französischen Küste installiert, verbreitet wurden. Die Musik von *Benny Goodman, Tommy Dorsey, Artie Shaw* und vor allem *Glenn Miller* begeisterte die Landser, die dann als Kriegsgefangene noch mehr in den Sog dieser, ein neues Lebensgefühl bekundenden Melodien gerieten. Viele deutsche Berufs- und Amateurmusiker spielten schließlich, nach Hause zurückgekehrt, in amerikanischen Clubs.

»Nach der Todesdroge zynisch-flotter Märsche führte die Musik der Unterdrückten die Menschen wieder zusammen. Wir haben es erlebt, im Jazz. Aus Sklavenliedern, auf den Baumwollfeldern in den Südstaaten entstanden, hat er den Aufbruch der Minderheiten in aller Welt artikuliert, die Grenze zwischen Rassen, das Verbot der Fraternization weggetrommelt. Musikalisch betrachtet, ist es nur ein kleiner Schritt von der Unterdrückung zur Freiheit. Mit dem Zwei-Viertelrhythmus des Marsches schüchtert Staatsgewalt zum Gehorsam ein, beim Vier-Viertelrhythmus, in den man aus dem Zwei-Viertelrhythmus nahezu unbemerkt hinübergleiten kann, verpufft jeder Kampfgeist, entkrampft sich der Mensch und schwingt brüderlich mit allen andern im Kollektiv.« Auch beim Jazz beförderte der Rundfunk das Musikleben entscheidend. »Wir jungen und nicht mehr ganz jungen Jugendnachholer saßen nachts vor dem Radio, um zu hören, was wir endlich ungestraft hören durften: Swing von AFN, dem American Forces Network, wie der alliierte Soldatensender hieß. Wenn *Mark White*, der kleine, zierliche Discjockey mit der sonoren Stimme, im Programm ›Midnight in Munich‹ die Platten ankündigte und abspielte, schwelgten wir in unserem Lebensgefühl. Schon mittags hatten wir Swing getankt. Bei ›Luncheon in Munchen‹, einer täglichen Sendung aus dem ehemaligen Palais des Malers *Friedrich August Kaulbach*.« (*O. Hassencamp*)[426]

Radio München, ein Sender der Militärregierung, der 1945 seine Tätigkeit aufnahm, setzte nicht nur auf belehrende Umerziehung, sondern vor allem auch auf kesse Musik. Zusammen mit *Werner Götze* übernahm *Jimmy Jungermann* vom amerikanischen Soldatensender AFN das Programm ›Midnight in Munich‹ und machte es als ›Mitternacht in München‹ zu einer der heißesten Jazz-Sendungen Europas. Zwei Jahre lief die Sendung: 60000 Hörerwünsche trafen ein. Ein Drittel all dieser Hörerwünsche galt einem einzigen Lied: ›Don't Fence Me In‹ (›Sperr mich nicht ein‹).

Wieder ›on the air‹

Am 29. April 1945 notiert *Erich Kästner* in seinem Tagebuch: »Heute über Tag war der Münchner Sender stundenlang still. Es war, als sende er Schweigen. Abends zehn Uhr, wir saßen im Waldcafé, rührte er sich plötzlich wieder. Und was brachte er? ›Heiße‹ Musik! Erst unkommentierte Funkstille, dann undeutschen Jazz ohne Worte, was ist geschehen? Liegt der Münchner Sender im Niemandsland? Liebt der Nachtportier amerikanische Platten?«[427] Amerikanische Truppen besetzten erst am 30. April die Anlagen Ismaning und die Funkhausruine in München; offensichtlich hatte ein Techniker für ein paar Stunden das funkische Interregnum überbrückt. Am 12. Mai meldete sich dann der Münchner Rundfunk offiziell wieder – mit einem täglich eineinhalbstündigen Programm, das auf Nachrichten, Anweisungen der örtlichen Militäradministration und Suchmeldungen beschränkt war. Am 21. Mai konnte ein provisorisch installiertes kleines Studio im Keller des Münchner Funkhauses in Betrieb genommen werden; als Sprecher fungierten der amerikanische Offizier *Norbert Gruenfeld* und die gerade erst angestellten Deutschen *Herbert Seggelke* und *Fritz Benscher*.[428]

Für die Programmgestaltung waren vor allem die amerikanischen Radio-Offiziere zuständig. (Mit der Zunahme der Sendezeit erweiterte sich der deutsche Mitarbeiterstab; im April/Mai 1946 zählte Radio München bei einer wöchentlichen Sendezeit von 86 Stunden 7 amerikanische und 370 deutsche Mitarbeiter; nach der Ernennung von *Felix Buttersack* zum Chefredakteur am 11. Juli 1946 lag die Programmgestaltung wieder in deutschen Händen. Die juristische Übertragung der Funkhoheit machten die Amerikaner von der Verabschiedung eines bayerischen Rundfunkgesetzes abhängig; nach dessen Inkrafttreten erhielt Radio München am 10. Oktober 1948 als erster Sender der amerikanischen Besatzungszone eine deutsche Verwaltung.[429])

Am 4. Mai 1945, 10 Uhr, hatten die Engländer das unzerstörte Funkhaus an der Rothenbaumchaussee in Hamburg übernommen; um 19 Uhr erklang die englische Nationalhymne, gefolgt von der Ansage, »Hallo, hallo, this is Radio Hamburg, a station of the Allied Military Government«.[430] Die eingezogene ›Information Control Unit‹, bestehend aus drei Offizieren und ein paar Mann, stand vor der Frage: »Wie sollen wir ohne deutsche Mitarbeiter und mit sehr wenig Gerät Sendungen machen? Reporter, Redakteure, Sprecher waren in alle Winde zerstoben. Wären sie zur Stelle gewesen, hätte man sie nicht ans Mikrophon gelassen. Aber die Techniker waren da. Sie standen am 4. Mai aufgereiht, als die drei englischen Offiziere vorfuhren. Nun sollten sie etwas in Gang setzen, was der Militärregierung erlaubte, Anweisungen und Verlautbarungen durchzugeben. Die deutsche Zivilbevölkerung sollte unterrichtet werden über das, was ihr bevorstand. Es galt, die durcheinanderlaufenden Flüchtlingsströme zu ordnen und die zum Stillstand gekommene Wirtschaft in Gang zu setzen. Das alles erforderte eine verläßliche Informationsquelle. Es wurden zunächst Sendungen eingespeist, die aus Luxemburg kamen. In Luxemburg saß eine amerikanisch-englisch-französische Militärrundfunk-Organisation, die den intakten Sender 1944 vorgefunden hatte. Dort wurde an Nachrichten, Kommentaren, Features und Musik produziert, was in Hamburg ausgestrahlt werden konnte. Außerdem wurde der deutsche Dienst der BBC übernommen.« So *Peter von Zahn*, der zu den deutschen Mitarbeitern der ›ersten Stunde‹ gehörte.

Er hatte aus seiner eingekesselten Heeresgruppe in Kurland in die britisch besetzte Zone fliehen können. Als Dolmetscher einer Gefangenendivision in Schleswig-Holstein hatte *von Zahn* den Engländern den Vorschlag gemacht, per Rundfunk aus dem Lager zu berichten. »Es gab keine Zeitungen, kein Telefon, keine Post. Die Angehörigen wußten nicht, wo Väter, Brüder, Söhne waren. Die Söhne, Brüder, Väter wußten nicht, wo sich Mütter, Schwestern, Frauen und Töchter befanden. Wir wollten Verbindungen schlagen und hofften, daß ein paar Namen genannt würden oder jemand in einer Reportage hätte sagen können: Wir sind hier 150000 gefangene Soldaten. Es geht uns gut oder weniger gut. Wir haben überlebt.« Das wurde zwar von den Engländern nicht erlaubt, doch wurde *Peter von Zahn* aufgefordert, einen Kommentar zum Kriegsgefangenenleben zu sprechen. Daraufhin bot man ihm einen Job an: »Möchten Sie lieber den Landfunk machen oder lieber die Wortprogramme leiten?« Er entschied sich für den Landfunk, doch wurde ihm dann die Abteilung Wort zugewiesen.

»Da saß ich nun als einer der ersten deutschen Angestellten dieses Senders und versuchte, in einem zerstörten und verstörten Land ein deutsches Programm aufzubauen. Warum war das einfach? Warum war das schwierig? Einfach war es, weil der Nationalsozialismus und die Niederlage in der Publizistik ein tabula rasa geschaffen hatten. Man konnte von vorn anfangen, ohne Rücksicht auf geheiligte Traditionen oder ihre Pervertierung. Man konnte sich, wie sich herausstellte, die besten journalistischen Traditionen der Briten und Amerikaner zu eigen machen und vier Jahre lang in Zeitung und Rundfunk neue Formen der Informationsvermittlung aufbauen, ohne laute Zwischenrufe deutscher Autoritäten. Die gab es ja nicht; sie bildeten sich nur allmählich.«[431]

Zur Hamburger Rundfunkmannschaft stieß auch bald *Axel Eggebrecht*, den die Nazis 1933 verhaftet hatten, der dann wieder freigekommen war und als Drehbuchautor für unpolitische Filme einen Unterschlupf finden konnte. Vom holsteinischen Kellersee, wo er im Haus seiner Tante das bevorstehende Ende des Dritten Reiches erwartet hatte, holte ihn ein Jeep ab und brachte ihn in die nächste britische Kommandantur nach Eutin. »Über Leute meiner Art haben emigrierte deutsche Schriftsteller Beurteilungen geliefert; mit einigen von ihnen wechselte ich Briefe bis in den Krieg hinein.« *Eggebrecht* sollte die Herausgabe einer kleinen Zeitung vorbereiten; dafür fühlte er sich nicht geeignet; doch konnte er Kontakt mit dem Hamburger Sender aufnehmen, der ihn dann einstellte.[432]

Am 4. Mai machten auch die Sowjets in Berlin die ersten Rundfunk-Durchsagen, aus einem Übertragungswagen über den Sender Tegel; die Stadt war seit dem 2. Mai vollständig in russischer Hand. Am 18. Mai wurde das erste öffentliche Symphonie-Konzert aus dem Funkhaus an der Masurenallee übertragen, gespielt vom Orchester der städtischen Oper Berlin.[433]

Die Rundfunkhoheit war auf die Besatzungsmächte übergegangen; die Rundfunkstationen fungierten als Sender der jeweiligen Militärregierung. Die Amerikaner übernahmen die drei ehemaligen Reichssender Frankfurt, Stuttgart, München und favorisierten ein dezentrales Modell. Die Briten bevorzugten nach dem Vorbild der British

Broadcasting Corporation (BBC) eine zentrale Rundfunkanstalt und hielten auch nach der Wiederinbetriebnahme des Kölner Funkhauses im August/September 1945 sowie der Etablierung der Länder Nordrhein-Westfalen, Niedersachsen und Schleswig-Holstein daran fest.[434] (Der Nordwestdeutsche Rundfunk wurde am 1. Oktober 1946 gegründet; an seiner Spitze stand *Hugh Carleton Greene*, der seit 1940 die Deutsche Abteilung in der BBC geleitet hatte – »ein sehr liberal denkender Mann mit viel Verständnis für die Deutschen, was nicht immer Zuneigung zu ihnen bedeutete. Er ließ häufig freimütige Kommentare zu, die die Amerikaner verärgerten und den Protest von Franzosen und Russen hervorriefen.«[435])

Die französische Besatzungsmacht konnte in ihrem Zonengebiet nicht an vorhandene Sendereinrichtungen anknüpfen; nach Radio Koblenz, das seit dem 14. Oktober 1945 ein mehrstündiges Programm sendete, wurde erst ab 31. März 1946 aus Baden-Baden, dem Sitz der französischen Zonenverwaltung, das Programm des Südwestfunkes ausgestrahlt.

Über das Gros der von den Vertretern der Militärregierung neu eingestellten deutschen Rundfunkjournalisten existierten, so *Edgar Lersch*, nur wenige Informationen. Es sei aber sicher falsch, etwa die ›linksstehenden‹ Mitarbeiter des Hamburger Senders um *Axel Eggebrecht, Ernst Schnabel* und *Peter von Zahn*, die mit einem »aus persönlichem Anlaß geformten Bewußtsein einer politischen Sendung« an die Arbeit gingen, als die typischen Repräsentanten einer neuen Generation von deutschen Rundfunkmitarbeitern zu charakterisieren. Im übrigen standen sie nur für den, wenn auch sehr wichtigen, aktuellen und politischen Teil des Programms. Richtig sei aber zweifellos, daß die Vorstellungen der Hamburger Gruppe bereits vor dem Amtsantritt des obersten englischen Rundfunkkontrolloffiziers *Hugh Carleton Greene* auf Offiziere trafen, die einen freimütigen Umgang der Besiegten mit dem Sieger akzeptierten.[436]

Hans Bausch, der spätere Intendant des Süddeutschen Rundfunks, stellt fest, daß im Rundfunkbereich der Umgang mit den Siegern dadurch geprägt war, daß die mit dem Aufbau der Stationen der Militärregierung beauftragten alliierten Offiziere oder Zivilangestellten von Anfang an nur Kontrolloffiziere gewesen seien, die die deutschen Programme mit politisch unbelasteten Mitarbeitern zu organisieren und mit dem Mittel der Vorzensur zu lenken hatten. Im Umgang mit den besiegten Deutschen hätten die Besatzungsoffiziere nicht nur ihre

Vorschriften (etwa das Verbot der ›Fraternization‹), sondern auch zuweilen recht verschiedene persönliche Vorstellungen gehabt. Trotz der dürftigen materiellen ›Qualität des Lebens‹ habe die erste Generation der Mitarbeiter in den Funkhäusern ihre Chance genutzt.

»Selbst wenn man sich über die Zensur der Kontrolloffiziere dann und wann ärgern mußte, bedeuteten solche Eingriffe nur einen bescheidenen Wermutstropfen im großen Kelch der freien Meinungsäußerung, deren Wert nur empfinden kann, wer zwölf Jahre den Mund halten mußte. Es galt, den Wiederaufbau nach den Spielregeln einer freien publizistischen Arbeit kritisch zu verfolgen. Ein ungeheurer internationaler kultureller Nachholbedarf war abzudecken. Die Rundfunkjournalisten der ersten Stunde betätigten sich als Ratgeber in allen Lebenslagen, als Anwälte in Not und Bedrängnis, als Ankläger gegen Mißstände, als Anreger zu kritischem Nachdenken über die Vergangenheit. In einer Zeit, in der Zeitungen nur einmal oder zweimal wöchentlich erschienen, die zerstörten Konzertsäle und Theater noch nicht wieder aufgebaut waren, begleitete das Radio den Alltag des verunsicherten Bürgers intensiver als in den späteren Jahren des aufblühenden Wohlstands... In diesen Jahren eroberte sich der Rundfunk in Deutschland seine Glaubwürdigkeit, obwohl er im Bewußtsein der Hörer nur allmählich die Rolle des offiziellen Sprachrohrs verlor, an die sich die Bevölkerung in den Jahren der nationalsozialistischen Diktatur gewöhnt hatte.«[437]

Das Resümee, das die ›Neue Zeitung‹ über die Entwicklung des Rundfunks in Westdeutschland am 21. März 1947 zog, spiegelte einen Optimismus, der durchaus berechtigt war – hatte man doch 1945 die Weichen richtig gestellt: »So tönt also die Stimme Deutschlands zweiundzwanzig Monate, nachdem die Kapitulationsrede des Herrn *Dönitz* auf der Welle von Flensburg verklungen ist, wieder auf vielen Wellen. Deutschland ist wieder ›on the air‹ – wenn auch vorderhand noch unter alliierter Aufsicht. Aber die Zwischenbilanz über das Erreichte ist nicht übel und verspricht für die Zukunft noch vieles im freien Wettbewerb der Sender und Programme.«[438]

Kinoboom und Filmpause

Es gab nicht viel Freizeit im Trümmerjahr 1945. »Alle Kräfte und alle Zeit waren eingespannt für die Sicherung der elementaren Lebensgrundlagen. Nahrung, Kleidung, die vielen kleinen und großen Güter des Alltags waren nur durch zeitaufwendiges Suchen, Tauschen, ›Organisieren‹ und ein Höchstmaß an Eigenleistung zu beschaffen.«[439] Neben dem sonntäglichen Ausflug ins Grüne und dem Besuch einiger, durch den Jahresrhythmus bestimmter Festlichkeiten (Kirchweih, Winzer- und Schützenfeste) sowie gelegentlicher Teilhabe an dem langsam sich wieder entwickelnden Vereinsleben, hörte man gerne Radio.

Sehr beliebt waren zudem Kinobesuche. 1945 waren von früher (1944) 6484 Lichtspieltheatern schon wieder 1150 in Betrieb. An der Spitze des Kinobooms standen die Stadt Dortmund und das Land Nordrhein-Westfalen. Am 27. Juli 1945 meldete die von der britischen Besatzungsbehörde herausgegebene ›Ruhr-Zeitung‹, daß demnächst 120 Kinos in der nördlichen Rheinprovinz und etwa die gleiche Anzahl in Westfalen mit ihren Vorstellungen beginnen würden. »In der ersten Zeit wird in jedem Kino nur ein Film gezeigt werden, und zwar ein Spielfilm. Die Militärregierung wird örtlich die Anzahl und Zeiten der Vorstellungen festsetzen. Überall werden die Lichtspielhäuser eine Stunde vor Eintritt des Ausgangsverbotes geschlossen, so daß das Publikum genügend Zeit findet, nach Hause zu gehen. Zunächst werden nur deutsche Filme vorgeführt werden, es ist aber zu erwarten, daß binnen kurzem britische und amerikanische Filme beschafft werden können.«[440] Die Filme mußten vorher von Vertretern der Besatzungsmacht geprüft und zugelassen werden.

Da saß man also wieder »in den verdunkelten Räumen, vor jener magischen weißen Wand, auf der eine photographische Scheinwirklichkeit ihren alten Zauber entfaltete«. *Hermann Kadow*, der in den ›Frankfurter Heften‹ im August 1946 eine Bilanz der bisherigen Entwicklung veröffentlichte, stellte fest, daß vor allem in den ländlichen Gebieten, wo die kleinen Filmtheater und Kinohäuser überwiegend erhalten geblieben seien, das Publikum (durch die Kriegsevakuierung neu gemischt) sich zwar wieder mit dem alten Vergnügen ›füttern‹ ließ, aber nicht mehr mit jener unbedingten Begeisterung, die vor der Zerstörung der alten Welt so natürlich gewesen sei. »Die Urteile und Meinungen sind merklich kritischer geworden. Man fühlt, daß die

28 Die ersten Kinos entstehen

Träume, die auf der Leinwand ihre Photowirklichkeit ausspielen, nicht mehr ganz stimmen. Zumindest nicht mehr in Deutschland, vielleicht auch nicht mehr in Europa. Das Tragische wird belächelt, weil man über einen persönlichen Schatz von tragischen Erfahrungen verfügt, an den die Phantasie der Filmautoren nicht heranreicht. Auch das Komische wird bedauert, weil man ahnt, daß Tragik und Komik in einem tieferen Sinnzusammenhang stehen. In der dargebotenen Form erscheinen Lustspielfilme dumm, laff und etwas langweilig. Aber man geht ins Kino, weil der Hohlraum des Lebens hier immerhin eine freundliche, haarige Warze aufweist, die im verwüsteten Gesicht des deutschen Lebens belustigt und die graue Monotonie des Alltags sogar verschönt.«[441]

Von den zunächst vorwiegend aus den USA, England, Frankreich und der UdSSR stammenden, in den jeweiligen Besatzungszonen, meist ohne Austausch, gezeigten Filmen waren im westlichen, vor allem im amerikanischen Bereich, Traumfabrik-Produkte – trotz der von *Kadow* festgestellten größeren Kritikbereitschaft – besonders beliebt. Von *Billy Wilder* heißt es, daß er sich 1945 die geistige Umerziehung der Deutschen mit Hilfe des Films so vorgestellt habe (und der Trend bestätigte dies dann): »Wenn man... einen Unterhaltungsfilm mit *Rita Hayworth, Ingrid Bergmann* oder *Gary Cooper* machte, in Technicolor, wenn Sie wollen, und mit einer Liebesgeschichte, raffiniert gemacht, um ein bißchen Ideologie an den Mann bringen zu helfen – hätten wir mit einem solchen Film ein glänzendes Stück Propaganda in der Hand.«[442]

Nur gelegentlich wurden Filme wie ›Die Todesmühlen‹ gezeigt, die dem Beschauer etwas anderes als unverbindliche Unterhaltung anboten. (Der Dokumentarfilm ›Die Todesmühlen‹ von *Hans H. Burger*, zusammengestellt aus Filmaufnahmen der Alliierten in den Konzentrationslagern nach der Befreiung, der die Mitschuld einer Mehrheit der deutschen Bevölkerung aufzeigte, wurde 1946 wieder aus dem Verleih gezogen.)

Ein wichtiges Instrument der alliierten Filmarbeit in den ersten Nachkriegsjahren stellten die Wochenschauen dar; die von den Engländern und Amerikanern produzierte ›Welt im Film‹ wurde in ihrer ersten Ausgabe bereits am 18. Mai 1945 in deutsche Kinos gebracht.

Der deutsche Film mache Pause, stellte der Filmregisseur und Drehbuchautor *Harald Braun* in einem Artikel im November 1945 fest. Solche ›Fastenzeit‹ habe wirtschaftliche und technische Gründe,

Sigrid kam mit der Nachricht:

»Sie machen das Kino auf!«

Rechts an der Hauptstraße Richtung Stadtzentrum war das Lichtspielhaus, vor der Kasse stand schon eine Menschenschlange. Ein Plakat verkündete ›Marika Rökk in Cora Terry‹. Der Kleine ging an der Schlange vorbei und klopfte energisch. Der Deutsche an der Tür wußte nicht, was diese Phantasieuniform bedeutete, und war entsprechend höflich.

»Wann machen Sie auf?« frage der Junge streng.

»Wir warten auf die Herren russischen Offiziere.«

»Ich brauche drei gute Karten!« und er holte eine Schachtel amerikanischer Zigaretten aus der Tasche.

»Aber ich darf nicht...« jammerte der Deutsche. Wie als Bestätigung für seine Angst schlug es noch grober an der Pforte, herein kam ein Russe mit Maschinenpistole, aber hinter ihm Major Viktor Sergejewitsch, der den Kleinen amüsiert begrüßte:

»Du bist auch schon hier?«

Sie begaben sich in den Saal.

»Wir sind jetzt die Regimentszensur«, erklärte der Major.

Die Rökk spielte zwei Zwillingsschwestern, sang viel und hob ihre wohlgeformten Beine, zeigte einiges von ihrem Körper.

»Meine Männer werden verrückt nach diesen deutschen Schenkeln!« meinte der Russe.

»Aber sie ist Ungarin!«

»Um so besser. Der einzige Film, den wir vorfanden. Etwas müssen wir den Soldaten bieten und der Bevölkerung auch.«

Ivan Ivanji: Schattenspringen. Wien 1993.
Der jugoslawische Romanautor war 1944/45 in den Konzentrationslagern Auschwitz und Buchenwald.

vor allem aber auch personelle. Die Auswirkungsmöglichkeiten des Spielfilms, d.h. die unerhört große Streuwirkung der Arbeit einiger weniger Verantwortlicher mache die Überprüfung dieser Menschengruppe heute zu einer besonderen Pflicht. Die gleichzeitige Legitimität der menschlichen und künstlerischen Qualitäten müsse einwandfrei erwiesen sein. Weder artistische Könner, die in politischer Hinsicht eifrig und unverantwortlich paktiert hätten, noch die sogenannten ›Unpolitischen‹ oder ›Einwandfreien‹, die jedoch künstlerisch unerwiesen seien, könnten ein Recht auf zukünftige Mitarbeit in Anspruch nehmen. »Vielleicht ist die deutsche Filmpause, an der auch die mangelnde deutsche Initiative mitschuldig sein dürfte, aber in einem tieferen Sinne notwendig. Es ist eine alte diätetische Erfahrung, daß es nach Zeiten eines besonders konzentrierten und angespannten Lebens kaum ein besseres Mittel der Regeneration gibt als eine verhängte Fastenzeit, so schwer sie für den einzelnen auch zu überstehen sein mag. Vielleicht verhilft uns so auch die deutsche Filmpause zu einigen Einsichten, die uns ihre Not als Tugend erscheinen lassen.«[443]

Der Beginn der freien Presse

Der Rundfunk war die erste Informationsquelle nach Kriegsende gewesen; die Funkstille dauerte nicht lange. Die Nationalsozialisten hatten für ihre Propagandazwecke mit Hilfe billiger Geräte (Volksempfänger) dafür gesorgt, daß praktisch jede Familie im Besitze eines Rundfunkgerätes war; nun kam dies der Militäradministration zur Verbreitung von Anweisungen zugute.

Aber auch die ›Zeitungsstille‹ dauerte nicht lange. Seit dem Zeitpunkt, da die Alliierten die deutsche Grenze erreicht hatten, gaben sie jeweils in den eroberten Gebieten Armeegruppenzeitungen in deutscher Sprache heraus. So entstand die paradoxe, geradezu surreale Situation, daß zum Beispiel in München und Berlin noch der nationalsozialistische ›Völkische Beobachter‹ mit fanatischen Durchhalteparolen erschien, während in den nun der Militärverwaltung unterstellten Städten und Regionen sich die Bevölkerung durch Zeitungslektüre bereits ein objektives Bild der Lage machen konnte. Die Heeresgruppenblätter – insgesamt 16 amerikanische Publikationen (die dann im Herbst 1945 eingestellt wurden) und 21 britische Blätter, die bis zum Frühjahr 1946 weitergeführt wurden – waren weitgehend das Werk des Leiters des ›Publicity and Psychological Warfare Detachments‹ der 12. Armeegruppe, *Hans Habe*. »Als sich der ehrgeizige Major und spätere Bestseller-Romancier um eine Regionalisierung der Organe bemühte, ihnen gefällige Namen gab wie ›Kölner Kurier‹, ›Braunschweiger Bote‹, ›Augsburger Anzeiger‹ oder ›Stuttgarter Stimme‹, hatte das mit dem, was eigentlich geplant war, nichts mehr zu tun. Im Gegenteil: Die vom Militärpersonal redigierte ›Habe-Presse‹, die als Stufe zwei des ursprünglichen amerikanisch-britischen Konzepts nur eine Übergangslösung darstellen sollte, verzögerte sogar den Beginn der Lizenzierung neuer deutscher Zeitungen.« Seit Sommer 1944 hatte eine amerikanisch-britische Expertengruppe im alliierten Hauptquartier in Paris über das Mediensystem für Deutschland nach *Hitler* beraten. Sie war sich völlig im klaren darüber, wie wichtig eine grundlegende Erneuerung des gesamten Pressewesens für die Entwicklung einer demokratischen Gesellschaft sein würde. »Die Eliminierung des nationalsozialistischen Propagandaapparates und die Zerschlagung des NSDAP-eigenen *Eher*-Pressetrusts, in dem mehr als vier Fünftel der gesamten deutschen Zeitungsauflage auch wirtschaftlich gleichgeschaltet waren, mußte jedem Versuch von ›Reeducation‹ und ›Reorientation‹ vorangehen. Dem entsprach das Gesetz Nr. 191, mit dem der Oberste Befehlshaber der alliierten Truppen bereits am 24. November 1944 ein totales Verbot für deutsche Publikationen innerhalb des besetzten Gebiets verhängte.« (*Norbert Frei*)[444]

Der 1913 in Chemnitz geborene Schriftsteller *Stefan Heym* – er war 1933 in die Tschechoslowakei, dann in die USA emigriert – gehörte als Offizier für psychologische Kriegsführung zur *Habe*-Gruppe; (später wurde er als Angehöriger der Besatzungstruppe wegen prokommunistischer Einstellung in die USA zurückversetzt und aus der Armee entlassen, worauf er Offizierspatent und Kriegsauszeichnungen zurückgab und 1952 nach Ostberlin übersiedelte). In seiner Autobiographie ›Nachruf‹ hat er die Zeitungsarbeit der *Habe*-Gruppe ausführlich beschrieben. Es sei ein abenteuerliches Unterfangen gewesen, in diesem zertrümmerten Land Zeitungen zu machen. Allein schon die Tatsache, daß es keine exakte Planung, keine durchdachten Direktiven, keine Politik auf lange Sicht gegeben habe, erschwerte die Sache. »Und die materiellen Voraussetzungen waren erbärmlich.«

Zum Beispiel in der Stadt Essen. Im Keller unter den Trümmern

29 Zeitungsverkauf

der Druckerei entsteht die ›Ruhr-Zeitung‹. Ein paar halb zerstörte Maschinen sind irgendwie zusammengeflickt worden, keiner der Drucker ist unter sechzig, sie stolpern über die eigenen Füße. *Heym* fürchtet, sie würden ihm irgend etwas schief laufen lassen, nicht aus bösem Willen etwa, eher aus greisenhaftem Übereifer. Dann geht auf einmal der Strom aus, ein Panzer ist über das Notkabel gefahren, das quer über den Straßenschutt verläuft. »Das Blei in den Setzmaschinen erkaltet, auch wenn das Kabel schnellstens geflickt wird, werden Stunden vergehen, bis man weiterarbeiten kann. Um 3 Uhr morgens endlich sind die Seiten fertig, aber Schorsch, einst Bayer, dann Drukker in Philadelphia, jetzt in amerikanischer Uniform, der sonst den Laden hier aufrechterhält und der ihn abholen sollte mit dem Jeep, liegt betrunken im Quartier, und allein kann der Sergeant *S. H.* nicht zu Fuß gehen durch die Ruinenlandschaft, er verlöre nur den Weg und es ist Ausgangssperre und die Militärpolizei schießt scharf.«[445]

Hans Habe vertrat dezidiert, aber geschickt diplomatisch vorgehend, den Standpunkt, daß man gerade mit Hilfe einer freien Presse den Deutschen endlich die Fenster zur Welt wieder öffnen könne; damit stand er im Gegensatz zum Chef der ›Political Warfare Division‹ (PWD), General *McClure*, der verlangte: »Die Deutschen sollen sich keine eigene Meinung bilden – the Germans have to be told.« Nach einigen Rückschlägen konnte sich die ›*Habe*-Richtung‹ durchsetzen: nämlich, daß sich »die geistige Entwicklung in Deutschland wieder in Kontakt mit den kulturellen Strömungen des Auslandes« vollziehen müsse, um so die »Voraussetzung für den gegenseitigen Austausch von Impulsen« zu schaffen. Das war im besonderen Maße auch der Tatsache zuzuschreiben, daß die Amerikaner ab Oktober 1945 eine große überregionale Zeitung herausgaben, in der die Erfahrungen der Heeresgruppenzeitungen, die eine Auflage bis zu 4,6 Millionen Exemplaren erreicht hatten, aber auch der noch zusätzlich herausgegebenen ›Organe der Militärregierungen‹ einflossen.

Die Qualität der in der ehemaligen Druckerei des ›Völkischen Beobachters‹ in München gedruckten ›Neuen Zeitung‹ war so herausragend, daß sie zum Orientierungsmuster und Vorbild für die spätere deutsche Lizenzpresse werden konnte. *Hans Habe* war zunächst Chefredakteur; ab Januar 1946 übernahm diese Funktion *Hans Wallenberg*, ein gebürtiger Berliner mit US-Staatsbürgerschaft, der zuvor in seiner Geburtsstadt die als amerikanische Konkurrenz zur sowjetischen ›Täglichen Rundschau‹ entstandene ›Allgemeine Zeitung‹ geleitet hatte. Hervorragende deutsche Mitarbeiter wie *Erich Kästner* (Leiter des Feuilletons), *Stefan Heym, Robert Lembke, Werner Finck, Friedrich Luft, Alfred Kerr* und *Walter Kiaulehn* wurden gewonnen. Die ›Schule‹ der ›Neuen Zeitung‹ prägte im besonderen Maße junge deutsche Journalisten und Journalistinnen; außerdem konnte sie, nicht zuletzt wegen ihrer Ressourcen und Beziehungen, führende Geister des In- und Auslandes verpflichten. Mit ihrem Niveau lag die NZ bald über dem der von den anderen Besatzungstruppen herausgebrachten überregionalen Blätter; (von den Briten wurde seit dem 2. April 1946 ›Die Welt‹ ediert; in der französischen Zone erschien seit dem 26. September 1945 die ›Nouvelles de France‹, zunächst in französischer Sprache für die Besatzungssoldaten, dann aber bald in deutsch; dic Sowjets hatten am 15. Mai 1945 die ›Tägliche Rundschau‹ gegründet).[446]

Die ›Neue Zeitung‹ stelle zwar – so hieß es im Geleitwort der ersten Nummer am 18. Oktober 1945 von General *Eisenhower*, der für die zunächst noch ohne Impressum erscheinenden ›amerikanischen Zeitung für die deutsche Bevölkerung‹ als Herausgeber fungierte – im Unterschied zu jenen deutschen Zeitungen, die jetzt von deutschen Herausgebern veröffentlicht würden und den Beginn einer freien deutschen Presse bedeuteten, ein offizielles Organ der amerikanischen Behörde dar; sie wolle jedoch der neuen deutschen Presse durch objektive Berichterstattung, bedingungslose Wahrheitsliebe und durch ein hohes journalistisches Niveau als Beispiel dienen. Durch die Betonung der Weltereignisse werde sie das Blickfeld des deutschen Lesers erweitern und diesem Tatsachen bieten, die in Deutschland in den zwölf Jahren nationalsozialistischer Herrschaft unterdrückt waren. Schließlich werde die ›Neue Zeitung‹ dazu beitragen, dem deutschen Volk die Notwendigkeit jener Aufgaben vor Augen zu führen, die vor ihm lägen.

Acht Monate nach ihrer Gründung betrug die Auflage der ›Neuen Zeitung‹ bereits 1 328 500 Exemplare, so daß, statistisch gesehen, auf je 15 Einwohner der amerikanischen Besatzungszone eine Zeitung kam; sie wurde jedoch auch in den anderen Zonen gelesen. Beim einjährigen Bestehen der Zeitung richtete *Hans Wallenberg* Dankesworte an die Mitarbeiter (»Tausend im Haus, Hunderttausend draußen«), die den gesamtkulturellen Stellenwert dieser Zeitung durchaus objektiv markierten: »Sie alle haben in einer Kraftanstrengung, für die es im modernen Journalismus keine Parallele gibt, die ›Neue Zeitung‹ zu dem gemacht, was sie heute ist: ein Blatt, das von anderthalb Millionen Menschen gekauft und von dreimal soviel Menschen gelesen wird. Ein Blatt, das sich in den Mittelpunkt der öffentlichen Kritik gestellt hat und mit dem öffentlichen Vertrauen belohnt worden ist.«[447]

Bereits am 28. Juli 1945 hatte die Direktive Nr. 3 der PWD das Ende der ›austerity-Politik‹, also der Härte und Strenge gegenüber den Deutschen, gebracht; (in der Direktive Nr. 1 vom 22. Mai 1945 hatte es geheißen, daß der tiefe Graben, der die Besatzungsarmeen von den besiegten Deutschen trenne, ausdrücklich zu betonen sei; eine Politik der ›austerity‹ habe an die Stelle aller Schmeichelein, die von der psychologischen Kriegsführung als erforderlich angesehen worden waren, zu treten). Nun war der Weg frei für die Lizenzierung deutscher Zeitungen. »Unter den Westmächten herrschte Einigkeit darüber, daß eine Neuauflage der opportunistischen und sensationshungrigen Generalanzeigerpresse der Weimarer Zeit ebenso verhindert werden mußte wie die Neuentstehung großer Zeitungsmonopole à la *Hugenberg*. Betont werden sollte außerdem die Unabhängigkeit der Presse gegenüber Regierungsstellen.«[448] In Fragen der Organisationsform und der detaillierteren Gestaltung der Presselandschaft bestand jedoch zwischen den westlichen Alliierten nicht immer Einvernehmen. Anders als in Berlin und in der sowjetischen, englischen und französischen Zone, wo die Parteien an der Zeitungsherausgabe beteiligt wurden, vergaben zum Beispiel die Amerikaner Lizenzen nur an Herausgeberkollegien von drei und mehr Männern unterschiedlicher politischer, weltanschaulicher Orientierung, die gemeinsam die Verantwortung übernehmen mußten.

»Dieses ›panel‹-Modell ging von der Vorstellung aus, daß jede einzelne der wenigen, zunächst nur in den größeren Städten zu gründenden Zeitungen in ihrem Kommentarteil möglichst das volle Spektrum demokratischer Meinungen widerspiegeln sollte ... Allerdings kam es in manchen dieser ›panels‹, die eine wirkliche Neuerung bedeuteten, bald zum Krach: fast regelmäßig dort, wo unter den Lizenzträgern auch KPD-Leute waren; ihnen entzogen die Amerikaner mit Verschärfung des ›Kalten Krieges‹ bis Ende 1947 die Lizenzen wieder. Aber auch negative Erfahrungen mit Fachfremden, die als eindrucksvolle politische Persönlichkeiten und vorbildliche NS-Gegner anfangs häufig Lizenzen bekommen hatten, ohne sich dann um die Überwindung ihres Dilettanten-Status zu bemühen, veranlaßten die ›Informa-

Ein Vergnügen ganz anderer Art war es, ›Die Neue Zeitung‹ mit nunmehr acht Seiten in Händen zu halten. Sehr bald hatte es sich herausgestellt, daß mir die Kultur- und Kunstseiten, Feuilleton genannt, über alle anderen Sparten der Zeitung gingen. Auf diesen Seiten ließ ich schwerlich eine Zeile aus. Ich schaute mir die Namen der verantwortlichen oder leitenden Redakteure an, die im Impressum zusammengefaßt waren. Der Chef des Feuilletons hieß Erich Kästner. Woher kannte ich den Namen? Vage entsann ich mich an den Verfasser von Kinderbüchern. Aber konnte es denn sein, daß einer, der für Kinder schrieb, jetzt seinen Namen oder sein Kürzel unter kritische Abhandlungen setzte, unter geschliffene Glossen, die den munter und offenbar ungeniert korrupt wieder anlaufenden Kulturbetrieb ins Visier faßten? Daß er zudem noch witzig harsche, politische Gedichte wie aus dem Hut zauberte? Wenn wir den Krieg gewonnen hätten.../zum Glück gewannen wir ihn nicht!

Ich hatte keinerlei Bedenken, bei Dr. Erich Kästner in München anzufragen, ob in seinem Ressort nicht eine Volontärstelle für mich frei sei. Kurz schilderte ich ihm meinen Lebenslauf, ging etwas ausführlicher auf die für mein Fortkommen trostlose Waldmünchner Lage ein und brachte dann den mit allen Fasern meines Wesens verknüpften Berufswunsch vor. Kästner antwortete prompt. Er bedauere sehr, mir nicht helfen zu können. Aber sämtliche Stellen in seiner Feuilletonredaktion seien besetzt. Damit ich jedoch an seinem guten Willen, junge Talente zu fördern, nicht zweifele, forderte er mich auf, ihm eines meiner Manuskripte einzusenden.

Heinz Piontek: Stunde der Überlebenden. Autobiographischer Roman. Würzburg 1989.

tion Control‹ zu einer Korrektur ihres Konzepts. Die Presseoffiziere wählten pro Zeitung meist nur noch zwei Lizenzträger mit klar getrennten Aufgabenbereichen (›editor‹ und ›publisher‹) und bemühten sich, dafür Leute zu finden, die schon während der Weimarer Zeit in der Presse gearbeitet und/oder im Dritten Reich ihre Schriftleiterlizenz aus politischen Gründen verloren hatten. Die Riege der Lizenzträger verjüngte sich dank dieser Kriterien freilich nicht gerade – ihr Durchschnittsalter lag in der US-Zone bei 50 Jahren.«[449]

Das Auswahlverfahren war gründlich; in Bayern sollen für 49 Lizenzen mehr als 2000 Bewerber überprüft worden sein. Das Verhältnis des Journalisten zu seinen Produktionsmitteln wurde freilich im Rahmen der Lizenzpresse nicht neu bestimmt. Diese war zwar kapitalunabhängig; die neuen Verleger jedoch entwickelten sich zu ›Kapitalisten‹, von denen dann die Journalisten erneut abhängig waren.[450]

Am 27. Juli 1945 wurde die erste Lizenz an die ›Aachener Nachrichten‹ erteilt, die damit als früheres Heeresgruppenblatt – am 24.1.1945 erstmals erschienen – an einen deutschen Herausgeber überging; als General-Manager zeichnete der 68jährige Druckermeister und Korrektor *Heinrich Hollands* verantwortlich; ihm stand der 32jährige Kriegsversehrte *Otto Pesch* zur Seite. Keiner von beiden hatte redaktionelle Erfahrungen. »Der Stadtkommandant hatte sich mit dem Bischof beraten und nach der ökonomischen Kompetenz entschieden. Die Intellektuellen des Presseteams hielten sich an die Vorschrift der psychologischen Kriegführung, daß politische Zuverlässigkeit den Ausschlag geben müsse. *Hollands* war ein alter Sozialdemokrat, dem es nach 1933 übel ergangen war, *Pesch* ein junger Pazifist. Der Druckereibesitzer, *Cerfontaine*, war aus geschäftlichen Gründen der NSDAP beigetreten und daher nicht geeignet, eine demokratische Zeitung aufzubauen. So standen unterschiedliche Ansichten in der alliierten Militärbürokratie und ungleiche Ermessensspielräume der entscheidenden Offiziere bei den ›Aachner Nachrichten‹ Pate. Sie kündigten die Schwierigkeiten an, welche die gesamte Medienpolitik der Besatzungsmächte bis zur Gründung der Bundesrepublik und der Deutschen Demokratischen Republik kennzeichnen sollten. Die Richtlinien der Politik, wie sie auf den alliierten Gipfeltreffen von Teheran, Jalta und Potsdam festgelegt wurden, waren eine in sich schon mehrdeutige Sache, ihre Umsetzung auf den militärischen Dienstwegen eine andere und ihre Übersetzung in die deutsche Sprache für die besiegten Deutschen eine dritte.« (*Harry Pross*)[451]

Am 31. Juli 1945 erfolgte die Lizenzierung der ›Frankfurter Rundschau‹, die damit das Heeresgruppenblatt ›Frankfurter Presse‹ ablöste, das am 26. Juli 1945 zum letzten Mal erschien. Das klinge wie ein bloßer Namenswechsel, hieß es in einer Reportage der Zeitschrift ›Heute‹ über die ›Geburt einer deutschen Zeitung‹. »Es war nichts dergleichen. Denn die ›Frankfurter Presse‹ war ein von der amerikanischen Militärregierung herausgegebenes Blatt, eine Zeitung zur Information der Deutschen im Frankfurter Bezirk, aber keine deutsche Zeitung. Die ›Frankfurter Rundschau‹ hingegen ist ein Blatt, das Deutsche für ihre Landsleute schreiben und herausgeben. Es ist die erste richtige deutsche Zeitung, die seit dem Ende des Naziregimes in der gegenwärtigen amerikanischen Besatzungszone erscheint. Und es ist mehr als das: Die ›Frankfurter Rundschau‹ ist das erste journalistische Wagnis, das demokratisch-antifaschistische Deutsche in Süd- und Südwestdeutschland seit zwölf Jahren unternehmen konnten.«[452]

Die Lizenz Nr. 1 für eine deutsche Zeitung in München ging an einen neugegründeten Verlag, dessen Substanz mit dem alten Verlagshaus *Knorr & Hirt*, das früher die ›Münchner Neuesten Nachrichten‹ herausgebracht hatte, identisch war. Von der Militärregierung requiriert, war es neuen Herausgebern (*Edmund Goldschagg, Dr. Franz Josef Schöningh, August Schwingenstein*) zu Verfügung gestellt worden. Auf *Schöningh* als geeigneten Lizenzträger hatte Kardinal *Faulhaber* verwiesen; er galt als Vertreter der konservativen Richtung, *Goldschagg* (aus Freiburg im Breisgau) war als Sozialdemokrat von *Wilhelm Hoegner* empfohlen worden. Zuständig für ›Nachrichten aus Bayern‹ war *Werner Friedmann*, der im Spätsommer 1945 aus der britischen Gefangenschaft nach München zurückgekehrt war; (ein Jahr später wurde er der vierte Lizenzträger).

Als am 6. Oktober 1945 die feierliche Lizenzübergabe an die Herausgeber erfolgte, wurde als symbolische Handlung der Bleisatz des Buches ›Mein Kampf‹ von *Adolf Hitler* im Schmelzofen des automatischen Gießwerkes den ›läuternden Flammen‹ übergeben. Aus dem geschmolzenen Blei entstand die erste Druckplatte der ersten Ausgabe der ›Süddeutschen Zeitung‹.

Die ›Nürnberger Nachrichten‹ gehörten zu den in Bayern lizenzierten Regionalzeitungen; die erste Nummer erschien am 11. Oktober 1945; ihr Gründer und Herausgeber war der im Dritten Reich verfolgte Publizist *Dr. Joseph E. Drexel*, der sich dem antinationalsozialistischen (›nationalkommunistischen‹) *Ernst Niekisch* und seinem

Kreis verbunden fühlte. In dem mit ›Anfang‹ betitelten Leitartikel zeigte er auf, daß es auch in Deutschland eine demokratische Tradition gegeben habe, und zwar eine, die sich seit 1848 mit den besten Namen der Nation verbinde und durch Kampf geheiligt sei. Die Allmacht der Reaktion habe freilich nie aufgehört, alle Ansätze eines freien demokratischen Lebens zu sabotieren oder mit blutigen und unblutigen Mitteln zu unterdrücken. Demokratie stelle etwas dar, das unaufhaltbar im natürlichen Gefälle der Geschichte liege; die politische Entwicklung eines Jahrhunderts in allen Ländern zeige dies unabweisbar. Gegen ihren siegreichen Fortgang gebe es kein zureichendes Mittel; sich um diese Konsequenz herumzudrücken, könne keinem Volk gestattet werden – auch dem deutschen Volke nicht. Die Deutschen glichen einem gefangenen Vogel, der nach langen Jahren der Gefangenschaft wieder in die Lage versetzt werde, seine mißhandelten Flügel zu regen. Das gehe nicht von heute auf morgen, und es gehe nicht ohne Schmerzen. Aber eines Tages werde es doch gehen, wenn wir uns nur zutrauten, nach den Jahren menschlicher Entwürdigung von der Freiheit einen vernünftigen Gebrauch zu machen.[453]

In der französischen Zone erschienen die ersten lizenzierten Blätter im Herbst 1945 – nach amerikanischem Vorbild als überparteiliche Zeitungen. »Die Redaktionsstäbe mußten paritätisch aus Repräsentanten der vier Parteien zusammengesetzt sein. Bei der Lizenzvergabe spielte für die Franzosen neben der politischen Haltung vor allem kulturelles Engagement eine Rolle; sie waren darauf bedacht, das politische und wirtschaftliche Vakuum durch kulturelle Werte auszufüllen. Die Pressezensur wachte darüber, daß jegliche nationale Regung und jede auch nur andeutungsweise geübte Kritik an Frankreich und an der Militärregierung sowie diesen abträgliche Mitteilungen und Kommentare unterblieben. Die französische Pressezensur verfuhr härter als die amerikanische und englische. Deshalb hatten es die Zeitungen schwerer und waren vielfach dürftiger als in den beiden anderen Westzonen. Bei der französischen Kulturbehörde in Baden-Baden war *Alfred Döblin* mit der literarischen Zensur beauftragt. *Döblin*, Autor des 1929 erschienenen Romans ›Berlin Alexanderplatz‹, war 1933 nach Frankreich emigriert und 1945 als französischer Oberstleutnant nach Deutschland zurückgekehrt.« (*Theodor Eschenburg*)[454]

In der Sowjetzone erhielten bald nach der Besetzung die genehmigten Parteien Lizenzen zur Herausgabe von Tageszeitungen: vorrangig die KPD; aber auch SPD, CDU und LDPD kamen zum Zuge, wenngleich mit jeweils nur einem Blatt für die Parteizentrale und je einem für die fünf Länder. »Bis 1948 lizenzierten die Sowjets ingesamt 21 Zeitungen. Die Manipulation zugunsten der Kommunisten erfolgte via Papierzuteilung: den Organen der KPD, dann (nach deren Zwangsvereinigung mit der SPD) der SED-Presse stellte man weitaus das meiste zur Verfügung, so daß es ihr möglich war, auch publikumswirksame Lokalausgaben aufzubauen. Die inhaltliche Gleichschaltung der ›bürgerlichen‹ Blätter begann jedoch erst Ende 1947.« (*Norbert Frei*)[455]

Nur in der englischen Besatzungszone gab es, was die lizenzierte Presse betraf, im Jahr 1945 noch ›Zeitungsstille‹; wegen ihres starken Mißtrauens gegenüber den Deutschen begannen die Engländer nämlich erst Anfang 1946 mit Genehmigungsverfahren. »Es waren vorwiegend ›Gesinnungs-‹, also Parteizeitungen, wie es sie auch in England gibt. Aber die Lizenzzeitungen durften sich nur für Parteien engagieren, nicht von ihnen abhängig sein. Die Lizenzen wurden nicht Parteiorganisationen, sondern jeweils einer zuverlässigen Persönlichkeit aus der Partei übertragen. Die Partei besaß allerdings ein Vorschlagsrecht für die Lizenzträger, welche vor allem dafür sorgen sollten, ›daß nach der politischen Grundkonstruktion Rücksicht auf die berechtigten Interessen der jeweiligen Partei genommen wurde‹. Eine eigentliche Parteiaufsicht oder -intervention war zwar nicht zugelassen, sie war ›durch die Praxis des Lizenzsystems jedoch auch nicht völlig auszuschließen‹. Meist gelang eine Verständigung zwischen Lizenzinhabern und Partei. Die Zeitung durfte weder von der Partei finanziert werden noch diese finanzieren. Keine Zeitung durfte sich nach außen hin als Parteizeitung deklarieren.«[456]

Als quantitatives Fazit ist festzustellen, daß zwischen Juli 1945 und September 1949 die drei Westmächte auf der Basis der Nachrichtenkontrollvorschrift Nr. 1 vom 12. Mai 1945 155 neue Tageszeitungen (Amerikaner und Briten je 61, die Franzosen 33) zuließen.

Der Aufstieg des Pressewesens war eng verknüpft mit dem Neubeginn bei den Nachrichtenagenturen. Bis Ende 1945 war von zentraler Bedeutung der ›Allied Press Service‹ (APS), London, an dessen Gründung der ehemalige Ullstein-Journalist *Peter de Mendelssohn* mitgewirkt hatte. Ab Juni 1945 gab es sowohl für die amerikanische wie die englische Zone einen ›German News Service‹ (GNS). Das Unternehmen wurde dann umgetauft und belieferte als ›Deutsche

Allgemeine Nachrichtenagentur‹ (›Dana‹, ab 1947 ›Dena‹) die amerikanisch lizenzierten Blätter. Im Oktober 1946 entstand der ›Allgemeine Deutsche Nachrichtendienst (ADN); der von den Engländern in Hamburg betriebene GNS hieß ab Dezember 1945 ›Deutscher Presse Dienst‹ (dpd). Die Franzosen gründeten in Baden-Baden die ›Rhenia‹, später ›Süddena‹. (Erheblich länger als im Zeitungs- und Zeitschriftenbereich behielten sich die Alliierten bei den Agenturen die unmittelbare Leitung vor; bis 1947 blieben die Wirkungsmöglichkeiten für Deutsche auf redaktionelle Mitarbeit beschränkt. Nachdem ›Dena‹ und ›dpd‹ im Juli 1947 Lizenzverlegern übertragen worden waren, fusionierten 1949 ›dpd‹ und ›Dena‹ zur ›Deutschen Presse-Agentur‹, dpa.)

Ursula von Kardorff, die von 1939 bis 1945 Feuilleton-Redakteurin bei der ›Deutschen Allgemeinen Zeitung‹ in Berlin gewesen war (1948 wurde sie dann Redaktionsmitglied der ›Süddeutschen Zeitung‹), berichtet in ihrem Tagebuch am 7. September 1945 von einem Brief ihres nun in Hamburg lebenden Kollegen *Jürgen Schüddekopf*. Zunächst habe er die furchtbare Nachricht übermittelt, daß der Schriftsteller und Lektor *Friedo Lampe* am Wannsee von einer Patrouille der russischen Armee aufgrund eines Mißverständnisses erschossen worden sei; dann aber habe er eine sehr positive Mitteilung gemacht: daß man ›dort oben‹ viele Pläne habe; zahlreiche Projekte von Zeitschriften und Zeitungen seien im Entstehen; allein für Hamburg plane man über 300 Zeitungen und über 100 Zeitschriften.[457]

Die Zeitschrifteneuphorie war nicht nur in Hamburg, sondern allerorten ausgebrochen. Trotz der Papierknappheit, trotz technischer wie organisatorischer Hemmnisse und Behinderungen stieg die Zahl der neugegründeten Zeitschriften in erstaunlichem Ausmaß: »Politik, Wirtschaft, Technik, Recht, Bildung, Wissenschaften, Kunst und Literatur, Theologie und Philosophie in verwirrender Vielfalt und Fülle. Darunter waren nicht wenige Zeitschriften von hohem Niveau. ›Etwa 150–250 kulturpolitische Zeitschriften, strengste Maßstäbe vorausgesetzt, gab es damals in Millionen Exemplaren. Deutschland war das Zeitschriftenparadies für ein paar Jahre.‹ Nach dem Stau von zwölf Jahren ergoß sich mit Vehemenz, was in Schubladen versteckt, in Köpfen verborgen gewesen war. Zum ersten Mal erreichten Emigranten wieder ein deutsches Publikum. Bei dem Elend war es eine Lust, in Freiheit zu schreiben und zu lesen. Die Zeitschriften konnten sich kaum des Autorenangebots erwehren, hatten daher enorme

Chancen zur Qualitätsauslese. Andererseits vermochte eine Reihe von Zeitschriften die Nachfrage auch nicht annähernd zu befriedigen, zumal es neue Bücher kaum zu kaufen gab. Die einzelnen Nummern wanderten von Hand zu Hand, bis sie durch Abnutzung unleserlich geworden waren.«[458]

Im Rückblick sprach *Hartmann Goertz* von einer »Flucht in die Zeitschrift«: »Es ist rund zwanzig Monate her, da erschien in der amerikanischen Zone die erste Zeitung. Nach Wochen völliger Ungewißheit, in denen Gerüchte wie Lawinen sich mit den Menschen über die Straßen wälzten und die wenigen Nachrichten, von den nur noch vereinzelt funktionierenden Rundfunkapparaten empfangen, zumeist entstellt weitergegeben wurden, war das Erscheinen einer Zeitung wie ein Licht in der Finsternis. Mit welchem Aufatmen, mit welchem Interesse wurden die oft schon längst überholten Nummern gelesen, weitergegeben, oft mißtrauisch studiert und diskutiert. Jeder wird sich dessen noch erinnern. Und es kam noch eins hinzu. Schon will uns die offene Diskussion von politischen, kulturellen und wirtschaftlichen Fragen wie eine Selbstverständlichkeit erscheinen. Wir ermessen die Veränderung im Tenor der öffentlichen Meinungsäußerung, deren allmähliche Entwicklung wir miterlebt haben, nur noch zuweilen an dem Erstaunen von Menschen, die, wie die Kriegsgefangenen, aus Lagern weit außerhalb Deutschlands zurückkehrten und sich diesen veränderten Tatsachen plötzlich gegenübersehen. Dann wird es uns blitzartig klar, aus welcher Uniformierung wir befreit wurden ... Das Gespräch zwischen gleichberechtigten Partnern konnte beginnen, der Weg war endlich frei, und die Fülle der Fragen war kaum zu übersehen.«[459]

Realiter hatte ein Volk, das den totalen Krieg, den totalen Sieg gewollt hatte und nun die totale Niederlage durchleiden mußte, nichts mehr zu sagen; geistig aber identifizierte es sich mit denjenigen, die den Mut und die Fähigkeit aufbrachten, sich mit eigener Stimme zu melden. Die Zeitschriftengründer und Zeitschriftenautoren waren in ihrer überwältigenden Mehrheit zu solcher Selbständigkeit dadurch legitimiert, daß sie entweder im Dritten Reich Widerstand geleistet hatten und entsprechend verfolgt gewesen waren, oder sich zur inneren Emigration gehörig fühlen konnten; sie waren nicht auf eine Umerziehung von außen angewiesen, sondern forderten dazu auf, diese aus eigener Kraft zu vollziehen. Der Reeducation-Politik der westlichen Alliierten standen sie – mit wenigen Ausnahmen (etwa des

›Ruf‹) – insgesamt positiv gegenüber; doch versuchte man, auch hier eine eigenständige Position zu beziehen.

Mit bewegten und bewegenden Worten wird der Wille zur geistigen Konzentration aufs Wesentliche bekundet; dieses Wesentliche war Überlieferung, Besinnung, Erneuerung, Wandlung, Aufbau. Schon die Namen der Zeitschriften, die entweder mit ihrer ersten Nummer 1945 erschienen, oder deren Herausgabe für 1946 vorbereitet wurde, bekundeten solches idealistische Engagement: ›Aufbau‹, ›Aussaat‹, ›Das neue Wort‹, ›Die Sammlung‹, ›Die Pforte‹, ›Die Kommenden‹, ›Begegnung‹, ›Besinnung‹, ›Bogen‹, ›Einheit‹, ›Ende und Anfang‹, ›Die Fähre‹, ›Frischer Wind‹, ›Gegenwart‹, ›Geist und Tat‹, ›Das Goldene Tor‹, ›Horizont‹, ›Merkur‹, ›Neubau‹, ›Neues Abendland‹, ›Neues Europa‹, ›Neue Ordnung‹, ›Prisma‹, ›Standpunkt‹, ›Umschau‹, ›Weltstimmen‹, ›Zeitwende‹.

Die Alliierten förderten auch das Entstehen der Zeitschriften wesentlich; nicht nur, weil sie entsprechende Anträge lizenzierten (und dabei auf hohes Niveau und demokratische Integrität achteten), sondern auch durch maßstabsetzende eigene Publikationen, die vor allem dem Kulturaustausch zwischen Deutschland und der Welt dienten. (Die wichtigste, in ihrer urbanen kosmopolitischen Weite der ›Neuen Zeitung‹ vergleichbare Publikation, die mit amerikanischem Geld finanzierte Zeitschrift ›Der Monat‹ erschien freilich erst ab 1948; die Gründung der Wochenzeitung ›Die Zeit‹, des ›Rheinischen Merkur‹ und des ›Spiegel‹ fiel in das Jahr 1946; ›Christ und Welt‹ begann ab Juni 1948 zu erscheinen.)

Daß neben dem Zeitschriftenwesen im Jahr 1945 die Buchproduktion kaum oder nur zögerlich anlief, hatte materielle (Mangel an Papier) und ideelle Gründe. Doch wurden bereits die ersten Verlagslizenzen vergeben. (Bis 1947 waren in Deutschland 5000 Bücher neu erschienen oder neu aufgelegt. Das ergab bei einer üblichen Standardauflage von 5000 die Zahl von rund 25 Millionen Bänden. Allerdings handelte es sich bei diesen Titeln häufig, vor allem 1945, nur um Heftchen und Traktätchen, die 40 und 50, in manchen Fällen nur zwölf oder auch nur acht Seiten umfaßten. Zudem waren die Fachbücher eingeschlossen; schließlich gab es Parallel-Editionen.)

Als *Walter Dirks* vom Herder-Verlag aufgefordert wird, für dessen sozialen und sozialpolitischen Teil ein neues Verlagsprogramm zu entwerfen, stellt er fest, daß bis ins 19. Jahrhundert hinein so viel umgedacht werden und für das 21. soviel neu gedacht werden müsse, daß es kaum möglich sein werde, gleich fertige Bücher zu planen und neben den überlebenden alten auch neue Buchautoren zu finden.[460] Eine Monatszeitschrift sei da besser geeignet, die neuen Themen anzureißen und Autoren dafür zu sammeln.

»Die Gnade des Nullpunktes« (so *Walter Dirks*, neben *Eugen Kogon* Mitherausgeber der seit 1946 erscheinenden ›Frankfurter Hefte‹) wußten die Redaktionen der neuen (Kultur-)Zeitschriften auf hervorragende Weise zu nutzen – damit für ihren Bereich die Feststellung *Norbert Freis* bestätigend: daß die strukturellen und personellen Eingriffe der Alliierten nirgends eine so fundamentale Bedeutung für die spätere Entwicklung in der Bundesrepublik erlangt hätten wie bei Presse und Rundfunk.[461] Die Umerziehungsidee wirkte sich hier besonders erfolgreich aus, weil sie durch das eigen- und selbständige Handeln deutscher Publizisten verwirklicht wurde.

Literatur in der Elfenbeinturmruine

Von der ›Gnade des Nullpunkts‹, über die manche damals räsonierten, habe er nichts gespürt, meinte der damals in Freiburg im Breisgau wohnende, dort 1931 geborene *Hans Maier*. Das Jahr 1945 sei gnadenlos gewesen. »Es riß heraus aus allen Träumen. Es schlug die festen Geländer weg. Kindheit und Karl-May-Zeit waren zu Ende.« Allerdings habe er damals die ersten literarischen Begegnungen und Bekanntschaften gemacht, unmittelbar und solche durch Bücher, auch über den Rundfunk. »In der Neujahrsnacht 1945 hörte ich erstmals über BBC eine Ansprache *Thomas Manns* an das deutsche Volk, freilich ohne sie zu verstehen – es mag am ›lübschen‹ Ton, aber auch an den Worten und Begriffen gelegen haben; das ganze blieb weit, weit weg. Später zogen nähere Gestirne im vertrauten Südbaden an uns Jüngeren vorbei – *Reinhold Schneider*, für den wir schon im Krieg Beeren im Wald gesammelt hatten (er durfte fast nur Obst essen); seine ausgemergelte dürre Riesengestalt, wie aus einem Bild *El Grecos* geschnitten, begegnete uns oft bei Spaziergängen am Lorettoberg. Plötzlich tauchte *Alfred Döblin* in der Uniform eines französischen Colonel in der noch halbzerstörten Aula der Freiburger Universität auf bei einer der ersten Nachkriegsveranstaltungen (›Unsere Sorge – der Mensch‹). Den Philosophen *Heidegger* dagegen sah man in jenen Tagen – es klingt heute schier unglaubhaft – wegen einiger Taten oder Unterlassungen im braunen Reich Straßenarbeiten tun, bis der bärbeißige Universitätsrektor *Allgaier*, ein Theologe, ihn bei General *Koenig* losbat – worauf alsbald sein bis heute anhaltender Siegeszug durch die Romania begann. Daß eine bei uns wohnende Studentin uns noch 1945 versicherte (irrtümlich, hoffe ich), Professor *Heidegger* glaube an den Endsieg, ist eine der frühen Wurzeln für mein abgründiges Mißtrauen gegen die politische Urteilskraft von Gelehrten und Intellektuellen.«[462]

Ein wesentlich Älterer, der 1907 in Köln geborene und dann im Exil lebende Literaturwissenschaftler *Hans Mayer*, der im Jahr 1945 nach Deutschland zurückkehrte, konstatiert, daß man nach den Jahren eines totalen Traditionsverlustes bei Kriegsende vor leeren Schubladen stand und vor Künstlerateliers, worin nichts zu entdecken war. »Es hatte zuviel auf dem Spiel gestanden. Eine geheime Staatspolizei konnte alles stets durchsuchen und beschlagnahmen. Es durfte keine Indizien geben.«[463]

Die Schriftsteller und Dichter, die im Krieg gewesen waren und nun ausgelaugt zurückkamen oder sich noch in Kriegsgefangenschaft befanden, zeigten zunächst keine besondere Schreibfreudigkeit. Und diejenigen, die draußen in der fragwürdigen Freiheit des Exils weitergeschrieben und auch veröffentlicht hatten, wurden nicht oder nur unzureichend rezipiert. Die Einbürgerung des Exils in die Westzonen und die ihnen nachfolgende Republik sei – so *Wolfgang Emmerich* – gründlich gescheitert; auch das Werk derer, die im Exil geblieben oder dort verstorben waren (etwa *Hermann Broch, Robert Musil, Ödön von Horváth, Ernst Toller, Leon Feuchtwanger, Oskar Maria Graf, Heinrich Mann*), blieb weithin unbekannt und ohne literarischen Einfluß. »Was für ein grandioses und zugleich behutsames Instrument ästhetischer und politischer Erziehung der jungen Generation wurde damit ohne Not ausgeschlagen!«[464] 1945 starben übrigens *Georg Kaiser* in Ascona, *Else Lasker-Schüler* in Jerusalem und *Franz Werfel* in Beverly-Hills.

Die kulturellen Tastversuche des Gymnasiasten *Hans Maier*, die ernüchternde Analyse des Literaturwissenschaftlers *Hans Mayer* wie die Klage des nachgeborenen *Wolfgang Emmerich* (Jahrgang 1941) stehen freilich nur für die eine Seite der literarischen Situation des Jahres 1945; ihre Beschreibung bedarf des ›Andererseits‹:

– Wer sich als junger Mensch 1945 über Literatur informieren wollte, fand kaum etwas von Bedeutung im familiären Bücherschrank oder in den öffentlichen Bibliotheken vor. Andererseits sorgten die vielen Kultur- und Literaturzeitschriften sowie die Zeitungen – vor allem die ›Neue Zeitung‹ (dank der ›neusachlichen Redaktionstätigkeit‹ *Erich Kästners*[465]) – für Vermittlung; die Fenster nach außen wurden allmählich geöffnet.

– In den Schubladen war nichts oder nur wenig zu finden. Andererseits begannen die Jüngeren und Jungen nun zu schreiben; 1945 bedeutete den Beginn solcher ›Inkubationszeit‹; (man denke beispielsweise an die Mitglieder der späteren Gruppe '47, an *Heinrich Böll*, an *Günter Grass*). Und schon 1947 schlug die Stunde *Wolfgang Borcherts*: freilich, wie *Hans Mayer* feststellt, der Aufschrei eines noch dem Expressionismus verpflichteten Nachkömmlings, »dessen Erscheinung zwar in der Welt Eindruck machte, zugleich aber unzeitgemäß wirken mußte«.[466]

– Die im deutschen Exil entstandenen Werke blieben oft genug unbeachtet oder wurden vergessen, fanden, wenn sie veröffentlicht wurden, nur geringe Resonanz; andererseits haben z. B. *Thomas Manns* 1943 bis 1945 geschriebenes ›Schmerzensbuch‹, der Roman ›Dr. Faustus‹, und *Hermann Hesses* 1943 in Zürich erschienenes ›Glasperlenspiel‹ größte Wirkung ausgeübt. *Thomas Mann*, der ›ironische Mythenbewahrer‹, brachte dem im dumpfen Provinzialismus versunkenen deutschen literarischen Leben urbane kritisch-universalistische Geistigkeit zurück; *Hermann Hesse* wies mit seinem aufrechten und konsequenten Humanismus den Weg aus aggressiver Daseinsverfehlung in die inneren Bereiche des Wesentlichen.

Mit ›Innerlichkeit‹ (als Teil affirmativer Kultur) konnte freilich auch die notwendige radikale Neubesinnung umgangen werden. Die literarische innere Emigration, zu der man etwa *Hans Carossa, Werner Bergengruen, Rudolf Alexander Schröder, Ernst Jünger* und *Ina Seidel* rechnen konnte, schuf vielfach eine »vernebelnde Entrükkungsliteratur« *(Jürgen Manthey)* – mehr fatale Kontinuität denn ›bewegenden‹ Neubeginn signalisierend. Der Trend zur inneren Emigration habe, so *Wolfgang Emmerich*, nicht erst mit dem Machtantritt der Nazis begonnen, sondern bereits um 1930 im Zeichen der Weltwirtschaftskrise, die auch eine allgemeine Sinnkrise gewesen sei, eingesetzt. »Viele Autoren distanzierten sich von der Tradition der Aufklärung, aktuellen Stoffen und operativen Literaturkonzepten, wandten sich bevorzugt historischen, mythischen oder naturhaften Themen zu und ließen vormoderne, klassizistische Stilnormen und Gattungen (vom Sonett bis zum historischen Roman) wiederaufleben. Zweifellos verstärkte sich diese Tendenz nach 1933 erheblich. Gewiß gab es auch einige parabelhafte historische oder mythologische Romane wie *Werner Bergengruens* ›Der Großtyrann und das Gericht‹, *Reinhold Schneiders* ›Las Casas vor Karl V.‹ oder *Ernst Jüngers* ›Auf den Marmorklippen‹, die camoufliert Kritik am Hitlerregime übten.

Aber in aller Regel war die nichtfaschistische ›schöne‹ Literatur der inneren Emigration in jenen zwölf Jahren völlig apolitisch und bar jeglicher Kritik. Das zeigt beispielhaft die Dichtung von *Gottfried Benn, Oskar Loerke* und *Wilhelm Lehmann* bis zu *Elisabeth Langgässer, Georg Britting* und *Karl Krolow.* Sie versprachlichte z. B. Natur als magischen Raum eigener Gesetzlichkeit, zu dem – darin lag der vermeintliche Triumph – die Barbarei der Geschichte, sprich der Naziterror, keinen Zugang haben sollte. Das Naturgedicht sollte Protest sein – und war doch nur Flucht; sollte Opposition sein – und drückte doch nur elementare Hilflosigkeit aus. Naturlyrik war, wie eine ihrer Urheberinnen, *Elisabeth Langgässer*, im nachhinein selbstkritisch feststellte, ein unverbindliches ›Spiel mit sechserlei Bällen‹, ›anakreontisches Tändeln mit Blumen und Blümchen über den scheußlichen, weit geöffneten, aber eben mit diesen Blümchen überdeckten Abgrund der Massengräber‹.«[467]

Daß so viele Jüngere den Weg nach innen antraten bzw. Positionen im Elfenbeinturm bezogen, erklärte *Wolfdietrich Schnurre*, im Jahr 1945 25jährig, unter anderem damit, daß solche eskapistische Position sozusagen im Überzeitlichen angesiedelt gewesen sei: Sie ermöglichte es, ein Terrain zu halten, statt es schon wieder ›verraten‹ zu müssen. »Die verbissene Verteidigung dieser wolkigen Stellung geschah aus mißverstandenem Selbsterhaltungswillen. Man wußte, was los war. Die große Sinnlosigkeit hatte einem für alle Zeiten ihr Kainsmal spendiert, man schrieb längst die karge Stenographie des ›Noch-mal-Davongekommenen‹. Aber da so viele erlauchte Geister sich huldvoll über seine Brüstung gebeugt hatten, wollte man auch selber die längst zerschossene Turmruine nicht räumen und hatte übersehen, daß selbst die Fledermäuse sie schon verlassen hatten.«[468]

Eine Paradoxie durchzieht das dichterische, vor allem lyrische Weltbild der Trümmerzeit. Düstere Wirklichkeit soll durch schöne Kunst überholt werden. Die Entfernung von der Realität erbrachte Annäherung ans Wesentliche. So wie im totalitären Staat, der alles ›in Dienst nehmen‹ wollte, ein Gespräch über Bäume Widerstand signalisiert hatte, bedeutete nun dichterische Sublimierung Enthebung von alltäglicher Plackerei. Diejenigen, die zwölf Jahre lang der ›geistigen Güter‹ entbehrten, ›unbemittelt‹, unbehaust dastanden, richteten sich im Wort ein. »Das Sonett, gegen den Ungeist kreiert, wurde geradezu zu einer Modeform des Widerstandes.« (*Rudolf Hagelstange*)[469] ›Hier in der Zeit‹ (so der Titel eines Gedichtbandes von *Egon Holthusen* aus dem Jahre 1949) stand man vor allem, wenn man sich ihr entzog – durch reine Dichtung. »Je fragwürdiger mein äußeres Leben sich gestaltete«, so formulierte es *Wolfdietrich Schnurre*, »desto erbitterter wuchs meine Feindschaft gegen die Wirklichkeit, desto rücksichtsloser zerbrach ich die Bindungen zum Tätig-Lebendigen. Ich kapselte mich ab.«[470]

Andererseits begann mit *Günter Eichs* Gedichten ›Latrine‹ und ›Inventur‹ – 1945 in einem Kriegsgefangenenlager geschrieben – ein später (von *Wolfgang Weyrauch*) ›Kahlschlagliteratur‹ genannter neuer Sprachrealismus und -reduktionismus Einfluß auszuüben. *Eich* war einer der ersten Dichter nach Kriegsende, der der affirmativen Sprache den Stuck abschlug und die ›Lage‹ blank und schmucklos, tapfer und schutzlos beschrieb. Zwischen tradiertem Idealismus und geschichtlicher Entwürdigung tat sich eine schier unüberbrückbare Kluft auf, dem kulturellen Erbe war der Boden entzogen. *Eich* bleibt den Sternbildern des Guten, Schönen und Wahren durchaus verbunden; die schöpferische Kraft mag verdorrt sein, sie ist aber nicht erstorben. Die Bleistiftmine wird dem im Gefangenenlager isolierten Dichter zum Instrument der Hoffnung; sie liebt er am meisten – »Tags schreibt sie mir Verse,/die nachts ich erdacht.«

Dem formalen, lyrischen Kahlschlag darstellenden Neubeginn entsprach freilich biographische Kontinuität. Vermutlich aus dem Gefühl der Schuld heraus haben die nach Kriegsende reüssierenden, einem ›modernen‹ Stil verpflichteten Autoren ihre Veröffentlichungen im Dritten Reich verschleiert oder die damaligen Zensurschwierigkeiten übertrieben. *Joachim Günther* gehörte zu den wenigen, die der Wahrheit entsprechend erklärten: »Aufs Ganze gesehen haben wir jedoch im Inneren weit weniger unter Atemmangel gelitten, als es von heute aus den Anschein hat.«[471]

Der Literaturwissenschaftler *Hans Dieter Schäfer* bringt in seinem Buch ›Das gespaltene Bewußtsein‹ wichtige Beispiele: »Mehr als ein Drittel von *Günter Eichs* Nachkriegsgedichtband ›Abgelegene Gehöfte‹ (1948) wurde bereits während des Dritten Reiches geschrieben und zum Teil in Zeitschriften und Zeitungen gedruckt. Konflikte *Eichs* mit der Zensur sind unbekannt. Ähnliches gilt für *Peter Huchel*, der wie fast alle seine Generationsgefährten keineswegs ›Während der Hitlerzeit... geschwiegen‹ hat. Bis einschließlich 1939 sind von ihm vierzehn Hörspieltitel bekannt. *Eich* behauptete, seine zweiundzwanzig von 1933 bis 1940 gesendeten Arbeiten seien damals kaum beachtet worden; dem steht die Tatsache entgegen, daß das den *Semmelweis*-Stoff behandelnde Spiel ›Tod an den Händen‹ von den Hörern im Winter 1938/39 zu den beliebtesten Funkdichtungen gewählt wurde. Die zusammen mit *Martin Raschke* vom Oktober 1933 bis gegen Kriegsausbruch verfaßten etwa siebzig Hörfolgen des ›Deutschen Kalenders‹ zählten zu den damals erfolgreichsten Sendungen; in einer offiziellen Kritik wurde ihnen ausdrücklich ein ›wichtiger Einfluß... auf das gegenseitige Verständnis von Stadt und Land bescheinigt.‹ Auch einige Romane kamen über bloße Achtungserfolge hinaus. So erschien *Wolfgang Koeppens* ›Die Mauer schwankt‹ (1935) vier Jahre später unter dem heroisch eingefärbten Titel ›Die Pflicht‹. Eine zweite Auflage erlebten die Erzählungen *Ernst Kreuders* (›Die Nacht der Gefangenen‹, 1939, 1941) und einige Werke *Emil Barths*, dessen Sappho-Roman ›Das Lorbeerufer‹ (1943) ins Holländische und zum Teil ins Italienische übersetzt wurde. *Ernst Schnabels* Roman ›Nachtwind‹ erschien 1943 in den Niederlanden; weitere deutsche Ausgaben wurden ›speziell für Truppenteile der Wehrmacht hergestellt‹. Auch *Eichs* Erzählung ›Katharina‹, die nach einem Vorabdruck im ›Inneren Reich‹ bei *Paul List* 1936 herauskam, wurde als Feldpostausgabe verbreitet (1945: 23.-32.Tausend). Von *Wolfgang Weyrauch* erfuhren neben seinen fünf zwischen 1934 und 1943 publizierten belletristischen Werken vor allem seine Anthologie ›1940 – Junge deutsche Prosa‹ (1940) und ›Das Berlin-Buch‹ (1941) ein Echo. *Klaus-Dieter Oelze* wies für *Max Bense* – der im Hitler-Staat zwölf Bücher herausbrachte – allein für die ›Kölnische Zeitung‹ von 1933–1944 ca. 320 Einzelbeiträge nach. Im allgemeinen hielt sich jedoch die Rezeption in Grenzen. In Deutschland las man damals mehr *Wiechert* (Auflage: 1165000), *Hesse* (Auflage: 481000) und *Fallada*.«

Publikationsmöglichkeiten für Autoren der ›inneren Emigration‹ fanden sich lange Zeit in den Magazinen ›Die Dame‹, ›Die Neue Linie‹ und ›Koralle‹, aber auch in Organen, die der völkisch-nationalen Propaganda aufgeschlossen gegenüberstanden wie der Wochenzeitung ›Das Reich‹ und der Zeitschrift ›Das innere Reich‹, in der z. B. Autoren wie *Günter Eich, Emil Barth, Johannes Bobrowsky, Peter Huchel, Karl Krolow, Horst Lange, Wolf von Niebelschütz, Eugen Gottlob Winkler* mit Veröffentlichungen vertreten waren. »Ein ganz und gar unpolitischer Debutant wie *Karl Krolow* konnte noch unmittelbar vor 1945 mit seiner literarischen Karriere beginnen« – so *Schäfer* weiter –, »ohne daß es Schwierigkeiten mit der Zensur gab. In den letzten Kriegsjahren veröffentlichte er mehr als sechzig Gedichte und gut zwei Dutzend Betrachtungen und Rezensionen in der Presse, wobei er nur selten Kompromisse mit der NS-Ideologie schließen mußte. Auch *Max Frisch* machte sich in Deutschland schon unter der Hitler-Diktatur einen Namen. 1934 und 1937 publizierte er bei der Deutschen Verlags-Anstalt seine ersten beiden Prosabände ›Jürg Reinhart. Eine sommerliche Schicksalsfahrt‹ und ›Antwort aus der Stille‹, die von der deutschen Kritik mit Beifall begrüßt wurden.«[472]

Im November 1945 begann *Dolf Sternberger* in Heft 1 der Zeitschrift ›Die Wandlung‹ mit seiner Rubrik ›Aus dem Wörterbuch des Unmenschen‹; die Serie, an der auch *Gerhard Storz* und *W.E. Süskind* mitwirkten, lief durch drei Jahrgänge. Es ging darum, mittels Sprachanalyse die Verwahrlosung der Worte und Begriffe im Dritten Reich aufzuzeigen und aufzuarbeiten; gewalttätiger Satzbau, verkümmerte Grammatik, monströser und zugleich krüppelhafter Wortschatz als Ausdruck von Gewaltherrschaft sollten von einer demokratischen Sprache, als Artikulation humaner Gesinnung und Gesittung, abgelöst werden. Angeprangert wurden u. a. Wörter wie: Anliegen, Ausrichtung, Betreuung, charakterlich, Durchführen, Einsatz, Frauenarbeit, Gestaltung, Kulturschaffende, Lager, leistungsmäßig, Mädel, Menschenbehandlung, organisieren, Propaganda, Schulung, Vertreter, Zeitgeschehen. »Sprache ist die Gabe allein des Menschen, das verwirrende und befreiende, verräterische und erhellende, ausgreifende und fesselnde, lösende und bindende, selige und gefährliche Medium und Siegel seines Wesens. So viel und welche Sprache einer spricht, so viel und solche Sache, Welt oder Natur ist ihm erschlossen. Und jedes Wort, das er redet, wandelt die Welt, worin er sich bewegt, wandelt ihn selbst und seinen Ort in dieser Welt.«[473]

Aber auch eine solche Sprachanalyse, die der Kontinuität absagte, war Ausdruck von Kontinuität. *Hans Habe* stellte bei seiner Zeitungsarbeit fest, daß offensichtlich nur wenige deutsche Publizisten von dem Bazillus der Hitlersprache unberührt geblieben waren. Einer der besten deutschen Journalisten habe ihm einen trefflichen Aufsatz gebracht, in dem die ›Sprache des Unmenschen‹ angeprangert und die Rückkehr zur deutschen Sprache gefordert worden sei. »Es war der treffliche Aufsatz eines Mannes voll guten Willens, und wenn wir ihn nicht drucken konnten, dann nur deshalb nicht, weil er in Hitler-Deutsch geschrieben war.«[474]

Immerhin begann 1945 aber auch die Vorgeschichte der ›Gruppe '47‹, die es sich zum Ziel setzte, in der Zeit der großen Sprachabnützung gegen pseudoidealistischen und ideologisch ausgerichteten Wortrausch anzugehen, unnötige Schnörkel zu beseitigen, große Worte, die nichts besagten, zu meiden – eben den ›Jargon der Eigentlichkeit‹ zu überwinden. Die aus dem Zweiten Weltkrieg zurückgekommenen jungen Leute seien noch nicht fähig gewesen, sich dem Sprachgehäuse, in dem sie aufgewachsen waren, sofort zu entziehen; wohl habe man sich selbst noch im ›Ruf‹ dieser ›gegnerischen Sprache‹ bedient. »Erst die nachfolgende Zeit – die Zeit des radikalen Kahlschlags – brachte die Veränderung.« (*Hans Werner Richter*)[475] Das war wohl Zweckoptimismus; in der aus der Trümmerzeit emporsteigenden Wirtschaftswunderwelt hatte regressiv-restaurative Sprache (und Kultur) das Sagen.

Ein Teil der Linken hoffte, daß in der sowjetisch besetzten Zone eine Renaissance des Sozialismus stattfinden und engagierte Literatur wie Sprache einen wichtigen Beitrag zum Aufbau einer neuen Gesellschaft leisten würden. Und auch beim Publikum waren die Erwartungen auf eine neue literarische Blüte groß. Doch bald zählte die Alternative antifaschistisch:profaschistisch nicht mehr, sie wurde durch die Alternative prokommunistisch (prosowjetisch):antikommunistisch (antisowjetisch) abgelöst. Dezidierte Demokraten, Bildungsbürger, aber z. B. auch Sozialdemokraten und autochthon orientierte Bauerngruppen wurden – so *Ernst Richert* – als Bremser der revolutionären Anstrengungen weitaus stärker drangsaliert als ehemalige NS-Mitläufer, soweit diese die erste Zeit der Großsäuberungen überlebt hatten. »Die Abrechnung mit der Vergangenheit war dank der Zerschlagung des Reiches inaktuell geworden. Nicht, wie sich einer zwischen 1933 und 1945 verhalten hatte, zählte fortan, sondern wie er sich zur neuen Revolution verhielt: aktiv, loyal, indifferent oder feindlich.«

Für diese Haltung, meint *Frank Trommler*, sei seit langem von *Stalin* der Weg geebnet worden. Sowjetische Analysen zu *Hitler* und dem Nationalsozialismus, die über die ökonomische Faschismus-Definition der Komintern hinausgingen, hätten gefehlt. »Dieses Schweigen hielt nach 1945 an. Im Gegensatz zum Westen, wo die Frage ›Wie konnte es geschehen?‹ in vielfache wissenschaftliche Beleuchtung gestellt wurde, erschien in der Sowjetunion nichts über die NSDAP, den Charakter des Nationalsozialismus und die Praktiken des Dritten Reiches. (So wurden nicht einmal die Dokumente des Nürnberger Prozesses 1946, das massivste Zeugnis der Naziverbrechen, publiziert; erst nach *Stalins* Tod ging man an die Veröffentlichung einer gekürzten Version. Diesem lange anhaltenden, erst in den sechziger Jahren langsam durchbrochenen Schweigen widerspricht nicht der exzessive Gebrauch des Faschismus-Vorwurfs, der auch von seiten der deutschen Kommunisten als Selbstlegitimierung und Munition im Kalten Krieg bis zur Entleerung des Begriffs Faschismus betrieben wurde.«[476]

Literatur, Kunst, Kultur wurden aufgefordert, sich von der Vergangenheit abzuwenden und den Aufbau der sozialistischen Produktion zu heroisieren. Der Denunziation affirmativer bourgeoiser Literatur entsprach die Lobpreisung affirmativer sozialistischer Literatur, die auch die bürgerlichen ›Geistesheroen‹ wie *Goethe* und *Schiller* zu usurpieren trachtete. »Vom ›Kulturbund zur demokratischen Erneuerung Deutschlands‹ wurde die Strategie der Herstellung eines neuen kulturellen Kontinuitätsbewußtseins gefordert; vor allem *Johannes R. Becher* ... verkündete sie in zahlreichen Reden und Aufsätzen. Mit seiner bereits 1938 im Moskauer Exil vollzogenen Kanonisierung der deutschen Klassik, speziell *Goethes*, als dem Gipfel- und Höhepunkt der deutschen Nationalkultur, die *Becher* jetzt in den Mittelpunkt seiner kulturpropagandistischen Publizistik stellte, hat er die Erbe-Rezeption für mehr als zwei Jahrzehnte maßgeblich beeinflußt.« (*Karl Robert Mandelkow*)[477]

In seinen privaten Aufzeichnungen meinte zwar *Becher*, daß ein solches Erbe meistens anöde, aus der Vergangenheit »heraufgähne« (wenn auch auf klassische Weise) und vor Langeweile »gespenstere«; offiziell ging es aber nicht um kritische Ehrlichkeit, sondern um staatsideologische Verfestigung. Die Idee eines freiheitlichen Sozialismus war vom Stalinismus längst auch kulturell liquidiert worden.[478]

Kunst zwischen Realismus und Abstraktion

Wenige Tage nach Kriegsende schrieb der 1902 geborene Maler *Ernst Wilhelm Nay* dem Kunsthändler *Günther Franke*, der ein Refugium am Starnberger See gefunden hatte (den Brief nahm ein in diese Gegend entlassener Kriegskamerad mit): »Was wird nun weiter werden? Sicher kann man wohl damit rechnen, daß sich für die Kunst einiges tun wird... Hoffentlich gewinnt die Kunst jetzt ihre Freiheit wieder – nach diesen dreizehn bösen Jahren.«[479]

In der ›Katakombe‹[480] hatten im Dritten Reich all diejenigen bildenden Künstler Zuflucht nehmen müssen, die nach einer neuen Aussage, einer neuen Ausdruckskraft und nach Formen strebten, wie sie ihrem Erleben der Zeit entsprachen. Keiner dieser ›entarteten‹ Künstler, die meist zwischen 55 und 70 Jahre alt waren und in der Weimarer Republik sich entfaltet bzw. einen ersten Höhepunkt ihres künstlerischen Schaffens erreicht hatten, durfte nach 1937 in Deutschland mehr ausstellen; die nationalsozialistische Doktrin von nordisch-rassereiner Kunst verbannte sie in den Untergrund. Die einen, wie *Karl Hofer, Ernst Barlach, Emil Nolde, Karl Schmidt-Rottluff, Max Pechstein, Erich Heckel, Otto Dix*, waren im Lande geblieben und hatten im Verborgenen gearbeitet; andere, wie *Wassily Kandinsky, Paul Klee, Max Beckmann, Max Ernst, Oskar Kokoschka, Josef Scharl, Josef Albers, Hans Hartung, Otto Wols*, hatten Deutschland verlassen, um sich, oft mit großen Schwierigkeiten, eine neue Existenz aufzubauen. Das gleiche traf für die jungen Künstler zu, soweit sie sich nicht anpaßten; sie arbeiteten nur für sich oder wenige Freunde; oder sie gingen ins Ausland; viele wurden vergessen.

Die bildenden Künstler, die zur inneren Emigration gehört hatten, versuchten nach Kriegsende den Aufstieg aus der ›Katakombe‹. Das war ein mühseliger Weg. Man reiste durchs Land, Aquarelle, Gemälde, auch Kleinplastik im Rucksack; machte Besuche in Museen, von denen man hoffte, daß sie neues Interesse zeigen würden, auch wenn von Ankäufen noch keine Rede sein konnte; man hoffte auf Privatgalerien, die oft in abenteuerlicher Umgebung hausten; in das im ersten Stock eines Hauses am Roßmarkt gelegene ›Frankfurter Kunstkabinett‹ von *Hanna Bekker vom Rath* in Frankfurt gelangte man anfangs nur über eine außen am Haus angebrachte provisorische Holztreppe.[481] Die erste deutsche Privatgalerie nach dem Krieg eröffnete *Gerd Rosen* August 1945 in Berlin in den verwüsteten Räumen eines ehemaligen Textilien- und Militäreffektenladens am Kurfürstendamm. Die Eröffnungsrede ›Um die Freiheit der Kunst‹ hielt der Kunst- und Kulturhistoriker *Edwin Redslob* (von 1949 bis 1954 Rektor bzw. Prorektor der Freien Universität Berlin). Die Galerie *Günther Franke* faßte im Frühjahr 1946 wieder in München Fuß und bezog den großen Atelierraum in der Stuck-Villa; sie begann ihre Ausstellungstätigkeit mit einer Präsentation von *Xaver Fuhr*; es folgten fünf *Beckmann*-Ausstellungen aller Arbeitsperioden, eine große *Franz Marc*-Gedächtnisausstellung und ein Überblick über das Werk von *Oskar Schlemmer*.

Eine wichtige Mittlerfunktion übernahmen die Ausstellungen, die recht bald nach Kriegsende wieder veranstaltet wurden. Die erste deutsche Kunstausstellung nach Kriegsende fand in Berlin statt; im Frühsommer 1945 wurde sie in den Räumen des Hauses Kamillenstraße 4 in Berlin-Lichterfelde eröffnet. Sie war zusammengetragen worden von dem Berliner Bildhauer *Hans Uhlmann*, der während der nationalsozialistischen Herrschaft zur völligen künstlerischen Isolation verurteilt gewesen war. Zu Rad war er in Berlin herumgefahren und hatte seine alten Kollegen aufgesucht, die während der Zeit des Dritten Reiches ebenfalls mit Ausstellungs- und Berufsverbot belegt worden waren.[482]

Von dem großen Eindruck, den eine unmittelbar nach Kriegsende von den Franzosen organisierte Kunstausstellung in Freiburg in einem beschlagnahmten Haus der Kaiserstraße gemacht habe, berichtet der dort wirkende Theologie-Professor *Bernhard Welte*: »Da sah ich wirklich zum ersten Mal leibhaftige Bilder von *Picasso*, von *Léger*, von *Rouault* und vielen anderen. Und da ging mir und meinen Freunden eine neue Welt auf.«[483]

Im ›Weser-Kurier‹ vom 22. September und 6. Oktober 1945 berichtete der Dichter *Manfred Hausmann* über eine Worpsweder Kunstschau; (sie habe besonders schöne Ausstellungsräume aufzuweisen: »Die Städte, in denen sonst dergleichen zu finden war, liegen ja in Trümmern und mit ihnen die Kunstausstellungen«[484]). Die Präsentation war vor allem den Künstlern der Worpsweder und der benachbarten Landschaft gewidmet; unterdrückte und politisch verfolgte Maler kamen zum Zug; ihre Werke hinterließen einen ›erregenden‹ Eindruck.

Anders war dies bei einer Kunstausstellung im Winter 1945 im benachbarten Bremen; hier setze sich, hieß es im ›Weser-Kurier‹, mit dem Anschein des Lebendigen etwas Abgelebtes fort, eine Art, die Welt zu sehen und widerzuspiegeln, die im Grunde seit 50 Jahren tot sei. Dürfe man denn, frage sich unwillkürlich der vor diesen flüssig gemalten Stilleben und Landschaften Stehende, im zweiten Nachkriegsdeutschland so tun, als wäre nie das Blut unserer Besten sinnlos geflossen, als stünden unsere herrlichen Städte noch, als irrten zwischen den Trümmern oder fern ihrer Heimaterde nicht große Teile unseres Volkes umher, denen allein die Kunst den ersten Trost zu geben berufen wäre? (*Hedwig Rohde-Schnell*)[485]

Was hier von der Kritik eingefordert wurde, war engagierte Kunst: eine Kunst radikaler Besinnung und aufrüttelnder Ehrlichkeit. Die Landschaft, die der Krieg hinterlassen hatte – die reale wie geistig-seelische: die Großstädte als Trümmerhalden, das Nebeneinander von Hoffnung und Verzweiflung, Aufbauleistung und Verwahrlosung, das allenthalben anzutreffende panische Idyll –, glich (so hat es *Barbara Klie* formuliert) einem »riesigen Musterbuch der surrealen Malerei«.[486] Und eine Reihe von Künstlern nahm es sich zur Vorlage.

›Schiffbruchstimmung‹ durchzieht die Bilder von *Karl Hofer*. Der 1878 geborene, seit 1920 an der Hochschule der Bildenden Künste in Berlin lehrende und 1933 von den Nationalsozialisten entlassene Künstler hatte das Unheil mit den Metaphern seiner eindrucksvollen Bildsprache festgehalten: Larven, Masken, Hungrige, Blinde, Wahnsinnige, Totentänzer, Trümmerfelder, Ruinennächte – das alles waren Variationen vom ›beschädigten Menschen‹. ›Der Gefangene‹ (1933) nimmt die Konzentrationslager vorweg, ›Der Turmbläser‹ (1935) gibt eine Ahnung vom Bombenalarm, ›Die Wächter‹ (1936) erweisen sich als Voraussage einer langen Nachtzeit. 1937 malte *Hofer* einen ›Mann in Ruinen‹, die Stadtzerstörung vorwegnehmend. Zwischen 1938 und 1943 gingen über sechshundert seiner Werke verloren: die eine Hälfte im faschistischen Bildersturm, die andere durch einen Bombenangriff, der das Atelier zerstörte. *Hofer*, der mit seinen melancholischen, ins Leere blickenden Marionetten- und Harlekinfiguren *Max Beckmann* nahestand, wurde nach Kriegsende Direktor der Berliner Hochschule für Bildende Künste, die zunächst im sowjetischen Sektor lokalisiert war und dann nach Charlottenburg verlegt wurde. Bald mußte er erleben, daß im Westen seine leidgezeichneten Symbolfiguren wegen ihrer Düsternis ignoriert wurden, während ihm im Osten das Fehlen von sozialistischem Kulturoptimismus vorgeworfen wurde.[487]

1945 hatte der radikale Realismus jedoch noch, ehe er ins Abseits geriet, eine die Menschen bewegende Bedeutung. Erinnerungsarbeit war stärker als Verdrängung.

Wilhelm Lachnit malte 1945 mit dem ›Tod von Dresden‹ »ein ergreifendes Symbolbild; in ihm verdichtete er sinnbildlich alle Leiden, die über diese einst blühende Stadt mit der Zerstörungsnacht hereinbrachen.« *Wilhelm Rudolphs* Federzeichnungen vom zerstörten Dresden erwiesen sich als besonders wichtige Dokumente, da über die Stadt ein generelles Fotografierverbot im Anschluß an die Nacht des 13./14. Februar verhängt worden war, das auch von der sowjetischen Armee nach Einnahme der Stadt solange aufrecht erhalten wurde, bis man mit Bulldozern die Kalksteinruinen niedergewalzt hatte.

Werner Heldt wanderte in Berlin zwischen dem östlichen Pankow und den westlichen Sektoren hin und her »und fand in den Dünen aus Schutt, die sich in schwarzen Kanälen spiegelten, jenes ›Berlin am Meer‹, das ihm als Vision vorgeschwebt hatte und das nun Wirklichkeit war«. (*Barbara Klie*)[488] Tief deprimiert, verzweifelt und in ständiger Furcht, verhaftet zu werden, hatte *Heldt* zwischen 1932 und 1945 kaum arbeiten können. »Doch sind in diesen Jahren Aufzeichnungen entstanden, in denen er seine Situation als geächteter Außenseiter zu ergründen und die Frage zu klären suchte, warum er seiner Sensibilität, Phantasie, seiner künstlerischen Begabung und auch seiner homosexuellen Veranlagung wegen Demütigung und Verfolgung erleiden mußte. Und wie der aus Nazideutschland vertriebene *Max Beckmann* kam auch *Werner Heldt* zu dem Schluß, aus dem Kollektivismus erwachse dem Menschen eine unheilvolle Bedrohung.« (*Freya Mühlhaupt*) Das, was unbewußt bleibe und unterdrückt werde, so formulierte es der Maler, bekomme die unwiderstehliche Macht des Schicksals. »Krisen, Revolutionen, Kriege sind das Gros der ins Kollektive verschobenen Psychopathien, Psychosen, Selbstmorde, der einzelnen Gescheiterten: der Massenstücke.«[489]

In München wirkte eine größere Anzahl von Künstlern, die sich einem realistischen, politisch engagierten Stil verpflichtet fühlten. Einen Überblick bietet *Beate Frosch*: »Nahe der Aggressivität und Sozialkritik realistischer Kunst der 20er Jahre standen *Willy Geiger* und auch *Erwin Oehl*, dessen Gemälde aus den ersten Nachkriegsjahren in expressiver Weise die Tragik entlassener KZ-Häftlinge und der Kriegsheimkehrer wiedergeben. Eine ganz eigene Bedeutung kam nach dem Krieg den Vertretern einer surrealistischen Kunst zu. Sie verstanden sich nicht als eine scharf abgegrenzte, programmatisch arbeitende Gruppe, die ihr Vokabular aus der Verfremdung und collagehaften Zusammensetzung der Motive einer Traumwelt schöpfen konnten; die Arbeiten jener Künstler, die nach dem Krieg als Surrealisten wieder in die Öffentlichkeit traten, sind viel mehr gekennzeichnet durch die Beschreibung einer realen, beängstigend verlassenen Welt. So schildert *Edgar Ende* verfremdete, einsame Landschaften, in denen die Menschen gefangen sind; in seinen Gemälden spiegelt sich in der Reflexion der ›Ohnmacht der Menschenwelt gegenüber der Macht metaphysischen Eingreifens‹ ein eigentlich religiöses Moment. *Max Zimmermann*, seit 1949 in München ansässig, dessen Arbeiten mit dem Begriff Surrealismus nicht überzeugend charakterisiert sind, beschwört visionäre Landschaften herauf, in denen geisterhafte Wesen, Figurinen und Formen agieren, oft in scheinbar schwereloser, gleitender Bewegungen. Auch *Rudolf Schlichter* verschrieb sich in seinen Gemälden 1945 einer surrealistischen Bildauffassung.«[490]

In Nordrhein-Westfalen (Düsseldorf) waren es vor allem Künstler wie *Otto Pankok* und *Karl Schwesig*, die sich mit ihrer Graphik sozialkritisch engagierten; sie verstanden ihre Kunst »als eine Beschwörung des Menschen, das Dasein als ein Geschenk zu sehen und sich dieses Geschenkes würdig zu erweisen durch Menschlichkeit«. (*Rainer Zimmermann*)[491]

Für das 1945 vor allem auf dem Gebiet der Malerei und Graphik anzutreffende gesellschaftliche Engagement boten im Besonderen die privaten Galerien, die städtischen Kunstvereine, die der Gegenwartskunst aufgeschlossenen Museen, die Hochschulen für bildende Kunst, die verschiedenen Künstlervereinigungen, einige Kunstzeitschriften sowie die Sektion Bildende Kunst im ›Kulturbund zur demokratischen Erneuerung Deutschlands‹ den organisatorischen Rahmen. Doch habe es – so *Jost Hermand* – bei den Galerien, Kunstvereinen, Museen, Hochschulen oder Künstlervereinigungen weitgehend von den Besitzern, Direktoren oder lokalen Machtverhältnissen abgehangen, ob eine kritisch-engagierte Kunst überhaupt toleriert oder gar protegiert wurde. »Hier mußte also diese Richtung von Anfang an mit den als ›autonom‹ geltenden Formen von Kunst konkurrieren, weshalb sie im Laufe des Kalten Krieges und der einsetzenden Restauration innerhalb solcher Organisationsformen allmählich ins Hintertreffen geriet. Eine wesentlich aktivere Unterstützung erfuhr sie dagegen von einigen unerschrockenen Einzelnen, die wegen ihres Widerstands gegen das Dritte Reich als ›Männer der ersten Stunde‹ eine gewisse Wirkungschance hatten, sowie Organisationsformen wie dem ›Kulturbund‹, der Zeitschrift ›Bildende Kunst‹ und antifaschistisch-satirischen Blättern wie ›Simpl‹, ›Wespennest‹ und ›Ulenspiegel‹.«[492]

Bald nach Kriegsende entbrannte die Auseinandersetzung um den für die Zeit angemessenen Stil; das war belebend, denn die Unterdrückung des künstlerischen Diskurses im Dritten Reich hatte zu einer Kirchhofsruhe geführt. Leidenschaftlich wurden nun Fragen des Expressionismus, Surrealismus, Realismus, der Abstraktion und ›absoluten Kunst‹ erörtert. Zwar hatte der anerkannte Kunsthistoriker *Franz Roh*, der u.a. auch für eine stärkere Kunst-Gewerkschaft eintrat (in vielen Städten waren inzwischen Künstlervereinigungen entstanden), für die Koexistenz aller Stile plädiert – »ob Sie, liebe Kollegen, Barrikaden oder eine Wiese mit scheuen Veilchen malen, ist uns völlig gleichgültig, wenn nur beides ein Kunstwerk darstellt«[493] –, doch entsprach das Bekenntnis zur künstlerischen Vielfachwahrheit nicht dem geistigen Bewußtsein der aufgewühlten Zeit. Auch die Vertreter des später ihre ›Verdrängung‹ bitter beklagenden ›radikalen Realismus‹ waren überzeugt, allein der ›Wahrheit der Zeit‹ gerecht zu werden. In Enttäuschung über die zunehmende Isolierung engagierter Kunst bezeichnete z. B. *Hofer* die Vertreter der abstrakten Richtung sogar als ›kunstpolitische SS‹.

Demgegenüber sorgten die rasch ein hohes Niveau erreichende Kunstkritik in den Zeitungen und in vielen Zeitschriften, vor allem das dann ab 1946 intensiv anlaufende Ausstellungswesen mit großen künstlerischen Bestandsaufnahmen für eine umfassende bildnerische Information und damit Objektivierung des ›Bilderstreits‹.

Kunstpolitische Offenheit galt zunächst auch für das Territorium der sowjetischen Besatzungszone, zu der zwei wichtige Kunstzentren, nämlich Berlin und Dresden, gehörten. *Karin Thomas* schreibt: »Eine recht liberale Kulturpolitik und eine relativ rasch funktionierende, unbürokratische Organisationsstrategie der Sowjetischen Besatzungsmacht zogen in der frühen Nachkriegsphase eine Reihe namhafter Künstler – und nicht nur ehemalige Mitglieder oder Sympathisanten der KPD – in diese Städte der SBZ, weil man hier zunächst die berechtigte Hoffnung hegen konnte, mit Hilfe der sowjetischen Kulturfunktionäre wären die lange Zeit eingefrorenen, individuell gehegten Vorstellungen eines freiheitlich-sozialistischen neuen Deutschland endlich und schnell zu verwirklichen. Auch die in Berlin und Dresden noch latent vorhandenen Resttraditionen der Neuen Sachlichkeit, der ASSO [Assoziation revolutionärer bildender Künstler Deutschlands, ab 1928] und des expressiven sozialen Realismus im Anschluß an die *Kollwitz* und die ›Novembergruppe 1919–22‹ veranlaßten so manchen bildenden Künstler, darunter auch *Karl Hofer* und *Conrad Felixmüller*, zur Unterstützung der anfänglich betont antifaschistisch argumentierenden Kulturpolitik in der SBZ beizutragen.«[494]

Die kunstpolitische Offenheit, über die die alliierten Kunstoffiziere wachten – getragen auch von einer großen neugierigen Anteilnahme der Bevölkerung –, brachte es dann mit sich, daß beim zunehmenden ›freien Spiel der Kräfte‹ bestimmte Kunstrichtungen an Dominanz gewannen und andere (nicht nur der ›radikale Realismus‹ bzw. Surrealismus, sondern auch der weitergeführte Expressionismus) an Bedeutung verloren.

Die ›abstrakte Kunst‹, wie die anderen modernen Kunstrichtungen im Dritten Reich verfemt, fand in der Trümmerwelt eine besondere Resonanz, weil sie die aktuelle, triste Wirklichkeit transzendierte, den ›Grauwelten‹ Farbwelten entgegenstellte. Während die erste große Welle der abstrakten Kunst vor dem Ersten Weltkrieg eine Antwort auf den Plüsch des Wilhelminismus gewesen war, wurde nach 1945 die Abstraktion zum Ausweg aus dem düsteren ›Konkretismus‹ der Trümmerlandschaft. Das Abstrakte war nicht nur ›geistiger‹ als das Konkrete, es war letztlich eben ›wirklicher‹, wenn man – wie *Willi Baumeister*, die zentrale Figur der abstrakten Malerei dieser Zeit – Kunst als Bewußtseinserweiterung, als Vorstoß in ein noch nicht erforschtes Gelände begriff. Die 1947 erschienene Schrift ›Das Unbekannte in der Kunst‹ hatte *Baumeister* (geboren 1889) noch während des Krieges, da er Unterschlupf als Mitarbeiter am Technischen Institut in Wuppertal gefunden hatte, verfaßt. Die Wirklichkeit erweise sich nur als Anstoß zum Bild; der Gegenstand sei lediglich ein Fenster, das in unbekannte Formwelten führe. Das Totale werde zum ungewöhnlich Kühnen, es zerreiße jegliche Konvention, zugleich werde es zum Selbstverständlichen, zum Einfachsten, zum ›Natürlichen‹, zum Beispielhaften. Geniale Menschen seien nicht nur Entdecker und Erfinder; je höher ihre Belange gingen, desto allgemeingültiger werde auch ihr Verhalten in allen Fragen und Situationen. Das Geniale zeige sich im Einfachsten, indem es sich Stufe für Stufe baue und Logik, Hypothese, Einkreisung, praktische Forschung und Intuition je im richtigen Augenblick einsetze; Künstler und Wissenschaftler seien innerhalb der Methode des Findens, des Genialen einander gleich; freilich gäbe es in der Kunst im Gegensatz zur Wissenschaft keine Beweise. Kunst verlange Glauben an die Kunst. Die Wissenschaft als gesamter Komplex von außen gesehen, könne jedoch auch nicht ›bewiesen‹ werden, setze den Glauben an Wissenschaft voraus. So stünden Kunst und Wissenschaft in einem engen inneren Beziehungszusammenhang.

Baumeister sei, so *Wieland Schmied*, neben *Beckmann, Max Ernst* und vielleicht noch *Lyonel Feininger* einer der wenigen großen Künstler gewesen, deren Nachkriegswerk sich mit dem vorangegangenen messen konnte, ohne abzufallen. Wie bei *Beckmann*, aber in anderer Methodik und konsequent ins Abstrakte übersetzt, herrschten bei ihm Themen aus dem mythischen Bereich vor. Doch seien es nicht diese mythischen Bezüge gewesen, die seine Schüler in Bann zogen, sondern das Ständig-Suchende, Forschende, Analysierende seiner Methode des Malens wie des Lehrens, das eine Jugend faszinierte, der Nüchternheit wichtiger war als jeder Anklang an mythische Gehalte, selbst wenn diese sich der direkten symbolischen Lesbarkeit konsequent enthielten. (1946 wurde *Willi Baumeister* an die Kunstakademie in Stuttgart berufen.)[495]

Die abstrakte Kunst ›versäumte‹ zwar das eigentlich ›Deutsche‹ des Jahres 1945 und der Jahre danach: die innere und äußere Trümmerwelt, das durch die Verbrechen der Nationalsozialisten zerstörte Menschen-Bild, den im Ringen um Schuld und Sühne aufgeworfenen Sinn. Mit der abstrakten Kunst aber fanden die Deutschen Anschluß an die internationale Kunst. Als sich die Grenzen öffneten, stellte sich nämlich rasch heraus, daß nicht deutsche ›Selbstquälerei‹ gefragt war, sondern Beiträge zu einer Kunst, die die Misere in Farbe und Form zu sublimieren bzw. hinwegzuprojizieren vermochte. Es zeigte sich, daß Kunst in Berlin oder Hamburg wie in Paris, London oder New York aussah.

»Mit keinem anderen Programm«, so *Barbara Klie*, »eröffneten dort die Galerien, es wurden nicht andere Einleitungsreden gehalten und gedruckt. Trotz der radikal umgedrehten Ausgangsposition war es dort ganz so wie in unserem deprimierten und zerstörten Land. Man fing an zu ahnen, daß dieses Moderne in der Kunst, das Abstrakte, der irritierte Klang, das aufgestörte Phantom, nicht ein Kind unseres speziellen Milieus war – soweit eben der Krieg für die damals Lebenden das Milieu geliefert hatte, von dem sie nicht loskamen. Sondern es wurde rings umher in Europa in derselben Weise hervorgetrieben.«[496]

Zudem wurde abstrakte Kunst gleichsam als Ausdruck der neuen politischen Ordnung begriffen – mit antikommunistischer Spitze (zumal im Rahmen der Sowjetisierung die abstrakte Kunst des Westens als Ausdruck von Dekadenz diffamiert wurde). »Eine Kritik daran wagte sich zunächst nicht heraus, doch in allen Ausstellungen ... dominierten die Abstrakten. *Willi Baumeister* gelangte zu wirklicher Popularität ..., und die Kunststudenten orientierten sich an dem wiederentdeckten *Kandinsky* und am Werke *Paul Klees*.« (*Gerhard Grohs*)[497]

Christlicher Frühling

Die Situation der Kirchen nach Kriegsende war insofern den weltlichen Organisationen (den neuen gesellschaftlichen Kräften wie Parteien, Gewerkschaften, Wirtschaftsverbänden) ähnlich, als die Alliierten auch hier den Aufbau von unten her, also von der lokalen bzw. einer eng begrenzten regionalen Ebene aus für notwendig erachteten. Die ›großen Drei‹, die USA, Großbritannien, die UdSSR, hatten sich noch vor ihrem Sieg über Deutschland Ende 1944 auf Grundzüge einer gemeinsamen Religionspolitik geeinigt, und dann deren Umsetzung einem Unterausschuß des Kontrollrates (Frankreich nun eingeschlossen) übertragen. Die Rahmenrichtlinien, die für eine unterschiedliche Auslegung in den einzelnen Zonen Raum ließen, bekundeten die Absicht, alle nationalsozialistischen Tendenzen innerhalb der Kirchen auszuschalten und die Freiheit des Gewissens wie das Recht der selbständigen Neuordnung des kirchlichen Lebens zu garantieren. In den Schulen sollte Religionsunterricht erteilt werden; der Einzug von Kirchensteuer wurde zugestanden.

Freilich war den Kirchen gegenüber die (west-)alliierte Überwachungspraxis weniger strikt als in den anderen Bereichen. Man war der Meinung, daß diese sich von den Nationalsozialisten nicht hatten vereinahmen bzw. gleichschalten lassen (was das Verhältnis von Kirche und Staat im Dritten Reich viel zu positiv beurteilte). Jedenfalls wurde den Kirchen ein erheblicher Freiraum eingeräumt; so stand ihnen auch – allerdings unter der Aufsicht der Militärgouverneure – die Durchführung der Entnazifizierung ihrer geistlichen und sonstigen Mitarbeiter zu. Ferner sollte der von den Nationalsozialisten beschlagnahmte kirchliche Besitz den Religionsgemeinschaften möglichst umgehend zurückgegeben werden. Die Besatzungsmächte bekundeten schließlich, daß sie die Kirchen und kirchlichen Einrichtungen ihrem besonderen Schutz unterstellen würden.[498]

Im Dritten Reich hatte innerhalb der evangelischen Kirche die am nationalsozialistischen Führerstaat sich orientierende deutsch-christliche Bewegung eine fatale Rolle gespielt – in Gegnerschaft zur Bekennenden Kirche (mit Pastor *Martin Niemöller* als herausragendem Repräsentanten). Die bereits im Wilhelminischen Kaiserreich und in der Weimarer Republik stark nationale bzw. nationalistische Komponente des deutschen Protestantismus kulminierte in einer arisch-nordischen, rassistischen Theologie. Solche Verblendung wie der generell im Protestantismus anzutreffende Antijudaismus (Antisemitismus) führte dazu, daß die Kirche – abgesehen von den wenigen, die Widerstand leisteten – gegenüber dem nationalsozialistischen Massenmord am jüdischen Volk ganz besonders versagte. Dies traf gleichermaßen für den Katholizismus zu, dessen Obere, mit Papst *Pius XII.* an der Spitze, sich dem Dritten Reich gegenüber ›peinlichster‹ (im doppelten Wortsinne) Neutralität befleißigten; so konnte sich der Papst zu keinem öffentlichen Eintreten für die Juden entschließen. Widerstandshandlungen in den Kirchen gab es vor allem dann, wenn eigene Interessen berührt waren, auch – was positiv hervorzuheben ist – bei der von den Nationalsozialisten angeordneten Euthanasie, der Vernichtung ›unwerten Lebens‹.

Die Kirchen hatten nach Kriegsende allen Grund, Reue des Herzens (contritio cordis) zu zeigen, diese auch zu bekennen (confessio oris) und durch ›Werke‹ das Versagen wieder gutzumachen (satisfactio operis). Anders als die katholische Kirche, die, was ihre eigene Rolle im Dritten Reich betraf, weitgehend schwieg, formulierte immerhin der Rat der Evangelischen Kirche in Deutschland (EKD) auf seiner 2. Tagung vom 18. bis 19. Oktober 1945 in Stuttgart eine ›Schulderklärung‹.

»Mit großem Schmerz sagen wir: Durch uns ist unendliches Leid über viele Völker und Länder gebracht worden. Was wir unseren Gemeinden oft bezeugt haben, das sprechen wir jetzt im Namen der ganzen Kirche aus: Wohl haben wir lange Jahre hindurch im Namen Jesu Christi gegen den Geist gekämpft, der im nationalsozialistischen Gewaltregime seinen furchtbaren Ausdruck gefunden hat; aber wir klagen uns an, daß wir nicht mutiger bekannt, nicht treuer gebetet, nicht fröhlicher geglaubt und nicht brennender geliebt haben. Nun soll in unseren Kirchen ein neuer Anfang gemacht werden. Gegründet auf die Heilige Schrift, mit ganzem Ernst ausgerichtet auf den alleinigen Herrn der Kirche, gehen sie daran, sich von glaubensfremden Einflüssen zu reinigen und sich selber zu ordnen. Wir hoffen zu dem Gott der Gnade und Barmherzigkeit, daß er unsere Kirchen als sein Werkzeug brauchen und ihnen Vollmacht geben wird, sein Wort zu verkündigen und seinem Willen Gehorsam zu schaffen bei uns selbst und bei unserem ganzen Volk. Daß wir uns bei diesem neuen Anfang mit den anderen Kirchen der ökumenischen Gemeinschaft herzlich verbunden wissen dürfen, erfüllt uns mit tiefer Freude. Wir hoffen zu Gott, daß durch den gemeinsamen Dienst der Kirchen dem Geist der Gewalt und der Vergeltung, der heute von neuem mächtig werden will, in aller Welt entgegengesteuert werde und der Geist des Friedens und der Liebe zur Herrschaft komme, in dem allein die gequälte Menschheit Genesung finden kann. So bitten wir in einer Stunde, in der die ganze Welt einen neuen Anfang braucht: Veni, creator spiritus!«[499]

In ihrem Buch ›Christen und Nationalsozialisten‹ kommen *Georg Denzler* und *Volker Fabricius* freilich zu dem deprimierenden Ergebnis, daß dieses ›Schuldbekenntnis‹, das wohl vor allem auch in Hinblick auf die bei dieser Tagung anwesenden Vertreter des Ökumenischen Rates der Kirchen entstanden und an die Adresse der Christen in aller Welt gerichtet war, von den Gemeinden nicht angenommen wurde. »Der Kirche gelang es nicht, die Notwendigkeit eines Schuldeingeständnisses zu vermitteln; eine Tatsache, die nicht in einer vermuteten Radikalität der Stuttgarter Erklärung eine angemessene Deutung erfährt, sondern darin begründet liegt, daß auf dem Hintergrund der... allgemeinen Entwicklung in Deutschland diese Erklärung weithin nur als eine unzumutbare Provokation aufgenommen wurde. An solchen Reaktionen war dieses Schuldbekenntnis selbst nicht ganz unbeteiligt, weil die verbreitete Schuldverdrängung zwischen die Zeilen der Erklärung Eingang fand. Zwar bekannte man sich in Stuttgart dazu, nicht alles getan zu haben, was die Situation jeweils erfordert hätte. Gleichzeitig jedoch wurde mit vier negierten Komparativen (›nicht mutiger bekannt, nicht treuer gebetet, nicht fröhlicher geglaubt und nicht brennender geliebt‹) der Eindruck erweckt, das Geleistete sei mutig und tapfer gewesen. Von *Dibelius* verfaßt und von *Niemöller* verschärft um den Passus ›durch uns ist unendliches Leid über viele Völker und Länder gebracht worden‹, erwies sich dieses Wort in Deutschland als ein Fehlschlag: Als Anerkenntnis einer deutschen Kollektivschuld wurde mißverstanden, was als Minimalkonsens bei näherer, unvoreingenommener Betrachtung akzeptiert werden konnte. Es sollte doch lediglich ein ›moralischer Akt‹ vollzogen werden, der die weitaus mühsamere ›Anstrengung einer politischen und sozialethischen Analyse des Vergangenen‹ ersparte. Schuldverdrängung war und blieb das vorherrschende Motiv; sie erklärt auch die Ablehnung Bischof *Meisers*, an einer Gedenkfeier für *Dietrich Bonhoeffer* teilzunehmen, weil dieser kein christlicher, sondern ein ›politischer Märtyrer‹ sei. Wie könnten auch die wenigen Widerstandskämpfer mit dem von ihnen gewählten Weg nachträglich recht behalten, wenn die Diktatur doch allein die Möglichkeit gelassen hatte, dem geforderten Gehorsam sich ohne Widerspruch zu beugen!«[500]

Der 1906 geborene Pfarrer *Dietrich Bonhoeffer*, dem Widerstand gegen den Nationalsozialismus zugehörend – tief bedrückt von dem in seiner Kirche vorherrschenden Mangel an »Vollmacht, Bekenntnisfreudigkeit, Glaubensmut und Leidensbereitschaft«[501] –, wurde im April 1943 verhaftet und kurz vor Kriegsende, am 9. April 1945, im Konzentrationslager Flossenbürg hingerichtet.

Hans Meiser, geboren 1881, hatte sein Amt als Landesbischof der evangelisch-lutherischen Kirche Bayerns 1933 angetreten; er amtierte bis 1955, verkörperte damit in ausgeprägter Weise die fragwürdige Kontinuität der protestantischen Kirche über den Umbruch hinweg. Statt mit gutem Beispiel bei der Aufarbeitung der kirchlichen

Vergangenheit, wozu es in der bayerischen Landeskirche genügend Anlaß gegeben hätte, voranzugehen, reichten er und Erzbischof Kardinal *Faulhaber* von München – und zwar am 20. Juli 1945 (dem ersten Jahrestag des mißglückten Attentats auf *Hitler*) – ein gemeinsames Schreiben bei der amerikanischen Militärregierung ein, in dem sie sich gegen die Massenentlassungen von einfachen Parteimitgliedern, die pauschale Verurteilung aller SS-Männer und die Verhaftung von führenden Männern der Wirtschaft wandten.[502]

Die hier und auch sonst erfolgende intensive Fürsprache für entlassene Nationalsozialisten lasse, so *Clemens Vollnhals*, an der Demokratiebereitschaft der evangelischen wie auch der katholischen Kirche zweifeln.[503] Die katholische Kirche war von der Entnazifizierung weniger betroffen, da ihre Priester keiner Partei angehören durften; die »innere Faschisierung« (*Walter Dirks*) des kleinbürgerlichen katholischen Milieus wurde darüber nicht beachtet bzw. verdrängt.

Mag man auch – so *Carsten Nicolaisen* und *Clemens Vollnhals* in ihrem Aufsatz ›Über evangelische Kirche und öffentliches Leben in München 1945 bis 1949‹ – vom seelsorgerischen Auftrag der Kirchen her verstehen, daß sich diese der aus Amt und Stellung entlassenen oder internierten NSDAP-Mitglieder annahmen, so sei man doch betroffen, wie selten in der kirchlichen Publizistik dieser Jahre von den Opfern des Nationalsozialismus die Rede war: »den Juden, Kommunisten, Zigeunern, Fremdarbeitern, russischen Kriegsgefangenen... Auch das bittere Los des Millionenheeres der ›Displaced Persons‹ wurde nicht zum Gegenstand vergleichbarer kirchlicher Verlautbarungen. Hier zeigte sich eine seelsorgerlich problematische und in ihren politischen Auswirkungen bedenkliche Fixierung der evangelischen Kirche auf die Schicht des nationalkonservativen Mittelstandes... Die Kritik an der amerikanischen Entnazifizierungspolitik verblieb weitgehend im Negativen, da konkrete Vorschläge, wie eine vernünftige und handhabbare Säuberung der Verwaltung aussehen könnte, unterblieben.«[504]

Von katholischer Seite hatte Papst *Pius XII.* am 2. Juli 1945 den deutschen Katholiken ein ›ehrenhaftes Zeugnis‹ für die »ungebrochene Opposition der Kirche gegen den Nationalsozialismus« ausgestellt. Am 23. August 1945 ›freuten‹ sich die deutschen Bischöfe in einem Hirtenbrief, daß das ›katholische Volk‹ sich »in so weitem Ausmaße von dem Götzendienst der brutalen Macht freigehalten« habe. »Wir freuen uns, daß so viele unseres Glaubens nie und nimmer ihre

Knie vor Baal gebeugt haben. Wir freuen uns, daß diese gottlosen und unmenschlichen Lehren auch weit über den Kreis unserer katholischen Glaubensbürger hinaus abgelehnt wurden.«[505] Zu den deutschen Bischöfen gehörte zum Beispiel auch der Freiburger Erzbischof *Conrad Gröber*, der 1933 an den Konkordatsverhandlungen in Rom teilgenommen hatte (jede Provokation der neuen Herrschaft gegenüber müsse vermieden werden), der während des Dritten Reiches seinen Klerus ständig zur Anpassung aufgefordert und vorgeschlagen hatte, die katholischen Jugendvereine in die HJ zu überführen, der das nationalsozialistische Gesetz zur Verhütung erbkranken Nachwuchses rechtfertigte, der gegenüber dem Vorsitzenden des Volksgerichtshofes *Roland Freisler* (»... mit hoher Verehrung und Wertschätzung«) den angeklagten Widerstandskämpfer *Max Josef Metzger*, katholischer Priester seiner Diözese, noch mehr belastete und der (übrigens förderndes Mitglied der SS) einen Tag vor der bedingungslosen Kapitulation in einem Hirtenwort herausgestellt hatte, daß die Juden zu Christus und seiner Lehre feindselig eingestellt seien.[506]

Die ›Offenen Briefe‹, die der Theologe *Karl Barth* – 1935 seines Lehramtes an der Universität Bonn enthoben, am Widerstand gegen *Hitler* beteiligt – ab 1945 aus der Schweiz absandte, waren nicht zuletzt gegen die Heuchelei gerichtet, mit der die Kirchen alle Schuld unter dem pastoral-dekorativen Mantel brüderlicher Nächstenliebe zu verbergen trachteten. (So hatte der württembergische Landesbischof *Theophil Wurm* einen Tag nach der bedingungslosen Kapitulation als Gebot der Stunde die Parole ausgegeben, nicht zu klagen und anzuklagen, sondern zu vergeben und zu helfen.) *Barth* kreidete seinen theologischen Berufskollegen und den deutschen Intellektuellen an, daß sie den Staat hätten dahinvegetieren lassen. Nicht in *Bismarck* oder *Hitler*, sondern in der Anfälligkeit der Intellektuellen für *Bismarck* und *Hitler* läge das deutsche Problem. Für Deutschland sei nun zum erstem Mal die reale Möglichkeit eines völligen Neuanfangs gegeben; die totale Niederlage ermögliche eine totale Umkehr. »Gottes Barmherzigkeit hat sich immer den Elenden zugewandt, die Deutschen sind heute solche Elenden geworden«, schrieb er Juli 1945 an die deutschen Theologen in Kriegsgefangenschaft.[507]

Wenig berührt von der eigenen Verstrickung in den Nationalsozialismus, verstanden es die Kirchen, den Besatzungsbehörden zu suggerieren, daß sie Garanten des Neubeginns seien; in dieser ›Funktion‹ machten sie der Militärregierung auch viele Personalvorschläge für die Besetzung politischer und anderer Posten. (Im eigenen Haus hatte vor allem die protestantische Kirche viel zu tun, um die erschreckend hohe Anzahl von Parteimitgliedern in der Pfarrerschaft reinzuwaschen und wieder unterzubringen.)

Die Kirchen waren in der Anfangszeit der wichtigste Gesprächspartner der Besatzungsmächte. »An vielen Stellen waren sie die Sprecher der Bevölkerung; sie konnten es auch wagen, Maßnahmen der Sieger zu kritisieren. Nicht selten suchten die Besatzungsoffiziere in den Westzonen den Rat der Kirchen.«[508]

Begünstigt von den Alliierten, war nach Kriegende die ›Stunde der Kirchen‹ gekommen: Der Großteil der Bevölkerung von äußerer und innerer Not heimgesucht, hoffte auf geistliche Orientierungshilfe und religiösen Trost. Der evanglischen Kirche werde, meinte der Erlanger Dekan *Walter Künneth* Ende Mai, völlig anders als in der Umsturzzeit 1918, weitgehend von der Bevölkerung ein großes Maß an Vertrauen entgegengebracht. Die Bewältigung von harten Schicksalsschlägen und Kriegsnöten habe bereits vor Kriegsende zur Sammlung und Stärkung der Kerngemeinden, »zum Aufblühen des religiösen Lebens in den Katakomben« geführt.[509]

Die Situation in vielen Gemeinden im Jahre 1945 beschrieb *Georg März* am Beispiel seines Würzburger Dekanats: »Der Zusammenbruch der Partei hat wohl bei den meisten eine Erschütterung der von der Partei propagierten Weltanschauung mit sich gebracht. Unbewußt verbindet sich damit bei vielen eine Zunahme der Achtung vor der Kirche. Daß sich die Kirche nicht umzustellen braucht, daß ihre gottesdienstliche Ordnung, ihre Lieder, ihr Katechismus die gleichen bleiben, ob nun das Hakenkreuz Hoheitszeichen einer Stadt ist oder das amerikanische Sternenbanner, empfinden sicherlich die meisten als einen Abglanz der Ewigkeit, die dem Worte der Kirche Gehalt und Bestand gibt. Aber über ein dumpfes Empfinden werden ganz wenige hinauskommen... Zu den Enttäuschten der Partei gesellten sich bald die Erniedrigten und Geschädigten des geschichtlichen Umschwungs, die große Schar der Offiziere, Beamten, Lehrer und Angestellten, die aus ihren Stellungen entlassen wurden, ihrer Verhaftung entgegensahen und mit der Beschlagnahme ihres Vermögens zu rechnen hatten. Ihre Zahl ist in Würzburg sehr groß, so daß die soziale Umwälzung, die die ›Liquidierung des Nazismus und Militarismus‹ mit sich bringt, das Bild der Gemeinde völlig verändern wird. Viele der Betroffenen sind so ins Innerste und Tiefste erschüttert, daß sie für die biblische Botschaft in einer Weise empfänglich wurden, wie man es kaum erwarten konnte... Aber ist die Kirche wirklich gerüstet, mit ihrem Dienst und ihrer Lehre auf die Fragen zu antworten, die hier gestellt sind?«[510]

Als ›Fels in der Brandung‹ fühlte man sich allen Stürmen gegenüber (selbst-)sicher. Eine Neubesinnung des deutschen Volkes aus christlichen Grundsätzen schien sich allenthalben abzuzeichnen, die Gotteshäuser füllten sich. Als der schöne Mai der deutschen Niederlage gekommen war, erblühte ein ›christlicher Frühling‹.[511]

Die protestantische Kirche – anders als die katholische, bei der die hierarchische Gliederung durch irdische Wirren kaum je verunsichert wird – mußte sich nach Kriegsende neu organisieren. Von den älteren, übergreifenden Organisationen war die ehemals größte deutsche evangelische Kirche, die Altpreußische Union (APU), durch den Krieg sowie die darauf folgende Zerschlagung Preußens weitgehend vernichtet worden. »Ost- und Westpreußen waren verloren, ebenso Schlesien und der größte Teil Pommerns; in den übrigen Gebieten (Brandenburg, Provinz Sachsen, Westfalen und Rheinland) überwog das Verlangen nach kirchlicher Selbständigkeit. Dem wurde bereits in einem am 31. August 1945 in Treysa angenommenen Statut entsprochen. Dadurch wurden die früheren preußischen Kirchenprovinzen zu eigenständigen Landeskirchen; die neugeschaffene Organisation der Evangelischen Kirche der Union (EKU) hatte und hat noch die Aufgabe, die aus der gemeinsamen Tradition erwachsenen Verbindungen und Verpflichtungen zu pflegen.« (*Martin Greschat*)

Noch viel komplizierter sei die Neuordnung des Zusammenschlusses aller evangelischen Kirchen in Deutschland gewesen. Die 1933 geschaffene Deutsche Evangelische Kirche war aufgrund der Vergangenheit diskreditiert; nichtsdestoweniger habe ein außerordentliches Interesse an einer gesamtkirchlichen evangelischen Organisation bestanden. In den Bemühungen um deren Verwirklichung spielten dann sehr unterschiedliche Gesichtspunkte eine Rolle; man übertreibe nicht, wenn man in diesen Auseinandersetzungen auch ein Spiegelbild der wichtigsten innerkirchlichen Tendenzen jener Zeit sehe.

»Da war einmal« – so *Martin Greschat* – »das Selbstbewußtsein und Eigeninteresse der einzelnen Landeskirchen, die nicht gewillt waren, sich ihre Position durch eine übergeordnete Organisation schmälern zu lassen. Da bestand zum anderen der konfessionelle Gegensatz der Lutheraner gegenüber den Reformierten und insbesondere den

Unierten, der in der Vergangenheit durch die Opposition des Luthertums gegenüber der mächtigen Kirche der Altpreußischen Union mit erheblichen Vorbehalten, auch Ressentiments, aufgeladen war. Hinzu kamen weiterhin die für die Folgezeit kaum hoch genug einzuschätzenden unterschiedlichen Erfahrungen – und dann auch Interpretationen – des Kirchenkampfes im ›Dritten Reich‹. Dieser Kirchenkampf hatte in den ›intakten‹ Kirchen (Württemberg, Bayern und Hannover), wo die Kirchenleitungen sich 1933 des Ansturms der Deutschen Christen hatten erwehren können, ein entschieden anderes Gesicht und Gewicht gehabt als in jenen ›zerstörten‹ Kirchen, wo in Gestalt der Bruderräte eigene kirchenleitende Organe der Bekennenden Kirche im Gegensatz zu den deutschchristlichen Kirchenleitungen mühsam und unter Verfolgungen agiert hatten. Aber auch dabei war es dann im einzelnen zu mancherlei Kompromissen gekommen. Insofern verknäulten sich nach 1945 durchaus landeskirchliche und konfessionelle Zielsetzungen mit organisatorischen und theologischen Neuansätzen. Neben dem offenkundigen Gegensatz der lutherischen Theologie und derjenigen *Karl Barths*, die im Kirchenkampf für die entschiedenen Opponenten gegenüber jeder Anpassung von entscheidender Bedeutung gewesen war, gehörte dazu an zentraler Stelle die unterschiedliche Interpretation des selbst Erfahrenen. Nimmt man die Spannungen hinzu, die bei alldem zwischen ›Jungen‹ und ›Alten‹ bestanden, zwischen kirchenleitenden Persönlichkeiten und sich kirchlich verantwortlich wissenden einzelnen, hat man ungefähr jenes Spektrum von Kräften vor Augen, die 1945 innerhalb des deutschen Protestantismus um die Neugestaltung der kirchlichen Verhältnisse rangen.«[512]

Auf der Kirchenführerkonferenz in Treysa vom 27. bis 31. August 1945 kam es zur Auseinandersetzung über die neue Rolle der evangelischen Kirche, aber auch zu einer gewissen Verständigung. Der Weg wurde freigemacht für die Bildung der Evangelischen Kirche in Deutschland (EKD), deren Grundordnung dann am 13. Juli 1948 in Eisennach von der Kirchenversammlung angenommen wurde. Unter dem Vorsitz des Landesbischofs von Württemberg, *Theophil Wurm*, hatten sich, so berichtete der ›Bayerische Tag‹ am 8. September 1945, die Abgeordneten der lutherischen und der reformierten Kirche sowie Vertreter der Bekennenden Kirche (unter Führung von Pastor *Niemöller*) mit dem Ziel zusammengefunden, die Einheit innerhalb der evangelischen Kirchen in Deutschland wieder herzustellen. Die politisch engagierten Vertreter der Bekennenden Kirche konnten den zum Abschluß der Konferenz veröffentlichten Hirtenbrief dahingehend beeinflussen, daß trotz der ›konservative Kontinuität‹ spiegelnden Zusammensetzung des Kirchenrats (u.a. *Theophil Wurm, Otto Dibelius, Johannes Lilje*) dem ›Schuldbekenntnis‹ nicht ausgewichen wurde; (in Stuttgart wurde es dann ausformuliert). Der Hirtenbrief schloß mit den Worten – das Kriegsende in eine Epiphanie wendend:

»Was hinter Mauern und in der Stille gebetet und geplant ist, kommt an den Tag. Viele Fromme haben im Dunkel der Haft und erzwungener Untätigkeit die Neuordnung der Kirche und des Volkes bedacht. Wer nun als Christ öffentliche Verantwortung übernimmt, will Dienst und nicht Macht. Es gehört viel Glaube und Entsagung dazu, in der Tiefe der Not ein Amt anzutreten. Auch von der Kirche sind drückende Fesseln gefallen. Sie erhofft ein Neues für ihre Verkündigung und ihre Ordnung. Die bisherige Gefangenschaft ist beendet. Des sind wir fröhlich. So treten wir vor die evangelische Christenheit und rufen Pastoren und Gemeinden zur Erneuerung der Kirche. Wir rufen unser Volk: Wendet Euch wieder zu Gott!«[513]

Epilog. Die Abrechnung

Antifaschistische Aktionen

Unmittelbar nach Kriegsende schien die Stunde des ›Antifaschismus‹ gekommen. Unter diesem an sich fragwürdigen Begriff (denn so schlimm der europäische Faschismus auch gewesen war, der Nationalsozialismus hatte ihn noch bei weitem übertroffen!) formierten sich vor allem die Kräfte, die im Dritten Reich in den Konzentrationslagern, im Widerstand bzw. Untergrund überlebt hatten; zu ihnen stießen bald, vor allem in der SBZ, rückkehrende Emigranten. Diejenigen, die sich – in ziemlich diffuser Zusammensetzung – mit Recht oder Unrecht zur inneren Emigration gehörend fühlten, waren innerhalb der ›antifaschistischen Front‹ nur selten aktiv; wohl aber sympathisierten sie mit ihr, was nicht unwichtig war, da Deutsche mit einigermaßen ›weißen Westen‹ bald von den Alliierten in die Spitzenpositionen der Verwaltung gerufen wurden. Das Spektrum der antifaschistischen Aktionsausschüsse (Antifas) reichte von der äußersten Linken bis hin zu bürgerlichen Gegnern des Nationalsozialismus.

Viele von ihnen, schreibt *Theodor Eschenburg*, »waren erst kurz zuvor dem Gewahrsam des Regimes entronnen, manche hatten jahrelang zurückgezogen inmitten ihrer Nachbarn gelebt, die nichts von den zuweilen bitteren Gründen für die Zurückgezogenheit ahnten. In den Konzentrationslagern hatten sich Häftlinge verschiedener, oft sogar gegensätzlicher politischer Richtungen zu gemeinsamer Übernahme von Verantwortung nach der Befreiung vom Nationalsozialismus verpflichtet... Man wollte den Einmarschierenden beratend zur Verfügung stehen. Untergetauchte oder verkappte Nazis sollten ausfindig und dingfest gemacht, die deutsche Verwaltung, die noch von Nationalsozialisten oder solchen, die ihnen nahestanden, durchsetzt war, sollte kontrolliert werden. Man wollte ausgleichender Gerechtigkeit insofern Geltung verschaffen, als die Verantwortlichen für die

Elendslage nun die Hauptlast zu tragen hätten. Sie wären für den von der Partei angerichteten Schaden ›solidarisch haftbar‹ zu machen. Jetzt waren sie die Diffamierten und Diskriminierten anstelle der bisher Unterdrückten.

Es gab genug zu tun: Trümmer waren zu beseitigen – vor allem die in letzter Minute auf Parteibefehl hastig aufgebauten Panzersperren in den Straßen –, Aufräumungsarbeiten zu leisten, zu denen sich bei dem schlechten Ernährungszustand sonst kaum einer freiwillig bereitgefunden hätte. Ehemalige Nationalsozialisten sollten Wohnraum und Vorräte zugunsten der bisher Verfolgten abgeben. Auch ein Selbstschutz gegen Plünderungen erschien wegen der fehlenden Polizeikräfte notwendig. Das politische Schema der Antifas war nicht einheitlich, das wäre bei den fehlenden Verbindungen von Ort zu Ort auch gar nicht möglich gewesen. Trotzdem zeigten sich Ähnlichkeiten. Auch gab es die unvermeidlichen Randerscheinungen – Abenteurer und ›linke Konjunkturritter‹, die an allen möglichen Stellen auftauchten. Unter den Ernstzunehmenden reichte die Variationsbreite von Ablegern des Nationalkomitees ›Freies Deutschland‹, so im anfänglich amerikanisch besetzten Leipzig, über Betriebsausschüsse bis zu Vorläufern von Kommunalverwaltungen, wie in Bremen.«[514]

Die Forderungen der Antifas, also von Deutschen, die durch ihr jahrelanges Leiden im Dritten Reich dazu wahrlich legitimiert waren, entsprachen voll und ganz den Verlautbarungen der Alliierten, denen freilich der Nachweis ›deutschen Widerstandes‹ nicht recht ins ›Kreuzzugs-Konzept‹ paßte.

Das Jahr 1945 war bestimmt durch häufige und rigorose, die ›restlose Beseitigung‹ des Nationalsozialismus fordernde Anweisungen, Befehle und Beschlüsse der Militärverwaltungen. So betonte etwa General *Eisenhower* bei einer Botschaft an das deutsche Volk am 6. August 1945, daß man während der ersten drei Monate seit der entscheidenden Niederlage Deutschlands vor allem auf die Beseitigung der Nazis aus allen für das deutsche öffentliche Leben wichtigen Stellungen hingearbeitet habe.[515] In Bayern werde aufgeräumt, stellte der Stabschef General *Eisenhowers*, Generalleutnant *Smith*, in einer Pressekonferenz Ende September fest. Das Programm der Ausschaltung aller Nationalsozialisten werde restlos durchgeführt; doch gebe die ultrakonservative Haltung des größten Teiles der Bevölkerung Bayerns zu Besorgnis Anlaß. Dennoch: Bayern sei ein vielversprechendes Land, und die Ausrottung des Nationalsozialismus bedeute keine schwierige Aufgabe; nur müsse die allgemein reaktionäre Tendenz in Bayern bekämpft werden.[516]

Damit war auch das Hauptproblem des *deutschen* Antifaschismus charakterisiert: Die überwältigende Mehrheit der Deutschen hatte sich mit dem Nationalsozialismus identifiziert; man konnte also nicht annehmen, daß sich sehr rasch ein Gesinnungswandel vollzöge, auch wenn die ›Untertanengesinnung‹ der Deutschen dazu führte, daß man sich äußerlich eilfertig den neuen Machthabern anpaßte und bei jeder Gelegenheit lautstark seinen Antifaschismus bekundete. Bei den in vielen Städten und Gemeinden durchgeführten antifaschistischen Feierstunden, in Zeitungen und Rundfunk entsprechend herausgestellt, fanden sich zum Gedenken vorwiegend Verfolgte zusammen; die Resonanz der Bevölkerung war gering, wobei freilich solche Indifferenz bzw. Ablehnung nur höchst selten (wie z. B. bei dem Protest der Erlanger Studenten gegen *Martin Niemöller*) offen artikuliert wurde.

Theodor Eschenburg stellt fest, daß die antinationalsozialistische Selbstorganisation und Aktivität sich nicht in der Breite entfalten konnte, weil die physische und psychische Erschöpfung, die Hilflosigkeit und die Angst vor neuen Risiken zu groß gewesen seien.[517] Das Haupthindernis für den deutschen Antifaschismus lag aber vor allem darin, daß er Zustimmung bei einem Volk, das den ›öffentlichen Verleumdern‹ freudig und mit Fanatismus gefolgt war, gar nicht finden konnte.

Jost Hermand bewertet die Programme antifaschistischer Kultur sehr positiv. Innerhalb eines »pluralistischen Durcheinanders« hätten die Antifaschisten die neugewonnene Freiheit nicht nur aufatmend genossen, sondern zu ihrem Schutz zugleich eine durchgreifende Umgestaltung der politischen, gesellschaftlichen und kulturellen Grundvoraussetzungen befürwortet. »Sie faßten deshalb den Aufbau einer antifaschistischen Kultur ins Auge, der jene Leitlinien zugrunde liegen sollten, welche die Sozialisten und bürgerlichen Humanisten im Zuge der Volksfrontpolitik bereits im Exil der dreißiger Jahre gefordert hatten. Um einen Rückfall in den Faschismus zu verhindern, traten sie dementsprechend – im Sinne des Potsdamer Abkommens – nicht allein für eine entschiedene Entnazifizierung, Entmilitarisierung und Entkartellisierung ein, sondern unterstützten zugleich alle Maßnahmen, die auf eine demokratische Umerziehung der Gesamtbevölkerung hinausliefen. Anstatt also tatenlos im Windschatten der Besatzungsmächte zu verharren, nahmen sich diese Gruppen vor, direkt ins unmittelbare Zeitgeschehen einzugreifen. Ideologisch gesehen, steuerten sie hierbei einen Dritten Weg zwischen Ost und West, zwischen Kapitalismus und Kommunismus an. Im Gegensatz zu jenen, welche den chauvinistischen Nationalismus der Nazis mit einem westlichen, europäischen oder abendländischen Internationalismus zu überwinden suchten, blieben überhaupt die meisten Vertreter dieser Richtung – in Fortführung älterer Volksfrontstrategien – bewußt ›national‹ eingestellt, wenn auch stets im Sinne eines anderen, besseren Deutschland. Ihr Antifaschismus sollte nicht einer fortschreitenden Entnationalisierung Deutschlands dienen (was einer Liquidierung der Schuldfrage gleichgekommen wäre), sondern hatte die Auswechslung der reaktionären zugunsten der demokratisch-freiheitlichen Traditionen dieses Landes zum Ziel.«[518] Eine solche ›Kultur des Antifaschismus‹ war den westlichen Alliierten zu links, den Russen in Hinblick auf die Sowjetisierung zu kritisch, allen Besatzungsmächten zu selbständig bzw. ›national‹.

Zunächst hatten sich in der SBZ mit großem propagandistischen Aufwand die neu gegründeten Parteien (Kommunistische Partei, Sozialdemokratische Partei, Christlich-Demokratische Union, Liberal-Demokratische Partei) zu einem antifaschistischen Block zusammengeschlossen. »Die Vertreter der vier Parteien beschließen, unter gegenseitiger Anerkennung ihrer Selbständigkeit, die Bildung einer festen Einheitsfront der antifaschistisch-demokratischen Parteien, um mit vereinter Kraft die großen Aufgaben zu lösen. Damit ist ein neues Blatt in der Geschichte Deutschlands aufgeschlagen.«[519]

Über den ›antifaschistischen Block‹ war schon zweieinhalb Monate nach dem Eintreffen der Gruppe *Ulbricht* und fünf Wochen nach dem Eintreffen *Wilhelm Piecks* die ›Demokratie‹ vor allem in Berlin von oben zentral lenkbar geworden. Auf dem Land bestand sowieso in vielen Orten zunächst nur die KPD; die SPD und die beiden bürgerlichen Parteien konnten erst Wochen oder Monate später die entsprechenden Ortsgruppen gründen. Den sowjetischen Kommandanten sei, so *Wolfgang Leonhard*, von der politischen Hauptverwaltung das Bestehen der vier Parteien in Form einer Einheitsfront berichtet worden; es wurde ihnen befohlen, diese zu unterstützen bzw. deren Gründung zu veranlassen.[520]

Die ursprünglichen Antifa-Gruppen jedoch, die sich nicht genügend instrumentalisieren ließen, wurden aufgelöst. Schon am 17. Mai 1945 beschwerte sich *Walter Ulbricht* in einem Schreiben an *Wilhelm Pieck* über die ›Spontaneität‹ der Antifas und die revolutionäre Einstellung der KPD-Genossen aus dem Widerstand. Er stellte fest, daß »alle möglichen ›Komitees‹, ›Kommissare‹ usw. auftauchten« und »daß die Mehrheit unserer Genossen sektiererisch eingestellt ist... Manche Genossen führen unsere Politik mit Augenzwinkern durch, manche haben den guten Willen, aber dann ist bei ihnen doch die Losung ›Rot Front‹ und manche... reden über Sowjetmacht und ähnliches.«[521]

Die verschiedenen ›Büros‹, Komitees und Organisationen, die sich ›Antifaschistische Komitees‹, ›Anti-Nazigruppen‹, ›Sozialistische Büros‹, ›Nationalkomitees‹ oder sonst wie bezeichneten, seien eventuell, so *Ulbricht* bei einer Besprechung, von Nazis aufgezogen worden. »Es sind also Tarnorganisationen, deren Ziel es ist, die demokratische Entwicklung zu stören. Wir müssen alles daran setzen, sie aufzulösen. Dies ist jetzt die wichtigste Aufgabe. Jeder soll in seinem Bezirk unbedingt herausbekommen, wo sich solche Komitees befinden und ihre sofortige Auflösung bewirken.« Doch schon die ersten direkten Begegnungen mit Mitgliedern dieser spontan entstandenen antifaschistischen Komitees zeigten *Wolfgang Leonhard*, daß diese keineswegs getarnte Nazis waren, sondern ehrliche Genossen, die illegal in Deutschland gearbeitet hatten. »*Ulbricht* ließ sich jedoch dadurch nicht im geringsten beeinflussen, und alle Versuche, für die Komitees ein gutes Wort einzulegen, wurden von ihm zurückgewiesen: ›Sie müssen aufgelöst werden, und zwar sofort‹, erklärte er in schroffem Ton. ›Wir werden nicht zulassen, daß hier in Berlin die Fehler der griechischen Partei wiederholt werden. Dort haben sich die Genossen auch in irgendwelchen Komitees zusammengeschlossen, und inzwischen haben die Gegner die Staatsverwaltung aufgebaut.‹... Während der ganzen Kampagne gegen die antifaschistischen Komitees wurde von *Ulbricht* mal das eine und mal das andere Argument verwandt. Unverändert blieb eines: die Härte und Entschlossenheit in seiner Direktive, die antifaschistischen Komitees aufzulösen und alle ähnlichen Neugründungen im Keime zu erstikken.«[522]

Auch die Westalliierten kamen mit den Antifas nicht zurecht; sie paßten nicht in das ›Schwarz-weiß-Schema‹, nach dem man die Regierungsgewalt auszuüben trachtete. So wichtig, nach *Lutz Niethammer*, die Erinnerung an die Antifa-Ansätze auch sei – als ein, wenngleich geringes, verschüttetes deutsches Potential zur Säuberung, Demokratisierung und eventuellen Rekonstruktion einer einheitlichen Arbeiterbewegung –, so wenig hätten diese die große Linie der ersten Tage des Besatzungsregimes repräsentiert. Wo immer die kämpfende Truppe der Alliierten eine deutsche Stadt eingenommen habe, sei es ihr im Umgang mit der deutschen Bevölkerung nicht zuerst um Reform gegangen, sondern darum, zur siegreichen Beendigung des Krieges beizutragen. Das Interesse zielte auf absolute Autorität und Sicherheit.[523]

Obwohl die Antifa-Gruppen für die restlose Beseitigung des Nationalsozialismus plädierten – selbst in diesem Bereich kam es zu Konflikten mit der Militärregierung. Dieser ging es um eine ›schematische‹ Säuberung; für Differenzierung fehlten ihr sowohl die örtlichen Kenntnisse wie das Einfühlungsvermögen in das schwierige Leben unter einer Diktatur. Die Antifas wiederum wollten Lösungen, die den Einzelfall berücksichtigten; diese sollten durch die Eigenentscheidung sachnaher Ausschüsse, basierend auf der unmittelbaren Erfahrung der Antifaschisten, gefunden werden.

Entnazifizierung

Im Mittelpunkt der vor allem von den Amerikanern konzipierten Entnazifizierung der Deutschen stand der ›Fragebogen‹ als Instrument der Erfassung. Beabsichtigt war eine geradezu gigantische ›weltanschauliche Bestandsaufnahme‹ der Bevölkerung, eine ›Revolution durch Papier‹, mit Hilfe von 131 Fragen. Moralisch gesehen handelte es sich um den Versuch, den einzelnen zu veranlassen bzw. zu zwingen, seine eigene Identität zu überprüfen, im Sinne puritanischen ›Bilanzierens‹ zur inneren Einsicht zu gelangen, die ihm eventuell auferlegte Bestrafung willig auf sich zu nehmen. Für *Volker Dotterweich* gewannen jedoch die Entnazifizierungsverfahren immer mehr »den Charakter einer bürokratischen Inquisition zur Überprüfung politischer Gesinnung«.[524]

Den ›Fragebogen‹ bezeichnet *Ernst von Salomon* – ein an sich dubioser Zeitzeuge (der 1902 geborene Schriftsteller wurde in der Weimarer Republik wegen Beihilfe zum Mord an *Walther Rathenau* zu

30 H. M. Brockmann: Patentlösung für die Entnazifizierung

Zuchthaus verurteilt) – in seinem gleichnamigen autobiographischen Bestseller durchaus mit Recht als einen am katholischen Prinzip orientierten Versuch, den Menschen zu einer Gewissenserforschung zu bewegen. Doch nicht die katholische Kirche sei es, die in Fragen der Erforschung seines Gewissens an ihn herangetreten sei, sondern eine Institution, weitaus weniger bewunderungswürdig: die Alliierte Militärregierung.

Die Ausfüllung des Fragebogens, der mit persönlichen Angaben begann und mit Punkt 131 ›Kenntnis fremder Sprachen und Grad der Vollkommenheit‹ endete, war die Voraussetzung für jede Tätigkeit, Beschäftigung oder Arbeit. Als *Ursula von Kardorff* sich Ende Juli bei der ›Augsburger Zeitung‹ bewirbt, muß sie zunächst zu einem amerikanischen Major, um »einen grotesken Fragebogen mit 148 Fragen« auszufüllen, (bei der Zahl täuschte sie sich). »Unter anderem, wieviel man wiegt, was für Narben man hat, die Farbe der Augen und der Haare, ob und welchen Adelstitel die Vorfahren geführt haben, welcher Religion man angehört, ob man aus der Kirche ausgetreten ist, wieviel man verdient hat, ob man in einem der besetzten Gebiete eine Funktion gehabt hat, ob man verhaftet war. Besonders absurd fand ich die Frage, was man 1933 gewählt hatte. Erstens, weil man bei ihrer Beantwortung mühelos lügen kann, und zweitens, weil ich mir bisher eingebildet hatte, das Wahlgeheimnis gehöre zu den grundlegenden Gesetzen der Demokratie. Überhaupt erschien uns das Ganze so lächerlich, daß wir in eine übermütige Laune gerieten, als wir den Bogen ausfüllten. Früher war es die jüdische, nun ist es offenbar die adlige Großmutter, die einem schaden kann.«[525]

Bis zum 15. März 1946 wurden in der US-Zone etwa 1,4 Millionen Fragebogen eingereicht, etwa 742000 bearbeitet. »Die Notwendigkeit, ›einwandfreie Gutachten‹ als Leumundszeugnis bei den Entnazifizierungsstellen vorzulegen, führte alsbald zu einer Überflutung der Ausschüsse mit sogenannten Persilscheinen, die unbelastete Deutsche ihren Landleuten, oft auch aus Mitleid und Gefälligkeit, ausstellten. Vielfach waren ideelle Beziehungen persönlicher Art oder materielle Korruption in Form von Bestechung mit im Spiel. 19 Prozent der Untersuchten waren aus ihren Stellen zu entlassen, bei 7 Prozent wurde Entlassung empfohlen, bei 25 Prozent anheimgestellt, bei 49 Prozent lagen keine Anzeichen für nationalsozialistische Aktivitäten vor, 0,4 Prozent konnten Widerstand nachweisen, was sie für eine Anstellung empfahl. Bei der überwiegenden Mehrzahl der Internierten in der US-Zone handelte es sich um ›Funktionäre der Ortsebene, kleine Angestellte der öffentlichen Hand‹ und Angehörige mittelständischer Berufsgruppen. Von ›konzentrierten Maßnahmen gegen die deutsche Elite konnte nicht die Rede sein‹. Die ›planlose Ausuferung einer Politik‹ hemmte den Aufbau des neuen Verwaltungsapparats und ›paralysierte das Management der stagnierenden Wirtschaft‹, was letztlich dem amerikanischen Steuerzahler zur Last fiel, von dem ganz und gar unbeabsichtigten Solidarisierungseffekt in Deutschland zu schweigen.« (*Theodor Eschenburg*)[526]

In der alliierten Berichterstattung erwies sich die Entnazifizierung jedoch als großer Erfolg. In einem ›Frontbericht der Säuberung‹ vom 8. November 1945 zitierte die ›Neue Zeitung‹ eine Bilanz des Amtes der Militärregierung für die amerikanische Zone, wonach die Säuberung der deutschen Behörden, Betriebe und freien Berufe von Nationalsozialisten beinahe vollendet sei. 166401 Deutsche seien aus ihren Stellen entfernt worden; es handele sich dabei um Angestellte von Behörden und behördenähnlichen Stellen, um wichtigere Stellen in Handel und Industrie, aber auch um Angehörige freier Berufe. Weniger als 70000 Deutsche befänden sich weiterhin in Stellungen, aus denen sie aufgrund ihrer politischen Unzuverlässigkeit noch entlassen werden müßten. Politische Säuberung heiße nicht nur Wiedergutmachung; sie bedeute zugleich Wiederaufbau, erklärte der für Fragen politischer Säuberung zuständige bayerische Staatsminister *Heinrich Schmitt*. Es genüge nicht, die Nationalsozialisten aus allen Posten der

Wirtschaft und des öffentlichen Lebens zu entfernen; sie sollten mit Hacke und Spaten die Trümmer beseitigen helfen, die das Hitlerregime hier und jenseits der Grenzen hinterlassen habe. Man wolle nicht Rache üben, müsse aber hart und gerecht sein, um nicht die verhängisvollen Fehler der Weimarer Republik zu wiederholen.[527]

Am 12. November 1945 machte die ›Neue Zeitung‹ mit Nachdruck darauf aufmerksam, daß die Beseitigung des nationalsozialistischen Einflusses auf das öffentliche Leben nicht nur eine der dringlichsten Aufgaben sei, die sich die Besatzungsmächte gestellt hätten; sie habe auch als eine der größten Aufgaben der neugebildeten deutschen Länderregierungen zu gelten. Die bisher von der Militärregierung getroffenen Maßnahmen – die Verhaftung der Kriegsverbrecher, die Reinigung des Beamtenkörpers, die Säuberung der Wirtschaft, die Beschlagnahme der Parteivermögen – zeigten die Richtung, die einzuschlagen sei. »Die Durchführung der begonnenen Maßnahmen, ihre Verbreiterung und Vertiefung wird später mehr und mehr von den Deutschen selbst übernommen werden müssen.«[528]

Am 21. Dezember 1945 wurde dann berichtet, daß auf der letzten Tagung des Rates der Ministerpräsidenten von Bayern, Württemberg-Baden und Groß-Hessen beschlossen worden sei, die Denazifizierungen in der gesamten US-Zone einheitlich durchzuführen; auf der Grundlage eines bayerischen Entwurfes würde ein gemeinsames Gesetz vorbereitet. »Dem bis auf wenige Einzelheiten fertiggestellten Säuberungsgesetz kommt deshalb besondere Bedeutung zu, weil es die erste von deutscher Seite ausgehende Initiative dieser Art darstellt. Mit seiner Ratifizierung durch die Militärregierung würde das wesentlichste Hemmnis für die Stabilisierung des gesamten öffentlichen Lebens in der US-Zone beseitigt sein. Die Ungewißheit über den Kreis der betroffenen Personen und über die zu erwartenden Straf- oder Wiedergutmachungsleistungen wirkten vor allem lähmend auf die Initative weiter Kreise der Wirtschaft.« Durch das Gesetz könne das Gefühl der Rechtssicherheit in Deutschland wieder geweckt werden; jeder werde Gelegenheit haben, sich zu verteidigen. Der gesamte Säuberungsprozeß solle durch die Zulassung der politischen Parteien als Ankläger auf breite Basis gestellt werden; Träger des Verfahrens würden Spruchausschüsse in erster Instanz und Berufungsausschüsse in zweiter Instanz sein. Die Mitglieder der Spruch- und Berufungsausschüsse müßten mindestens 35 Jahre alt, demokratisch gesinnt, im Besitz der bürgerlichen Ehrenrechte und politisch unbelastet sein. Die Ausschüsse würden jeden Fall individuell prüfen und dann entscheiden, in welche Gruppe der Untersuchte einzureihen sei. Es würden voraussichtlich drei Gruppen entstehen: die politisch schwer oder kriminell Belasteten, die politisch leichter Belasteten und die Mitläufer.[529]

Das ›Gesetz zur Befreiung vom Nationalsozialismus und Militarismus‹, das dann am 5. März 1946 von den Regierungsschefs im Länderrat unterzeichnet wurde, sah eine Einstufung der Betroffenen in fünf Gruppen vor: Hauptschuldige, Belastete, Minderbelastete, Mitläufer, Entlastete. Von den 13 Millionen in der US-Zone ausgegebenen Fragebogen waren drei Millionen weiterzubearbeiten. Es gab 545 Spruchkammern mit 22000 Bediensteten; sie konnten, weil es an Personal, Möbeln, Büromaschinen, Büromaterial einschließlich des Papiers für die ungeheueren Mengen von Formularen fehlte, vielfach erst verspätet beginnen. Die Kammermitglieder hatten oft keine juristische Vorbildung; Korruption war nicht auszuschließen; Zufälle, vor allem bei Belastungs- und Entlastungszeugen, führten laufend zu Ungerechtigkeiten. Dazu kam, daß die Amerikaner viel schärfer als die Engländer und Franzosen die Entnazifizierung betrieben, allerdings durch zwei Amnestien ungefähr drei Millionen Menschen entlasteten (solche, die nach dem 1. Januar 1919 geboren oder körperbeschädigt waren oder deren Steuerpflicht das Jahreseinkommen von 3630 Reichsmark nicht überstieg). Im Bereich der amerikanischen Besatzungsbehörde war gegen ein gutes Viertel der 13 Millionen Fragebogenpflichtigen Anklage erhoben worden: 950000 Verfahren wurden durchgeführt, 600000 Personen bestraft, davon 500000 mit einer Geldstrafe. Hauptschuldige der Gruppe I gab es 1549, Belastete der Gruppe II 21600.

Die Entnazifizierung, so *Lutz Niethammer* in seiner umfassenden Untersuchung ›Die Mitläuferfabrik‹, habe das deutsche antifaschistische, Selbstorganisation anstrebende Säuberungskonzept im Keim erstickt. Denn die Ausschaltung deutscher Antifaschisten und die Heranziehung konservativer Kreise zum Wiederaufbau einer funktionsfähigen und unpolitischen Verwaltung habe im Trend der Entstehungsgeschichte des ›Befreiungsgesetzes‹ gelegen. In seiner endgültigen Fassung, entpolitisiert und allein auf administrative Umsetzung der Entnazifizierung zugeschnitten, wurde es, wie der bayerische Ministerpräsident *Hoegner* voraussah, zum entscheidenden Instrumentarium der Massenrehabilitation ehemaliger NS-Mitglieder:

»Die Entnazifizierung drängte einen großen Teil insbesondere der Mittelschichten und der öffentlichen Bediensteten unmittelbar nach dem Dritten Reich in eine Abwehrhaltung und verschüttete Motive einer aktiven politischen Umorientierung bei der Masse der ehemaligen NS-Anhängerschaft, bestärkte diese vielmehr in ihrer Neigung, sich an die jeweils herrschende Ordnung anzupassen, solange diese privaten Erfolg ohne öffentlichen Konflikt ermöglichte. Als steckengebliebene Maßnahme einer liberalen Besatzungsdiktatur hat sie zugleich autochthone Alternativen zum Faschismus paralysiert, indem sie auf der Rechten die Ansätze zu einem autoritären Rechtsstaat unterhöhlte und auf der Linken antifaschistischen Strukturreformen mit dem Ziel einer gesellschaftlichen Umschichtung den Wind aus den Segeln nahm. Noch bevor sich der Kalte Krieg dramatisch zuspitzte, wurden damit in der Entnazifizierung amerikanischer Prägung unter dem Vorzeichen radikaler Maßnahmen gegen den Nationalsozialismus soziale Grundlagen für die Westintegration gelegt, die dazu beitrugen, die tiefgehende gesellschaftliche Krise nach dem Zusammenbruch des Faschismus durch stabilisierende Eingriffe der Besatzungsmacht im Sinne weitgehender Kontinuität der Gesellschaftsordnung und ungehinderter Etablierung liberaler politischer Institutionen zu überwinden. Zugleich forderte die Entnazifizierung jedoch auch Abstriche an diesem liberalen Ziel. Denn im Zuge der Eindämmung autoritärer und sozialistischer Alternativen zum Faschismus mußte die Wiedergewinnung der Rechtssicherheit ebenso vertagt werden, wie das Interesse an politischer Teilnahme bei großen Gruppen nicht geweckt werden konnte.«[530]

Im August 1947 wies die amerikanische Regierung – da man ja nun Westdeutschland in ein antisowjetisches Bündnissystem einbeziehen wollte – General *Clay* an, die Entnazifizierung bis zum 31. März 1948 zu beenden. Dagegen wehrten sich die deutschen Stellen, denn sie hatten bislang erst die leichteren Fälle abgeurteilt und die schwierigen zurückgestellt. »Die Kleinen hängt man, die Großen läßt man laufen.« In einem Brief an *Walter Dorn* (amerikanischer Historiker und Zivilbeamter der Militärregierung) schrieb der bayerische Ministerpräsident *Hoegner*, der das ›Befreiungsgesetz‹ befürwortet hatte, daß der Wechsel in der Entnazifizierungspolitik zur Folge habe, »daß die kleinen Leute am Anfang von der ganzen Schwere des Gesetzes getroffen wurden, während die wahren Schuldigen, die jetzt erst an die Reihe kommen, in den Genuß der milderen Praxis gelangen. Die Zeit heilt eben alle Wunden... In wenigen Jahren werden die ehemaligen Nationalsozialisten die deutsche Verwaltung wieder beherrschen, das ist keine Übertreibung.«[531]

Umerziehung

Reeducation war das positive Pendant zum Strafverfahren der Entnazifizierung. Den seit dem 19. Jahrhundert durch eine ›schwarze Pädagogik‹ geformten Deutschen kam das vor allem von den Amerikanern praktizierte Wechselspiel verhältnismäßig vertraut vor: Das durch demokratische ›Dressur‹ zu erziehende Volk mußte zunächst einmal mit Sanktionen ›geschunden‹ werden. Trotz der viele Familien belastenden Entnazifizierung verlief somit die Umerziehung, die für die Jüngeren und Jungen eine Neuerziehung war, relativ erfolgreich. Solches Gelingen entsprach in einem gewissen Sinne auch der These *Edward N. Petersons*, der aufgrund von Fachstudien (in Bayern) zu dem Ergebnis kam, daß die Militärregierung eigentlich nur dann etwas in Gang setzen konnte, wenn die Politik der Amerikaner mit der deutschen Mentalität übereinstimmte; Mißerfolge seien immer dann eingetreten, wenn die Deutschen sich sträubten, nach amerikanischen Wünschen zu handeln.[532] Die sozialpsychologische bzw. sozialpathologische Erkennntis, daß die Deutschen gleichermaßen ausgeprägte sadistische wie masochistische Züge trügen, war von den westlichen Alliierten wohl einkalkuliert worden.

Im Vorfeld der amerikanischen Besatzungs- bzw. Nachkriegspolitik gab es eine Reihe von Studien und Untersuchungen (u. a. von Emigranten verfaßt), die sich mit dem deutschen Nationalcharakter beschäftigten. *Sigrid Schultz* – norwegischer Herkunft, in Amerika geboren, in Deutschland aufgewachsen, wo sie auch zur Schule ging und studierte, von 1919 bis 1941 in Deutschland als Korrespondentin der ›Chicago Tribune‹ und als Radiokommentatorin tätig – kam in ihrem Buch ›Germany Will Try it Again‹ zu dem Ergebnis, daß die Deutschen trotz ihrer hohen Kultur nicht fähig seien, ihren weltbedrohenden Militarismus zu bändigen. Da sie an eine autoritäre Herrschaft gewohnt seien, müsse man sie nach dem Krieg unter strenger Kontrolle halten, nur so könne man ihre negativen Eigenschaften bändigen. – Der 1881 in Breslau geborene deutsche Dichter *Emil Ludwig*, der 1932 Schweizer Bürger geworden war und während des Krieges in den USA lebte (besonders bekannt als Autor von Biographien), schrieb zwei einflußreiche Bücher über Deutschland: ›How To Treat The Germans‹ und ›The Moral Conquest of Germany‹. Er charakterisierte den typischen Deutschen als unharmonisch und unzufrieden; er könne nicht lachen; er suche Macht und finde eigentlich nie, was er suche. In seiner Unsicherheit versuche er, stets Eindruck auf andere zu machen; Resultat sei die typisch deutsche Zwieschlächtigkeit von Arroganz und Servilität. Vor allem aber gelte: »From ancient times the Teutons were a military race, and so they were easily trained into efficient soldiers, strong and obedient.« Die Vertikale bestimme das soziale Leben, nicht Gleichheit. Die deutsche Gesellschaft gleiche einer Pyramide, und Mißtrauen herrsche in den hierarchischen Beziehungen. »Der Geist des Gehorsams, die Identifizierung mit der Autorität, sei,« so *Wulf Köpke*, »vorherrschend. Von der harten Disziplin im Dienst erhole sich der Deutsche in der Gemütlichkeit und in Träumen, und zu diesen Traum-Opiaten gehöre die Musik. Frauen hätten nie eine gesellschaftliche Rolle gespielt. Ganz besonders beklagt *Ludwig* eine scharfe Trennung von Macht und Geist. Die zwei extremen Ausprägungen des Deutschen sind nach *Ludwig* der Preuße und der Österreicher. Preußen stehe für Macht und Militarismus, habe aber nie einen großen Mann hervorgebracht. Große Männer stammten aus dem Süden und Westen, aus Sachsen oder den Freien Städten der Hanse. Der einzige große Geist aus Preußen, *Heinrich von Kleist*, habe eine höchst negative Einstellung seinem Vaterland gegenüber gehabt.« Bei der Umerziehung dürfe man die Deutschen nicht mit Achtung und Respekt behandeln; das verstünden sie nicht; sie seien an Macht und Unterwerfung gewöhnt. Die Militärverwaltung solle gerecht sein, aber hart und nicht freiheitlich, zumal am Anfang nicht. Liberalität werde von den Deutschen als Schwachheit ausgelegt werden, nur wer sich als Sieger aufführe, erhalte Respekt.[533] Das war zwar plakativ formuliert, konnte aber durch die Mentalitätsgeschichte des 19. und 20. Jahrhunderts in vielem verifiziert werden.

»Von wem mag der Gedanken ausgegangen sein, das so tief gesunkene deutsche Volk in der Niederlage ›umerziehen‹ zu wollen?« fragt *Hans Mayer* in seinem Buch ›Die umerzogene Literatur‹. Der Gedanke mute wunderlich an; eine wohlbekannte Theorie des bürgerlichen Strafrechts liege dem zugrunde. Nachdem man die anachronistisch gewordenen Prinzipien einer Vergeltungstheorie, also das

»Auge um Auge, Zahn um Zahn« nicht mehr habe praktizieren wollen, auch kaum mehr am Grundgedanken einer sogenannten Vergeltung habe festhalten können, weil dadurch der Staat immer noch vergöttlicht erscheine, sei man bei einer Besserungstheorie gelandet. Dabei müsse man dem Delinquenten helfen. Er müsse erzogen werden zu einem ordentlichen Mitglied der bürgerlichen Gesellschaft. Deren Normen und Riten würden als allgemein gültig vorausgesetzt. »Es war eine längst veraltete Strafrechtstheorie, die man im Lager der Alliierten ausgegraben hatte, um sie nun auf das Völkerrecht anzuwenden... Deutschland hatte als Völkerrechtsubjekt aufgehört zu bestehen. Sich selbst überlassen durfte man die Deutschen auf keinem Fall. Nunmehr wurden sie, je nach Besatzungszonen, folglich vier durchaus divergierenden Methoden einer politischen Erziehungswissenschaft unterworfen... Gemeinsam war allen vier Besatzungsmächten das Prinzip einer Koppelung der Entnazifierung mit einer Politik der Umerziehung. Die Austreibung und die Reinigung. Wer ausgetrieben werden mußte, durfte nicht mithelfen bei der Erziehung und Reinigung. Nach diesem Grundsatz hat dann vor allem die amerikanische Besatzungsmacht vorerst folgerichtig gearbeitet.«[534]

Für *John Gimbel* beruhte der Glaube der Amerikaner an die Kraft der Umerziehung nicht auf einer naiven und eitlen Hoffnung, sondern auf einer tief verwurzelten und allgemein akzeptierten Ansicht, daß die demokratischen Institutionen und demokratischen Gepflogenheiten Amerikas sich auf natürlichem Wege aus dem Erlebnis der ›frontier‹, der Grenze, entwickelt hätten. Als die Besiedlungsgrenze auf dem nordamerikanischen Kontinent sich im 19. Jahrhundert allmählich nach Westen vorschob, legten die neuen Gemeinwesen die politischen, sozialen und wirtschaftlichen Gewohnheiten der Vergangenheit ab, um in der neuen Umwelt einen neuen Anfang zu machen – einen Anfang frei von den Torheiten und Fehlern der Vergangenheit. Der amerikanische Grenzer sei vermutlich *Rousseaus* Ideal des Menschen, der zurück zur Natur finde, näher als irgend jemand vor ihm gekommen. »Er hatte das zivilisierte Europa und den amerikanischen Osten hinter sich gelassen und lebte nun in enger Verbindung mit der Natur. Bei der Schaffung einer neuen Gesellschaft im Westen konnte er sich von seinen natürlichen Impulsen leiten lassen. Was diese Leute schufen, waren die Einrichtungen, Ideale und Gepflogenheiten, die die Amerikaner mit dem Begriff ›Demokratie‹ verbinden.« Die amerikanischen Anstrengungen, Deutschland zu demokratisieren, spiegelten deutlich dieses vorgegebene Bild von den Ursprüngen der amerikanischen Demokratie wider. Entnazifizierung, Demontage, Entmilitarisierung, Bodenreform, Reform des Beamtentums – das negative oder destruktive Programm der Militärregierung – würden einen ähnlichen Effekt haben wie der Entschluß der amerikanischen Pioniere, den Ballast einer alten Kultur abzuwerfen. »Das reformierte Beamtentum, die reformierten Schulen, die örtliche Selbstverwaltung mit ihren Bürgerversammlungen und Forumsdiskussionen und die verantwortlichen, verfassungsmäßigen, direkt gewählten örtlichen Verwaltungen und Landesregierungen sind den neuen Einrichtungen verwandt, die amerikanische Pioniere in den Gemeinden der frontier schufen. Die Deutschen, die weder Nazis, Militaristen, Monarchisten oder Anhänger eines autoritären Systems waren, ähnelten den Pionieren, die lieber den natürlichen Antrieben des Menschen folgten, anstatt sich an die Vorschriften künstlich geschaffener Institutionen zu halten oder überkommenen Ideologien anzuhängen. Kurz, die Amerikaner glaubten, daß der demokratische Impuls der Menschennatur angeboren sei und daß es nur erforderlich sei, die richtige Atmosphäre zu schaffen, um die bösen Kräfte zu vertreiben oder auszuschalten, damit sich die Demokratie in einem natürlichen Prozeß von selbst entwickle.«[535]

Auch die Briten, ansonsten der amerikanischen engagiert-systematischen Besatzungspolitik fernerstehend, haben – so *Kurt Koszyk* – die Umerziehung des deutschen Volkes als wichtigen Teil ihrer Deutschlandplanung betrachtet und schon seit 1943 vorbereitet. In einer Erklärung des ›Foreign Office‹ vom 8. August 1943 heißt es, daß die einzige Politik, die vor der Zukunft bestehen könne, diejenige sei, die – unter Beachtung aller Vorsicht – letztlich auf die Wiederzulassung eines reformierten Deutschlands zum Leben Europas abziele. »Diesen Satz wählte *John Troutbeck* von der German Advisory Section im Foreign Office am 3. Dezember 1943 als Motto einer Niederschrift über die ›Regeneration of Germany‹. Er bezog sich zudem ausdrücklich auf die bereits zitierten Äußerungen *Edens* aus dem Jahre 1941, an deren Formulierung *Troutbeck* möglicherweise beteiligt war. Er befürwortete wegen der Notwendigkeit, Deutschland im Interesse seiner Nachbarn vor dem Bankrott zu bewahren, daß der Nachdruck auf die ›Umerziehung‹ des deutschen Volkes – eine Aufgabe von Jahrzehnten – gelegt werden müsse.«[536]

In seiner politischen Autobiographie ›Aufgeräumte Erfahrung‹ bemerkt *Hartmut von Hentig*, daß er zwar über die verständnislose und unwürdige Behandlung, die sein Vater durch die Besatzungsmächte erfahren habe, bekümmert gewesen sei; das habe ihn aber nicht an der Richtigkeit und Notwendigkeit der Reeducation, der Entnazifizierung, der Nürnberger Gerichtsbarkeit zweifeln lassen.[537] Damit ist die Trias des alliierten Umerziehungskonzeptes benannt; denn die Abrechnung mit den nationalsozialistischen Massenmördern in Nürnberg hatte auch eine volkspädagogische Absicht. *Jörg Friedrich* spricht sogar davon, daß die Nürnberger Prozesse »in erster Linie« einen volkspädagogischen Gedanken verfolgt hätten. Die Eliten des Reiches sollten verschwinden, indem ihr elitärer Rang verschwand. Das Nürnberger Tribunal sei eine Tribüne gewesen, aufgeschlagen, um den Bürgern des künftigen deutschen Staates die Verworfenheit des verflossenen vorzustellen. Nationalsozialismus, das Bündnis zwischen Partei-Mob und Elite, wäre alsdann keine Veranstaltung der Nation gewesen, sondern die Verschwörung einer Outlaw-Kaste, der Kriegsverbrecher. Die Beseitigung des Nationalsozialismus habe sich mittels Ächtens dieser Kaste vollzogen, ihr physischer oder moralischer Untergang die nunmehr Demokratie, Menschenrecht und Völkerversöhnung pflegende Gesellschaft geläutert.[538]

Das Tribunal

Das nationalsozialistische Regime war mit dem Vorsatz angetreten, die Menschenrechte zu verachten und den Rechtsstaat zu beseitigen. Während des Krieges erfolgte zudem eine systematische Verletzung des Völkerrechts. In Reaktion darauf hatten schon im Oktober 1943 Großbritannien, die Vereinigten Staaten und die Sowjetunion in einer ›Erklärung über Grausamkeiten‹ festgestellt, daß bei einem Waffenstillstand mit irgendeiner in Deutschland gebildeten Regierung »jene deutschen Offiziere, Soldaten und Mitglieder der Nazipartei, die für die ... Grausamkeiten, Massaker und Exekutionen verantwortlich gewesen sind ... vor Gericht gestellt und bestraft« würden. Dem Gedanken *Stalins*, das Kriegsverbrecherproblem durch Erschießung zahlreicher deutscher Offiziere und Techniker – genannt wurde einmal die Zahl 50000 – ohne viel Aufhebens zu lösen, standen Amerikaner und Briten zeitweise nicht abgeneigt gegenüber. Doch nahm schließlich die Kriegsverbrecher-Kommission der Vereinten Nationen in London ihre Arbeit auf; sie stellte Listen der Kriegsverbrecher zusammen und begann mit der Planung von Verfahren vor einem Internationalen Gerichtshof gegen die beschuldigten Personen. Gerechtigkeit und Ordnung, so hoffte man, könnten so wiederhergestellt und den Überlebenden der nationalsozialistischen Verfolgungen Genugtuung verschafft werden.

Im Potsdamer Abkommen kam es dann zu der Ankündigung der Amerikaner, Briten und Sowjets, daß die Kriegsverbrecher und all diejenigen, die an der Planung oder Verwirklichung nazistischer Maßnahmen beteiligt waren, einem Gericht übergeben würden. Am 8. August unterzeichneten die Vereinigten Staaten, Großbritannien, die Sowjetunion und Frankreich das ›Abkommen über die Verfolgung und Bestrafung der Hauptkriegsverbrecher der europäischen Achse‹ und das ›Statut für den Internationalen Militärgerichtshof‹. Die Täter folgender Verbrechen sollten in persönlicher Verantwortung belangt werden: »Verbrechen gegen die Menschlichkeit, nämlich: Mord, Ausrottung, Versklavung, Deportation oder andere unmenschliche Handlungen.«[539]

Der Gerichtshof bestand aus je vier Mitgliedern und vier Stellvertretern, ernannt von den vier Signatarstaaten; er trat am 28. Oktober 1945 in Berlin zur Eröffnungssitzung zusammen; die Verhandlungen begannen am 20. November 1945 in Nürnberg. »Die Bezeichnung ›Militärtribunal‹ könnte zur irrigen Annahme verleiten, dem Gericht habe es an Fachkompetenz ermangelt. Richter wie Ankläger waren erstklassige Juristen, der Vorsitzende *Sir Geoffrey Lawrence* (Großbritannien) ebenso wie sein Kollege, der ehemalige US-Justizminister *Francis Biddle*, oder der sowjetische Generalmajor *Nikitschenko*, dem außer großem juristischen Fachwissen auch Humor und Konzilianz bescheinigt wurde. Der französiche Richter *Robert Falco* galt ebenfalls als tüchtiger Jurist. Eine überragende Rolle spielte der frühere US-Bundesrichter *Robert H. Jackson* als Ankläger. *Telford Taylor* (USA), *François de Menthon* (Frankreich), *R. A. Rudenko* (UdSSR) und *Sir Hartley Shawcross* (Großbritannien) waren die bekanntesten Namen der Anklagebehörde.« (*Wolfgang Benz*)[540]

In seiner Anklagerede stellte Oberrichter *Jackson* fest, daß seine Aufgabe, das erste Verfahren in der Geschichte zu eröffnen, in dem Verbrechen gegen den Weltfrieden abgeurteilt werden sollten, eine schwere Verantwortung beinhalte. Die Untaten, die hier Sühne fin-

31 Hauptkriegsverbrecher-Prozeß in Nürnberg

den müßten, wären so ausgeklügelt und so bösartig gewesen, daß die menschliche Zivilisation es sich nicht gestatten könne, sie ungeahndet zu lassen. Ihre Wiederholung würde das Ende der ganzen Kultur bedeuten. »Vier große Völker sitzen hier im Vollgefühl des errungenen Sieges zu Gericht. Sie sind auch allen Unrechtes eingedenk, das ihnen widerfahren ist. Daß diese vier großen Völker sich nicht von blinder Rachsucht leiten lassen, sondern ihre gefangenen Feinde dem unparteiischen Urteil des Rechtes überantworten, ist der erste Tribut, den die Mächtigen unserer Zeit ihren Toten zollen. Hier auf der Anklagebank sitzen zwanzig zerbrochene Gestalten. Ihr persönliches Schicksal ist ohne Belang. Aber bedeutsam ist die Tatsache, daß diese Angeklagten Vertreter jener Mächte des Bösen sind, die noch lange Teile der Struktur unseres Planeten sein werden, wenn der Leib dieser Männer zu Staub zerfallen ist.«[541] Sämtliche Angeklagten erklärten sich für nicht-schuldig.

Etwa 250 Zeitungs- und Rundfunkberichterstatter, Photographen und Filmoperateure aus allen Teilen der Welt nahmen an den Verhandlungen ständig teil; (die Amerikaner stellten mit etwa 100 Journalisten das größte Kontingent). Unter anderem berichtete *John Dos Passos* für ›Life‹, *Erika Mann* für den Londoner ›Evening Standard‹, *Peter de Mendelssohn* für den ›New Statesman‹. *Willy Brandt* war von Bremen über Frankfurt nach Nürnberg gereist und hatte, wie alle anderen akkreditierten Journalisten, im Schloß der Bleistift-Dynastie Faber-Castell ein Feldbettquartier gefunden. »Ich schrieb unermüdlich, aber mehr als einmal war ich nahe daran zu berichten, wie jener amerikanische Kollege, der nach Hause telegraphierte: ›Ich kann nicht mehr, habe keine Worte mehr.‹ Die Auftritte der Angeklagten weckten zusätzliches Entsetzen; einzig *Albert Speer* bekannte sich zu seiner Verantwortung. In seinem Schlußwort erklärte er etwas von jenem Mechanismus, der den Technokraten zum Werkzeug des schlechthin Bösen werden läßt. Die Greuel, die einem in Nürnberg nahegebracht wurden, führten die stärkste Natur an den Rand seelischen Zusammenbruchs – und darüber hinaus. Wie anders hätte die Zukunft in den Blick genommen werden sollen? Der Gegensatz zwischen den Westmächten und der Sowjetunion warf düstere Schatten über den Prozeß und zog den Beobachter in seinen Bann. Was würde aus den Deutschen, wenn die Anti-Hitler-Koalition zerfiel?«[542]

Die deutsche Bevölkerung stand dem Prozeßgeschehen ziemlich gleichgültig gegenüber. Die amerikanische Journalistin *Anne O'Hare*

Da sitzen sie. Alle zwanzig. In zwei Reihen und je zehn. Auf harten, hölzernen Bänken. Recht dicht zusammengebündelt. Nicht viel Platz, um die Ellbogen zu rühren. Das riesige, über alle Ränder fließende Großdeutsche Reich ist zu einem recht engen kleinen Kasten zusammengeschrumpft. Seine tausendjährige Dauer ist zusammengeschnurrt auf noch ein paar Wochen oder Monate, nicht mehr. Eine Handvoll Kerls.

Ist das alles, was übriggeblieben ist? Ist das wirklich alles, was man denkt und fühlt, wenn man sie zum ersten Mal im Gerichtssaal sieht? Natürlich nicht. Es ist alles nachträglich empfunden und gedacht. Was man wirklich empfindet, ist dies: Nein, es kann nicht stimmen, es ist nicht wahr. Es ist zu unglaublich, daß sie wirklich hier sitzen. Einige fehlen, aber ihre Abwesenheit wird einem nicht wirklich bewußt. Die Gruppe ist kompakt und vollständig, so wie sie dasitzt. Angenommen jedoch, Hitler tauchte plötzlich auf? Wohin würden sie ihn setzen, zwischen welche Angeklagten?

Was wir hier vor uns haben, ist eine zerfledderte, zusammengewürfelte, in sich zusammengesunkene Gruppe zweitrangiger Typen. Das Licht, wenn es je in ihnen geschienen hat, ist gewißlich in den meisten von ihnen längst erloschen. Was war dieses Licht? Es muß wohl Hitler gewesen sein. Irgend etwas, irgend jemand hat ohne Zweifel vormals diese Gruppe Männer zusammengehalten. Jetzt, da er nicht mehr unter ihnen ist, da er sie nicht mehr beherrscht und sie zusammenschweißt, fallen sie ganz einfach auseinander zu einzelnen, bedeutungslosen Gestalten. Hätten sie ohne ihn getan, was sie taten? Wären sie ohne ihn ihrer Taten überhaupt fähig gewesen? Und wie betrügen sie sich jetzt, heute, hier – wenn er in ihrer Mitte säße? Man wüßte es gern...

Nein – Hitler wird nicht plötzlich in den Gerichtssaal treten. Er würde völlig deplaciert, ganz und gar grotesk unwirklich wirken. Und doch ist es seltsam, sich vorzustellen, daß sie ihn alle kannten, mit ihm sprachen, mit ihm arbeiteten, und man fragt sich, ob sie sich seiner noch entsinnen und ob sie ihn vermissen. Er ist weit weg von diesem Prozeß; er ist nicht mehr als eine seltsame, kaum glaubliche Geschichte von absurden Vorkommnissen, die längst vergangen sind, und auf den Gesichtern dieser grauen, müden, leblosen Männer spiegelt sich nicht einmal der trübe Widerschein dessen, was einstmals seine Dynamik gewesen sein muß.

Macht das Tribunal mit ihnen auch ihm den Prozeß? Es hat nicht den Anschein. Sein Name wird häufig erwähnt. Aber es macht niemanden aufhorchen, er elektrisiert keinen. Mir kommt der Gedanke, daß er, wenn er tatsächlich da unten zwischen den anderen säße, möglicherweise genauso unscheinbar, abgetragen und bedeutungslos aussähe wie sie. Denn es sind ja nicht diese zwanzig Männer, die an diesem Prozeß interessant sind. Wenn der Prozeß zu Ende ist, werden sie ja praktisch bereits vergessen sein. Es ist das Gespenst der schauerlichen Vergangenheit, das hinter ihren zusammengesunkenen, brüchigen Figuren heraufragt. Es macht diesen Prozeß zu der atemraubenden Angelegenheit, die er ist.

Peter de Mendelssohn: Überlegungen. Vermischte Aufsätze. Hamburg 1948.

M'Cormick bemerkte dazu in einem Artikel der ›New York Times‹, daß die Nationalsozialisten, die hier vor Gericht stünden, offensichtlich nicht nur bei ihren eigenen Kreaturen, sondern bei den Deutschen überhaupt das Gefühl für Recht und Unrecht abgetötet hätten. Man habe den Eindruck, daß sich der Nürnberger Prozeß weiter von Nürnberg entfernt abspiele als von New York, wo die Anteilnahme ungleich größer sei. Der Prozeß werde ohne die Wirkung bleiben, die erreicht werden müsse, wenn das besiegte Volk nicht eingehend mit dem Ablauf des Prozesses vertraut gemacht werde. Dieses müsse begreifen, daß das Verbrechen, über das hier Gericht gehalten werde, nicht nur eine Verschwörung gegen die Welt, sondern auch gegen das deutsche Volk selbst gewesen sei. – Um das Interesse am Prozeß zu steigern, luden die alliierten Besatzungsbehörden im Laufe der Zeit führende deutsche Persönlichkeiten aus allen vier Besatzungszonen ein, um ihnen Gelegenheit zu geben, jeweils für ein paar Tage die Vorgänge im Nürnberger Gerichtssaal persönlich zu verfolgen. Vor allem sollten Vertreter der neugebildeten politischen Parteien, der Gewerkschaften und der Land- und Stadtverwaltungen eine solche Möglichkeit erhalten. Während die Vorsitzenden der CDU, der SPD, der KPD und der Liberal-Demokratischen Partei solchen ›Anschauungsunterricht‹ begrüßten, erklärte der Oberbürgermeister der Stadt Berlin, *Dr. Arthur Werner*, daß er sich von der Teilnahme am Nürnberger Prozeß nicht allzu viel verspreche; seine derzeitige Arbeitsüberlastung mache es zudem unmöglich, auch nur für eine Woche von Berlin fernzubleiben. Falls die Teilnahme führender Persönlichkeiten der Verwaltung gewünscht würde, werde er einen leitenden Herrn der Sozialabteilung oder des Hauptausschusses ›Opfer des Faschismus‹ für eine Reise nach Nürnberg vorschlagen.[543]

Das war eine signifikante Äußerung: Die bislang größten Menschheitsverbrechen betrafen und berührten eben nicht ›allgemein‹, sondern fielen in das ›Ressort‹ derjenigen, die sie hatten erleiden müssen. Die Mehrheit der Bevölkerung wies den Gedanken von Kollektivschuld oder Kollektivscham weit von sich.

Am 30. September und am 1. Oktober 1946 wurde nach achtmonatiger Verhandlungsdauer das Urteil über die 21 Angeklagten gesprochen. Zum Tod durch den Strang wurden *Göring, Ribbentrop, Keitel, Kaltenbrunner, Rosenberg, Frank, Frick, Streicher, Sauckel, Jodl, Seyß-Inquart* und *Bormann* (in Abwesenheit) verurteilt; *Heß, Funk, Raeder* erhielten lebenslängliches Gefängnis, *von Schirach* und *Speer* zwanzig Jahre; *Dönitz* zehn Jahre; *Schacht, von Papen* und *Fritzsche* wurden freigesprochen. Vier der angeklagten Organisationen, die SS, der Sicherheitsdienst, die Gestapo und gewisse Gruppen des Korps der politischen Leiter, wurden vom Gericht als verbrecherische Organisationen im Sinne des Statuts des Gerichtshofes verurteilt.

In unserem düsteren 20. Jahrhundert sei Nürnberg, kommentierte *Erik Reger*, der Chefredakteur und Herausgeber des Berliner ›Tagesspiegel‹, ein Lichtblick – eine Oase wirklichen Fortschritts inmitten der makabren Einöde einer vom technischen Wahn beherrschten Pseudozivilisation, weil dort, wenn auch nicht die Verhältnisse, so doch wenigstens endlich einmal ihre Urheber gefaßt worden seien, die letztlich Verantwortlichen, die unmittelbaren Teufel. Aber auch Nürnberg sei nur ein Anfang, und erst was folge oder nicht folge, werde der Nachwelt ein Urteil erlauben. »Nürnberg muß verewigt, muß in Permanenz erklärt werden. Nach dem letzten dieser Prozesse darf der internationale Gerichtshof zwar von Nürnberg aufbrechen, aber er darf Nürnberg nicht verlassen: nicht so sehr Prozedur oder Organisation wie der Geist. Jener große Geist, der unverbrüchliche Begriffe zeugt. Jene große Gesinnung, die an unverbrüchlichen Begriffen nicht deuteln läßt. Jene großen Handlungen, die Schwierigkeiten beseitigen und das Glück der Menschheit fördern.«[544]

Vom deutschen Wesen

Seine gesamte Arbeit und sein gesamtes Denken sei nun seit vielen Jahren – schreibt der 1938 bei der nationalsozialistischen Okkupation Österreichs in die USA emigrierte Dichter *Hermann Broch* in einem Brief am 9. August 1945 an *Volkmar von Zühlsdorff* – mit einem einzigen Problem beschäftigt: »Wie kann der Mensch (also keineswegs nur der deutsche) wieder auf die Bahn zunehmender Humanisierung gebracht werden? Die eigentliche praktische Lösung wird – dessen bin ich sogar überzeugt – von Deutschland ausgehen, weil dort die Schuld am akzentuiertesten gewesen ist und weil dort der mystische Zusammenhang von Schuld und Sühne am handgreiflichsten zutage tritt. In der Regeneration der Welt wird Deutschland die führende Rolle spielen, sobald der Deutsche erfaßt haben wird, was Schuld durch Gleichgültigkeit bedeutet. In diesem Sinn haben Sie durchaus recht, wenn

Sie sagen, daß ich für Deutschland schreibe.« (Nach Deutschland wolle er freilich nicht mehr zurückkehren, denn was er dort an menschlicher Niedrigkeit, z. B. an der Universität, erlebt habe, möchte er nicht noch einmal erfahren.)[545]

Würde sich nun nach dem Zusammenbruch des Dritten Reiches (der Stunde Null), nach der Aufklärung über die nationalsozialistischen Vernichtungs- und Konzentrationslager wie über die Struktur des SS-Staates, nach den Leiden des Krieges, nach den bitteren Erfahrungen der Bombennächte, der Gefangenschaft, der Vertreibungen –, würde sich nun, da ein menschenwürdiges, freiheitliches Lebens wieder möglich schien, eine ›neue Art von Deutschen‹ entwickeln?[546]

Rätsel des deutschen Wesens: Konnte man überhaupt, auch wenn man im Dritten Reich die Deutschen fast immer als formierte, meist fanatisierte Masse erlebt hatte, von einem kollektiven Psychogramm ausgehen und somit von Kollektivschuld sprechen, Kollektivscham einfordern? Seine Mutter wie ihr Mann, berichtet *Willy Brandt* in seinen ›Erinnerungen‹, »beide unbezweifelbare und unerschütterliche Nazigegner, gaben vor, von Massenvernichtung keine Ahnung gehabt zu haben. Zu fühlen, was in ihnen vorging, war nicht schwer. Es war die Anschuldigung, daß alle Deutschen Mörder seien, die auf ihnen lastete und die sie nicht tragen wollten. Ich fand bestätigt, wie zerstörerisch die These von der Kollektivschuld war. Erschrocken von dem Ausmaß der Anklage flüchteten viele in Ausreden und suchten den Umfang der Verbrechen herunterzureden. Oder war es Angst zu fragen, was hätte geschehen sollen, hätte man mehr gewußt oder sich eingestanden, was man wußte? Als die Scheu gewichen war, sprudelte es aus ihnen heraus, was sie selbst gesehen, was Soldaten von der Ostfront berichtet hatten.«[547]

Die Deutschen hätten sehr viel sehen, sehr viel wissen können, doch verstanden es die Nationalsozialisten unter Nutzung einer seit dem 19. Jahrhundert sich herausbildenden, vor allem durch Fehlerziehung bewirkten charakterlichen Deformation, die humane Sensibilität und Wahrnehmungsfähigkeit, auch in Kreisen der inneren Emigration, systematisch zu reduzieren und auszuschalten. Diejenigen, die den ›niederen Dämonen‹ Gefolgschaft leisteten, waren oft genug – nach bürgerlichem Kulturverständnis – ›gebildete Menschen‹. Die Barbarei war der Kunstsinnigkeit integriert, Krieg und Kunst, Gemeinheit und Schönheit erwiesen sich als auswechselbare Begriffe. In einem Epigramm (1848) hatte *Franz Grillparzer* eine sol-

32 David Low zum Nürnberger Urteil (Die Neue Zeitung, 14. 10. 1946)

che Entwicklung vorausgesehen: »Der Weg der neuern Bildung geht von Humanität durch Nationalität zur Bestialität!«[548] Vor allem die ›Agenturen der Gesellschaft‹ (Schulen, Universitäten, Militär, Kirche, Verwaltung, Politik, Wirtschaft) waren für diese, über Jahrzehnte andauernde fatale Entwicklung mitverantwortlich. Der Nationalsozialismus bedeutete keinen Betriebsunfall der deutschen Geschichte, sondern war der Endpunkt eines seit langem breit und einladend angelegten Weges; (die alternativen Wege wurden nur von wenigen begangen). Nicht der deutsche Geist – Aufklärung, Klassik, Romantik oder eine andere Strömung – kann für das Jahr 1933 verantwortlich gemacht werden; das nationale Unglück beruhte auf der Tatsache, daß die Elemente der deutschen Kultur ins Gegenteil verkehrt wurden. Es blieben nur Wortkadaver, die ihres Wahrheitsgehaltes beraubt waren und nun mit Ressentiments ausgestopft wurden. Kultur erwies sich als Fassade; der Logos, das Wort, die sinnvolle Rede wurden mißachtet, durch einen wirren Mythos ersetzt. Dieser Vorgang der Verdrängung von Geist, Vernunft und Wahrheit schuf seelische Haltungen, die den psychopathologisch zu verstehenden ›deutschen Komplex‹ ausmachten.[549]

Das von *Christoph Meckel* entschlüsselte ›Suchbild‹ seines Vaters Eberhard – eines erfolgreichen Schriftstellers der dreißiger Jahre (bürgerlich-liberalen Ästheten, gequälten und quälenden Vorschriftsmenschen, der den Krieg als Schütze erlitt, dann als Leutnant bejahte) – zeigt nicht nur einen familiären, sondern einen zugleich deutschen Fall. »Es gibt in seiner Arbeit keinen Gedanken, keine Vorstellung und keine Idee von Welt oder Menschsein, die über herkömmliche Begriffe wie Heimat, Vaterland, Ehre, Frau und Kind und die Vergänglichkeit alles Irdischen hinausreicht. Seine Ansichten von der Kunst waren klassizistisch und kulminierten in Ehrfurchtsformeln wie ›Würde des Geistes‹ und ›Ewige Werte‹. An der bürgerlich-romantischen Grundhaltung schien sich auch nach dem Ende des Dritten Reichs nicht viel zu ändern. Es blieb ein durchdringend deutscher, vor-ideologischer Bereich von Blut und Boden … Es war das Dilemma meines Vaters, daß seine lange schon überlebten Vorstellungen von Heimat, Kunst und Familie durch das Dritte Reich pervertiert, infolgedessen erledigt wurden, er selbst aber, zerstört aus Krieg und Gefangenschaft kommend, in immer stärkerer Weise auf sie angewiesen war. Er hätte jetzt, um zu sich selber zu kommen, ›Heimat‹ als unanfechtbaren Grundstein gebraucht. Es war zu spät, es war schon immer zu spät. Er war schon immer ein Mensch gewesen, der auf abbruchreifen Fundamenten baute – jetzt wurde die Verspätung zu einem Fall von Versagen. Er lebte im Klima einer latenten Tragödie, ungefestigt in den Ruinen seiner Begriffe, immer unerlöster in seinem Verlustgeschäft, taumelnd zwischen Schwermut und Aggression. Er verstummte, verengte, beschränkte sich immer mehr. Der Rest seines Daseins wurde zum verlängerten Epilog einer alten Welt, deren Ende sein Denken und Schreiben zerbrach.«[550]

Trauerarbeit

In *Max Frischs* erstem, 1945 im Zürcher Schauspielhaus aufgeführten Theaterstück ›Nun singen sie wieder‹ wird die Welt der Toten (einundzwanzig durch die Deutschen hingerichtete Geiseln, die während ihrer Exekution sangen), mit der Welt der um die Bewältigung ihrer Schuld ringenden Lebenden konfrontiert. »Wissen Sie, was die Leute sagen? Nun singen sie wieder! sagen sie: Immer wenn sie schießen hören oder sonst wenn ein Unrecht geschieht, nun singen sie wieder!«[551]

Bleibt die Erinnerung an den Gesang der Leidenden vergeblich oder wird der darin liegende Aufruf zur Mitmenschlichkeit Beachtung finden? Als das Stück in Deutschland aufgeführt wurde, reagierte das betroffene deutsche Publikum, vor die unabweisbare Schuldfrage gestellt, heftig; *Frisch* hatte den Nerv der Zeit, da der Krieg zu Ende war, getroffen: »Kümmere sich jeder um seine eigene Schuld.«

Daß dies geschehe, also Trauerarbeit stattfinde, war in den Augen der norwegischen Romanschriftstellerin und Nobelpreisträgerin *Sigrid Undset*, die während des Krieges in die USA geflohen war, unwahrscheinlich. In der ›Neuen Zeitung‹ vom 25. Oktober 1945 bemerkte sie, daß in einem Volk von 70 Millionen natürlich anständige wie grausame Männer und Frauen, intelligente wie abgestumpfte Geister existierten; doch müsse man bei den Deutschen auch eine schlimme nationale, kollektive Geisteshaltung feststellen: »Es muß Millionen deutscher Kinder geben, deren Väter sich an den Grausamkeiten gegen Zivilisten, Frauen und Kinder in Rußland, Polen, Jugoslawien, Griechenland, Frankreich oder Norwegen beteiligt haben! Zahllose deutsche Kinder haben Eltern, die eine kurze Prosperität infolge der Ausraubung Europas erlebt oder die sich an der Ermordung von vier Millionen Juden beteiligt haben und einen Teil der Beute, die den Ermordeten abgenommen wurde, einsteckten! Es muß Millionen Kinder von Müttern geben, welche die deutsche Frau fast noch verhaßter gemacht haben als den deutschen Mann, als sie Heime und Höfe in den besetzten Ländern übernahmen und anderer Leute Haushaltsgüter jubelnd wegtrugen – sogar die Familienbilder, die sie manchmal ihren wirklichen Besitzern zu hohem Preis wieder anboten!... Das größte Hindernis auf dem Weg der Umerziehung Deutschlands ist nicht die deutsche Gedankenwelt, sondern die Taten sind es, die, infolge des deutschen Denkens, begangen worden sind.«[552]

Ihr antwortete *Karl Jaspers*, wobei er unter Bejahung der deutschen Kollektivschuld »die Empörung der Norwegerin *Sigrid Undset* uneingeschränkt berechtigt« fand; aber: Wer hoffnungslos verurteilt

Schwarze Milch der Frühe wir trinken sie abends
wir trinken sie mittags und morgens wir trinken sie nachts
wir trinken und trinken
wir schaufeln ein Grab in den Lüften da liegt man nicht eng
Ein Mann wohnt im Haus der spielt mit den Schlangen der schreibt
der schreibt wenn es dunkelt nach Deutschland dein goldenes Haar Margarete
er schreibt es und tritt vor das Haus und es blitzen die Sterne
er pfeift seine Rüden herbei
er pfeift seine Juden hervor läßt schaufeln ein Grab in der Erde
er befiehlt uns spielt nun zum Tanz

Schwarze Milch der Frühe wir trinken dich nachts
wir trinken dich morgens und mittags wir trinken dich abends
wir trinken und trinken
Ein Mann wohnt im Haus und spielt mit den Schlangen der schreibt
der schreibt wenn es dunkelt nach Deutschland dein goldenes Haar Margarete
Dein aschenes Haar Sulamith wir schaufeln ein Grab in den Lüften da liegt man nicht eng

Er ruft stecht tiefer ins Erdreich ihr einen ihr andern singet und spielt
er greift nach dem Eisen im Gurt er schwingts seine Augen sind blau
stecht tiefer die Spaten ihr einen ihr andern spielt weiter zum Tanz auf

Schwarze Milch der Frühe wir trinken dich nachts
wir trinken dich mittags und morgens wir trinken dich abends
wir trinken und trinken
ein Mann wohnt im Haus dein goldenes Haar Margarete
dein aschenes Haar Sulamith er spielt mit den Schlangen

Er ruft spielt süßer den Tod der Tod ist ein Meister aus Deutschland
er ruft streicht dunkler die Geigen dann steigt ihr als Rauch in die Luft
dann habt ihr ein Grab in den Wolken da liegt man nicht eng

Schwarze Milch der Frühe wir trinken dich nachts
wir trinken dich mittags der Tod ist ein Meister aus Deutschland
wir trinken dich abends und morgens wir trinken und trinken
der Tod ist ein Meister aus Deutschland sein Auge ist blau
er trifft dich mit bleierner Kugel er trifft dich genau
ein Mann wohnt im Haus dein goldenes Haar Margarete
er hetzt seine Rüden auf uns er schenkt uns ein Grab in der Luft
er spielt mit den Schlangen und träumet der Tod ist ein Meister aus Deutschland

dein goldenes Haar Margarete
dein aschenes Haar Sulamith

Paul Celan: Todesfuge (1945). Mohn und Gedächtnis. Stuttgart 1952.

sei, könne nicht mehr antworten. »Er hätte in völliger Ohnmacht nur gehorsam zu sein und zu dulden, sofern er noch weiterleben will. So nun ist unsere Lage nicht. Von Siegermächten, deren Völker die Menschenrechte anerkennen und auch dem Schuldigen gegenüber achten, ist uns gesagt worden: Das deutsche Volk solle nicht vernichtet werden, das heißt, uns wird eine Lebenschance gegeben. Und das deutsche Volk solle erzogen werden, das heißt, wir dürfen unsere eigentliche, gute geistige Welt wieder aufbauen und weiterentwikkeln.«

Hinsichtlich der Umerziehung stellte *Jaspers* fest:

- Die rückhaltlose Auffassung der Tatsachen der letzten zwölf Jahre und unserer gegenwärtigen Lage sei die wichtigste Voraussetzung. »Es ist eine harte Aufgabe, der Wahrheit ins Angesicht zu blicken. Wir müssen erkennen: die Taten des Nationalsozialismus, die Wurzeln und die Zusammenhänge dieser Taten, die Ermöglichung dieses Regimes durch geistige Bereitschaft in allen Kreisen unserer Bevölkerung, die gegenwärtige politische Realität (die endgültige politische Ohnmacht Deutschlands mit ihren Folgen), die weltgeschichtliche Lage und die in ihr verborgenen Möglichkeiten, deren Entwicklung unser eigenes Schicksal ist, ohne daß wir als selbständiger politischer Faktor für dessen Gang zur Geltung kommen können. All das müssen wir klar vor Augen haben.«
- Wir müßten lernen, miteinander zu reden. Wir übten es, wenn es uns gelänge, über die beschriebenen Tatbestände in eine ehrliche Auseinandersetzung zu kommen. »Das dogmatische Behaupten, das Anbrüllen, das trotzige Empörtsein, die Ehre, die bei jeder Gelegenheit gekränkt die Unterhaltung abbricht, all das darf es nicht mehr geben.«
- In geschichtlicher Selbstbestimmung müßten wir uns den Grund des Jahrtausends, in dem wir lebten, vergegenwärtigen. Der Weg von *Friedrich dem Großen* zu *Hitler* sei, aufs Ganze gesehen, eine langfristige, nun abgeschlossene Episode. Jetzt in der Not spürten wir stärker als je, die hohen Geister unserer Ahnen wollten wieder zu uns sprechen und die verführenden, inhumanen Idole durchleuchten. »Hitler-Deutschland ist nicht unser Deutschland. Aber Deutschland hat dieses Regime hervorgebracht, hat es geduldet und hat zu großen Teilen, aktiv oder durch Furcht gezwungen, mitgemacht. Wir können uns nicht entziehen.«
- Wir müßten den abendländischen Boden in Bibel und Antike für

unsere gesamte Bevölkerung wieder gewinnen; hier sei der Ursprung und das Maß, hier der Ausgang verwandelnder Aneignung für unser gegenwärtiges Leben.

– Die Hauptsache sei die Erweckung der Selbstverantwortlichkeit des einzelnen. Weder der blinde Gehorsam noch die leidenschaftliche Willkür seien menschenwürdig. »Selbstverantwortung wird durch Selbsterziehung erreicht. Hüten müßten wir uns vor allem, unserer Situation und der uns gestellten Aufgabe auszuweichen. Unser brennender Eifer geht auf die Wiederherstellung und Einigung unserer Seele durch unsere eigene Erziehung.«[553]

Mit seiner nachdenklichen, nachdenkenden Antwort an *Sigrid Undset* hatte *Karl Jaspers* auch vorweggenommen, was seit Kriegsende Bestandteil des demokratischen Diskurses in der Bundesrepublik Deutschland geblieben ist: War das Kriegsende wirklich eine Stunde Null, der die Stunde Eins folgte? Oder stellte sich, zumindest nach kurzer Zeit, wieder eine fatale Kontinuität ein? Haben die Deutschen die Lektionen dieses schrecklichen Krieges gelernt? fragte *William L. Shirer*, als er 1945 nach Berlin kam. »Sie haben keinerlei Schuldgefühl und bedauern lediglich, daß sie geschlagen worden sind und nun die Konsequenzen tragen müssen. Es tut ihnen nur um sich selbst leid, nicht etwa um all jene, die sie ermordet und gequält haben, die sie von dieser Erde entfernen wollten.«[554] Dagegen stellt der junge Soldat *Heinz Piontek*, als er zu neuem Leben aus dem Gefangenenlager entlassen wird, fest: »Überall hörte und las man jetzt das Wort von der Stunde Null. Ein Wort, das mir keine Ruhe ließ. Immer mehr meinte ich zu spüren, daß es gerade auf mich gemünzt sei. Ja, ich mußte mit meinem Lernen, Denken, Wissen noch einmal bei Null anfangen.«[555]

Wenn sich nicht seit 1945 eine solche selbstkritische wie selbstbewußte, den Blick zurück *und* nach vorn richtende Mentalität bei sehr vielen Deutschen entfaltet hätte, wäre es zu der stabilen Demokratie, die die Bundesrepublik Deutschland heute darstellt, nicht gekommen. Doch gab es stets auch Grund zu der Frage, ob die Deutschen, zwar wirtschaftlich und technologisch der Zukunft zugewandt, in ihrem Bewußtsein wirklich die ›Verspätung‹ gegenüber dem westlichen Demokratisierungsprozeß aufgeholt hätten (auch wenn sie sich nach außen hin als Musterdemokraten präsentierten).

War 1945 eine Stunde Null, ein Neuanfang?[556]

- »Im Distanzieren und Darüber-Nachdenken hätte man neue und menschlichere Werte aufbauen können; das hat man nicht getan. Infolgedessen war die Stunde Null die Stunde auch der Niederlage in jeder Hinsicht. Die alten Wertvorstellungen wirkten weiter; das war kein Neuanfang, sondern ein Verdrängen, damit im Grunde ein Weiterführen von Strukturen gesellschaftlicher Art, wie sie auch in der Nazizeit vorhanden waren.« (*Margarete Mitscherlich*)
- »Es gab 1945 ganz sicher einen Neuanfang; auch wenn diejenigen, die daran beteiligt waren, nach 1945 zu schreiben, zu diskutieren, zu lehren, die sich also in irgendeiner Weise kreativ beschäftigten, vielfach der Meinung waren, daß viel zuviel Kontinuität herrsche. Wenn man sich das jedoch im nachhinein ansieht, so war 1945 doch ein großer Bruch, und alles, was danach geschah, war weder direkt bezogen auf das nationalsozialistische Deutschland noch auf die Weimarer Republik, noch auf irgendeine frühere Episode. Ich möchte also von einem deutlichen Neuanfang sprechen.« (*Ralf Dahrendorf*)
- »Es gab die Hoffnung, die verstiegene Hoffnung darauf. Aber da alles, was kulturell begonnen wurde, schon nach kurzer Zeit wieder von alten und neuen politischen und wirtschaftlichen Konstellationen eingegrenzt wurde, gab es natürlich keine Stunde Null. Die gleichen Wirtschaftskräfte, die 1933 und vor 1933 *Hitler* mit an die Macht gebracht hatten, waren wieder da – in nahezu ungebrochener Vitalität. Die NSDAP hatte, wenn ich mich recht erinnere, über sechs Millionen Parteimitglieder. Die waren natürlich nicht weg; die wurden entnazifiziert. Ein Teil der Dinge blieb in den Köpfen haften, selbst bei denjenigen, die aufgrund eigener familiärer Katastrophen meinten, nun baue man etwas anderes auf. Niemand konnte da bei Null anfangen. Die wenigen, die Widerstand geleistet hatten, die von außen dazukamen, die emigriert waren, würden – glaubte man – ein ›anderes Deutschland‹ (so hieß das zur Stunde Null dazugehörende Klischee) aufbauen können. Diese Hoffnungen trogen. Die Strukturen, die zwar durch die bedingungslose Kapitulation beendet zu sein schienen, waren nach kurzer Zeit wieder da.« (*Günter Grass*)

Die Autoren des von *Martin Broszat, Klaus-Dietmar Henke* und *Hans Woller* herausgegebenen Sammelbandes ›Von Stalingrad zur Währungsreform. Zur Sozialgeschichte des Umbruchs in Deutsch-

33 Richtungswechsel? (Photo von Hanns Hubmann)

land‹ erkennen einen großen Wandel, sehen diesen aber nicht durch die Zäsur des 8. Mai 1945 bestimmt, sondern als Ergebnis einer lange vorherliegenden Inkubationszeit. Die Übergänge waren fließender; es rückten damit besonders die dreißiger und fünfziger Jahre perspektivisch enger zusammen.[557] Die revolutionäre Dimension habe der Umbruch zwischen Stalingrad (Anfang 1943) und der Währungsreform (1948) nicht allein durch die Zerschlagung des Deutschen Reiches, den Verlust der Ostgebiete und die Entmachtung der alten aristokratischen Oberschicht gewonnen, sondern auch durch die schon in den letzten Kriegsjahren beginnenden Evakuierungen und die gewaltige Völkerwanderung im Zuge von Flucht und Vertreibung, die die ganze deutsche Gesellschaft durcheinanderschüttelte, fast überall die alte konfessionelle, soziale und kulturelle Segregation beseitigte und schließlich eine stark nivellierte ›Notgesellschaft‹ entstehen ließ, in der rückblickend schon die Umrisse der Mittelstandsgesellschaft der Bundesrepublik zu erkennen seien. »Als einen revolutionären Bruch wird man auch die radikale Veränderung qualifizieren können, die sich im Bereich der politischen Institutionen und des Normensystems unter dem maßgeblichen Einfluß der Besatzungsmächte, aber auch unter dem Einfluß derjenigen politischen und sozialen Kräfte Deutschlands vollzog, die sich in der NS-Zeit resistent verhalten hatten oder wenigstens bis zu einem gewissen Grad unempfänglich gegenüber den Verführungen und Beeinflussungen des NS-Regimes geblieben waren. Die Auflösung des Alten und die Herausbildung des Neuen, der Bankrott überkommener Normen und der Zusammenbruch staatlicher und gesellschaftlicher Großorganisationen, die Entstehung neuer Werte und die Schaffung demokratischer Institutionen waren allerdings, anders als nach dem Ersten Weltkrieg, kaum von einem revolutionären Bewußtsein der Bevölkerung begleitet. Kennzeichnend für die Epoche war vielmehr gerade die Abwendung von großen Entwürfen, auch revolutionären Utopien, die Ablehnung ideologisch-politischer Indienstnahme und die Hinwendung zum Unpolitisch-Privaten.«[558]

Die Destruierung der ›alten‹, nationalsozialistischen Gesellschaft bzw. deren äußere Umwandlung konnte freilich erst mit dem Zusammenbruch des Dritten Reiches und der bedingungslosen Kapitulation – als große Stunde der Befreiung – ins Positive verwandelt werden. Dieser Wendepunkt der deutschen Geschichte markiere den Beginn eines zum ersten Mal fast ›normalen‹, den westlichen Ländern sehr ähnlichen liberal-demokatischen Systems – zunehmend mit sozialdemokratischen Zügen –, das sich seit 1989/90 nun auch nach Osten hin ausdehne. Es habe, so *Jürgen Kocka*, all jene Probleme, die kapitalistisch-bürgerlichen Gesellschaften fortgeschrittenen Typs zu eigen seien: Probleme sozialer Ungleichheit und ihrer Infragestellung, Lenkungs- und Verteilungsprobleme bei nachlassendem Wachstum, Verweigerungsprobleme und Schwierigkeiten der Legitimation, langfristig die Belastungen durch den Nord-Süd-Gegensatz und durch unbewältigte ökologische Probleme. Die für Deutschland spezifischen Belastungen der Demokratie, die hierzulande den Aufstieg und Sieg des Faschismus ermöglichten, scheinen aber abgeschwächt oder beseitigt zu sein. »Das ist aber kein Grund, sich gegenseitig auf die Schulter zu klopfen. Zu hoch war der Preis, zu groß waren die Opfer, die für die späte Emanzipation eines großen Teils von Deutschland gezahlt wurden, und zwar nicht nur von den Deutschen selbst.« Zum anderen blieben erhebliche Unsicherheiten; immer wieder erinnere die Gegenwart an die auf jeden Fall verblaßten, aber vielleicht doch nicht verschwundenen Schatten der Vergangenheit. Gerade nach 1989/90 tauchten in Deutschland und Europa Mentalitäten und Strukturen wieder auf, die längst überwunden zu sein schienen: Nationalismus, Fremdenfeindlichkeit und Rassismus.[559]

So besteht immer Gefahr, daß die ›gelungene‹ Bundesrepublik zur Geschichte wird und aus Versäumnissen der Gegenwart die Gefährdung ihrer Zukunft ersteht. Die Stunde Null als Neuanfang (anstelle fataler Kontinuität) muß stets als eine *aktuelle* Herausforderung begriffen werden:

- Wird der demokratisch-freiheitliche Geist der Bundesrepublik erhalten und weiter tradiert werden, oder sich das Zündeln rechtsextremer Kräfte zum Flächenbrand ausweiten?
- Wird es gelingen, die Option der sozialen Marktwirtschaft im Sinne eines ethischen Utilitarismus (das größtmögliche Glück für die größtmögliche Zahl anstrebend) wieder so zu konkretisieren – z. B. durch einen auf lange Zeit wirksamen Lastenausgleich –, daß das geeinte Deutschland aufgrund wirtschaftlicher Stabilität keinen Nährboden für die Feinde der Demokratie mehr liefert?
- Wird die ›Zivilgesellschaft‹ in der Lage sein, die Korruption des politischen Lebens (mit einem hemmungslosen, der demokratischen Gesittung hohnsprechenden Amigo-Egoismus) so zu ›verarbeiten‹, daß eine innere Erneuerung der Parteien stattfindet, Poli-

tikverdrossenheit überwunden und die für antizipatorische Vernunft so wichtige repräsentative Demokratie – bei Stärkung basisdemokratischer Elemente – nicht nur erhalten, sondern revitalisiert wird?

- Wird der bereits seit längerem sich vollziehende Generationenwechsel ›aufhebenden‹ Charakter haben: das Erreichte bewahren, es fort-, weiter- und höher-entwickeln?
- Wird das durch Westernization geprägte kulturelle und zivilisatorische Savoir-vivre der bundesrepublikanischen Lebensart vom Provinzialismus mit seiner weiterwesenden Spießer-Ideologie erdrückt oder unterminiert werden – zumal die Sehnsucht nach Regression aus unglücklichem Bewußtsein ins bewußtlose (Konsum-)Glück auch in der früheren Bundesrepublik hinter wechselnden Fassaden ausgeprägt vorhanden geblieben ist? Oder wird es gelingen, das deodorante, von postmoderner Beliebigkeit fermentierte Frischwärts wieder in die Nischen nachdenkender wie vorausdenkender Entschleunigung ›zurückzunehmen‹, damit im bundesrepublikanischen ›Erinnerungskino‹ (in Trauerarbeit über das Versäumte, in Stolzarbeit über das Einsehbar-Geleistete) Kraft für demokratische Weiterentwicklung gefunden wird?

Wer in der Demokratie schläft, erwacht in der Diktatur. Es wäre zu spät, wenn man die Not-wendigkeit des eigenen, persönlichen Handelns erst dann begreifen würde, wenn die Wand des Nachbarn brennt.

Am Montag, den 31. Dezember 1945, notierte *Thomas Mann* in sein Tagebuch: »Ein ungeheures Jahr geht zu Ende, überfüllt mit weltverändernden Ereignissen.«[560]

Der Rückblick auf dieses Jahr, mit seinen unauslotbaren Abgründen und hoffnungsvollen Wegstrecken ›nach oben‹, sollte Verfassungspatriotismus herausfordern: daß mit dessen Hilfe der deutschen Geschichte in Zukunft der Aufbruch durch Zusammenbruch erspart und eine demokratische Kontinuität erhalten bleibt.

1945 stellt, nach 60 Jahren, ein tiefbewegendes Gedenkjahr, ein aufrüttelndes Denkjahr dar. Zu festlicher Euphorie ist kein Anlaß. Doch können diejenigen, die damals nach der Befreiung unter schwierigsten Umständen und nach bitterer Leiderfahrung den materiellen und geistigen Wiederaufbau bzw. Neubau wagten, Vorbild sein – für den Mut, ›schwierige Arbeit‹ zu leisten. Angesichts weitreichender Zerstörung konnte man sich als Sisyphos fühlen; aber dann blieb der Stein oben.

»Der Kampf gegen Gipfel vermag ein Menschenherz auszufüllen. Wir müssen uns Sisyphos als einen glücklichen Menschen vorstellen.« *Albert Camus*[561]

Anmerkungen

1 Vgl. Neumann, Franz: Deutsche Politiker zum 8. Mai 1945. In: Frankfurter Hefte, Heft 8/1975, S. 6f.

2 Zit. nach Kocka, Jürgen: Zerstörung und Befreiung. Das Jahr 1945 als Wendepunkt deutscher Geschichte. In: Politik und Kultur, Heft 5/1986, S. 47.

3 Weizsäcker, Richard von: Zum 40. Jahrestag der Beendigung des Krieges in Europa und der nationalsozialistischen Gewaltherrschaft. Bonn 1985, S. 1ff.

4 Hentig, Hartmut von: Aufgeräumte Erfahrung. Texte zur eigenen Person. München, Wien 1983, S. 39.

5 Mann, Thomas: Deutsche Hörer! Fünfundfünfzig Radiosendungen nach Deutschland. In: Werke. Das essayistische Werk. Taschenbuchausgabe in 8 Bde. Hrsg. von Bürgin, Hans. Bd. 3: Politische Schriften und Reden. Frankfurt am Main, Hamburg 1968, S. 290.

6 Sommer, Theo: Ein Sieg auch für die Deutschen. In: Die Zeit, 3. 6. 1994.

7 Arendt, Hannah: Vor Antisemitismus ist man nur noch auf dem Monde sicher. Beiträge für die deutsch-jüdische Emigrantenzeitung »Aufbau« 1941–1945. Hrsg. von Marie Luise Knott. München/Zürich 2000, S. 220f.

8 Vgl. Glaser, Hermann: Kleine deutsche Kulturgeschichte von 1945 bis heute. Eine west-östliche Erzählung. Frankfurt am Main 2004, S. 293ff.

9 Musil, ›Robert: Der Mann ohne Eigenschaften. Hamburg 1992, S. 16f.

10 Zit. nach Wollenberg, Jörg: »Stunde Null« oder Kontinuität? Eine szenische Dokumentation zum 40. Jahrestag des 8. Mai 1945. Unv. Manuskript. Mai 1985.

11 Kästner, Erich: »Das Dritte Reich bringt sich um. Doch die Leiche heißt Deutschland.« (27. 2. 1945). In: Kästner: Notabene 45, (wie Anm. 76) S. 82.

12 Zit. nach Ruhl, Klaus-Jörg (Hrsg.): Deutschland 1945. Alltag zwischen Krieg und Frieden in Berichten, Dokumenten und Bildern. Darmstadt und Neuwied 1984, S. 11.

13 Zit. nach Domarus, Max (Hrsg.): Hitler. Reden und Proklamationen 1932–1945. II. Bd.: Untergang (1939–1945). Würzburg 1963, S. 2180.

14 Vgl. Ruhl (Hrsg.): Deutschland 1945, (wie Anm. 12) S. 15f.

15 Zit. nach Domarus (Hrsg.): Hitler, (wie Anm. 13) S. 2188.

16 Vgl. Trees, Wolfgang u. a.: Drei Jahre nach Null. Düsseldorf 1978, S. 51.

17 Kluge, Alexander: Neue Geschichten. Hefte 1–18. »Unheimlichkeit der Zeit.« Frankfurt am Main 1977, S. 77f. Vgl. auch Friedrich, Jörg: Der Brand. Deutschland im Bombenkrieg 1940–1945. München 2002.

18 Kardorff, Ursula von: Berliner Aufzeichnungen 1942 bis 1945. München 1994, S. 293f.

19 Zit. nach Birkenmaier, Werner: Sind wir Unmenschen? Gehen wir hier zu weit? Feuersturm über Deutschland. In: Stuttgarter Zeitung, 16. 4. 1994.

20 Zit. nach Müller, Rolf-Dieter/Ueberschär, Gerd R.: Kriegsende 1945. Die Zerstörung des Deutschen Reiches. Frankfurt am Main 1994, S. 41.

21 Ebd., S. 41.

22 Vgl. ebd., S. 69.

23 Thamer, Hans-Ulrich: Verführung und Gewalt. Deutschland 1933–1945. Berlin 1986, S. 756.

24 Zit. nach Bourke-White, Margaret: Deutschland. April 1945. München 1979, S. 51.

25 Die Wehrmachtsberichte 1939–1945. Bd. 3: 1. Januar 1944 bis 9. Mai 1945. München 1985, S. 563.

26 Frankfurter Presse, 3.5.1945.

27 Vgl. Broszat, Martin/Jacobsen, Hans-Adolf/Krausnick, Helmut: Anatomie des SS-Staates, Band II: Konzentrationslager, Kommissarbefehl, Judenverfolgung. Olten und Freiburg i. Br. 1965, S. 159f.

28 Gilbert, Martin: Auschwitz und die Alliierten. München 1982, S. 393.

29 Zit. nach Hofer, Walther (Hrsg.): Der Nationalsozialismus. Dokumente 1933–1945. Frankfurt am Main 1982, S. 254f.

30 Ebd., S. 254. Ferner Wüllner, F.: Die NS-Militärjustiz. Baden-Baden 1991.

31 Hentig: Aufgeräumte Erfahrung, (wie Anm. 4) S. 250.

32 Andreas-Friedrich, Ruth: Der Schattenmann. Tagebuchaufzeichnungen 1938 bis 1945. Frankfurt am Main 1986, S. 271 f.

33 Mitscherlich, Alexander: Ein Leben für die Psychoanalyse. Frankfurt am Main 1984, S. 129.

34 Vgl. Boberach, Heinz (Hrsg.): Meldungen aus dem Reich. Auswahl aus den geheimen Lageberichten des Sicherheitsdienstes der SS 1939–1945. Neuwied und Berlin 1965.

35 Jäckel, Hartmut: Meldungen aus dem Reich. Die deutsche Heimatfront 1939–1945. In: Der Monat, Heft 212/1966, S. 56f.

36 Vgl. Ruhl (Hrsg.): Deutschland 1945 (wie Anm. 12) S. 18.

37 Zit. nach ebd., S. 52f.

38 Zit. nach Domarus (Hrsg.): Hitler, (wie Anm. 13) S. 2205.

39 Vgl. Im Namen des Deutschen Volkes. Justiz und Nationalsozialismus. Katalog zur Ausstellung des Bundesministers der Justiz. Köln 1989, S. 311 f.

40 Zit. nach Müller/Ueberschär: Kriegsende 1945 (wie Anm. 20) S. 112.

41 Zit. ebd., S. 114.

42 Zit. nach Schuler, Thomas: Wenn Menschen zum Vieh werden. In: Süddeutsche Zeitung, 29.1.1994.

43 Müller/Ueberschär: Kriegsende 1945, (wie Anm. 20) S. 116f.

44 Greiffenhagen, Martin: Die Flakhelfer werden sechzig. Anmerkungen zum Jahrgang 1928. In: Stuttgarter Zeitung, 22.10.1988.

45 Schelsky, Helmut: Die skeptische Generation. Eine Soziologie der deutschen Jugend (1958). Düsseldorf, Köln 1963, S. 74ff.

46 Vgl. Brandenburg, Hans-Christian: Die Geschichte der HJ. Wege und Irrwege einer Generation. Köln 1968, S. 233.

47 Zit. nach Domarus (Hrsg.): Hitler, (wie Anm. 13) S. 2215.

48 Neue Zürcher Zeitung, 18.4.1945.

49 Müller/Ueberschär: Kriegsende 1945, (wie Anm. 20) S. 44f.

50 Vgl. ebd., S. 46.

51 Egk, Werner: Die Zeit wartet nicht. Künstlerisches, Zeitgeschichtliches, Privates aus meinem Leben. München 1981, S. 363.

52 Jünger, Ernst: Aus den Tagebüchern. Zit. nach Rauschning: Das Jahr '45, (wie Anm. 88) S. 107f.

53 Niekisch: Das Reich der niederen Dämonen, (wie Anm. 2) S. 106, 111, 80.

54 Fleming, Gerald: Hitler und die Endlösung. »Es ist des Führers Wunsch...« Wiesbaden, München 1982, S. 200.

55 Shirer, William L.: Aufstieg und Fall des Dritten Reiches. Köln, Berlin 1961, S. 1020.

56 Frankfurter Presse, 3.5.1945.

57 Zit. nach Hohlfeld, Johannes (Hrsg.): Dokumente der Deutschen Politik und Geschichte von 1848 bis zur Gegenwart. V. Bd.: Die Zeit der nationalsozialistischen Diktatur 1933–1945. Deutschland im Zweiten Weltkrieg 1939–1945. Berlin, München o. J., S. 528.

58 Shirer: Aufstieg und Fall, (wie Anm. 55) S. 1043f.

59 Broszat, Martin (Hrsg.): Rudolf Höss: Kommandant in Auschwitz. Autobiographische Aufzeichnungen. München 1963, S. 146ff.

60 Friedrich, Jörg: Die kalte Amnestie. NS-Täter in der Bundesrepublik. Frankfurt am Main 1985.

61 Zit. nach Franke, Manfred: Bevor der Erdkreis erzitterte. Zu den »Tagebüchern 1945« des Joseph Goebbels. In: Merkur, Heft 2/1978, S. 204.

62 Zit. nach ebd., S. 201.

63 Speer, Albert: Erinnerungen. Berlin, Frankfurt am Main 1969, S. 446.

64 Vgl. Müller/Ueberschär: Kriegsende 1945, (wie Anm. 20) S. 52.

65 Zit. nach Hohlfeld (Hrsg.): Dokumente, (wie Anm. 57) S. 524.

66 Zit. nach Hofer (Hrsg.): Der Nationalsozialismus, (wie Anm. 29) S. 258.

67 Müller/Ueberschär: Kriegsende 1945, (wie Anm. 20) S. 56.

68 Fest, Joachim C.: Hitler. Eine Biographie. Frankfurt am Main, Berlin, Wien 1973, S. 1016.

69 Zit. nach Domarus (Hrsg.): Hitler, (wie Anm. 13) S. 2240.

70 Zit. nach Hohlfeld (Hrsg.): Dokumente, (wie Anm. 57) S. 529f.

71 Zit. nach ebd., S. 531ff.

72 Richter, Hans Werner: Die Geschlagenen. Roman. München 1985, S. 241.

73 Jaeger, Richard: Das Kriegsende. In: Das Ende, das ein Anfang war. Die letzten Tage des Dritten Reiches. Freiburg i. Br. 1981, S. 66f.

74 Stern, Carola: In den Netzen der Erinnerung. Lebensgeschichten zweier Menschen. Reinbek bei Hamburg 1986, S. 234.

75 Kantorowicz, Alfred: Deutsches Tagebuch. Erster Teil. Berlin 1978, S. 80.

76 Kästner, Erich: Notabene 45. Ein Tagebuch. In: Gesammelte Schriften für Erwachsene. Bd. 6. München, Zürich o. J., S. 140.

77 Güstrow, Dietrich: In jenen Jahren. München 1985, S. 32f.

78 Zit. nach Elefanten Presse (Hrsg.): Trümmer. Träume. Truman. Die Welt 1945–49. Berlin 1985, S. 21.

79 Baring, Arnulf: 8. Mai 1945. In: Merkur, Heft 5/1975, S. 449.

80 Sanders-Brahms, Helma: Der Himmel war blau wie nie, als der Krieg zu Ende ging. In: Elefanten Press (Hrsg.): Trümmer, (wie Anm. 78) S. 9.

81 Zit. nach Franck, Dieter: Jahre unseres Lebens 1945–1949. München, Zürich 1980, S. 66.

82 Mitscherlich: Ein Leben für die Psychoanalyse, (wie Anm. 33) S. 129f.

83 Kardorff: Berliner Aufzeichnungen, (wie Anm. 18) S. 317.

84 Zit. nach Stadt Köln (Hrsg.): »... vergessen kann man die Zeit nicht, das ist nicht möglich...« Kölner erinnern sich an die Jahre 1929–1945, Köln 1985, S. 303.

85 Kästner: Notabene 45, (wie Anm. 76) S. 154f.

86 Zit. nach Heer, Hannes (Hrsg.): Als ich 9 Jahre alt war, kam der Krieg. Schüleraufsätze 1946. Köln 1980, S. 145ff.

87 Vgl. Friedrich, Jörg: Das Gesetz des Krieges. Das deutsche Heer in Rußland 1941 bis 1945. München, Zürich 1993, S. 582.

88 Zit. nach Rauschning, Hans (Hrsg.): Das Jahr '45. Dichtung, Bericht, Protokoll deutscher Autoren. München 1985, S. 113.

89 Mann, Thomas: Tagebücher 1944 – 1.4.1946. Hrsg. von Jens, Inge. Frankfurt am Main 1986, S. 210.

90 Zit. nach Meyer, Sibylle/Schulze, Eva: Von Liebe sprach damals keiner. Familienalltag in der Nachkriegszeit. München 1985, S. 26f.

91 Kuby, Erich: Die Russen in Berlin 1945. München, Bern, Wien 1965, S. 314f., 297f., 299.

92 Leonhard, Wolfgang: Die Revolution entläßt ihre Kinder. Frankfurt am Main, Berlin 1961, S. 285f.

93 Zit. nach Domarus (Hrsg.): Hitler, (wie Anm. 13) S. 2223.

94 Zit. nach Kuby: Die Russen in Berlin, (wie Anm. 91) S. 70.

95 Vgl. Ruhl (Hrsg.): Deutschland 1945, (wie Anm. 12) S. 127.

96 Luft, Friedrich: Berlin vor einem Jahr. In: Die Neue Zeitung, 10.5.1946.

97 Levi, Primo: Ist das ein Mensch? Die Atempause. München, Wien 1988, S. 182f.

98 Vgl. Neuhäusler, Johann: Wie war das in Dachau? Ein Versuch, der Wahrheit näherzukommen. München o. J.

99 Eichhorn, David Max: Sabbath-Gottesdienst im Lager Dachau. In: Dachauer Hefte, Heft 1/1985, S. 207.

100 Bayerischer Tag, 22.9.1945.

101 Rückerl, Adalbert: Die Strafverfolgung von NS-Verbrechen 1945–1978. Heidelberg, Karlsruhe 1979, S. 25ff.

102 Kogon, Eugen: Der SS-Staat. Das System der deutschen Konzentrationslager. Frankfurt am Main 1946, S. VI.

103 Ebd., S. 45.

104 Reitlinger, Gerald: Die Endlösung. Hitlers Versuch der Ausrottung der Juden Europas 1939–1945. Berlin 1956, S. 573.

105 Fleming: Hitler und die Endlösung (wie Anm. 54) S. 207.

106 Vgl. Weinstock, Rolf: Das wahre Gesicht Hitler-Deutschlands. Singen 1948, S. 177f.

107 Bourke-White: Deutschland, (wie Anm. 24) S. 91.

108 Kogon: Der SS-Staat, (wie Anm. 102) S. 404f.

109 Arendt, Hannah: Die verborgene Tradition. Frankfurt am Main 1976, S. 43f.

110 Die Wehrmachtsberichte 1939–1945. Bd. 3: 1. Januar 1944 bis 9. Mai 1945. München 1985, S. 569.

111 Müller/Ueberschär: Kriegsende 1945, (wie Anm. 20) S. 103.

112 Ebd., S. 105.

113 Zit. nach Domarus (Hrsg.): Hitler, (wie Anm. 13) S. 2253.

114 Vgl. Thilenius, Richard: Die Teilung Deutschlands. Eine zeitgeschichtliche Analyse. Reinbek bei Hamburg 1957, S. 48.

115 Zit. nach Glaser, Hermann / Lutz von Pufendorf / Michael Schöneich (Hrsg.): So viel Anfang war nie. Deutsche Städte 1945–1949. Berlin 1989, S. 56.

116 Vgl. Nürnberger Nachrichten, 8. 5. 1946.

117 Müller/Ueberschär: Kriegsende 1945, (wie Anm. 20) S. 106.

118 Zit. nach Schaefer-Verlag (Hrsg.): Heimat und Staat. Wandzeitung, Heft 9/1960.

119 Zit. nach Shirer, William L.: Berliner Tagebuch. Das Ende. 1944–1945. Leipzig 1994, S. 85 f.

120 Zit. nach Schaefer-Verlag (Hrsg.): Heimat, (wie Anm. 118) Heft 7/1961.

121 Eschenburg, Theodor: Jahre der Besatzung 1945–1949. In: Bracher, Karl Dietrich u. a. (Hrsg.): Geschichte der Bundesrepublik Deutschland in fünf Bänden. Bd. 1. Stuttgart, Wiesbaden 1983, S. 24.

122 Vgl. Bundeszentrale für politische Bildung (Hrsg.): Die Entstehung der Bundesrepublik Deutschland. In: Informationen zur politischen Bildung, Nr. 224/1989, S. 2.

123 Hentig: Aufgeräumte Erfahrung, (wie Anm. 4) S. 251.

124 Ferber, Christian: H. W. Richter war gegen Kollektivschuld. In: Die Welt, 28. 3. 1987.

125 Vgl. Der Ruf. Zeitung der deutschen Kriegsgefangenen in den USA. Faksimile-Ausgabe. München o. J.

126 Mehringer, Hartmut: Waldemar von Knoeringen. Eine politische Biographie. München, London, New York, Paris 1989, S. 246.

127 Ebd., S. 249, 251.

128 Mende, Erich: Das verdammte Gewissen. Zeuge der Zeit 1921–1945. München, Berlin 1982, S. 375 ff.

129 Gollwitzer, Helmut: »... und führen, wohin du nicht willst.« Bericht einer Gefangenschaft. Frankfurt am Main, Hamburg 1954, S. 21, 26.

130 Bayerischer Tag, 29. 9. 1945.

131 Ebd., 16. 6. 1945.

132 Vgl. Broszat, Martin / Henke, Klaus-Dietmar / Woller, Hans (Hrsg.): Von Stalingrad zur Währungsreform. Zur Sozialgeschichte des Umbruchs in Deutschland. München 1989, S. 683 ff.

133 Shirer: Berliner Tagebuch, (wie Anm. 119) S. 181.

134 Borchert, Wolfgang: Draußen vor der Tür. Hamburg 1956, S. 8.

135 Deutscher, Isaac: Bayerische Landstraßen. Zit. nach Schmidt, Berend/ Schwenger, Hannes: Die Stunde Eins. Erzählungen, Reportagen, Essays aus der Nachkriegszeit. München 1982, S. 21 ff.

136 Richter, Hans Werner: Unterhaltungen am Schienenstrang. In: Der Ruf, 1. 10. 1946, S. 6 ff.

137 Sternberger, Dolf: Reise in Deutschland. In: Wandlung 1/1945/46, S. 7 ff.

138 Weber, Jürgen: Auf dem Wege zur Republik 1945–1947. München 1985, S. 189.

139 Vgl. Königseder, Angelika/Wetzel, Juliane: Lebensmut im Wartesaal. Die jüdischen DPs (Displaced Persons) im Nachkriegsdeutschland. Frankfurt am Main 1994.

140 Vgl. Obermaier, Franz/Maurer, Josef: Aus Trümmern wächst das neue Leben. München 1945, S. 64.

141 Wetzel, Juliane: »Mir szeinen doh«. München und Umgebung als Zuflucht von Überlebenden des Holocaust 1945–1948. In: Broszat/Henke/Woller (Hrsg.): Von Stalingrad zur Währungsreform, (wie Anm. 132) S. 329.

142 Die Neue Zeitung, 12. 11. 1945.

143 Henke, Klaus Dietmar: Der Weg nach Potsdam – Die Alliierten und die Vertreibung. In: Benz, Wolfgang (Hrsg.): Die Vertreibung der Deutschen aus dem Osten. Ursachen, Ereignisse, Folgen. Frankfurt am Main 1985, S. 52.

144 Zit. nach Thilenius: Die Teilung Deutschlands, (wie Anm. 114) S. 71.

145 Ebd., S. 72.

146 Ebd., S. 75.

147 Zit. nach Hohlfeld, Johannes (Hrsg.): Dokumente der Deutschen Politik und Geschichte von 1848 bis zur Gegenwart. VI. Bd.: Deutschland nach dem Zusammenbruch 1945. Berlin, München o. J., S. 58f.

148 Vgl. Grix, Rolf/Knöll, Wilhelm (Hrsg.): Die Rede zum 8. Mai 1945. Oldenburg 1987, S. 138. Ferner Schulze, Rainer u. a. (Hrsg.): Flüchtlinge und Vertriebene in der westdeutschen Nachkriegsgeschichte. Hildesheim 1987.

149 Franck: Jahre unseres Lebens, (wie Anm. 81) S. 50.

150 Vgl. Reißmüller, Johann Georg: Das Massaker von Aussig. In: Frankfurter Allgemeine Zeitung, 17. 7. 1993.

151 Zit. nach Franck: Jahre unseres Lebens, (wie Anm. 81) S. 52.

152 Zit. nach Kleßmann, Christoph/Wagner, Georg (Hrsg.): Das gespaltene Land. Leben in Deutschland 1945–1990. Texte und Dokumente zur Sozialgeschichte. München 1993, S. 55.

153 Boenke, Susan/Zwehl, Konrad von (Hrsg.): »Angesichts des Trümmerfeldes...«. München 1983, S. 165f.

154 Borchert, Wolfgang: Generation ohne Abschied. In: Draußen vor der Tür, (wie Anm. 134) S. 125.

155 Kästner: Notabene 45, (wie Anm. 76) S. 83.

156 Die Neue Zeitung, 10. 12. 1945.

157 Nürnberger Nachrichten, 11. 10. 1945.

158 Vgl. Kleßmann, Christoph: Die doppelte Staatsgründung. Deutsche Geschichte 1945–1955. Bonn 1982, S. 37ff.

159 Zit. nach Huf, Hans-Christian (Hrsg.): Das Land der großen Mitte. Düsseldorf, Wien, New York 1989, S. 131.

160 Frankfurter Presse, 3. 5. 1945.

161 Bayerischer Tag, 19. 5. 1945.

162 Jungk, Robert: Trotzdem. Mein Leben für die Zukunft. München, Wien 1993, S. 212.

163 Zit. nach Schaefer-Verlag (Hrsg.): Heimat, (wie Anm. 118) Heft 7/1961.

164 Zit. nach Hohlfeld (Hrsg.): Dokumente, (wie Anm. 147) S. 2.

165 Eschenburg: Jahre, (wie Anm. 121) S. 29.
166 Hohlfeld (Hrsg.): Dokumente, (wie Anm. 147) S. 29.
167 Vgl. Die Neue Zeitung, 30. 11. 1945.
168 Roosevelt spricht. Die Kriegsreden des Präsidenten. Stockholm 1945, S. 357.
169 Zit. nach Lasky, Melvin J.: Die kurze Geschichte des Morgenthau-Plans. In: Der Monat, Heft 10/1949, S. 15.
170 Zit. ebd., S. 17.
171 Vgl. Benz, Wolfgang: Potsdam 1945. Besatzungsherrschaft und Neuaufbau im Vier-Zonen-Deutschland. München 1986, S. 76.
172 Bayerischer Tag, 11. 8. 1945.
173 Rossmeissl, Dieter (Hrsg.): Demokratie von außen. Amerikanische Militärregierung in Nürnberg 1945–1949. München 1988, S. 31 f.
174 Vgl. Krieger, Wolfgang: General Lucius D. Clay und die amerikanische Deutschlandpolitik 1945–1949. (Forschungen und Quellen zur Zeitgeschichte, Bd. 10). Stuttgart 1987.
175 Eschenburg: Jahre, (wie Anm. 121) S. 270, 337.
176 Ebd., S. 338.
177 Zit. nach: Die Neue Zeitung, 12. 11. 1945.
178 Nossack, Erich: Diese Andere. Brief an Hermann Kasack 30. 11. 1945. Zit. nach Kleßmann/Wagner: Das gespaltene Land, (wie Anm. 152) S. 71 f.
179 Baring, Arnulf: 8. Mai 1945. In: Merkur, Heft 5/1975, S. 451.
180 Jürgen Kuczynski an Anna Seghers: Brief Ende August 1945 (unveröffentlicht).
181 Vgl. Stadtarchiv Dortmund (Hrsg.): Dortmund im Wiederaufbau 1945–1960. Eine Dokumentation. Dortmund 1985, S. 53 ff.
182 Zit. nach Horbelt, Rainer/Spindler, Sonja: Tante Linas Nachkriegsküche. Geschichten, Rezepte, Dokumente. Frankfurt am Main 1985, S. 21.
183 Heute, Heft 2/1945, S. 39 ff.
184 Vgl. Die Neue Zeitung, 8. 11. 1945.
185 Vgl. Bayerischer Tag, 13. 11. 1945.
186 Gries, Rainer: Die Rationen-Gesellschaft. Versorgungskampf und Vergleichsmentalität: Leipzig, München und Köln nach dem Kriege. Münster 1991.
187 Vgl. Eiken, Maria: Das Brot der frühen Jahre. In: Elefanten Press (Hrsg.): Heiß und kalt. Die Jahre 1945–1969. Berlin 1986, S. 34.
188 Hensel, Georg: Glück gehabt. Szenen aus einem Leben. Frankfurt am Main, Leipzig 1994, S. 116.
189 E. Th. in: Nürnberger Nachrichten. Trümmerjahre 1945–1950. Sonderdruck 1985.
190 Eschenburg: Jahre, (wie Anm. 121) S. 267.
191 Vgl. ebd., S. 64.
192 Kleßmann: Die doppelte Staatsgründung (wie Anm. 158) S. 46 f.
193 Vgl. Rabeler, Gerhard: Wiederaufbau und Expansion westdeutscher Städte 1945–1960 im Spannungsfeld von Reformideen und Wirklichkeit. Schriftenreihe des Deutschen Nationalkomitees für Denkmalschutz. Band 39. Bonn o. J., S. 10.
194 Die Mitteilungen (Köln). April 1945.

195 Keim, Anton Maria/Link, Alexander: Leben in den Trümmern. Mainz 1945–1948. Mainz 1985, S. 13.

196 Kerr, Alfred: Zit. nach Nürnberger Nachrichten. Trümmerjahre 1945–1950. Sonderdruck 1985.

197 Brandt, Willy: Erinnerungen. Frankfurt am Main 1989, S. 142.

198 Franck: Jahre unseres Lebens, (wie Anm. 81) S. 27f.

199 Jürgen Kuczynski an Anna Seghers: Brief Ende August 1945 (unveröffentlicht).

200 Kleßmann: Die doppelte Staatsgründung, (wie Anm. 158) S. 52.

201 Zit. nach Nürnberger Nachrichten. Trümmerjahre 1945–1950. Sonderdruck 1985.

202 Stadtarchiv Dortmund (Hrsg.): Dortmund, (wie Anm. 181) S. 41.

203 Berliner Tagesspiegel, 27.9.1945.

204 Bartning, Otto: Ketzerische Gedanken am Rande der Trümmerhaufen. In: Frankfurter Hefte, Heft 1/1946, S. 64.

205 Zit. nach: 50 Jahre Deutscher Werkbund. Im Auftrage des Deutschen Werkbundes hrsg. von der Landesgruppe Hessen, bearb. von Hans Eckstein. Frankfurt am Main, Berlin 1958, S. 36.

206 Vgl. Durth, Werner/Gutschow, Niels: Träume in Trümmern. Stadtplanung 1940–1950. München 1993, S. 33ff.

207 Leitl, Alfons: Erwägungen und Tatsachen zum deutschen Städte-Aufbau. In: Frankfurter Hefte, Heft 4/1946, S. 64.

208 Durth/Gutschow: Träume in Trümmern, (wie Anm. 206) S. 261. Ferner Durth, Werner: Deutsche Architekten. Biographische Verflechtungen 1900–1970. München 1992, S. 261f.

209 Vgl. Prinz, Friedrich/Krauss, Marita (Hrsg.): Trümmerleben. Texte, Dokumente, Bilder aus den Münchner Trümmerjahren. München 1985, S. 169.

210 Rabeler: Wiederaufbau, (wie Anm. 193) S. 16.

211 Zit. nach Ruhl (Hrsg.): Deutschland 1945, (wie Anm. 12) S. 168f.

212 Stadtarchiv Nürnberg (Hrsg.): Quellen zur Nachkriegsgeschichte. Teil I: Die Übergangsphase bis zur Bildung des ersten Stadtrats April 1945 – Juni 1946. Nürnberg 1989, S. 366.

213 Franck: Jahre unseres Lebens, (wie Anm. 81) S. 38.

214 Eiken, Maria: Frauenpolitik im Nachkriegsdeutschland. In: Elefanten Press (Hrsg.): Trümmer, (wie Anm. 78) S. 75.

215 Stolten, Inge (Hrsg.): Der Hunger nach Erfahrung. Frauen nach '45. Berlin, Bonn 1981.

216 Müller/Ueberschär: Kriegsende 1945, (wie Anm. 20) S. 23f.

217 Roberts, Ulla: Starke Mütter – ferne Väter. Töchter reflektieren ihre Kindheit im Nationalsozialismus und in der Nachkriegszeit. Frankfurt am Main 1994, S. 53ff.

218 Willenbacher, Barbara: Zerrüttung und Bewährung der Nachkriegsfamilie. In: Broszat/Henke/Woller (Hrsg.): Von Stalingrad zur Währungsreform, (wie Anm. 132) S. 599.

219 Vgl. Vogel, Angela: Notgemeinschaften. In: Benz, Wolfgang (Hrsg.): Die Geschichte der Bundesrepublik Deutschland. Bd. 3: Gesellschaft. Frankfurt am Main 1989, S. 38.

220 Willenbacher: Zerrüttung und Bewährung, (wie Anm. 218) S. 604.

221 Schneider, Reinhold: Das Unzerstörbare. Freiburg i. Br. 1945, S. 3ff.

222 Vgl. Breyvogel, Wilfried/Krüger, Heinz-Hermann (Hrsg.): Land der Hoffnung – Land der Krise. Jugendkulturen im Ruhrgebiet 1900–1987. Berlin, Bonn 1987, S. 153.

223 Janßen, Karl-Heinz: Eine Welt brach zusammen. In Glaser, Hermann/Silenius, Axel (Hrsg.): Jugend im Dritten Reich. Frankfurt am Main 1975, S. 96.

224 Vgl. Bader, Karl S.: Soziologie der deutschen Nachkriegskriminalität. Tübingen 1949.

225 Breyvogel/Krüger (Hrsg.): Land der Hoffnung, (wie Anm. 222) S. 155.

226 Ebd., S. 145.

227 Rosenwald, Walter/Theis, Bernd: Enttäuschung und Zuversicht. Zur Geschichte der Jugendarbeit in Hessen 1945–1950. München 1984, S. 18, vgl. auch S. 15.

228 Heigert, Hans: Keine blaue Blume mehr. Die Gesichter der deutschen Nachkriegsjugend. In: Der Monat, Heft 85/1955, S. 16.

229 Koebner, Thomas / Sautermeister, Gert / Schneider, Sigrid (Hrsg.): Deutschland nach Hitler. Zukunftspläne im Exil und aus der Besatzungszeit 1939–1949. Opladen 1987, S. 345.

230 Borchert, Wolfgang: Das ist unser Mainfest. In: Draußen vor der Tür, (wie Anm. 134) S. 112ff.

231 Vgl. Becker, Hellmut: Bildungspolitik. In: Benz, Wolfgang: Die Geschichte der Bundesrepublik Deutschland. Bd. 1: Politik. Frankfurt am Main 1989, S. 324ff.

232 Bayerischer Tag, 9. 6. 1945.

233 Ebd., 6. 10. 1945.

234 Schweizer, Herbert: Tröstliche Jugend. In: Süddeutsche Zeitung, 9. 11. 1945.

235 Die Neue Zeitung, 25. 10. 1945.

236 Storz, Gerhard: Zwischen Amt und Neigung. Lebensbericht aus der Zeit nach 1945. Stuttgart 1976, S. 34.

237 Vgl. Lange-Quassowski, Jutta B.: Demokratisierung der Deutschen durch Umerziehung? In: Aus Politik und Zeitgeschichte. Beilage zur Wochenzeitung ›Das Parlament‹, 22. 7. 1978, S. 17ff. Ferner Manfred Heinemann (Hrsg.): Umerziehung und Wiederaufbau. Die Bildungspolitik der Besatzungsmächte in Deutschland und Österreich. Stuttgart 1981.

238 Vgl. Chaussy, Ulrich: Jugend. In: Benz, Wolfgang (Hrsg.): Die Bundesrepublik Deutschland. Bd. 3: Gesellschaft. Frankfurt am Main 1983, S. 40. Ferner Erdmann, Karl Dietrich: Überblick über die Entwicklung der Schule in Deutschland 1945–1949. In: Neue Sammlung, Heft 3/1976, S. 215ff.

239 Die Neue Zeitung, 17. 5. 1946.

240 Ebd., 4. 3. 1946.

241 Vgl. Anweiler, Oskar/Fuchs, Hans-Jürgen u. a. (Hrsg.): Bildungspolitik in Deutschland 1945–1990. Bonn 1992, S. 15.

242 Ebd., S. 129.

243 Zit. nach: Die Sammlung, Heft 4/1946, S. 197f.

244 Bayerischer Tag, 29. 9. 1945.

245 Süddeutsche Zeitung, 30. 11. 1945.
246 Vgl. Goldschmidt, Dietrich: Hochschulpolitik. In: Benz, Wolfgang (Hrsg.): Die Geschichte der Bundesrepublik Deutschland. Bd. 1: Politik. Frankfurt am Main 1989, S. 362.
247 Spranger, Eduard in: Die Erziehung, Heft 8/1933, S. 403f. Vgl. Friedeburg, Ludwig von: Die Universität nach 1945. In: Holtmann, Eberhard (Hrsg.): Wie neu war der Neubeginn? Zum deutschen Kontinuitätsproblem nach 1945. Erlangen 1989, S. 71.
248 Zit. nach Kleßmann: Die doppelte Staatsgründung, (wie Anm. 158) S. 97f.
249 Ebd., S. 98.
250 Göttinger Universitätszeitung, Heft 1/1945.
251 Jaspers, Karl: Die Verantwortlichkeit der Universitäten. In: Die Neue Zeitung, 16. 5. 1947.
252 Vier deutsche Hochschulen. In: Die Neue Zeitung, 4. 11. 1945.
253 C. K. in: Nürnberger Nachrichten. Trümmerzeit 1945–1950. Sonderausgabe 1985.
254 Die Neue Zeitung, 15. 2. 1945.
255 Wendehorst, Alfred: Geschichte der Friedrich-Alexander-Universität Erlangen-Nürnberg. 1743–1993. München 1993, S. 224.
256 Vgl. Hochland. August-Heft 1947.
257 Wollenberg, Jörg: Schule der Demokraten. In: Glaser/Pufendorf/Schöneich (Hrsg.): So viel Anfang war nie, (wie Anm. 115) S. 303f.
258 Nürnberger Nachrichten, 7. 11. 1945.
259 Kölnische Rundschau, 26. 6. 1946.
260 Meyer/Schulze: Von Liebe sprach damals keiner, (wie Anm. 90) S. 89.
261 Ruhr-Zeitung, 5. 9. 1945.
262 Kohlenknappheit die Hauptsorge. In: Heute, Heft 3/1945, S. 18ff.
263 Kraus, Max: Warum keine Kohle? In: Die Neue Zeitung, 10. 12. 1945.
264 Burghardt, Uwe: Verkehr. In: Benz, Wolfgang (Hrsg.): Die Geschichte der Bundesrepublik Deutschland. Bd. 2: Wirtschaft. Frankfurt am Main 1989, S. 249.
265 Aufbau des Tansportwesens macht Fortschritte. In: Bayerischer Tag, 11. 8. 1945.
266 Nürnberger Nachrichten. Trümmerjahre 1945–1950. Sonderdruck 1985.
267 Stadtarchiv Nürnberg (Hrsg.): Quellen, (wie Anm. 212) S. 26.
268 Burghardt: Verkehr, (wie Anm. 264) S. 249f.
269 Düsseldorfer Mitteilungsblatt, 2. 7. 1945.
270 Vgl. Luft, Friedrich: Berlin vor einem Jahr. In: Die Neue Zeitung, 10. 5. 1946.
271 Vgl. Kuby: Die Russen in Berlin 1945, (wie Anm. 91) S. 72ff.
272 Der Ausbau des Fernsprechwesens. In: Die Neue Zeitung, 30. 12. 1945.
273 Vgl. Meyer/Schulze: Von Liebe sprach damals keiner, (wie Anm. 90) S. 91.
274 Franck: Jahre unseres Lebens, (wie Anm. 81) S. 36.
275 Die Neue Zeitung, 8. 11. 1945.
276 Ebd., 4. 11. 1945.

277 Vgl. Bader, Karl S.: Soziologie der deutschen Nachkriegskriminalität; Tübingen 1949.

278 Kleßmann: Die doppelte Staatsgründung, (wie Anm. 158) S. 53.

279 Vgl.: Morde nie aufgeklärt. In: Nürnberger Nachrichten, 27.6.1994.

280 Zit. nach: Bayerischer Tag, 16.5.1945.

281 Stadtarchiv Nürnberg (Hrsg.): Quellen, (wie Anm. 212) S. 17ff.

282 Leonhard: Die Revolution entläßt ihre Kinder, (wie Anm. 92) S. 293.

283 Eschenburg: Jahre, (wie Anm. 121) S. 73.

284 Proklamation Eisenhowers. In: Tagesspiegel, 27.9.1945.

285 Schnell, Stefan: Der Deutsche Städtetag. Bonn 1970, S. 17. Ferner Ziebill, Otto: Geschichte des Deutschen Städtetages. Stuttgart 1955.

286 Eschenburg: Jahre, (wie Anm. 121) S. 121.

287 Freie Wahlen in Deutschland. In: Bayerischer Tag, 22.9.1945.

288 Fait, Barbara: Auf Befehl der Besatzungsmacht? Der Weg zur Bayerischen Verfassung. In: Benz, Wolfgang (Hrsg.): Neuanfang in Bayern 1945–1949. Politik und Gesellschaft in der Nachkriegszeit. München 1988, S. 37.

289 Zit. nach Benz, Wolfgang (Hrsg.): »Bewegt von der Hoffnung aller Deutschen.« Zur Geschichte des Grundgesetzes. Entwürfe und Diskussion 1941–1949. München 1979, S. 104f.

290 Zit. nach ebd., S. 121.

291 Zit. nach Stadtarchiv Dortmund (Hrsg.): Dortmund, (Anm. 181) S. 123.

292 Zit. nach ebd., S. 142.

293 Wacker, Hans H.: Münchner Kommunalpolitik nach 1945 – Nachlaßverwaltung oder demokratische Erneuerung? In: Prinz, Friedrich: Trümmerzeit in München. München 1984, S. 48.

294 Ebd., S. 45.

295 Ebd., S. 47.

296 Aufschwung des deutschen Parteilebens. In: Die Neue Zeitung, 28.10.1945.

297 Die Neue Zeitung, 28.10.1945.

298 Eschenburg: Jahre, (wie Anm. 121) S. 172f.

299 Zit. nach Weber: Auf dem Wege zur Republik, (wie Anm. 138) S. 168ff.

300 Zit. nach ebd., S. 170ff.

301 Kleßmann: Die doppelte Staatsgründung, (wie Anm. 158) S. 143.

302 Strauß, Franz Josef: Die Erinnerungen. Berlin 1989, S. 70.

303 Zit. nach Hohlfeld (Hrsg.): Dokumente, (wie Anm. 147) S. 22f.

304 Roller, Walter: Geduldet oder gefördert? Die Entwicklung der politischen Parteien. In: Weber: Auf dem Wege zur Republik, (wie Anm. 138) S. 162.

305 Grebing, Helga: Die Parteien. In: Benz, Wolfgang (Hrsg.): Die Geschichte der Bundesrepublik Deutschland. Bd. 1: Politik. Frankfurt am Main 1989, S. 81.

306 Zit. nach Weber: Auf dem Wege zur Republik, (wie Anm. 138) S. 68.

307 Eschenburg: Jahre, (wie Anm. 121) S. 207.

308 Roller: Geduldet oder gefördert? (wie Anm. 304) S. 153f.

309 Grebing, Helga: Neubeginn oder Wiederaufbau? Die Anfänge der politischen Willensbildung in Westdeutschland 1945–1949. In: Die Neue Gesellschaft/Frankfurter Hefte, Heft 5/1985, S. 418.

310 Vgl. Nürnberger Nachrichten. Trümmerjahre 1945–1950. Sonderdruck 1985.

311 Zit. nach Wollenberg, Jörg: 8. Mai 1945. Fachbereich der Universität Bremen. Bremen 1985, S. 101.

312 Vgl. Steininger, Rolf: Deutsche Geschichte 1945–1961. Darstellung und Dokumente in zwei Bänden. Bd. 1. Frankfurt am Main 1983, S. 103.

313 Kleßmann: Die doppelte Staatsgründung, (wie Anm. 158) S. 128.

314 Zit. nach Eschenburg: Jahre, (wie Anm. 121) S. 213.

315 Zit. nach Weber: Auf dem Wege zur Republik, (wie Anm. 138) S. 132.

316 Vgl. Preß, Wolfgang: Geniale Leerformel. Von den Ideen des Erfinders der Sozialen Marktwirtschaft. In: Die Zeit, 28. 6. 1991.

317 Röpke, Wilhelm: Das Kulturideal des Liberalismus. Frankfurt am Main 1947, S. 15f.

318 Vgl. Kecshemeti, Paul: Jenseits des Sozialismus. Über Paul Sering: Jenseits des Kapitalismus. In: Der Monat, Heft 3/1948, S. 103ff.

319 Hauptvorstand der Arbeitsgemeinschaft ›Das Demokratische Deutschland‹ (Hrsg.): Das Demokratische Deutschland. Grundsätze und Richtlinien. Bern, Leipzig 1945, S. 20.

320 Vgl. Plumpe, Werner: Vom Plan zum Markt. Wirtschaftsverwaltung und Unternehmerverbände in der britischen Zone. Düsseldorf 1987.

321 Das Ende des deutschen Kartellwesens. In: Die Neue Zeitung, 3. 12. 1945.

322 Benz: Potsdam 1945, (wie Anm. 171) S. 158.

323 Zit. nach Hohlfeld (Hrsg.): Dokumente, (wie Anm. 147) S. 42.

324 Parteikrise um die Bodenreform. In: Die Neue Zeitung, 24. 12. 1945.

325 Eschenburg: Jahre, (wie Anm. 121) S. 268.

326 Abelshauser, Werner: Wirtschaft in Westdeutschland 1945–1948. Rekonstruktion und Wachstumsbedingungen im britisch-amerikanischen Besatzungsgebiet. Stuttgart 1975.

327 Eschenburg: Jahre, (wie Anm. 121) S. 269.

328 Benz: Potsdam 1945, (wie Anm. 171) S. 158.

329 Vgl. Stadtarchiv Dortmund (Hrsg.): Dortmund, (wie Anm. 181) S. 86.

330 Vgl. Kleßmann/Wagner (Hrsg.): Das gespaltene Land, (wie Anm. 152) S. 157f.

331 Backer, John H.: Die deutschen Jahre des General Clay. Der Weg zur Bundesrepublik 1945–1949. München 1983, S. 117.

332 Herbert, Ulrich: Ungerechte Lastenverteilung. In: Die Zeit, 8. 1. 1993. Vgl. Fisch, Jörg: Reparationen nach dem Zweiten Weltkrieg. München 1992.

333 Eschenburg: Jahre, (wie Anm. 121) S. 269.

334 Zit. nach Steininger: Deutsche Geschichte, (wie Anm. 312) S. 42.

335 Zwölf Punkte für Deutschland. In: Die Neue Zeitung, 14. 12. 1945.

336 Deutsche Wirtschaftseinheit. In: Die Neue Zeitung, 3. 12. 1945.

337 Kästner, Erich: Die Schuld und die Schulden. In: Die Neue Zeitung, 3. 12. 1945.

338 Die Neue Zeitung, 10. 12. 1945.

339 Arzet, Robert: Das richtige Maß. An einer Wirtschaftsgeschichtlichen Wende. In: Der Tagesspiegel, 27. 9. 1945.

340 Inventur der deutschen Wirtschaft. In: Die Neue Zeitung, 31. 12. 1945.

341 Willenborg, Karl-Heinz: Von Morgenthau zu Marshall: Die Alliierten und die deutsche Wirtschaft. In: Weber: Auf dem Wege zur Republik, (wie Anm. 138) S. 219.

342 Bayerischer Tag, 15. 9. 1945.

343 Kleßmann: Die doppelte Staatsgründung, (wie Anm. 158) S. 51.

344 Vgl. Intelmann, Peter: Zur Biographie von Franz. L. Neumann. In: 1999. Zeitschrift für Sozialgeschichte des 20. und 21. Jahrhunderts. Heft 1/1990.

345 Söllner, Alfons (Hrsg.): Zur Archäologie der Demokratie in Deutschland. Bd. 1: Analysen von politischen Emigranten im amerikanischen Geheimdienst 1943–1945. Frankfurt am Main 1986, S. 94.

346 Simpson, Christopher: Die internationalen Wirtschaftseliten und das Wiedererstarken des deutschen Kapitalismus 1945–1948 In: 1999. Zeitschrift für Sozialgeschichte des 20. und 21. Jahrhunderts, Heft 2/1990, S. 17, 24 f.

347 Vgl. Wistrich, Robert: Wer war wer im Dritten Reich. Ein biographisches Lexikon. Frankfurt am Main 1987, S. 11 f.

348 Simpson: Die internationalen Wirtschaftseliten, (wie Anm. 346) S. 34.

349 Hetzer, Gerhard: Unternehmer und leitende Angestellte zwischen Rüstungseinsatz und politischer Säuberung. In Broszat/Henke/Woller (Hrsg.): Von Stalingrad zur Währungsreform, (wie Anm. 132) S. 554 f.

350 Vgl. Bührer, Werner: Unternehmerverbände. In: Benz, Wolfgang (Hrsg.): Die Geschichte der Bundesrepublik Deutschland. Bd. 2: Wirtschaft. Frankfurt am Main 1989, S. 141 ff.

351 Eschenburg: Jahre, (wie Anm. 121) S. 217.

352 Bourke-White: Deutschland, (wie Anm. 24) S. 115, 117 f.

353 Marcuse, Herbert: Über den affirmativen Charakter der Kultur. In: Kultur und Gesellschaft I. Frankfurt am Main 1965, S. 63 ff.

354 Adorno, Theodor W.: Negative Dialektik. Frankfurt am Main 1990, S. 359.

355 Weber, Alfred: Abschied von der bisherigen Geschichte. Überwindung des Nihilismus? Hamburg 1946, S. 8.

356 Meinecke, Friedrich: Die deutsche Katastrophe. Betrachtungen und Erinnerungen. Wiesbaden 1946, S. 7 f., 174 ff.

357 Bloch, Ernst: Das Prinzip Hoffnung. Dritter Band. Frankfurt am Main 1973, S. 1249 f., 1258.

358 Die Neue Zeitung, 15. 11. 1945.

359 Eine Schatzkammer deutscher Kultur. In: Nürnberger Nachrichten, 3. 11. 1945.

360 Die ›Weiße Liste‹ deutscher Kultur: In: Die Neue Zeitung, 25. 10. 1945.

361 Steht Kunst über Politik? Furtwängler vor der Entnazifizierungskommission. In: Die Neue Zeitung, 16. 12. 1946.

362 Zit. nach Daiber, Hans: Deutsches Theater seit 1945. Bundesrepublik Deutschland, Deutsche Demokratische Republik, Österreich, Schweiz. Stuttgart 1976, S. 42.

363 Ebd., S. 45.

364 Ebd., S. 42 ff.

365 Vgl. Knipping, Franz/Le Rider, Jacques/Mayer, Karl (Hrsg.): Frankreichs Kulturpolitik in Deutschland 1945–1950. Ein Tübinger Symposium am 19. und 20. September 1985. Tübingen 1987.

366 Hermand, Jost: Kultur im Wiederaufbau. Die Bundesrepublik Deutschland 1945–1965. München 1986, S. 89.

367 Reiche, Jürgen: Zukunft nach dem Ende. In: Glaser/Pufendorf/Schöneich (Hrsg.): So viel Anfang war nie, (wie Anm. 115) S. 40.

368 Ebd., S. 40f.

369 Vgl. Heider, Magdalena: Politik – Kultur – Kulturbund. Zur Gründungs- und Frühgeschichte des Kulturbundes zur demokratischen Erneuerung Deutschlands 1945–1954 in der SBZ/DDR. Köln 1993, S. 33ff.

370 Trommler, Frank: Sozialistische Literatur in Deutschland. Ein historischer Überblick. Stuttgart 1976, S. 681f.

371 Zit. nach: Literarisch-politische Publizistik 1945–1950. Marbach a. N. 1973, S. 51.

372 Zit. nach ebd., S. 51f.

373 Mayer, Hans: Die umerzogene Literatur. Deutsche Schriftsteller und Bücher 1945–1967. Berlin 1988, S. 45.

374 Zit. nach: Literarisch-politische Publizistik, (wie Anm. 371), S. 50.

375 Marcuse: Über den affirmativen Charakter, (wie Anm. 353) S. 66.

376 Benn, Gottfried: Probleme der Lyrik. In: Gesammelte Werke in 8 Bde., hrsg. von Wellershoff, Dieter. Bd. 4: Reden und Vorträge. Wiesbaden 1968, S. 1087f.

377 Flake, Otto: Die geistige Hauptstadt. In: Badener Tagblatt, 20. 4. 1946.

378 Becker, Gertrud: Frankfurter Brief. In: Die Neue Zeitung, 1. 11. 45.

379 Zit. nach Weiskopf, F. C.: Denk ich an Deutschland in der Nacht... Die Themenkreise der deutschen Literatur im Exil. In: Die Neue Zeitung, 7. 2. 1947, 3. 3. 1947, 16. 6. 1947. Vgl. auch Döblin, Alfred: Schicksalsreise. Bericht und Bekenntnis. Ausgewählte Werke in Einzelbänden. In Verbindung mit den Söhnen des Dichters hrsg. von Riley, Anthony W. Solothurn, Düsseldorf 1993.

380 Hermand: Kultur im Wiederaufbau, (wie Anm. 366) S. 94.

381 Das vernachlässigte Exil. Hans-Albert Walter im Gespräch mit Lerke von Saalfeld. Rundfunkmanuskript/Deutschlandfunk, 24. 9. 1989, S. 3. Vgl. auch Walter, Hans-Albert: Deutsche Exilliteratur 1933–1950. Darmstadt und Neuwied 1972ff.

382 Schonauer, Franz: Die Prosaliteratur der Bundesrepublik. In: Hermand, Jost (Hrsg.): Literatur nach 1945, I. Politische und regionale Aspekte. Wiesbaden 1979, S. 226.

383 Mayer: Die umerzogene Literatur, (wie Anm. 373) S. 37.

384 Zit. nach Grosser, J. F. G.: Die große Kontroverse. Ein Briefwechsel um Deutschland. Hamburg, Genf, Paris 1963, S. 19.

385 Zit. ebd., S. 24f.

386 Mann, Thomas: Warum ich nicht nach Deutschland zurückgehe. In: Werke. Das essayistische Werk. Taschenbuchausgabe in 8 Bde. Hrsg. von Bürgin, Hans. 3. Bd. Politische Schriften und Reden. Frankfurt am Main, Hamburg 1968, S. 180.

387 Hersch, Jeanne: Karl Jaspers als Lehrer. In: Der Monat, Heft 53/1953, S. 564.

388 Vgl. Schölzel, Klaus: Die Entlastung des Geistes. In: Glaser/Pufendorf/Schöneich (Hrsg.): So viel Anfang war nie, (wie Anm. 115) S. 310.

389 Vgl. Pehle, Walter H./Sillem, Peter (Hrsg.): Wissenschaft im geteilten Deutschland. Restauration oder Neubeginn nach 1945? Frankfurt am Main 1992.

390 Vgl. Milward, Alan S.: Entscheidungsphasen der Westintegration. In: Herbst, Ludolf (Hrsg.): Westdeutschland 1945–1955. Unterwerfung, Kontrolle, Integration. München 1986, S. 231. Ferner: »Westernization«. Forschungen zur politisch-ideellen Entwicklung der westdeutschen Gesellschaft in den 50er und 60er Jahren. (Forschungsprojekt des Seminars für Zeitgeschichte. Tübingen 1991 ff.)

391 Die Arbeit der Theaterkontrolle. In: Die Neue Zeitung, 24. 12. 1945.

392 Vgl. Rühle, Günther: Die Wiederherstellung des Theaters. In: Hoffmann, Hilmar/Klotz, Heinrich (Hrsg.): Die Kultur unseres Jahrhunderts 1945–1960. Düsseldorf, Wien, New York 1991, S. 73.

393 Vgl. Rischbieter, Henning: Bühnenhunger. In: Glaser/Pufendorf/Schöneich (Hrsg.): So viel Anfang war nie, (wie Anm. 115) S. 226.

394 Vgl. Rühle: Die Wiederherstellung des Theaters, (wie Anm. 392) S. 73 f.

395 Vgl. Schleicher, Fritz: Das Leben von Martha Mödl. Nürnberg o. J.

396 Vgl. Daiber: Deutsches Theater, (wie Anm. 362) S. 33.

397 Vgl. Balzer, Bernd: Wolfgang Borchert: Draußen vor der Tür. Grundlagen und Gedanken zum Verständnis des Dramas. Frankfurt am Main, Berlin, München 1983, S. 6.

398 Vgl. Mittenzwei, Werner: Das Zürcher Schauspielhaus. 1933–1945. Berlin 1979.

399 Zit. nach Daiber: Deutsches Theater, (wie Anm. 362) S. 8.

400 Vgl. ebd., S. 11 ff.

401 Vgl. Rischbieter, Henning: Theater. In: Benz, Wolfgang (Hrsg.): Die Bundesrepublik Deutschland. Geschichte in 3 Bänden. Bd. 3: Kultur. Frankfurt am Main 1983, S. 73.

402 Theaterbrief: In: Die Neue Zeitung, 17. 12. 1945.

403 Rischbieter, Henning: Theater. In: Benz, Wolfgang (Hrsg.): Die Geschichte der Bundesrepublik Deutschland. Bd. 4: Kultur. Frankfurt am Main 1989, S. 87.

404 Schulze-Reimpell, Werner: Man spielte, was gefiel. Die Theater im Rheinland. In: Honnef/Schmidt (Hrsg.): Aus den Trümmern, (wie Anm. 491) S. 451 f.

405 Texte von Berthold Viertel, Fritz Kortner, Erwin Piscator. In: Theater heute, Nr. 10/1970, S. 24 f.

406 In: 1. Arbeitstagung der Studiobühnen deutscher Hochschulen und Theaterwoche der Studiobühne der Universität Würzburg. Würzburg 1947, S. 4. Vgl. auch Razum, Hannes: Aufgaben der Studiobühnen in Deutschland. Vortrag am 27. 7. 1949 (Manuskript). Ferner Hübner, Marlies: Internationales Studententheater in Erlangen 1946–1958. Erlangen o. J.

407 Zit. nach Daiber: Deutsches Theater, (wie Anm. 362) S. 27.

408 Kästner, Erich: Der tägliche Kram. In: Gesammelte Schriften für Erwachsene. Bd. 7: Vermischte Beiträge II. München, Zürich 1969, S. 14.

409 Pelzer, Jürgen: Das politische Kabarett in Westzonesien. In Hermand, Jost/Peitsch, Helmut/Scherpe, Klaus R. (Hrsg.): Nachkriegsliteratur in Westdeutschland 1945–1949. Berlin 1982, S. 129.

410 Kästner, Erich: Gedichte. In: Gesammelte Werke. Bd. 1. Köln 1959, S. 94f.

411 Finck, Werner: Werner Finck meldet sich zur Stelle! In: Die Neue Zeitung, 1. 11. 1945.

412 Hassencamp, Oliver: Der Sieg nach dem Krieg. Die gute schlechte Zeit. München, Berlin o. J., S. 29.

413 Vgl. Reiche: Zukunft nach dem Ende, (wie Anm. 367) S. 44.

414 Ebbeke, Klaus: Musik. In: Schulz, Bernhard (Hrsg.): Grauzonen. Farbwelten. 1945–1955. Berlin, Wien 1983, S. 414.

415 Reiche: Zukunft nach dem Ende, (wie Anm. 367) S. 44.

416 Kroll, Erwin: Berliner Musikbrief. In: Die Neue Zeitung, 31. 12. 1945.

417 Horn, Wolfgang: Wandel ohne tiefgreifende Zäsur. Musikleben nach dem Krieg. In: Honnef/Schmidt (Hrsg.): Aus den Trümmern, (wie Anm. 491) S. 475.

418 Dibelius, Ulrich: Musik. In: Benz, Wolfgang (Hrsg.): Die Geschichte der Bundesrepublik Deutschland. Bd. 4: Kultur. Frankfurt am Main 1989, S. 131f.

419 Oesch, Hans: Zur Entwicklung der zeitgenössischen Musik. 1945–1950. In: Deutscher Musikrat: Zeitgenössische Musik in der Bundesrepublik Deutschland. I: 1945–1950. Begleitheft zur Plattenkassette, S. 8.

420 Vgl. Melichar, Alois: Musik in der Zwangsjacke. Stuttgart, Wien o. J.

421 Dahlhaus, Carl: Einleitung. In Deutscher Musikrat: Zeitgenössische Musik in der Bundesrepublik Deutschland I: 1945–1950. Begleitheft zur Plattenkassette, S. 5.

422 Zit. nach Daiber: Deutsches Theater, (wie Anm. 362) S. 113.

423 Dibelius: Musik, (wie Anm. 418) S. 132.

424 Brunhöber, Hanna: Unterhaltungsmusik. In: Benz, Wolfgang (Hrsg.): Die Geschichte der Bundesrepublik Deutschland. Bd. 4: Kultur. Frankfurt am Main 1989, S. 173f.

425 Vgl. Burkhardt, Werner: Musik der Stunde Null. In: Zeit-Magazin, Nr. 46, 47/1983, S. 37f.

426 Hassencamp, Oliver: Der Sieg nach dem Krieg, (wie Anm. 412) S. 109ff., 31f.

427 Kästner: Notabene 45, (wie Anm. 76) S. 134.

428 Bolz, Rüdiger: Von Radio München zum Bayerischen Rundfunk. In: Prinz, Friedrich (Hrsg.) Trümmerzeit in München. Kultur und Gesellschaft einer deutschen Großstadt im Aufbruch 1945–1949. München 1984, S. 241.

429 Vgl. Boenke/Zwehl (Hrsg.): Angesichts des Trümmerfeldes, (wie Anm. 153) S. 78f.

430 Eschenburg: Jahre, (wie Anm. 121) 137.

431 Zahn, Peter von: Der zweite Anfang des deutschen Rundfunks. Vortrag. Rundfunkmanuskript des Bayerischen Rundfunks, 27. 6. 1987, S. 3, 1f.

432 Eggebrecht, Axel: Der halbe Weg. Zwischenbilanz einer Epoche. Reinbek bei Hamburg 1975, S. 339f.

433 Eschenburg: Jahre, (wie Anm. 121) S. 137.

434 Vgl. Lersch, Edgar: Auf neuer Welle. Der Rundfunk in den Westzonen. In: Glaser/Pufendorf/Schöneich (Hrsg.): So viel Anfang war nie, (wie Anm. 115) S. 282.

435 Eschenburg: Jahre, (wie Anm. 121) S. 138.

436 Lersch: Auf neuer Welle, (wie Anm. 434) S. 283.

437 Bausch, Hans: Rundfunkpolitik nach 1945. Erster Teil: 1945–1962. München 1980, S. 149.

438 Schoeller, Hannes W. A.: Deutschlands Stimme im Rundfunk. In: Die Neue Zeitung, 31.3.1947.

439 Maase, Kaspar: Freizeit. In: Benz, Wolfgang (Hrsg.): Die Geschichte der Bundesrepublik Deutschland. Bd. 3: Gesellschaft. Frankfurt am Main 1989, S. 346.

440 Montag eröffnen die Kinos. In: Ruhr-Zeitung, 27.7.1945.

441 Kadow, Hermann: Kino von innen und außen. In: Frankfurter Hefte, Nr. 5/1946, S. 7.

442 Zit. nach Meyer, Ulfilas: Trümmerkino. In: Glaser/Pufendorf/Schöneich (Hrsg.): So viel Anfang war nie, (wie Anm. 115) S. 264.

443 Braun, Harald: Die Bedeutung der »Filmpause«. In: Die Neue Zeitung, 12.11.1945.

444 Frei, Norbert: Die Presse. In: Benz, Wolfgang (Hrsg.): Die Geschichte der Bundesrepublik Deutschland. Bd. 4: Kultur. Frankfurt am Main 1989, S. 371, 370.

445 Heym, Stefan: Nachruf. München 1988, S. 349.

446 Vgl. Söllner, Michael: Presse – Verordnete Vielfalt. In: Glaser/Pufendorf/Schöneich (Hrsg.): So viel Anfang war nie, (wie Anm. 115) S. 271.

447 Wallenberg, Hans: Dank an die Mitarbeiter. In: Die Neue Zeitung, 21.10.1946.

448 Zit. nach Söllner: Presse, (wie Anm. 446) S. 271.

449 Frei: Die Presse, (wie Anm. 444) S. 280f.

450 Vgl. Pross, Harry: Um Grundkonflikte herumgemogelt. Hat der deutsche Journalismus nach 1945 versagt? In: Süddeutsche Zeitung, 6./7.10.1979.

451 Pross, Harry: Vom »Jahr Null« zur »Spannungsindustrie«. In: Hoffmann, Hilmar/Klotz, Heinrich (Hrsg.): Die Kultur unseres Jahrhunderts 1945–1960. Düsseldorf, Wien, New York 1991, S. 151.

452 Geburt einer deutschen Zeitung. In: Heute, Heft 2/1945, S. 59.

453 Nürnberger Nachrichten, 11.10.1945.

454 Eschenburg: Jahre, (wie Anm. 121) S. 155f.

455 Frei: Die Presse, (wie Anm. 444) S. 374ff.

456 Eschenburg: Jahre, (wie Anm. 121) S. 155.

457 Kardorff: Berliner Aufzeichnungen, (wie Anm. 18) S. 342.

458 Eschenburg: Jahre, (wie Anm. 121) S. 157f.

459 Goertz, Hartmann: Die Flucht in die Zeitschrift. In: Die Neue Zeitung, 13.1.1947.

460 Dirks, Walter: Mit aufgekrempelten Ärmeln. In: Das Ende, das ein Anfang war. Die letzten Tage des Dritten Reiches. Freiburg i. Br. 1981, S. 26.

461 Frei: Die Presse, (wie Anm. 444) S. 370.

462 Maier, Hans: Als der Krieg zu Ende war. In: Das Ende, das ein Anfang war. Die letzten Tage des Dritten Reiches. Freiburg i. Br. 1981, S. 86.

463 Mayer: Die umerzogene Literatur, (wie Anm. 373) S. 17.

464 Emmerich, Wolfgang: Zwischen »Nullpunkt« und Nonkonformismus. In: Hoffmann, Hilmar/Klotz, Heinrich (Hrsg.): Die Kultur unseres Jahrhunderts 1945–1960. Düsseldorf, Wien, New York 1991, S. 59.

465 Mayer: Die umerzogene Literatur, (wie Anm. 373) S. 18.

466 Ebd., S. 20.

467 Emmerich: Zwischen »Nullpunkt« und Nonkonformismus, (Anm. 464) S. 64.

468 Born, Nikolaus/Manthey, Jürgen (Hrsg.): Literaturmagazin 7: Nachkriegsliteratur. Reinbek bei Hamburg 1977; S. 195.

469 Zit. nach Just, Klaus Günther: Die deutsche Lyrik seit 1945. In: Universitas, Heft 5/1960, S. 518.

470 Zit. nach Sandmeyer, Peter: Schreiben nach 1945. Ein Interview mit Wolfdietrich Schnurre. In: Born/Manthey (Hrsg.): Literaturmagazin 7, (wie Anm. 468) S. 194f.

471 Zit. nach Schäfer, Hans Dieter: Das gespaltene Bewußtsein. Über deutsche Kultur und Lebenswirklichkeit. 1933–1945. München 1981, S. 9.

472 Ebd., S. 10f.

473 Zit. nach Sternberger, Dolf/Storz, G./Süskind, W. E.: Aus dem Wörterbuch des Unmenschen. Hamburg 1957, S. 9.

474 Habe, Hans: Im Jahre Null. Ein Beitrag zur Geschichte der deutschen Presse. München 1966, S. 123.

475 Richter, Hans Werner: Wie entstand und was war die Gruppe 47? In: Neunzig, Hans A. (Hrsg.): Hans Werner Richter und die Gruppe 47. Frankfurt am Main, Berlin, Wien 1981, S. 48f.

476 Trommler: Sozialistische Literatur, (wie Anm. 370) S. 690f.

477 Mandelkow, Karl Robert: Die literarische und kulturpolitische Bedeutung des Erbes. In: Schmitt, Hans-Jürgen (Hrsg.): Die Literatur der DDR. München 1983, S. 90.

478 Zit. nach ebd., S. 92.

479 Schmidt, Doris: Briefe an Günther Franke. Portrait eines deutschen Kunsthändlers. Köln 1970, S. 179.

480 Vgl. Werner, Bruno E.: Kunst in der Katakombe. In: Nordwestdeutsche Hefte, Heft 3/1946. Nachdruck Schüddekopf, Charles: Vor den Toren der Wirklichkeit. Deutschland 1946–1947 im Spiegel der Nordwestdeutschen Hefte, Bonn 1980, S. 343.

481 Vgl. Schmidt, Doris: Bildende Kunst. In: Benz, Wolfgang (Hrsg.): Die Bundesrepublik Deutschland. Geschichte in drei Bänden. Bd. 3: Kultur. Frankfurt am Main 1983, S. 183.

482 Vgl. Akademie der Künste Berlin: Als der Krieg zu Ende war. Kunst in Deutschland 1945–1950. Ausstellungsverzeichnis. Berlin 1975, S. 9.

483 Welte, Bernhard: Ende und Neubeginn. Erinnerung an den April 1945. In: Das Ende, das ein Anfang war. Die letzten Tage des Dritten Reiches. Freiburg i. Br. 1981, S. 118.

484 Weser-Kurier, 22. 9./6. 10. 1945.

485 Ebd., 5. 12. 1945.

486 Klie, Barbara: Bildende Kunst. Übergangszeit. In: Der Monat, Heft 200/1965, S. 100.

487 Thomas, Karin: Zweimal deutsche Kunst nach 1945. 40 Jahre Nähe und Ferne. Köln 1985, S. 28, 30.

488 Klie, Barbara: Bildende Kunst, (wie Anm. 486) S. 100.

489 Mühlhaupt, Freya: Bildende Kunst. In: Schulz, Bernhard (Hrsg.): Grauzonen. Farbwelten. Kunst und Zeitbilder. 1945–1955. Berlin 1983, S. 184f.

490 Frosch, Beate: Die Malerei der Nachkriegszeit. In: Prinz, Friedrich (Hrsg.): Trümmerzeit in München. München 1984, S. 110ff.

491 Zit. nach Honnef, Klaus/Schmidt, Hans M. (Hrsg.): Aus den Trümmern. Kunst und Kultur im Rheinland und Westfalen 1945–1952. Köln 1985, S. 325.

492 Hermand: Kultur im Wiederaufbau, (wie Anm. 366) S. 116.

493 Roh, Franz: Ein Gespräch über abstrakte Malerei. Zur Ausstellung Willi Baumeister. In: Die Neue Zeitung, 26. 9. 1947.

494 Thomas: Zweimal deutsche Kunst, (wie Anm. 487) S. 10f.

495 Vgl. Schmied, Wieland: Zeitgenössische Kunst. Entwicklungen der deutschen Malerei von 1945 bis zu den siebziger Jahren. In: Universitas, Heft 12/1979, S. 1253f.

496 Klie, Barbara: Bildende Kunst, (wie Anm. 486) S. 100f.

497 Zit. nach Thomas: Zweimal deutsche Kunst, (wie Anm. 487) S. 13.

498 Vgl. Greschat, Martin: Die Evangelische Kirche. In: Benz, Wolfgang (Hrsg.): Die Geschichte der Bundesrepublik Deutschland. Bd. 3: Gesellschaft. Frankfurt am Main 1989, S. 87f.

499 Zit. nach Denzler, Georg/Fabricius, Volker: Christen und Nationalsozialisten. Darstellung und Dokumente. Frankfurt am Main 1993, S. 348.

500 Ebd., S. 228. Vgl. auch Greschat, Martin: Im Zeichen der Schuld. 40 Jahre Stuttgarter Schuldbekenntnis. Eine Dokumentation. Neukirchen-Vluyn 1985.

501 Zit. nach ebd., S. 210. Vgl. auch Benz, Wolfgang / Pehle, Walter H. (Hrsg.): Lexikon des Deutschen Widerstandes. Frankfurt am Main 1994.

502 Vgl. Weber: Auf dem Wege zur Republik, (wie Anm. 138) S. 82.

503 Vgl. Vollnhals, Clemens: Evangelische Kirche nach dem Zusammenbruch. Berichte ausländischer Beobachter aus dem Jahre 1945. Göttingen 1988. Ferner Vollnhals, Clemens (Hrsg.): Evangelische Kirche und Entnazifizierung 1945–1949. Die Last der nationalsozialistischen Vergangenheit. München 1989.

504 Nicolaisen, Carsten/Vollnhals, Clemens: Evangelische Kirche und öffentliches Leben in München 1945—1949. In: Prinz, Friedrich (Hrsg.): Trümmerzeit in München. München 1984, S. 725.

505 Zit. nach Denzler/Fabricius: Christen, (wie Anm. 499) S. 347.

506 Vgl. ebd., S. 57, 67, 87, 99, 206.

507 Barth, Karl: Offene Briefe 1945–1968. Zürich 1984.

508 Weber: Auf dem Wege zur Republik, (wie Anm. 138) S. 83.

509 Zit. nach Vollnhals, Clemens: Die Evangelische Kirche. In: Broszat/Henke/Woller (Hrsg.): Von Stalingrad zur Währungsreform, (wie Anm. 132) S. 114.

510 Zit. nach ebd., S. 114.

511 Vgl. Weber: Auf dem Wege zur Republik, (wie Anm. 138) S. 84.

512 Greschat: Die Evangelische Kirche, (wie Anm. 498) S. 90f.

513 Bayerischer Tag, 8. 9. 1945.

514 Eschenburg: Jahre, (wie Anm. 121) S. 106.

515 Bayerischer Tag, 11. 8. 1945.

516 Ebd., 29. 9. 1945.

517 Eschenburg: Jahre, (wie Anm. 121) S. 105.

518 Hermand: Kultur im Wiederaufbau, (wie Anm. 366) S. 101f.

519 Zit. nach Hohlfeld (Hrsg.): Dokumente, (wie Anm. 147) S. 25.

520 Leonhard: Die Revolution entläßt ihre Kinder, (wie Anm. 92) S. 333.

521 Zit. nach Niethammer, Lutz: Die Mitläuferfabrik. Die Entnazifizierung am Beispiel Bayern. Berlin, Bonn 1982, S. 134f.

522 Leonhard: Die Revolution entläßt ihre Kinder, (wie Anm. 92) S. 314.

523 Niethammer: Die Mitläuferfabrik, (wie Anm. 521) S. 138.

524 Dotterweich, Volker: Die Entnazifizierung. In: Becker, Josef/Stammen, Theo/Waldmann, Peter (Hrsg.): Vorgeschichte der Bundesrepublik Deutschland. Zwischen Kapitulation und Grundgesetz. München 1979, S. 144. Vgl. auch Salomon, Ernst von: Der Fragebogen. Reinbek bei Hamburg 1988, S. 6.

525 Kardorff: Berliner Aufzeichnungen, (wie Anm. 18) S. 339.

526 Eschenburg: Jahre, (wie Anm. 121) S. 114.

527 Die Neue Zeitung, 9. 11. 1945.

528 Ebd., 12. 11. 1945.

529 Ebd., 21. 12. 1945.

530 Niethammer: Die Mitläuferfabrik, (wie Anm. 521) S. 653f.

531 Zit. nach Kritzer, Peter: Wilhelm Hoegner. Politische Biographie eines bayerischen Sozialdemokraten. München 1979, S. 245.

532 Peterson, Edward N.: The American occupation of Germany. Retreat to Victory. Detroit 1978.

533 Köpke, Wulf: Über die amerikanischen Kriegsziele, über Völkerpsychologie und Emil Ludwig. In: Koebner/Sautermeister/Schneider (Hrsg.): Deutschland nach Hitler, (wie Anm. 229) S. 80ff. Vgl. auch Glaser: Spießer-Ideologie, (wie Anm. 549).

534 Mayer: Die umerzogene Literatur, (wie Anm. 373) S. 41f.

535 Gimbel, John: Die Bedeutung der Besatzungszeit 1945–1949. In: Aus Politik und Zeitgeschichte. Beilage zur Wochenzeitung »Das Parlament«, 5. 5. 1965, S. 48.

536 Koszyk, Kurt: »Umerziehung« der Deutschen aus britischer Sicht. In: Aus Politik und Zeitgeschichte. Beilage zur Wochenzeitung »Das Parlament«, 22. 7. 1978, S. 5.

537 Hentig: Aufgeräumte Erfahrung, (wie Anm. 4) S. 41f.

538 Friedrich: Das Gesetz des Krieges, (wie Anm. 87) S. 205.

539 Vgl. Diller, Ansgar: Abrechnung und Sühne. Nürnberg und die Entnazifizierung. In: Weber: Auf dem Wege zur Republik, (wie Anm. 138) S. 47, 63f.

540 Benz: Potsdam 1945, (wie Anm. 171) S. 166.

541 Die Neue Zeitung, 23. 11. 1945.

542 Brandt: Erinnerungen, (wie Anm. 197) S. 145.

543 Die Neue Zeitung, 21. 12. 1945.

544 Reger, Erik: Kleine Schriften. Bd. 2. Hrsg. von Schütz, Erhard. Berlin 1993, S. 117.

545 Broch, Hermann: Briefe über Deutschland. 1945–1949. Die Korrespondenz mit Volkmar von Zühlsdorff. Hrsg. von Lützeler, Paul Michael. Frankfurt am Main 1986, S., 26.

546 Vgl. Mitscherlich: Ein Leben für die Psychoanalyse, (wie Anm. 33) S. 141.

547 Brandt: Erinnerungen, (wie Anm. 197) S. 143.

548 Zit. nach Grillparzer, Franz: Das goldene Vlies. Dramatisches Gedicht. Wien 1994, S. 24.

549 Vgl. auch Glaser, Hermann: Spießer-Ideologie. Von der Zerstörung des deutschen Geistes im 19. und 20. Jahrhundert und dem Aufstieg des Nationalsozialismus. Frankfurt am Main 1985.

550 Meckel, Christoph: Suchbild. Über meinen Vater. Düsseldorf 1980, S. 167 ff.

551 Frisch, Max: Frühe Stücke. Santa Cruz. Nun singen sie wieder. Frankfurt am Main 1966, S. 135 f.

552 Undset, Sigrid: Die Umerziehung der Deutschen. In: Die Neue Zeitung, 25. 10. 1945.

553 Jaspers, Karl: Antwort an Sigrid Undset. In: Die Neue Zeitung, 4. 11. 1945.

554 Shirer: Berliner Tagebuch, (wie Anm. 119) S. 177 f.

555 Piontek, Heinz: Stunde der Überlebenden. Autobiographischer Roman. Würzburg 1989, S. 219.

556 Nachfolgend zit. nach Huf (Hrsg.): Das Land der großen Mitte, (wie Anm. 159) S. 27, 63, 81.

557 Vgl. Reichel, Peter: Ein Wandel ohne Beispiel. Deutschlands Zusammenbruch und Umbruch zwischen Stalingrad und Währungsreform. In: Die Zeit, 11. 11. 1988.

558 Broszat/Henke/Woller (Hrsg.): Von Stalingrad zur Währungsreform, (wie Anm. 132) Einleitung, S. XXV f.

559 Kocka, Jürgen: 1945: Neubeginn oder Restauration? In: Stern, Carola/Winkler, Heinrich August (Hrsg.): Wendepunkte deutscher Geschichte 1848–1990. Frankfurt am Main 1994, S. 191 f.

560 Mann: Tagebücher, (wie Anm. 89) S. 290.

561 Camus, Albert: Der Mythos vom Sisyphos. Ein Versuch über das Absurde. Hamburg 1959, S. 101.

Abbildungsnachweis

Bayerische Staatsgemäldesammlungen, Barer Str. 29, 80799 München: 4
Bildarchiv Preußischer Kulturbesitz, Märkisches Ufer 16–18, 10179 Berlin: 6, 14, 33
Bildstelle der Stadt Nürnberg, Lorenzer Straße 26, 90402 Nürnberg: 3, 16
Keystone Pressedienst GmbH, Kleine Reichenstraße 1, 20457 Hamburg: 10, 27, 28
Landesinstitut für Schule und Medien, Storkower Str. 133, 10407 Berlin: 7, 17, 18
Münchner Stadtmuseum, St.-Jakobs-Platz 1, 80331 München: 19
Nymphenburger Film- und Fotostudio Hans Schürer, Hirschgartenallee 49, 80639 München: 25, 26, 29
Sammlung Claasen, im Rheinischen Landesmuseum, Colmantstraße 14–16, 53115 Bonn, VG Bild-Kunst, Poppelsdorfer Allee 43, Bonn 1994: 23, 24
Süddeutscher Verlag, Bilderdienst, Sendlinger Straße 8, 80331 München: 12, 13, 15, 20, 21, 31
Ullstein Bilderdienst, Kochstraße 50, 10969 Berlin: 1, 5, 9, 11

Nicht feststellbar: 8, 22, 30, 32

Quellenverzeichnis

Paul Celan, Todesfuge; aus: Mohn und Gedächtnis, © 1952 Deutsche Verlags-Anstalt GmbH, Stuttgart

Günter Eich, »Inventur«, »Latrine«, aus: Gesammelte Werke. © Suhrkamp Verlag, Frankfurt am Main 1973

Hannes Heer (Hg.), »Als ich neun Jahre alt war, kam der Krieg«. Schüleraufsätze 1946. © Prometh Verlag, Köln 1980

Georg Hensel, aus: Glück gehabt. © Insel Verlag Frankfurt am Main und Leipzig 1994

Aus: Max Herrmann-Neiße, »Um uns die Fremde. Gedichte 2« © 1986 by Zweitausendeins, Postfach, 60321 Frankfurt am Main

Stefan Heym, Nachruf. © 1988 C. Bertelsmann Verlag GmbH, München

Walter Höllerer, Der andere Gast. Gedichte. © 1952 Carl Hanser Verlag, München Wien

Ivan Ivanji, Schattenspringen. © 1993 Picus Verlag Ges. m. b. H., Wien

Marie Luise Kaschnitz, Große Wanderschaft, aus: ÜberallNie, © 1965 Claassen Verlag GmbH, Düsseldorf (jetzt Hildesheim)

aus: Klaus Kordon, Ein Trümmersommer. © 1982 Beltz Verlag, Weinheim und Basel. Programm Beltz & Gelberg, Weinheim

Heinz Kühn, Aufbau und Bewährung. Die Jahre 1945–1978. © Hoffmann und Campe Verlag, Hamburg 1981

Elisabeth Langgässer, Märkische Argonautenfahrt. © 1950 Claassen Verlag GmbH, Düsseldorf (jetzt Hildesheim)

aus: Wolfgang Leonhard, Die Revolution entläßt ihre Kinder. © 1961, 1987, 1991 by Verlag Kiepenheuer & Witsch, Köln

Primo Levi, Ist das ein Mensch? – Die Atempause. © 1988 Carl Hanser Verlag, München Wien

Klaus Mann, aus: Der Wendepunkt. © 1989 by Rowohlt Verlag, Hamburg

Bernhard Minetti, aus: Erinnerungen eines Schauspielers. © 1985 Deutsche Verlags-Anstalt GmbH, Stuttgart

Hans Erich Nossack, aus: Dieser andere. © Suhrkamp Verlag, Frankfurt am Main 1976

Heinz Piontek, Stunde der Überlebenden. Autobiographischer Roman. © Bergstadtverlag Wilhelm Gottlieb Korn, Würzburg 1989

William L. Shirer, Berliner Tagebuch. Das Ende. 1944–1945. © Gustav Kiepenheuer Verlag GmbH, Leipzig; 1994 (für die deutschen Rechte)

Personenregister